GROEIEN IN GELOOF

Hoe het
onmogelijke
mogelijk
kan worden

GROEIEN IN GELOOF

Wilkin van de Kamp

DISCIPELSCHAP

Voor tekstvermelding is, tenzij anders aangegeven, gebruik gemaakt van de Herziene Statenvertaling. Bij andere vertalingen geldt als afkorting:

BGT = Bijbel in Gewone Taal
GN = Groot Nieuws Vertaling
HB = Het Boek
NB = Naardense Bijbel
NASB = New American Standard Bible
NBG = Bijbelvertaling van 1951 van het Nederlands Bijbelgenootschap
NBV = Nieuwe Bijbelvertaling
NLT = New Living Translation
WV = Willibrordvertaling

Omslagontwerp: Glenn van der Mull
Druk: Wilco, Amersfoort
Eerste druk: juni 2018 (oplage 2.000)
Tweede druk: december 2018 (oplage 2.000)

Uitgave: Vrij Zijn, Industriestraat 1, 7122 AP Aalten, Nederland
www.vrijzijn.nl
info@vrijzijn.nl

ISBN 978-94-90254-77-3
NUR 707, trefwoord: geloofsopbouw

Inhoud

GROEIEN IN GELOOF

Wie tegen deze berg zal zeggen:
word opgeheven en in de zee geworpen,
en niet zal twijfelen in zijn hart,
maar zal geloven dat wat hij zegt gebeuren zal,
het zal hem gebeuren wat hij zegt.

JEZUS in Marcus 11:23

'U hebt behoorlijk wat voor uw kiezen gekregen,' zei onze huisarts toen ik hem weer nodig had om mijn oren te laten uitspuiten. Even wist ik niet wat ik moest zeggen. Ik mompelde dat het nog wel meeviel. Maar toen ik naar huis fietste besefte ik dat we als gezin wel degelijk wat te verduren hadden gehad: ik was onvruchtbaar, kreeg epilepsie, onze jongste zoon had als baby zulke heftige stuipen dat we dachten dat hij onder onze handen zou sterven, Aukje kreeg een ernstige vorm van borstkanker en een van onze jongens heeft al vanaf zijn vijfde levensjaar suikerziekte. Al met al een heftig rijtje. Tegelijkertijd vielen de profetische woorden me te binnen die werden uitgesproken toen ik werd ingezegend als jonge voorganger: 'Al zullen er stormen zijn in je leven en al sta je ook te midden van de dikste duisternis, juist onder die omstandigheden zal het licht dat Ik in je ontstoken heb het felst schijnen. Vertrouw erop dat de omstandigheden daarin alleen maar zullen meewerken ten goede, al lijken ze nog zo donker!' Terugkijkend op de stormen in ons leven raakte ik al fietsend onder de indruk van de wonderlijke wijze waarop God mij genezen heeft van onvruchtbaarheid en epilepsie. Een warm gevoel van dankbaarheid kwam over mij toen ik eraan dacht hoe goed het nu met onze jongste zoon gaat. Meer dan dankbaar was ik over de wijze waarop God ons door het dal van diepe duisternis heeft geleid toen Aukje kanker had. Maar ook hoe Hij zijn hand op onze inmiddels volwassen zoon houdt, die meerdere malen per dag insuline moet spuiten omdat hij nog steeds suikerziekte heeft. Al die jaren was God bij ons, heeft Hij ons vastgehouden en is ons geloofsvertrouwen in Hem alleen maar groter geworden.

GROEIEN IN GELOOF

Dat je aan dit boekje begonnen bent laat zien dat jij er ook naar verlangt om geestelijk te groeien en volwassen te worden. God heeft dit verlangen in jou gelegd en het is mijn gebed dat jouw liefde voor God en je persoonlijke relatie met Hem door het lezen van dit boekje sterker zullen worden. Dat je Gods wil ten volle mag leren kennen en zijn stem beter mag leren verstaan. Dat je zult groeien in kennis, inzicht en wijsheid, waardoor je steeds meer op Jezus gaat lijken. Dat je ruimte geeft aan je verlangen om je meer en meer te laten leiden door de Heilige Geest. Dat je je uitstrekt naar meer van zijn liefde en meer van zijn kracht in jouw leven. Ik bid bovenal dat dit boekje je helpen zal om de bediening van Jezus op een gebalanceerde en ontspannen wijze voort te zetten in volhardend geloof, vaste hoop en vurige liefde. Ik denk dat Paulus tegen je zou zeggen: *Daarom bidden wij onophoudelijk voor je, vanaf de dag dat we dat gehoord hebben. We vragen dat je Gods wil ten volle mag leren kennen door de wijsheid en het inzicht die zijn Geest je schenkt. Dan zul je leven zoals het past tegenover de Heer, Hem volkomen welgevallig.* ***Je zult vrucht dragen door al het goede dat je doet, je kennis van God zal groeien en je zult door zijn luisterrijke macht de kracht ontvangen om alles vol te houden en alles te verdragen.*** *(...) Dan zul je niet langer een onmondig kind zijn dat als golven op en neer deint en heen en weer bewogen wordt door elke wind, dat wil zeggen: door elke leer waarmee sluwe mensen met hun valse wijsheden ons op dwaalwegen brengen. Door je aan de waarheid te houden zul je in liefde volledig toegroeien naar Hem die het hoofd is: Christus* (Kolossenzen 1:9-11, NBV en Efeziërs 4:14-15, GN).

> **Ik bid bovenal dat dit boekje je helpen zal om de bediening van Jezus op een gebalanceerde en ontspannen wijze voort te zetten in volhardend geloof, vaste hoop en vurige liefde**

GELOOF IS IN BEWEGING

Geloof is altijd in beweging. Het ene moment is je geloof sterker dan het andere moment. En er zijn dagen dat je geloof een grotere of kleinere plaats in je leven inneemt. Maak je daarover geen zorgen. God gelooft in jou. Als je dat maar nooit vergeet. Hij leidt je door het dal van duisternis, of je Hem nu ervaart of niet. Hij houdt je vast in de stormen van het leven, of je het nu voelt of niet. Helaas heeft het geloof van sommige christenen toch schipbreuk geleden. Ze konden niet leven zonder sluitende verklaringen en antwoorden op hun waarom-vragen in of na de storm. Ze geloven er niet meer in. Anderen zijn in de war gebracht door de verbijsterende manier waarop mensen om hen heen blijken te geloven. Voor de een is geloof niet meer dan een overtuiging of een gevoel. Voor de ander is geloof een inspiratiebron en voor weer een ander een zeker weten. Waar voor de een geloven heel passief is: 'God moet het doen', gelooft een ander juist heel activistisch: 'Ik kan alles, want God is met mij!' Een derde vraagt zich af of hij wel genoeg geloof heeft, omdat er van alles misgaat in zijn leven. En weer een ander overschreeuwt zijn angst dat God hem misschien in de steek laat: 'Het gaat lukken hoor, ik geloof in God!'

UITDAGENDE BIJBELTEKSTEN

Niet alleen de verschillende wijzen waarop christenen geloven, maar ook sommige Bijbelteksten over geloof kunnen je in verwarring brengen. Ik kan erover meepraten. Al vroeg werd ons geleerd om 'stappen in geloof' te zetten. Als je maar genoeg geloof hebt, kun je tegen een berg zeggen: 'Verplaats je van hier naar daar!' (Matteüs 17:20). Alle dingen zijn immers mogelijk voor degene die gelooft? (Marcus 9:23). Want alles wat we in de naam van Jezus vragen zal Hij doen (Johannes 14:14). Je moet alleen niet twijfelen in je hart, maar geloven dat wat je zegt gebeuren zal (Marcus 11:23). Zoals je gelooft, zo zal het ook gebeuren (Matteüs 9:29).

Al deze uitdagende geloofsuitspraken vind je zonder meer terug in de Bijbel. Maar als je de betekenis ervan niet begrijpt, kun je misschien in de verleiding komen om je geloof net zolang op te pompen tot het groot genoeg is om het onmogelijke mogelijk te maken. Als dan het wonder tot je teleurstelling toch niet plaatsvindt, denk je misschien dat je geloof niet groot genoeg was of ga je op zoek naar andere oorzaken waardoor het wonder niet heeft kunnen plaatsvinden. Het eind van het liedje kan zijn dat je heel activistisch wordt of dat je uiteindelijk het geloof de rug toekeert.

Daarom vind ik het van levensbelang je aan de hand van de Bijbel en persoonlijke ervaringen het verschil te laten zien tussen *de vrucht van geloof* - die kan groeien - en *de gave van geloof* - die in zichzelf volmaakt is - waardoor de kracht van God wordt vrijgezet en het onmogelijke wel degelijk mogelijk kan worden. Ik heb het vele malen zien gebeuren. Ik nodig je uit om met mij te ontdekken hoe je op een gebalanceerde en ontspannen wijze de bediening van Jezus mag voortzetten.

GELOOF ALS VRUCHT EN ALS GAVE

Jezus roept ons om in zijn voetsporen te wandelen en zijn bediening voort te zetten in de kracht van de Heilige Geest: *Voorwaar, voorwaar, Ik zeg u:* ***Wie in Mij gelooft, zal de werken die Ik doe, ook doen,*** *en hij zal grotere doen dan* *deze, want Ik ga heen naar mijn Vader* (Johannes 14:12). Vroeger kon ik het Spaans benauwd krijgen als ik deze woorden las. In de verste verte kon ik niet zien hoe ik dezelfde werken zou kunnen doen als die Jezus heeft gedaan. Laat staan nog grotere dan Hij heeft gedaan. Dan moet je wel een heel groot geloof hebben! Ik kon onmogelijk aan de mij zelf ingebeelde voorwaarden voldoen. Nu weet ik wat ik toen niet wist: het is geen opdracht van Jezus aan ons, maar een belofte van Jezus voor ons. Een belofte waar je op mag vertrouwen. Je kunt Jezus geloven op zijn woord.

Nu weet ik wat ik toen niet wist: het is geen opdracht van Jezus aan ons, maar een belofte van Jezus voor ons

Om de bediening van Jezus op een evenwichtige manier te kunnen voortzetten en geen brokken te maken, is het belangrijk dat je het verschil leert begrijpen tussen *de vrucht van geloof* en *de gave van geloof.* In beide gevallen gebruikt het Nieuwe Testament het Griekse woord *pistis* als basiswoord voor 'geloof'.

Elke keer als iemand in de Bijbel je oproept om te geloven moet je naar de samenhang van de tekst kijken om te weten of het hier gaat om *geloof als vrucht van de Geest* of om *geloof als gave van de Geest.* Maar wat is eigenlijk het verschil tussen de vrucht van geloof en de gave van geloof?

Pistis **als vrucht van de Geest:**	*Pistis* **als gave van de Geest:**
De vrucht van de Geest is echter: liefde, blijdschap, vrede, geduld, vriendelijkheid, goedheid, geloof (pistis), *zachtmoedigheid, zelfbeheersing.* (Galaten 5:22) **NOOT:** De Statenvertaling vertaalt *pistis* hier als 'vertrouwen'.	*Aan ieder echter wordt de openbaring van de Geest gegeven tot wat nuttig is voor de ander: wijsheid, kennis, onderscheiden van geesten,* ***gave van geloof (pistis),*** *gave van genezing, kracht om wonderen te doen, profetie, spreken in tongen en het vertalen van tongen.* (1 Korintiërs 12:7-10, NBG)

APPELBOOM EN KERSTBOOM

In zijn onderwijs heeft de bijbelleraar Derek Prince me geholpen het verschil te begrijpen tussen geloof als vrucht van de Geest en geloof als gave van de Geest door deze te vergelijken met een appelboom en een kerstboom: een appelboom draagt vruchten die kunnen groeien en een kerstboom draagt cadeautjes die mogen worden uitgedeeld.

De vrucht van de Geest kun je vergelijken met de vruchten van een appelboom. Er is een duidelijk verband tussen de appels en de boom waar zij aan hangen. De aard van de boom bepaalt de aard van de vrucht. Een goede boom zal goede vruchten dragen; een slechte boom zal slechte vruchten dragen (Matteüs 7:17-20). De vrucht van de Geest is het karakter van Jezus dat God in jou tevoorschijn bemint. De vrucht van de Geest die in ons groeit vraagt tijd, geduld en blijvende verbondenheid met Jezus. De meeste bijbelvertalingen vertalen *pistis* (als vrucht van de Geest) met 'vertrouwen' of 'trouw': de vrucht die zal groeien door onze verbondenheid met Christus. De vrucht van de Geest is het karakter van Jezus dat we in dit leven ontwikkelen.

De gaven van de Geest kun je vergelijken met de cadeautjes die in sommige landen in een kerstboom worden gehangen met het doel om ze op een gegeven moment uit te delen, tot welzijn van allen (1 Korintiërs 12:7). Het belangrijkste verschil tussen *de vrucht van de Geest* en *de gaven van de Geest* is dat de vrucht van de Geest kan groeien en dat we de gaven van de Geest direct krijgen op het moment dat we deze nodig hebben. De vrucht van de Geest is blijvend en de gaven van de Geest hebben een tijdelijk karakter. Paulus zegt in 1 Korintiërs 13:8 dat op de nieuwe aarde profetische gaven zullen verdwijnen en het spreken in klanktaal zal verstommen. Deze gaven zijn dan niet langer nodig.

Het belangrijkste verschil tussen 'de vrucht van de Geest' en 'de gaven van de Geest' is dat de vrucht van de Geest kan groeien en dat de gaven van de Geest volmaakt zijn in zichzelf

Waar de vrucht van de Geest iets laat zien van het karakter van de persoon die deze vrucht draagt, zeggen de gaven van de Geest niets over het karakter van de persoon die deze gave ontvangt en uitdeelt.

In 1 Korintiërs 14:1 zegt Paulus dat we zijn geroepen om de vrucht van de Geest voort te brengen en daagt hij ons uit om ons uit te strekken naar de gaven van de Geest om tot zegen te zijn voor anderen: ***Laat Gods liefde je hoogste doel zijn. Maar je zult ook verlangen naar de speciale gaven die de Heilige Geest geeft*** (NLT). De gaven sluiten geen vruchten uit en de vruchten sluiten geen gaven uit. Ze zijn bedoeld om elkaar aan te vullen. Hoe meer de vrucht van de Geest in ons leven zichtbaar wordt en hoe meer we met de gaven van de Geest zijn toegerust, des te meer zullen we de bediening van Jezus op een gezonde en krachtige wijze kunnen voortzetten.

GELOOF ALS VRUCHT VAN DE GEEST

In Galaten 5:22 zegt Paulus dat geloof - in de zin van geloofsvertrouwen - een vrucht is van de Geest die in jou woont: *De vrucht van de Geest is echter: liefde, blijdschap, vrede, geduld, vriendelijkheid, goedheid,* geloof *(pistis), zachtmoedigheid, zelfbeheersing.* Andere bijbelvertalingen hebben het Griekse *pistis* hier vertaald met 'vertrouwen' (WV) of 'trouw' (NBG). De Heilige Geest in jou helpt je om God meer en meer te vertrouwen. De vrucht van geloof kan immers groeien. Waar een klein geloof het moeilijk vindt om op God te vertrouwen, heeft een groot geloof een onwankelbaar vertrouwen dat God alle dingen doet meewerken ten goede voor degene die Hem liefhebben (Romeinen 8:28). De uitdrukking 'kleingelovigen' (*oligopistoi*; *oligos* = 'weinig, gering, klein'; *pistos* = 'gelovend, vertrouwend [op]') komt vier keer in het Matteüs-evangelie voor en één keer in het Lucas-evangelie.[1] Een kleingelovige is iemand die nog weinig geloofsvertrouwen heeft. Door zijn discipelen zo aan te spreken geeft Jezus hen zowel een vriendelijke terechtwijzing als ook een aanmoediging om in geloofsvertrouwen te groeien.

In Psalm 62 laat David zien dat geloof als vrucht van de Geest verschillende groeistadia kent. Eerst zegt hij: *God is mijn rots en mijn heil, mijn veilige vesting;* ik zal niet al te zeer wankelen (vers 3). In het begin van zijn geloofsleven kunnen tegenstand en moeilijkheden hem best wel eens aan het wankelen brengen. Maar door God toegewijd te blijven en Gods hand op zijn leven te ervaren, is David op het punt gekomen waarop hij zegt: *God is mijn rots en mijn heil, mijn veilige vesting;* ik zal niet wankelen (vers 7). Een groot geloof is de gerijpte vrucht van de Geest in iemands leven dat zich kenmerkt door een onwankelbaar vertrouwen in God de Vader en een stabiel geloofsleven. Een groot geloof betekent dus *niet* dat jij je geloof net zo lang moet op-

Een groot geloof is de gerijpte vrucht van de Geest in iemands leven dat zich kenmerkt door een onwankelbaar vertrouwen in God de Vader en een stabiel geloofsleven

pompen totdat het groot genoeg is voor God om je gebeden te verhoren. Geloofsvertrouwen is de vrucht die groeit vanuit je relatie met God. In tegenstelling tot de gave van geloof - die al volmaakt is in zichzelf - kan de vrucht van geloof groeien. Ons geloofsvertrouwen op God kan groot of klein zijn, buitengewoon sterk groeien, vermeerderen, standvastig en hecht worden.

Teksten die spreken over geloof als vrucht van de Geest - geloofsvertrouwen:

- *Toen Jezus dit hoorde, verwonderde Hij zich, en zei tegen hen die Hem volgden: Voorwaar, Ik zeg u: Ik heb zelfs in Israël zo'n groot geloof niet gevonden* (Matteüs 8:10).
- *Toen antwoordde Jezus en zei tegen haar: O vrouw, groot is uw geloof; het zal gebeuren zoals u wilt. En haar dochter was vanaf dat moment gezond* (Matteüs 15:28).
- *Toen Jezus dit hoorde, verwonderde Hij zich over hem, en Hij keerde zich om en zei tegen de menigte die Hem volgde: Ik zeg u: Ik heb zelfs in Israël zo'n groot geloof niet gevonden* (Lucas 7:9).
- *We hopen alleen dat uw geloof groeit en dat u ons werk uitbundig zult prijzen binnen de grenzen die God voor ons heeft vastgesteld* (2 Korintiërs 10:15, NBV).
- *...indien u slechts wel gegrond en standvastig blijft in het geloof en u niet laat afbrengen van de hoop van het evangelie, dat u gehoord hebt* (Kolossenzen 1:23, NBG).
- *Ik zie met blijdschap de orde, die bij u heerst, en de hechtheid van uw geloof in Christus* (Kolossenzen 2:5, NBG).
- *Wij bidden nacht en dag meer dan overvloedig om uw ge-*

zicht te mogen zien en om te volmaken wat aan uw geloof ontbreekt (1 Tessalonicenzen 3:10).

- *Wij moeten God altijd voor u danken, broeders, zoals het behoort, omdat uw geloof buitengewoon sterk groeit en de liefde van ieder van u allen tot elkaar steeds toeneemt* (2 Tessalonicenzen 1:3).
- *Het einddoel nu van het gebod is liefde die voortkomt uit een rein hart, een goed geweten en een ongeveinsd geloof* (1 Timoteüs 1:5).
- *Wees nuchter en waakzaam; want uw tegenpartij, de duivel, gaat rond als een brullende leeuw, op zoek naar wie hij zou kunnen verslinden. Bied weerstand aan hem, vast in het geloof* (1 Petrus 5:8-9).

HET GEHEIM VAN EEN VRUCHTBAAR LEVEN

Aukje en ik wonen aan de rand van het dorp en wandelen regelmatig naar 'ons plekje' waar midden in een weiland een prachtige eikenboom staat met een kolossale kroon waarvan de takken tot in de hemel lijken te reiken. Zowel in de zomer als in de winter heeft deze boom met zijn dikke stam en royale kroon iets koninklijks. Geen wonder dat gelovigen in de Bijbel worden vergeleken met bomen: *Gezegend wie op de Heer vertrouwt, wiens toeverlaat de Heer is. Hij is als een boom geplant aan water, zijn wortels reiken tot in de rivier. Hij merkt de komst van de hitte niet op, zijn bladeren blijven altijd groen. Tijden van droogte deren hem niet,* ***steeds weer draagt hij vrucht*** (Jeremia 17:7-8, NBV). God belooft je dat, als je op Hem vertrouwt, in alle seizoenen van het leven kunt standhouden en vrucht dragen. Het geheim van een vruchtbaar leven ligt volgens Jeremia in het onzichtbare. Het zijn de wortels die kracht en vitaliteit aan een boomstam en de takken geven. Zonder sterke wortels kun je geen vrucht dragen. Zonder sterke wortels kun je de stormen in het leven niet trotseren. Als jouw leven geworteld en gegrond is in het Woord van God (Psalm 1:2-3), in Gods bovennatuurlijke liefde (Efeziërs 3:17-18) en in wie je bent in Christus (Johannes 15:15-16), dan belooft God dat je in alle seizoenen van het leven kunt standhouden en dat je niet alleen vrucht zult dragen maar dat deze vrucht bovenal blijvend zal zijn.

GEËNT OP DE WIJNSTOK

Vlak voor zijn sterven noemt Jezus zichzelf de ware wijnstok waarop zijn discipelen als ranken geënt zullen worden om vrucht te kunnen dragen: *Blijf in Mij en Ik in u.* ***Zoals de rank geen vrucht kan dragen uit zichzelf,*** *als zij niet in de wijnstok blijft,* ***zo ook u niet, als u niet in Mij blijft*** (Johannes 15:4). Een prachtig beeld van wie wij zijn in Christus. Van nature zijn wij wilde ranken die op de edele wijnstok geënt mogen worden. Maar dan moeten we eerst van de wilde wijnstok losgesneden worden. Dit is het beeld van onze bekering. In de praktijk wordt een wilde rank expres schuin afgesneden, zodat zijn wond zo groot mogelijk is. Alleen als de rank gewond is kan hij op de edele wijnstok geënt worden. Want de landman heeft in de zijde van de edele wijnstok een kruis gesneden waarin de rank geënt wordt. Een prachtig beeld van hoe jij door het wonder van het kruis in eenheid met Christus mag leven. Alleen als je erkent dat je verwond bent, kun je in Christus geënt worden en kun je zijn levenssappen tot je nemen. Daarom sprak Jezus dat Hij niet is gekomen voor hen die menen gezond te zijn, maar voor hen die weten dat zij ziek zijn (Marcus 2:17). Als verwonde rank word je in de wond van de ware Wijnstok opgenomen, omwonden met een draad en afgedekt. In de natuur duurt het drie jaar voordat de rank zich aan de sterke wijnstok gehecht heeft en de sappen van de wijnstok de rank doorstromen, waardoor de rank edele vruchten gaat voortbrengen. Zo ben jij geënt op de Here Jezus Christus. Je hebt deel gekregen aan zijn goddelijke natuur (2 Petrus 1:4). In eenheid met Christus neem je goede en gezonde levenssappen in je op en ga je heerlijke vruchten voortbrengen: het karakter van Jezus wordt meer en meer in jou zichtbaar.

We proberen vaak uit onszelf vrucht te dragen. We doen ons best om liefdevol, vriendelijk en zachtmoedig te zijn. Maar de vrucht van de Geest is niet iets wat jij zelf doet of verandert, zegt Jezus. Als je in Hem en in zijn onderwijs blijft en wandelt in zijn wil, ga je vanzelf blijvende vruchten voortbrengen waardoor God geëerd zal worden. Jezus zei: *De grootheid van mijn Vader zal zichtbaar worden wanneer jullie **veel vrucht** dragen* (Johannes 15:8, NBV).

GELOOF ALS GAVE VAN DE GEEST

De gave van geloof is een soevereine, bovennatuurlijke manifestatie van de Heilige Geest die aan de gelovige wordt toevertrouwd voor een specifiek moment en een specifieke situatie. In Marcus 11 lezen we hoe de gave van geloof in het leven van Jezus functioneerde. Na de intocht in Jeruzalem - vlak voor zijn sterven - gaat Jezus met zijn discipelen de tempel binnen om deze te inspecteren. Aan het begin van zijn bediening heeft Hij de tempel al eens eerder geïnspecteerd: *Daar trof hij op het tempelplein de handelaars in runderen, schapen en duiven aan, en de geldwisselaars die daar altijd zaten. Hij maakte een zweep van touw en joeg ze allemaal de tempel uit, met hun schapen en runderen. Hij smeet het geld van de wisselaars op de grond, gooide hun tafels omver en riep tegen de duivenverkopers: 'Weg ermee! Jullie maken een markt van het huis van mijn Vader!* (Johannes 2:14-16, NBV). Vlak voor zijn sterven gaat Jezus opnieuw naar de tempel om te kijken of er iets veranderd is. In Marcus 11:11 lezen we: *En Jezus kwam Jeruzalem binnen en ging de tempel in; en nadat Hij alles rondom bekeken had en toen het al avond was, ging Hij met de twaalf de stad uit naar Bethanië* om hier te overnachten. De eerste tempelreiniging blijkt vruchteloos te zijn gebleven.

De volgende morgen vertrekt Jezus met zijn discipelen naar de tempel om het tempelplein voor de tweede keer schoon te vegen. Onderweg ziet Hij een vijgenboom die geen vrucht draagt en die door Hem wordt vervloekt: *Laat niemand meer vrucht van u eten in eeuwigheid* (vers 14). Jezus deed nooit iets zonder dat Hij daar een duidelijke bedoeling mee had. Ongetwijfeld wilde Hij zijn discipelen een belangrijke les leren. Deze vervloeking was geen impuls van Jezus, maar een profetische handeling - geïnspireerd door de Heilige Geest. Jezus had immers gezegd dat Hij niets uit zichzelf kan doen.

Dat Hij alleen dát kan doen wat Hij de Vader ziet doen (Johannes 5:19). Jezus vervloekte de onvruchtbare vijgenboom, symbool voor het volk Israël, omdat Israël Hem niet als Messias wilde aanvaarden.

Als Jezus de tempel binnengaat jaagt Hij opnieuw iedereen van het tempelplein. Hij gooit de tafels van de geldwisselaars en de stoelen van de duivenverkopers omver en laat niet toe dat ook maar iemand handelswaar het tempelplein binnendraagt. Hij zegt: *Staat er niet geschreven: Mijn huis zal een huis van gebed genoemd worden voor alle volken? Maar u hebt er een rovershol van gemaakt* (Marcus 11:17). Daarna keert Hij terug naar Bethanië om hier met zijn discipelen te overnachten.

De volgende dag lopen ze opnieuw langs de vijgenboom en zien de discipelen dat de boom tot aan de wortels verdord is. Petrus verbaast zich hierover, waarop Jezus zijn discipelen een belangrijke les leert. Hij zegt tegen hen*: Heb geloof in God. Ik verzeker jullie: wie tegen deze berg zou zeggen: 'Kom omhoog en stort je in zee' - en in zijn hart niet zou twijfelen maar geloven dat wat hij zegt gebeurt - het zal gebeuren. Daarom zeg ik jullie: bij alles waar je in je gebed om vraagt, geloof dat je het al gekregen hebt en je zult het krijgen* (vers 22-24, GN). Deze woorden van Jezus kunnen we verkeerd citeren door elkaar op te roepen harder te gaan geloven: 'Als je een groot geloof hebt en niet twijfelt, dan zal wat je geloooft echt gebeuren. Je moet gewoon niet twijfelen!' Of: 'Als je God in gebed iets vraagt, moet je blijven geloven en belijden dat je het al gekregen hebt. Dan zal het je ten deel vallen.' Dit is toch wat Jezus zijn discipelen leerde? Of niet? Ik denk het niet. Hoeveel menselijk geloof moeten we dan bij elkaar rapen om het onmogelijke mogelijk te zien worden? Wanneer is ons geloof groot genoeg om wonderen te zien gebeuren?

HEB GELOOF VAN GOD!

Wie de grondtekst erop naslaat ziet dat Jezus in Marcus 11:22 niet zegt: *Heb geloof in God* (geloof van mensen). Ook zegt Hij niet: *Heb vertrouwen in God* zoals de NBV-vertaling *pistis* vertaalt (geloof als vrucht van de Geest). Jezus zegt letterlijk: *Heb geloof* ***van*** *God!* Of zoals de Aramaic Bible vertaalt: ***May the faith of God be in you.*** [2]

Jezus zegt letterlijk: Heb geloof van God!

Jezus vraagt zijn discipelen zich uit te strekken naar het volmaakte geloof dat God zelf heeft en dat Hij door de Heilige Geest op een bepaald moment in hun hart wil leggen voor een specifieke situatie. De gave van geloof vindt - net als de vrucht van de Geest - zijn oorsprong niet in een mens, maar in God zelf. Geloof van God is - net als de liefde van God - afkomstig uit de hemel en volmaakt in zichzelf (1 Johannes 4:18). In de hemel vind je enkel volmaakte liefde en louter volmaakt geloof.

Charles S. Price (1887-1947) was een Amerikaanse evangelist wiens prediking door God werd bevestigd met genezingen, tekenen en wonderen. Aan het eind van zijn leven - na bijna twintig jaar in de bediening van genezing te hebben gestaan - schreef hij het boek: *The real faith.* Het is een verslag van een doorgewinterde veteraan die talloze veldslagen van geloof heeft doorstaan om uiteindelijk helder en duidelijk te kunnen uitleggen dat genezing niet afhankelijk is van een door ons ontwikkeld geloof. In feite staat onze eigen inspanning om geloof te produceren God vaak in de weg. Hij schrijft:

'Jezus zei letterlijk tegen zijn discipelen: *Heb geloof* ***van*** *God* (Marcus 11:22). Vervolgens zei de Meester dat als ze dit geloof hadden niet alleen een kleine vijgenboom zou opdrogen, maar dat zelfs bergen konden worden verwijderd en in de zee geworpen. De les die de discipelen mochten leren was dat 'geloof *van* God' een onweerstaanbare kracht in zich bergt. Het is een bergen-verplaatsend geloof. Over het algemeen worden de woorden van Jezus vertaald als: 'Heb geloof *in* God!' Hiermee wordt bedoeld dat we vertrouwen zullen hebben *in* Gods kracht om een berg te verplaatsen. In ons hart zeggen we dan: 'Als ik geloof genoeg heb *in* God; als ik maar hard genoeg kan geloven; als ik de twijfel maar uit mijn hart kan krijgen, dan zal God die berg bewegen.' Je probeert het onmogelijke te doen. Maar je geloof zal nooit sterk genoeg of zuiver genoeg zijn om een berg te verplaatsen.

Mijn hart bloedde toen ik sommige van Gods lieve kinderen zag worstelen om te geloven voor de overwinning op ziekte, omdat ze het verschil niet hebben begrepen tussen geloof *in* Gods kracht om te genezen (dat gelooft de duivel ook) en het geloof *van* God dat de genezing brengt. Er is een groot verschil tussen wat we het geloof van de mens *in* God noemen en het geloof *van* God dat aan de mens wordt gegeven. Dit geloof is niet het kind van de inspanning, het wordt ook niet geboren uit strijd. Als het geloof *van* God is, dan krijgen we het van Hem en niet vanwege onze geloofsproclamatie of onze geloofshandelingen. Sommigen reageren dwaas: 'Maar ik heb geloof dat ik kan gebruiken en waardoor ik dingen tot stand kan brengen. Het Woord zegt immers dat als we geloof hebben we bergen kunnen verzetten?' Tegen zulke mensen zou ik willen zeggen: probeer het maar en zie wat het resultaat is. Het is ronduit gevaarlijk te geloven dat jij de bezitter bent van een kracht die bergen kan verzetten. Ik heb gezien hoeveel christenen het op eigen geloofskracht geprobeerd hebben. In plaats van vreugde is teleurstelling hun lot. Voor deze christenen is geloof niets anders dan hun eigen vermogen om *in* een belofte of waarheid te geloven. Het is geloof dat veelal haar bestaan vindt in voortdurende geloofsproclamaties waardoor twijfel en ongeloof weggejaagd moeten worden. Maar Jezus zei niet: 'Als jullie de kracht hebben om te geloven dat God die berg zal verwijderen, dan zal Hij het doen.' Hij zei ook niet: 'Als

Er is een groot verschil tussen wat we het geloof van de mens in God noemen en het geloof van God dat aan de mens wordt gegeven

jullie hard genoeg kunnen geloven dat het gebeurd is, dan zal het gebeurd zijn.' Hij zei alleen maar: 'Heb geloof *van* God!' Met andere woorden: zorg dat je wat geloof van God krijgt. Alleen als je geloof van God hebt ontvangen, heb je de kracht waarmee bergen verplaatst en in de zee geworpen worden. Je kunt vertrouwen hebben *in* Gods kracht en geloven *in* zijn belofte, maar om geloof *van* God te hebben is iets anders.

De aanwezigheid van de Man van Nazareth was de bron van geloof voor de discipelen. Het is de aanwezigheid van Jezus die de bron is van ons geloof in deze dagen van twijfel en ongeloof. Het is zoals Jezus zei: *Zonder Mij kunnen jullie niets doen!* (Johannes 15:5). De grondlegger en voltooier van je geloof is bereid om je te ontmoeten en je zijn geloof te geven (Hebreeën 12:2). Wanneer jij je realiseert dat je eigenlijk heel hulpeloos bent, zul je in staat zijn om 'the real faith' voor genezing te ontvangen, dat alleen Jezus je kan geven. Het gaat dan niet om *jouw geloof in God* maar om *Gods geloof in jou*!

De gave van geloof is niet verkrijgbaar door verstandelijke inzichten of menselijke verklaringen. We hebben slechts een mosterdzaadje nodig als het Gods geloof is. Dan zullen we tegen de berg kunnen zeggen: 'Kom omhoog en stort je in zee!' Het moet Gods geloof zijn. Het moet van Hem komen. Hij moet het in je planten. En dat wil Hij. Dat is het evangelie van genade waarin ik geloof!

Laat Jezus op mij ademen, met zijn liefde en aanwezigheid, dan zullen bergen beginnen te trillen. Wanneer Jezus spreekt, wordt de hoop ontstoken als een vuur dat alle twijfel en ongeloof wegbrandt en brengen zijn woorden genezing voor mijn ziel. Misschien begrijp ik de bedoelingen van God niet altijd, maar mijn geloofsvertrouwen houdt stand wanneer de gave van geloof niet wordt uitgedeeld. Ik ben ervan overtuigd dat God het beste met mij voorheeft. We zullen Hem vertrouwen als we niet zien en op Hem steunen als we niet begrijpen. Geloof *van* God zet in beweging, werkt iets uit en brengt iets tot stand overeenkomstig de kracht die God eraan verleent.'[3]

Laat Jezus op mij ademen, met zijn liefde en aanwezigheid, dan zullen bergen beginnen te trillen

Teksten die spreken over geloof als gave van de Geest - geloof van God:

- *Maar Jezus antwoordde en zei tegen hen: Voorwaar, Ik zeg u: Als u geloof (pistis) had en niet twijfelde, zou u niet alleen doen wat er met de vijgenboom is gedaan, maar zelfs als u tegen deze berg zou zeggen: Word opgeheven en in de zee geworpen, dan zou het gebeuren. En alles wat u in het gebed vraagt, in geloof (pisteueo), zult u ontvangen* (Matteüs 21:21-22).
- *Toen zei Jezus tegen hen: 'Heb geloof (pistis) in God* (letterlijk: 'Heb geloof *van* God'). *Ik verzeker jullie: wie tegen deze berg zou zeggen: kom omhoog en stort je in zee, en in zijn hart niet zou twijfelen maar geloven dat wat hij zegt, gebeurt - het zal gebeuren. Daarom zeg ik jullie: bij alles waar*

je in je gebed om vraagt, geloof dat je het al gekregen hebt en je zult het krijgen (Marcus 11:22-24, GN).

- *Als u een geloof (pistis) had als een mosterdzaadje, zou u tegen deze moerbeiboom zeggen: Word ontworteld en in de zee geplant, en hij zou u gehoorzamen* (Lucas 17:6).
- *En Stefanus, vol geloof en kracht, deed wonderen en grote tekenen onder het volk* (Handelingen 6:8).
- *Want Barnabas was een goed man en vol van de Heilige Geest en van geloof (pistis); en er werd een grote menigte aan de Heere toegevoegd* (Handelingen 11:24).
- *En er zat in Lystre een man die geen macht had over zijn voeten: hij was kreupel van de moederschoot af en had nooit kunnen lopen. Deze hoorde Paulus spreken. Die keek hem doordringend aan en toen hij zag dat hij geloof (pistis) had om gezond te worden, zei hij met luide stem: Sta recht op uw voeten! En hij sprong op en liep rond* (Handelingen 14:8-10).
- *En al zou ik de gave van de profetie hebben en alle geheimenissen weten en alle kennis bezitten, en al zou ik al het geloof (pistis) hebben zodat ik bergen zou verzetten, maar ik had de liefde (agape) niet, dan was ik niets* (1 Korintiërs 13:2).
- *Zo dan, zoals u in alles overvloedig bent, in geloof (pistis), en in woord, en in kennis, en met alle inzet, en in uw liefde tot ons, wees zo ook in deze genadegave overvloedig* (2 Korintiërs 8:7).
- *Het geloof (pistis) nu is de zekerheid der dingen die men hoopt en het bewijs der dingen die men niet ziet* (Hebreeën 11:1, NBG).
- *Door het geloof (pistis) heeft Noach, nadat hij een godsspraak*

ontvangen had over iets, dat nog niet gezien werd, eerbiedig de ark toebereid tot redding van zijn huisgezin; en door dat (geloof) heeft hij de wereld veroordeeld en is hij een erfgenaam geworden der gerechtigheid, die aan het geloof (pistis) beantwoordt (Hebreeën 11:7, NBG).

- *Door het geloof (pistis) is Abraham, toen hij geroepen werd, gehoorzaam geweest om weg te gaan naar de plaats die hij tot een erfdeel ontvangen zou. En hij is weggegaan zonder te weten waar hij komen zou* (Hebreeën 11:8).
- *Door het geloof (pistis) heeft ook Sara zelf kracht ontvangen om zwanger te worden en een kind te baren, ondanks haar hoge ouderdom, omdat zij Hem getrouw heeft geacht die het beloofd had* (Hebreeën 11:11).
- *Door het geloof (pistis) zijn zij door de Rode Zee gegaan als over het droge. Toen de Egyptenaren dat ook probeerden te doen, zijn ze verdronken* (Hebreeën 11:29).

EEN MOSTERDZAADJE VAN GODS VOLMAAKT GELOOF

Als Gods Geest je de gave van geloof geeft gaat het dus niet om de *kwantiteit* van jouw geloof, maar om de *kwaliteit* van Gods eigen geloof. Door de gave van geloof plant de Heilige Geest een deel van Gods eigen geloof als een mosterdzaadje in je hart om het onmogelijke mogelijk te maken. Op een dag vroegen de discipelen aan Jezus om hun geloof te vermeerderen. Hij antwoordde hen: *Als jullie een geloof hadden als een mosterdzaadje, zouden jullie tegen deze moerbeiboom zeggen: Word ontworteld en in de zee geplant, en hij zou jullie gehoorzamen* (Lucas 17:6). Hier is geen sprake van geloof dat voortkomt uit de menselijke wil, maar van Gods eigen geloof dat voortkomt uit de wil van God. Jezus zegt dat zijn discipelen slechts een mosterdzaadje van Gods volmaakt geloof uit de hemel nodig hebben om het onmogelijke mogelijk te zien worden. In tegenstelling tot een mosterdzaadje is een moerbeiboom heel hoog en groot en beschikt hij over bijzonder sterke en taaie wortels. Hij is niet van zijn plaats te krijgen. Toch zegt Jezus dat een dergelijke boom hen zal moeten gehoorzamen als zij slechts een mosterdzaadje van Gods volmaakte geloof zouden hebben.

NIEMAND IS UITGESLOTEN

Toen Jezus zei: *Heb geloof* ***van*** *God!* daagde Hij zijn discipelen uit om zich open te stellen voor de gave van geloof, die hen in staat stelt dezelfde wonderen te doen die Hij heeft gedaan. Jezus richtte zijn aanmoediging niet alleen tot zijn discipelen, maar tot alle gelovigen: *Ik verzeker jullie: als* ***iemand*** *tegen die berg zegt: 'Kom van je plaats en stort je in zee,' en niet twijfelt in zijn hart, maar gelooft dat gebeuren zal wat hij zegt, dan zal het ook gebeuren* (Marcus 11:23, NBV). Door het woord 'iemand' te gebruiken stelt Jezus geen limiet aan het bereik van deze vorm van geloof. Niemand onder zijn discipelen is uitgesloten. Er worden geen voorwaarden gesteld aan degene die zich uitstrekt naar de gave van geloof. Het enige wat belangrijk is, is de oorsprong van het geloof: het moet Gods eigen geloof zijn.

STREEF NAAR DE GEESTELIJKE GAVEN

In zijn drievoudige oproep aan de gemeente in Korinte benadrukt Paulus om te streven naar alle gaven van de Geest:

Jaag de liefde na en streef naar de geestelijke gaven (1 Korintiërs 14:1, zie ook 12:31 en 14:39). 'Streven naar de geestelijke gaven' betekent dat Gods liefde - als vrucht van de Geest - ons doet verlangen naar de gaven van de Geest en ons aanspoort om ons hiervoor open te stellen. Zonder de liefde van God komen de gaven van de Geest niet tot hun recht. Het Griekse woord voor 'nastreven' mogen we ook vertalen als 'je beijveren om iets te verkrijgen'. Het spreekt over een actief en intens verlangen. Hetzelfde woord komt ook voor in zijn brief aan de Galaten: *Het is mooi als men altijd ijvert voor een goede zaak, maar dan ook altijd, en niet alleen als ik bij u ben* (Galaten 4:18, WV). Deze hartsgesteldheid is net zo relevant in ons streven naar de geestelijke gaven. Het vraagt om een actieve instelling. Gods liefde in ons helpt ons om niet alleen af en toe, maar voortdurend ons open te stellen voor de werkingen van de Heilige Geest. We mogen ons biddend uitstrekken naar de gave van de Geest die we op een bepaald moment nodig hebben. Paulus zegt er wel bij dat alleen God bepaalt wanneer een bepaalde gave in ons leven actief wordt.

Als Paulus ons opdraagt te streven naar de gaven van de Geest, hoe maak je dat dan praktisch?

- Richt je verlangen op de liefde van God: *Moge de Heer uw wil en verlangen richten op de liefde voor God* (2 Tessalonicenzen 3:5, NBV).
- Zorg dat je de juiste hartsgesteldheid hebt: *Gelukkig wie zuiver van hart zijn, want zij zullen God zien* (Matteüs 5:8, NBV).

- Leid een heilig leven: *Streef ernaar in vrede te leven met allen en leid een heilig leven; wie dat niet doet zal de Heer niet zien* (Hebreeën 12:14, NBV).
- Wees betrouwbaar: *Span je in om voor God te staan als iemand die betrouwbaar is. Zorg dat je je niet voor je werk hoeft te schamen en verkondig regelrecht de waarheid* (2 Timoteüs 2:15, NBV).
- Spreek naar God je verlangen uit om een rein en heilig kanaal van zegen te zijn: *Rivieren van levend water zullen stromen uit het hart van wie in mij gelooft, zo zegt de Schrift* (Johannes 7:38, NBV).
- Bid dagelijks tot de Vader en vraag Hem om de geestelijke gaven, niet om belangrijk te willen zijn, maar tot zegen voor anderen: *Daarom buig ik mijn knieën voor de Vader, die bij machte is oneindig veel meer te doen dan wij vragen of denken* (Efeziërs 3:14 en 20, NBV).
- Zoek mensen op die ervaring hebben met de gaven van de Geest. Hun ervaringen kunnen je wellicht helpen: *Dan zult u met alle heiligen de lengte en de breedte, de hoogte en de diepte kunnen begrijpen, ja de liefde van Christus kennen die alle kennis te boven gaat, opdat u zult volstromen met Gods volkomenheid* (Efeziërs 3:18-19,NBV).

HET INITIATIEF LIGT BIJ DE VADER

Als Paulus ons oproept om ons open te stellen voor de werkingen van Gods Geest, legt hij tegelijkertijd uit dat God zelf bepaalt wanneer en aan wie Hij welke gaven van de Geest geeft. Het initiatief ligt altijd bij God en nooit bij de mens. Derek Prince schrijft: 'God geeft het of houdt het terug, zoals Hij wil. De gave van geloof werkt op dezelfde manier als alle andere bovennatuurlijke gaven, waarover Paulus zegt: *Al deze gaven worden geschonken door een en dezelfde Geest, die ze aan iedereen afzonderlijk toebedeelt* ***zoals Hij wil*** (1 Korintiërs 12:11, NBV). Dit sleutelgedeelte aan het eind, *zoals Hij wil*, betekent dat God zelf beoordeelt wanneer en aan wie Hij elk van de gaven geeft. Het initiatief ligt bij God - niet bij de mens. Dit was zelfs hoe het ging in de bediening van Jezus. Hij vervloekte niet elke vijgenboom zonder vruchten, Hij maande niet elke storm tot kalmte, riep niet iedere dode uit het graf en liep ook niet altijd op het water. Jezus liet doelbewust het initiatief in handen van zijn Vader. In Johannes 5:19 zegt Hij: ***De Zoon kan niets uit zichzelf doen,*** *Hij kan alleen doen wat Hij de Vader ziet doen; en wat de Vader doet, dat doet de Zoon op dezelfde manier* (NBV). Het initiatief lag nooit bij Jezus zelf, maar altijd bij zijn Vader: ***I do not speak on my own initiative,*** *but the Father abiding in Me does his works* (Johannes 14:10, NASB).[4] Wij moeten leren om net zo eerbiedig en zorgvuldig te zijn in onze relatie met de Vader als Jezus was. Het is niet aan ons om de gave van geloof te gebieden; ook is ze niet bedoeld om onze eigen verlangens en ambities te bevredigen. De gave van geloof wordt door God gegeven, om dingen te bewerken die passen in Gods eigen, eeuwige plan. We mogen en kunnen dit initiatief niet afdwingen.'[5]

Jezus trad nooit eigenmachtig op. Hij stemde in alles wat Hij deed af op zijn Vader in de hemel en deed nooit iets buiten Hem om. Hij zei: *Ik kan van Mijzelf niets doen. Ik zoek niet mijn wil, maar de wil van de Vader, die Mij gezonden heeft* (Johannes 5:30). Dit betekent dat Jezus voortdurend handelde in overeenstemming met de wil van zijn Vader. Hij zei tegen zijn discipelen: *Mijn voedsel is dat Ik de wil doe van Hem die Mij gezonden heeft en zijn werk volbreng* (Johannes 4:34). Tegen de Farizeeën zei Hij: *Pas als jullie Mij aan het kruis gehangen hebben, zullen jullie begrijpen dat Ik de Mensenzoon ben. En dat Ik niets uit mezelf gedaan heb. Want Ik vertel jullie wat de Vader Mij geleerd heeft. De Vader die Mij gestuurd heeft, is bij me. Hij laat Me nooit alleen, omdat Ik altijd doe wat Hij wil* (Johannes 8:28-29, BGT). Zoals Jezus zei dat Hij niets zonder zijn Vader kon doen, zo zegt Jezus tegen ons dat wij niets zonder Hem kunnen doen: ***Los van Mij kunnen jullie niets*** (Johannes 15:5, WV). Onthoud dat het initiatief altijd bij God de Vader ligt, maar Hij vindt het heerlijk als jij je hiervoor openstelt (1 Korintiërs 14:1). Het gevaar ligt immers op de loer dat we passief gaan zitten afwachten totdat God zich aan ons openbaart, terwijl Hij wil dat we Hem actief verwachten en ons uitstrekken naar meer.

Onthoud dat het initiatief altijd bij God de Vader ligt, maar Hij vindt het heerlijk als jij je hiervoor openstelt

EEN KANAAL VAN GODS GELOOF

Hoewel de hemel vol is van volmaakt geloof plant God het niet allemaal in jou. Slechts één mosterdzaadje van volmaakt geloof uit de hemel is genoeg om het onmogelijke mogelijk te laten worden. Je hebt slechts een mosterdzaadje van Gods geloof nodig om een geestelijke berg te kunnen verplaatsen. Door de gave van geloof plant de Heilige Geest zo'n mosterdzaadje direct en op bovennatuurlijke wijze in jou. Dit is het moment waarop de Heilige Geest je wil gebruiken om een kanaal van zijn bovennatuurlijke liefde en kracht te zijn. Jezus zegt dat je woorden dan net zo effectief en krachtig zijn als wanneer God ze zelf gesproken zou hebben: *Geloof dat wat je zegt* **[wat God tot je gesproken heeft],** *gebeuren zal, het zal je gebeuren wat jij zegt. Geloof dat je het ontvangen zult, en het zal je ten deel vallen* (naar Marcus 11:23-24). Door de woorden uit te spreken die Gods Geest tot jou gesproken heeft, wordt de kracht van de Heilige Geest vrijgezet om het onmogelijke mogelijk te laten worden. De gave van geloof doet je boven je eigen geloof uitstijgen en stelt de kracht om wonderen te verrichten in werking.

'WAT IK HEB GEEF IK U!'

De gave van geloof gaat vrijwel altijd samen met een van de andere genadegaven: een woord van kennis, de gave van profetie, de gaven van genezingen en de kracht om wonderen te verrichten. [6] Toen Petrus en Johannes op een middag de tempel binnen wilden gaan om te bidden, werd tegelijkertijd een man - die vanaf zijn geboorte verlamd was - bij de tempelpoort neergezet om te bedelen. Toen de man Petrus en Johannes zag, vroeg hij of hij een liefdegave mocht ontvangen. Petrus stopte en keek de man doordringend aan. Op het moment dat de verlamde man om een liefdegave vroeg, ontving Petrus de genadegave waarop de man zou genezen. Hij zette zelf de eerste stap in geloof door uit te spreken: *Zilver of goud heb ik niet;* ***maar wat ik heb, zal ik u geven:*** *in de naam van Jezus Christus van Nazareth, sta op en loop!* (Handelingen 3:6, GN). Petrus doet precies wat Jezus heeft gezegd: *Geloof dat wat je zegt* [wat God tot je gesproken heeft], *gebeuren zal, het zal je gebeuren wat jij zegt. Geloof dat je het ontvangen zult, en het zal je ten deel vallen* (naar Marcus 11:23-24).

Ik geloof dat de Heilige Geest Petrus liet zien dat God de verlamde man wilde genezen. Op het moment dat Petrus sprak: 'Wat ik heb, zal ik u geven: in de naam van Jezus Christus van Nazareth, sta op en loop', werd de kracht om het wonder te verrichten in werking gesteld. Petrus pakte de man bij de rechterhand en trok hem overeind. Onmiddellijk kwam er kracht in zijn voeten en zijn benen. Hoewel hij nooit geleerd had te lopen, sprong de man overeind en begon te lopen. Het wonder was compleet. Springend en God lovend ging hij met Petrus en Johannes de trap op naar boven, de poort door, via de voorhof van de vrouwen naar de binnenste voorhof - waar de offers gebracht werden - om in de tempel God groot te maken en iedereen te laten zien dat hij genezen was. De tempelbezoekers zagen de man lopen en hoorden hoe hij God dankte. Hij was ineens kerngezond. Ze herkenden hem en waren buiten zichzelf van verbazing over wat er met hem gebeurd was.

Toen Petrus zag dat de mensen rond hen samenstroomden, greep hij de gelegenheid aan om het wonder als een bewijs van Jezus' opstanding uit te leggen. Hij zei: *Israëlieten, waarom zijn jullie zo verbaasd? En waarom kijken jullie zo naar ons? Het komt niet door onze kracht of door ons geloof dat deze man nu kan lopen. Het komt door Jezus!* (...) *Hem die de weg naar het leven wijst hebben jullie gedood, maar God heeft Hem uit de dood doen opstaan, en daarvan getuigen wij. Het komt door zijn naam en door het geloof in zijn naam dat deze man, die u hier voor u ziet en die u kent, kan lopen.* ***Het geloof dat Jezus schenkt, heeft hem in aanwezigheid van u allen gezond gemaakt*** (Handelingen 3:12, BGT en 15-16, NBV). Petrus had deze middag de gave van geloof, het geloof dat Jezus schenkt, voor een wonder ontvangen. Door het in de naam van Jezus uit te spreken werd de kracht van God vrijgezet en werd de man kerngezond.

BIDDEN IN JEZUS' NAAM

Toen Petrus geloof *van* God kreeg voor genezing van de verlamde man, gaf hij in de naam van Jezus Christus van Nazareth de man een bevel: 'Sta op en loop!' Petrus gebruikte de woorden 'in de naam van Jezus' niet als een magische formule. Het bevel in de naam van Jezus was in overeenstemming met de wil van Jezus, die door de Heilige Geest tot Petrus gesproken had. Petrus vroeg dus niet aan God of Hij de verlamde man wilde

Petrus gebruikte de woorden 'in de naam van Jezus' niet als een magische formule

genezen. Dat had de Heilige Geest hem al laten weten. Op grond van wat Jezus hem had geleerd tijdens de les van de vijgenboom, wist Petrus dat hij nu niet moest twijfelen. Het was alsof Jezus opnieuw tegen hem zei: *Twijfel nu niet in je hart, maar geloof dat wat je zegt* ***[wat de Heilige Geest tot je gesproken heeft]****, gebeuren zal, het zal je gebeuren wat je zegt. Geloof dat je het ontvangen zult, en het zal je ten deel vallen* (naar Marcus 11:23-24). En zo is het gegaan. Het was alsof Jezus zelf deze woorden uitgesproken had, waardoor de kracht van de Heilige Geest werd vrijgezet en het onmogelijke mogelijk kon worden. Petrus had de behoefte om uit te leggen dat het niet door zijn kracht of door zijn geloof was dat de man weer kon lopen: *Het geloof dat Jezus schenkt, heeft hem in aanwezigheid van u allen gezond gemaakt!* (Handelingen 3:16, NBV).

Op eenzelfde manier had Jezus Lazarus - die gestorven was en al vier dagen in het graf lag - bevolen op te staan. Jezus had gevraagd om de steen die voor het graf lag weg te nemen. Toen ze de steen wegnamen sloeg Jezus zijn ogen op en zei: *Vader, Ik dank U dat U Mij hebt verhoord* (Johannes 11:41). De woorden 'Ik dank U dat U Mij hebt verhoord' vertellen ons dat God eerder tot Jezus gesproken had dat Lazarus zou opstaan uit de dood. Alles was gereed voor het wonder. Daarom vroeg Jezus zijn Vader niet om hulp, maar dankte Hij zijn Vader dat Hij Hem verhoord had. Jezus hoefde alleen nog maar het bevel te geven: 'Lazarus, kom naar buiten!' waarop zijn geliefde vriend zou opstaan uit de dood. Daarom schrijft Johannes later: *Dit is de vrij-*

moedigheid die wij hebben in het toegaan tot God, dat Hij ons verhoort, ***telkens als wij iets bidden naar zijn wil. Dan weten wij dat wij het gevraagde, dat wij van Hem hebben gebeden, ontvangen*** (1 Johannes 5:14-15). Op het moment dat de Heilige Geest jou de gave van geloof geeft voor een wonder, dan spreek je dit uit in de naam van Jezus. Op zijn gezag. In zijn autoriteit. Omdat Hij persoonlijk tot je gesproken heeft. Dat maakt je vrijmoedig, zoals Johannes schrijft, omdat je iets uitspreekt naar Gods wil. Dan weet je in je geest dat wat je Hem vraagt of in zijn naam uitspreekt al hebt ontvangen.

TOONTJE LAGER

Als God je voor een specifiek moment de gave van geloof geeft, is het normaal dat je twijfelt: 'Is dit echt van God?' 'Wat als er niets gebeurt?' Daarom zegt Jezus: 'Twijfel dan niet, maar vertrouw erop dat wat God je heeft geopenbaard zal gebeuren.' Op een dag kwam een vrouw in onze kerk tot levend geloof, waarna haar man zijn beklag bij mij kwam doen dat zijn vrouw zo veranderd was: 'Ze kan alleen nog maar over Jezus spreken.' Het leidde volgens hem tot spanning in hun huwelijk. Of ik hier niet wat van kon zeggen. Op dat moment voelde ik een sterke impuls om hem te vragen of hij een probleem met zijn oren had. Ik twijfelde. Hij kwam immers met een pastoraal probleem. Hij

Hij kon weer normaal horen, viel in de keuken op zijn knieën en gaf zijn leven aan Jezus

had een luisterend oor nodig en een advies waar hij iets aan had. Omdat de impuls sterker was dan mijn twijfel onderbrak ik zijn betoog en vroeg hem of hij last had van zijn oren. Even keek hij me verbaasd aan, maar zei toen dat hij last van tinnitus had en hoe lastig dit voor hem was als dirigent van een filharmonisch jeugdorkest. Naast een pieptoon hoorde hij met zijn ene oor een halve toon lager dan met het andere oor. Ik vroeg of ik voor zijn oren mocht bidden en bad in geloof een eenvoudig gebed voor genezing. Hoewel hij niet voor zijn oren was gekomen bleek, toen hij thuiskwam en het huis leeg en stil aantrof, dat de pieptoon in zijn oren was verdwenen. Hij kon weer normaal horen, viel in de keuken op zijn knieën en gaf zijn leven aan Jezus. Het is overbodig te zeggen dat de relatie met zijn vrouw werd hersteld. Het gebeurde alleen anders dan de man in gedachten had.

DE GAVE VAN GELOOF IS VASTE GROND

Het elfde hoofdstuk van de Hebreeënbrief gaat helemaal over geloof. Het eerste vers geeft ons een prachtige definitie van wat geloof is: *Geloof nu is een vaste grond van de dingen die men hoopt, en een bewijs van de zaken die men niet ziet* (Hebreeën 11:1). Geloof is de vaste grond waar je op staat. Het is je zekerheid. Niet alleen de zekerheid dat je gered bent voor de hemel en dat je een geliefd kind van de Vader bent. Het gaat verder dan dat. Het Griekse woord voor 'vaste grond' is *hupostasis* en heeft de betekenis van 'iets dat ergens onder staat' of 'zich ergens onder bevindt'. Geloof is zo reëel en zo echt dat Engelse vertalingen het verwoorden als 'substantie': iets wat er al is. Geloof geeft je de zekerheid dat wat God je heeft laten zien al werkelijkheid is.

Als God je de gave van geloof geeft voor iets of iemand, dan vraagt Hij je om in navolging van Hem *het niet zijnde tot aanzijn te roepen* (Romeinen 4:17, NBG). De zinsnede 'het niet zijnde tot aanzijn roepen' verwijst naar de gebeurtenis toen God een jaar voor de geboorte van Izak de naam van Abram veranderde in Abraham (Genesis 17:5). De naam Abram betekent 'vader is verheven'. De naam Abraham betekent 'vader van vele volken'. God bevestigde hiermee dat Abraham de vader van velen zou zijn vóórdat het in het fysieke gebeurde. Dit illustreert het geloof *van* God. Zoals God bij de schepping het niet zijnde tot aanzijn riep, zo geeft Hij ons in de gave van geloof de zekerheid dat wat nog niet is, werkelijkheid zal worden. Door de gave van geloof stelt God ons in staat om het niet zijnde tot aanzijn te roepen. Als God je de gave van geloof geeft, dan geeft Hij je de overtuiging dat het er al is, ook al zie je het nog niet. Anderen vieren een feestje als wat God gezegd heeft gebeurd is, jij had je feestje al toen God je er geloof voor gaf. Voor jou had het al substantie: het was er al.

Als God je de gave van geloof geeft, dan geeft Hij je de overtuiging dat het er al is, ook al zie je het nog niet

UITSTAPPEN IN GELOOF

Vlak voordat Jezus zou sterven vierde Hij het Pesachfeest met zijn discipelen in een bovenzaal. Hier sprak Hij de veelbelovende woorden: *Voorwaar, voorwaar, Ik zeg u: Wie in Mij gelooft, zal de werken die Ik doe, ook doen, en hij zal grotere doen dan deze, want Ik ga heen naar mijn Vader. En wat u ook zult vragen in mijn Naam, dat zal Ik doen, opdat de Vader in de Zoon verheerlijkt zal worden. Als u iets vragen zult in mijn Naam, Ik zal het doen* (Johannes 14:12-14). Dit betekent niet dat wij op eigen houtje van alles in zijn naam moeten gaan ondernemen. Het betekent dat we in overeenstemming met Jezus - als Hij het zegt - uitstappen in geloof en gaan doen wat Hij heeft gezegd.

Deze woorden herinnerden Petrus aan de keer dat Jezus hen dwong om naar de overkant van het meer te varen. Hijzelf ging de berg op om te bidden. Toen ze een heel stuk het meer waren opgevaren en hoge golven hard tegen de boot sloegen, liep Jezus over het water naar hen toe. Toen ze Hem zagen schrokken ze. Ze schreeuwden het uit van angst en riepen: 'Een geest!' Maar Jezus zei: 'Heb goede moed, Ik ben het; wees niet bang!' Terwijl de anderen nog bijkwamen van de schrik vroeg Petrus vrijmoedig aan Jezus: *Heer, als U het bent,* geef mij dan bevel *over het water naar U toe te komen* (Matteüs 14:28). Jezus zag zijn verlangen en zei: 'Kom!' Voordat Petrus over water zou wandelen zei hij niet: 'Heer, ik kom naar U toe!' Nee, hij wilde eerst een woord van Jezus ontvangen: *Heer, als U het echt bent, zeg dan dat ik over het water naar U toe moet komen.' Jezus zei tegen hem: 'Kom naar me toe!'* (Matteüs 14:28-29, BGT). Op dat moment ontving Petrus van Jezus *een woord van geloof* om over het water naar Hem toe te lopen. Niet het geloof van Petrus *in* Jezus maar het geloof *van* Jezus in Petrus stelde hem in staat te doen wat Jezus zei. Het onmogelijke gebeurde. Petrus liep over water omdat het woord van Jezus een vaste grond (*hupostatis*) onder zijn voeten was. Hij liep over vaste grond nadat Jezus had gezegd: 'Petrus, kom!' Het water hield Petrus, totdat zijn blik zich verplaatste van Jezus naar de golven. Hij twijfelde en begon te zinken: 'Heer, red mij!' Meteen greep Jezus Petrus vast en zei: 'Waarom twijfel je? Is je geloof dan zo klein?'

Petrus liep over water omdat het woord van Jezus een vaste grond onder zijn voeten was

Als God je de gave van geloof voor iets of iemand geeft, dan voelt dat ook als lopen over water. Onthoud goed dat je niet over water kunt lopen op basis van jouw geloof *in* God, maar op basis van het geloof *van* God in jou; omdat Gods Geest je gezegd heeft het te doen. Je hebt niet het recht om een 'woord' te kiezen dat bij je past, en dan proberen het tot stand te brengen. Petrus vroeg te midden van de storm om een woord van de Heer. Pas toen durfde Hij uit de boot te stappen. Uitstappen in geloof betekent niet genoeg geloof verzamelen om te doen wat Jezus deed. Uitstappen in geloof betekent dat je uit je twijfel en je angst om te falen stapt, wanneer God je de gave van geloof geeft. En dat je gaat doen wat God gezegd heeft. De les van Petrus is om je ogen op Jezus gericht te houden en Hem te blijven vertrouwen. Toen Jezus hem vroeg: 'Waarom twijfel je? Is je geloof dan zo klein?' deed Hij een appèl op het geloofsvertrouwen van Petrus. De gave van geloof vraagt altijd om een stap in geloof, door Jezus meer te vertrouwen dan je verstand en twijfel aangeven: 'Zal het gaan zoals God heeft gezegd?' 'Wat als er niks gebeurt?' 'Misschien heb ik het niet goed gehoord.'

TE LANG GETWIJFELD

Elke keer als God je de gave van geloof voor een situatie of voor een persoon geeft is dit een geloofsavontuur. Soms denk je dat het moment niet geschikt is om te doen wat God van je vraagt. Ik herinner me dat ik eens in het buitenland met een ouder echtpaar tijdens een leidersconferentie aan tafel zat. Deze avond vond er een galadiner plaats en ik was de enige buitenlander aan deze tafel. De man tegenover mij was een gerespecteerde professor. Naast hem zat zijn vrouw met een slangetje in haar neus, dat leidde naar een zuurstoftank in haar rugzak. Het was duidelijk dat ze leed aan een longziekte en moeite had met ademhalen. Tijdens de maaltijd waren er allerlei humoristische bijdragen van verschillende leiders op het podium te zien en te horen. Elk land heeft zijn eigen humor, wat maakte dat ik me nog meer een buitenstaander voelde. Het gesprek met de professor tegenover mij kwam ook niet echt op gang. Plotseling had ik de indruk dat de Heilige Geest tot me sprak: 'Vraag of je voor haar mag bidden.' Op dat moment had ik niet de moed. Ik zei tegen mezelf dat dit geen geschikt moment was, dat ik zou wachten tot het wat rustiger was. Elke keer als deze woorden in mijn gedachten kwamen, voelde ik me ongemakkelijk en deed ik het niet. Toen de professor opstond en zich excuseerde omdat zijn vrouw moe was en een goede nachtrust nodig had, wist ik dat ik te lang had getwijfeld en niet had gedaan wat God van me vroeg. Wie schetst mijn verbazing toen ik twee dagen later, bij de afsluiting van de conferentie, zag hoe de professor met zijn vrouw zonder zuurstoffles het podium opliep. Met een stralend gezicht getuigde zij dat tijdens de conferentie iemand naar haar toegekomen was - ik was het niet - en had gevraagd of hij voor haar mocht bidden. Ze vertelde hoe God haar ter plekke genezen had en dat ze geen zuurstoffles meer nodig had. Terwijl de mensen in de zaal begonnen te juichen, voelde ik me beschaamd en nam ik me voor om de volgende keer echt te doen wat Jezus van mij vraagt. Elke keer als God je de gave van geloof geeft voor iets of iemand blijft het een geloofsavontuur.

Ik zei tegen mezelf dat dit geen geschikt moment was, dat ik zou wachten tot het wat rustiger was

HET GEBED VAN GELOOF

Niets kan de gave van geloof stoppen. Geen ziekte of hopeloze situatie is ertegen bestand. Jakobus schrijft: *Is er iemand bij u ziek? Laat hij dan de oudsten van de gemeente tot zich roepen, opdat zij over hem een gebed uitspreken en hem met olie zalven in de naam van de Heer. En het gelovige gebed zal de lijder gezond maken, en de Here zal hem oprichten* (Jakobus 5:15, NBG). Dit bijbelgedeelte leert je opnieuw hoe belangrijk het is dat je *de vrucht van geloof* en *de gave van geloof* kunt onderscheiden. Jakobus wijst de gemeente erop dat de oudsten 'in de naam van de Heer' voor de zieke zullen bidden. Dit betekent meer dan 'in opdracht van'. Het betekent dat de oudsten in overeenstemming met en op aanwijzing van de Heilige Geest voor de zieke zullen bidden.

In het Grieks staat niet dat 'het gelovige gebed' de zieke gezond zal maken. Dat zou de vraag oproepen hoe groot je geloof dan wel moet zijn, zodat de zieke genezen zal worden. Dan loop je het gevaar dat je je geloof gaat 'oppompen': je moet zien dat je genoeg geloof opbouwt, want pas als *jouw* geloof groot genoeg is en je vooral niet twijfelt, dán zal gebeuren wat jij zegt. Maar dan wordt geloven een krachtsinspanning: je moet je geestelijke mouwen opstropen en alle zeilen bijzetten om Gods Woord waar te maken. Door de mate van *jouw* geloof moet je 'het' dan realiseren. Dan ben je als Mozes die op eigen initiatief met een stok op de rots sloeg om het water tevoorschijn te laten komen (Numeri 20). Zo verword je tot een doe-het-zelf-

Dan wordt geloven een krachtsinspanning: je moet je geestelijke mouwen opstropen en alle zeilen bijzetten om Gods Woord waar te maken

christen die brokken maakt. Als het niet gaat zoals jij had gedacht, dan heb je gefaald omdat je te weinig geloof hebt gehad. Maar God is niet een vader die tegen zijn kinderen zegt: 'Jongens, denk erom dat je voldoende geloof in Mij hebt, anders gaat het niet goed!' Dat is niet wat Jezus heeft gezegd of wat Jakobus hier bedoelt.

Jakobus bedoelt niet dat 'de vrucht van geloof' maar dat 'de gave van geloof' de zieke gezond zal maken. Letterlijk schrijft hij: ***Het gebed van geloof*** *zal de lijder gezond maken* (SV).[7] Als de Heilige Geest de oudsten van de gemeente de gave van geloof schenkt - Jakobus daagt hen uit zich hiernaar uit te strekken - dan zullen zij vrijmoedig handelen op wat zij van God ontvangen hebben en een 'gebed van geloof' over de zieke uitspreken. Jakobus zegt dat zij er dan op mogen vertrouwen dat de zieke gezond zal worden. De ziekenzalving is vervolgens het symbool van het toedelen van de kracht van de Heilige Geest die aanwezig is waardoor de zieke zal herstellen.

DE MATE VAN GELOOF

God heeft Jezus zonder enige beperking de volheid van de Heilige Geest gegeven. Johannes de Doper getuigde hiervan: *Want Hij* [Jezus] *die God gezonden heeft, spreekt de woorden van God, want* God geeft Hem de Geest zonder maat (Johannes 3:34). Het Griekse woord voor 'maat' is *metron* en betekent 'een afgemeten maat' of 'een beperkte gift'. God heeft Jezus geen beperkte maat, maar de volheid van zijn Geest gegeven. De Heilige Geest werkte zonder enige beperking door Jezus. Alle mensen die tot Hem kwamen werden genezen. [8] De Heilige Geest kon zo krachtig door Jezus heen werken omdat Hij de Man zonder zonde was. Hij was geen mens zoals wij, verontreinigd door de zonde. Alle zintuigen van Jezus functioneerden onder de discipline van de Heilige Geest. Hij was volkomen op de Geest afgestemd. Niemand van ons kan dit nazeggen. De zonde heeft ons geweten verontreinigd waardoor wij de stem van God slechts ten dele verstaan. [9] Onze geestelijke antenne is hierdoor minder gevoelig geworden, waardoor we voortdurend met 'ruis' te maken hebben. Daarom moet ons profeteren bijvoorbeeld getoetst worden. Paulus zegt: *Dooft de Geest niet uit, veracht de profetieën niet, maar toetst alles en behoudt het goede* (1 Thessalonicenzen 5:19-21, NBG). We kunnen namelijk *naar eigen inzicht profeteren.* (...) *Wee de dwaze profeten, die hun eigen geest volgen* (Ezechiël 13:1-3). Daarom zegt Paulus tegen de gemeente in Korinthe: *Wat de profeten betreft, twee of drie mogen het woord voeren en de anderen moeten het beoordelen* (1 Korintiërs 14:29, NBG). In tegenstelling tot Jezus hebben wij anderen nodig om getoetst te worden en ons scherp te houden om de bediening van Jezus voort te kunnen zetten. In onze verbondenheid met Jezus krijgen wij deel aan de volheid van de Geest die in Hem woonde.

In tegenstelling tot Jezus hebben wij anderen nodig om getoetst te worden en ons scherp te houden om de bediening van Jezus voort te kunnen zetten

Paulus zegt dat *aan een ieder van ons afzonderlijk de genade is gegeven* ***naar de mate waarin Christus haar schenkt*** (Efeziërs 4:7, NBG). In dit vers wordt opnieuw het Griekse woord *metron* gebruikt: 'een afgemeten maat' of 'een beperkte gift'. Waar Jezus de genadegaven zonder maat ontving, ontvangen wij de genadegaven in een afgemeten maat. De maat van genadegaven wordt door Jezus zelf bepaald en geschonken voor de specifieke taak die Hij ons geeft. We kunnen niet altijd en overal over deze genadegaven beschikken. De Heilige Geest verdeelt de gaven over ons allemaal, zoals Hij het wil: *Aan de één wordt door de Geest een woord van wijsheid gegeven en aan de ander een woord van kennis, door dezelfde Geest; en aan een ander geloof, door dezelfde Geest, en aan een ander genadegaven van genezingen, door dezelfde Geest; en aan een ander werkingen van krachten, en aan een ander profetie, en aan een ander het onderscheiden van geesten, en aan een ander allerlei talen, en aan een ander uitleg van talen. Al deze dingen echter werkt één en dezelfde Geest,* ***die aan ieder afzonderlijk uitdeelt*** [*diaireio* = 'in stukjes verdelen'] ***zoals Hij wil*** (1 Korintiërs 12:8-11).

Aan ieder van ons wordt in een afgemeten maat de genadegaven toebedeeld zoals God het wil: *God geeft getuigenis door tekenen en wonderen en velerlei krachten en* ***door de Heilige Geest toe te delen naar zijn wil*** (Hebreeën 2:4, NBG). Het Griekse woord voor 'toedelen' (*merismos*) mogen we ook vertalen met 'verdelen'. De gaven van de Geest worden over ons allen verdeeld zoals de Heilige Geest het wil. Niemand van ons heeft in zijn eentje de volheid van de Geest die in Jezus woonde. Niemand van ons zou hier goed mee om kunnen gaan. De zalving die op Jezus was heeft God 'in stukjes' verdeeld over het hele Lichaam van Christus. Samen zijn wij het Lichaam van Christus. Ieder van ons is een onderdeel van het grote geheel. We zijn door God aan elkaar gegeven. Het oog kan niet tegen de hand zeggen: 'Ik heb jou niet nodig,' en evenmin kan het hoofd tegen de voeten zeggen: 'Ik heb jullie niet nodig.' We zijn dus niet alleen op Jezus, maar ook op elkaar aangewezen. Hierin ligt Gods liefdevolle bescherming tegen trots en exclusiviteit: verbonden met elkaar helpt de Heilige Geest ons om het Lichaam van Christus op aarde te vormen en de bediening van Jezus in de tussentijd voort te zetten. Paulus schrijft dat God elk orgaan zijn plaats in het Lichaam van Christus heeft aangewezen: *God heeft nu eenmaal gezorgd voor verschillende organen* ***die elk hun plaats hebben in het lichaam, zoals Hij dat wilde*** (1 Korintiërs 12:18, GN). Niemand van ons kan zijn eigen plaats of functie in het Lichaam kiezen. Het enige wat we kunnen doen is de plaats die God voor ons heeft vinden en de functie die Hij ons heeft toebedeeld vervullen. Om in die functie te kunnen bewegen hebben we een speciale mate van geloof nodig.

De zalving die op Jezus was, heeft God 'in stukjes' verdeeld over het hele Lichaam van Christus

God schenkt je niet alleen de nodige genadegaven om de bediening die Hij je geeft te kunnen uitoefenen, Hij geeft je ook een bepaalde mate van geloof die hiervoor nodig is. Als God iets van je vraagt, dan geeft Hij je daar ook een bepaalde mate van geloof voor. Als God je niet het geloof ergens voor geeft, dan heeft Hij het je waarschijnlijk niet gevraagd. Paulus schrijft dat het niet aan ons is om te beslissen wat de mate van geloof is die ons door God wordt toebedeeld: *Want door de genade die mij gegeven is, zeg ik ieder onder u niet hoger te denken dan hij moet denken, maar laat hij denken in bescheidenheid,* ***naar de mate van geloof zoals God die aan ieder heeft toebedeeld.*** *Want zoals wij in één lichaam vele leden hebben en de leden niet alle dezelfde functie hebben, zo zijn wij, hoewel velen, één lichaam in Christus, maar ieder afzonderlijk leden van elkaar. En nu hebben wij genadegaven, onderscheiden naar de genade die ons is gegeven: hetzij profetie, naar* ***de mate van het geloof****; hetzij dienstbetoon, in het dienen; hetzij wie onderwijst, in het onderwijzen; hetzij wie bemoedigt, in het bemoedigen; wie uitdeelt, in oprechtheid; wie leidinggeeft, met inzet; wie zich over anderen ontfermt, met blijmoedigheid* (Romeinen 12:3-8).

In dit bijbelgedeelte gaat het niet over het geloof waardoor je gered wordt, noch over de mate van jouw geloofsvertrouwen. Paulus heeft het hier over de mate van geloof die God je geeft voor het uitoefenen van de genadegaven die horen bij je roeping. De mate van geloof die elk orgaan in het Lichaam van Christus nodig heeft is verschillend. Een oog heeft een specifieke mate van geloof nodig om oog te kunnen zijn, en een hand heeft een bepaalde mate van geloof nodig om te kunnen functioneren als hand. Deze mate van geloof is niet uitwisselbaar. Het geloof dat de hand in staat stelt om te functioneren als hand is ongeschikt voor de voet. En de mate van geloof dat een oog laat functioneren is niet bedoeld voor een oor. Ieder lid ontvangt zijn eigen specifieke mate van geloof. Opnieuw gebruikt Paulus hier voor 'mate' het Griekse woord *metron* ('een afgemeten maat'). Een profeet in wie de gave van profetie sterk ontwikkeld is, zal getuigen dat God hem een grote mate van geloof heeft gegeven dat God door hem heen spreekt. In wie de gave van genezing krachtig werkt, zal getuigen dat God hem een grote mate van geloof heeft gegeven dat God door hem heen geneest. Het betekent niet dat iemand in wie de gave van profetie krachtig functioneert ook automatisch een grote mate van geloof heeft voor genezing. De Heilige Geest bepaalt wie een bepaalde genadegave én de bijbehorende mate van geloof ontvangt. God wil je de specifieke plaats die Hij voor jou in het Lichaam van Christus uitgekozen heeft laten zien, en Hij geeft jou de mate van geloof die je daarvoor nodig hebt.

De mate van geloof die elk orgaan in het Lichaam van Christus nodig heeft is verschillend

Toen Derek Prince nog een tamelijk jonge christen was, was hij onder de indruk van het geloof dat hij gedemonstreerd zag in het leven van een meer volwassen gelovige - iemand die grote offers voor God had gebracht. Bijna gedachteloos zei hij op een dag: 'Heer, ik geloof niet dat ik ooit zo'n groot geloof zou kunnen hebben.' Onverwacht gaf God hem een heel praktisch antwoord: 'Jij kunt inderdaad dat geloof niet hebben, want jij hebt dat niet nodig. Ik heb je namelijk niet gevraagd te doen wat die persoon heeft gedaan.' Derek is altijd dankbaar geweest voor de les die hij toen leerde: de mate van geloof die God mij geeft, is afgemeten aan de taak die Hij mij vraagt te vervullen.

In de gelijkenis van de talenten vertelt Jezus dat iedere medewerker een verschillende hoeveelheid aan 'talenten' ontvangt (Matteüs 25:14-30). Het gaat niet om de natuurlijke talenten die je bij je geboorte gekregen hebt, maar om de bovennatuurlijke genadegaven die je na je wedergeboorte krijgt toebedeeld om de bediening van Jezus in de tussentijd voort te zetten. Een talent was in die tijd een gewicht van 34 kilo goud - zeg maar een kruiwagen vol - ter waarde van minimaal een miljoen euro. De ene medewerker krijgt één kruiwagen met goud, de andere twee en weer een andere maar liefst vijf. De Man van hoge geboorte blijkt een multimiljonair te zijn (Lucas 19:11-27). Hij deelt zijn kostbare bezit rijkelijk uit aan zijn dienaren, die er in de tussentijd handel mee drijven voor Hem. Maar niet iedereen ontvangt dezelfde hoeveelheid goud. Iedere medewerker ontvangt een hoeveelheid goud ***naar zijn bekwaamheid*** (Matteüs 25:15). Paulus zeg dat *de geestelijke gaven die wij*

De mate van geloof die God mij geeft, is afgemeten aan de taak die Hij mij vraagt te vervullen

bezitten, ***verschillen*** *naar de bijzondere genade die ieder van ons is geschonken* (Romeinen 12:6, WV). Deze genadegaven worden ons gegeven ***naar de mate waarin Christus haar schenkt*** (Efeziërs 4:7, NBG). De hoeveelheid genadegaven die je in de tussentijd ontvangt is gerelateerd aan de roeping en bediening die Jezus je gegeven heeft. Naar de aard van de bediening krijg je de nodige kracht om je roeping te kunnen vervullen. Iemand met een apostolische bediening heeft wel 'vijf kruiwagens met goud' nodig om mee aan de slag te gaan! God geeft ieder van ons die mate van kracht die past bij de roeping voor ons leven. Hij roept je op ermee aan de slag te gaan en te volharden, zodat Hij de zalving die jou is toegemeten kan vergroten. Het Koninkrijk van God kent immers het principe van *ieder die heeft, aan hem zal gegeven worden en hij zal overvloedig hebben* (Matteüs 25:29). Het feit dat God ieder van ons een specifieke mate van geloof toebedeelt, betekent niet dat ons geloof statisch zal blijven: 'Ik heb nu eenmaal een bepaalde mate van geloof en daar valt niets aan te veranderen.' Naarmate jouw bekwaamheid groeit om effectief te functioneren in het Lichaam, naar die mate groeit ook je geloof. Door uit te delen van wat God heeft gegeven, vermeerdert God dat wat Hij al gegeven heeft. Dan groeit het geloofsvertrouwen dat God door jou heen het onmogelijke kan doen. Wie met de genadegaven van God aan de

Door uit te delen van wat God heeft gegeven, vermeerdert God dat wat Hij al gegeven heeft

slag gaat, zal later getuigen dat deze steeds sterker gaan functioneren, waardoor God die persoon meer kan toevertrouwen en hij in die genadegave kan groeien.

AFHANKELIJK VAN GODS SOEVEREINE GENADE

Als Paulus in 2 Korintiërs 12:12 zegt dat hij de tekenen van een apostel heeft verricht, noemt hij niet in de eerste plaats de tekenen, wonderen en krachten maar 'volharding'. Door te volharden in gebed en door Gods wil te blijven doen heeft Paulus gezien hoe God zijn verkondiging van het evangelie bevestigde met tekenen, wonderen en krachten. Soms verdenk ik God ervan dat Hij onze gebeden niet snel verhoord om ons te testen of we nederig genoeg zijn om de bediening van Jezus voort te zetten in de kracht van de Heilige Geest. John Wimber is voor mij een voorbeeld geweest in hoe hij Jezus volgde en hoe hij bad voor hen die ziek en/of gebonden waren. In zijn boek *Een kracht tot genezing* schrijft hij:

'God sprak tot mij dat ik na iedere preek de zieken moest uitnodigen om voor zich te laten bidden. Ik hield niet van zulke uitnodigingen, maar in gehoorzaamheid aan God nodigde ik de volgende zondag de zieken uit naar voren te komen en wij baden voor hen. Bij de eerste uitnodiging werd niemand genezen. Een paar van ons die baden, werden zelfs door de zieken aangestoken. We kregen griep, werden verkouden, kregen hoofdpijn. Het was een vernederende ervaring. Op weg naar huis bad ik: 'Heer, ik zal mij nooit meer zo vernederen.' Maar de volgende zondag zei Hij opnieuw dat ik een uitnodiging moest doen, zowel in de ochtend- als in de avonddienst. Ik gehoorzaamde, meer benauwd voor de gevolgen van ongehoorzaamheid dan van het in mijn hemd staan. Ik herhaalde de uitnodiging de volgende zondag en daarna gedurende acht of negen weken, maar nog steeds was er niemand genezen. Tijdens deze periode raakte ik gefrustreerd. Sommige mensen kwamen niet meer naar onze gemeente. Zij wilden niet betrokken raken bij zulke dwaasheid. Ik kon het ze niet eens kwalijk nemen. Naarmate de kale weken verstreken, werd ik wanhopig. Op een dag toen ik aan het studeren was om mijn preek van de volgende zondag voor te bereiden, werd ik zo kwaad dat ik mijn Bijbel sloot en zei: 'Ik zal nooit meer over genezing preken.' Toen sprak God heel duidelijk tot me. Hij zei: 'Je verkondigt mijn Woord of je gaat eruit.' 'Eruit?' vroeg ik angstig. Wat bedoelt U met: 'Je gaat eruit?' De Heer ging niet op mijn vraag in en sprak tot mijn hart: 'Verkondig mijn Woord, niet jouw ervaring.' Als een schooljongetje dat op zijn nummer is gezet nam ik de vermaning van de Heer ter harte. En dus ging ik door met preken over het voorbeeld van Christus in het bidden voor de zieken en de noodzaak om te doen wat Hij deed.

Verkondig mijn Woord, niet jouw ervaring

Na tien maanden bidden voor zieken zonder dat er iemand was genezen, incasseerde ik mijn grootste nederlaag. Onze gemeente kwam nu samen in een gymzaal van een school en over het podium hing een gordijn. Na elke dienst nodigden we de mensen uit om achter het gordijn te komen om voor zich te laten bidden. Bij deze gelegenheid baden verschillende mannen en ik voor een andere man. Ik kan me niet herinneren wat zijn kwaal was. We baden twee uur lang, we baden elk gebed dat we kenden, in een wanhopig verlangen de man te zien genezen. Uiteindelijk hielden we, wanhopig, maar op. Ik was zo moe en teleurgesteld dat ik me languit op de grond liet vallen en begon te huilen. 'Het is niet eerlijk!' riep ik uit. 'U zegt dat we moeten verkondigen wat uw Boek zegt, maar nu we dat doen, laat U ons stikken. Hier zijn we. We doen ons uiterste best en er gebeurt helemaal niets. U zegt dat we moeten geloven in genezing en bidden voor genezing, maar U doet helemaal niets. O God, dat is niet eerlijk!' Ik was gebroken en verslagen. Na een paar minuten kalmeerde ik wat en toen ik opkeek, zag ik de andere mannen daar bij me liggen, roepend tot God. We waren allemaal diep verslagen over deze ervaring. Ik strompelde naar huis en viel in bed, terwijl ik me afvroeg wat de toekomst te bieden had.

De volgende morgen werd ik gewekt door de telefoon. Een van onze nieuwste leden was aan de lijn. Hij zei: 'Ik heb net een nieuwe baan en ik moet per se naar mijn werk. Mijn vrouw heeft hoge koorts. Ik kan onmogelijk thuisblijven en voor de kinderen zorgen, en we kunnen geen oppas vinden. Kunt u voor haar komen bidden?' 'Ik kom eraan,' zei ik.

Toen ik bij het huis aankwam, bracht de man mij naar de slaapkamer. Zijn vrouw zag er verschrikkelijk slecht uit. Haar gezicht was rood en gezwollen van de koorts. 'O nee,' kreunde ik vanbinnen, 'dit ziet er heel erg moeilijk uit.' Ik ging naar haar toe, legde haar de handen op, terwijl ik zonder geloof een gebed mompelde, keerde me vervolgens naar haar man en begon uit te leggen waarom sommige mensen niet worden genezen - in dit onderwerp was ik in de afgelopen tien maanden heel erg goed geworden. Ik was druk bezig met mijn uitleg toen zijn oog naar iets achter mij afdwaalde. Hij begon te grijnzen. Ik draaide me om en zag dat zijn vrouw uit bed was gekomen en eruit zag als herboren. 'Wat is er met u gebeurd?' vroeg ik. 'Ik voel me prima,' zei ze. 'Zal ik even een kopje koffie maken? Hebt u eigenlijk al ontbeten?' Ik kon het niet geloven. Ze was beter! Beleefd bedankte ik voor haar vriendelijke aanbod en vertrok. Toen ik bijna bij mijn auto was, drong het werkelijk tot mij door wat er was gebeurd. Alle maanden van vragen en wanhoop, opgewondenheid en teleurstelling, openbaring en vernedering spoelden over me heen. Toen kon ik me niet meer inhouden. En ik riep zo hard als ik kon: 'We hebben er één!' Mijn wanhoop van de vorige avond was in een enkel moment omgeslagen in blijdschap en uitbundige vreugde. De genezingsbediening was nu in mij geboren, op het moment dat ik dat het allerminst verwachtte.

In de periode van tien maanden waarin ik bad zonder resultaat, onderging ik veel veranderingen. Deze periode van falen was een leerervaring, een tijd waarin ik werd gezuiverd van veel hoogmoed en onafhankelijkheid. God moest eerst een vat reinigen voordat het gevuld kon worden met zijn kostbare genezingsolie. Ik geloof dat God de zieken pas via mij begon te genezen toen ik tot een totale afhankelijkheid van zijn genade en liefde was gekomen. Ik begreep goed dat ik zonder Gods zalving geen resultaten zou hebben. Mijn taak was het te gehoorzamen, te bidden, en me afhankelijk te weten van zijn soevereine genade. Zijn aandeel was de genezing.' [10]

Ik begreep goed dat ik zonder Gods zalving geen resultaten zou hebben

VERLANGEN NAAR MEER

Sinds ik de Persoon en het werk van de Heilige Geest heb leren kennen is er veel in mijn leven en de bediening die God mij gaf, veranderd. Vanaf die tijd begon God mijn prediking van zijn Woord te bevestigen met tekenen en wonderen. Hieruit is een bevrijdingsbediening ontstaan en houden we in Nederland en daarbuiten bevrijdingsconferenties om mensen te helpen hun vrijheid in Christus te ontvangen. Door de jaren heen mochten we voor duizenden mensen bidden en hebben we talloze getuigenissen ontvangen van mannen en vrouwen die schoon schip hebben gemaakt en hun vrijheid in Christus hebben ontvangen. Ook kregen we getuigenissen hoe God mensen op een bovennatuurlijke manier lichamelijk had genezen, maar niet in die mate dat we hoorden hoe mensen bevrijd waren uit de duisternis. Ik wist dat God aan een ieder díe mate van geloof geeft die past bij de roeping voor zijn leven. Ik was dankbaar en onder de indruk als ik zag hoe mensen werden bevrijd als Gods Geest in ons midden begon te werken. Maar ik wist ook dat de woorden van Paulus voor mij golden: *Streef dus naar de beste genadegaven* (1 Korintiërs 12:31). Inmiddels weet ik dat de gave die ik op een bepaald moment nodig heb om optimaal te doen wat God van mij vraagt, de beste gave is voor mij.

De psalmdichter roept ons op: *Vraag naar de HEERE en zijn kracht, zoek zijn aangezicht voortdurend* (Psalm 105:4). Aangemoedigd door deze woorden heb ik jarenlang uit bewogenheid God gevraagd om mij meer van zijn kracht te openbaren als we bidden voor de zieken. Tijdens een *Wonder van het kruis*-conferentie in Suriname verhoorde God mijn gebed. Normaal gesproken neem ik de deelnemers in zeven diensten mee in de laatste 18 uur van Jezus' leven, waarin ik stil sta bij de zeven keer dat Jezus voor ons gebloed heeft, om te ontdekken wat dit voor ons betekent en hoe de zeven wonderen van het kruis in ons leven kunnen plaatsvinden. Dit keer hadden we de conferentie moeten inkorten tot vijf diensten, waardoor ik een keuze moest maken of ik zou spreken over het wonder van genezing of over het wonder van bevrijding. Normaal zou ik voor het laatste gekozen hebben, maar deze keer voelde ik hoe de Heilige Geest me leidde om te spreken over genezing. Op dat moment ontving ik een grote mate van geloof en blijdschap dat God zijn liefde op een krachtige wijze in ons midden zou openbaren. Aan het eind van mijn prediking legde ik de mensen uit dat niet alleen ik, maar ook zijzelf voor de zieken zouden bidden. Ik vroeg de zieken die gebed wilden ontvangen op te staan. Na een korte instructie bad eerst ik voor de zieken, waarna overal in de zaal mensen voor elkaar begonnen te bidden. Ondertussen nodigde ik de Heilige Geest uit om mensen met zijn genezende kracht aan te raken in de naam van Jezus. Grote vreugde barstte los toen een vrouw getuigde hoe God haar blinde oog had geopend en hoe vele anderen getuigden van de genezingswonderen in ons midden. Sindsdien zien we meer en meer hoe God zijn hand uitstrekt tot genezing van hen die ziek zijn. Het is waar: als we met de genadegaven van God aan de slag gaan, zullen we later getuigen dat deze steeds sterker gaan functioneren in ons leven, waardoor God ons meer kan toevertrouwen en we in de genadegaven kunnen groeien.

Grote vreugde barstte los toen een vrouw getuigde hoe God haar blinde oog had geopend

EEN KLIMAAT VAN GELOOF

Wie met eerbied en ontzag het Woord van God predikt, de boodschap van het kruis centraal stelt en geloof in de opstandingskracht van Jezus verkondigt, schept een klimaat van geloof waarin ruimte in harten van mensen ontstaat voor het werk van de Heilige Geest. Het creëert een gezond geloofsklimaat, waarin Gods liefde en kracht ervaren en beleefd worden. Het geloofsklimaat kan ook heel deprimerend en neerdrukkend zijn.

Zo stuurde Jezus alle rouwklagers het huis van Jaïrus uit, omdat ze niet konden geloven dat Hij in staat was het overleden dochtertje van Jaïrus uit de dood op te wekken. Ze lachten Hem in het gezicht uit, waarna Jezus hen wegstuurde (Matteüs 9:23-26). Niemand mocht binnenkomen, behalve drie discipelen én de ouders van het kind die getuigen waren van het wonder dat Jezus hier deed (Lucas 8:51). Hierna ging Hij met zijn discipelen op weg naar Nazareth. Het was de stad waar zijn familie woonde en waar Hij was opgegroeid. Op de sabbat gaf Hij hier onderwijs in de synagoge. De mensen die Jezus hoorden spreken stonden versteld van zijn optreden. Ze waren ontdaan en zeiden tegen elkaar: *Waar haalt Hij dat allemaal vandaan? Wat is dat voor wijsheid die Hem gegeven is? En dan die wonderen die zijn handen tot stand brengen! Hij is toch die timmerman, de zoon van Maria en de broer van Jakobus en Joses en Judas en Simon? En wonen zijn zusters niet hier bij ons?* (Marcus 6:2-3a, NBV). Jarenlang hadden ze Jezus gekend als de plaatselijke timmerman. Ze wilden weten waar Hij deze dingen vandaan haalde. Had Hij ze zelf bedacht, van andere rabbi's gehoord of had God werkelijk deze dingen aan Hem geopenbaard? Ze hadden gehoord welke wonderen Hij had gedaan en dat had hen van hun stuk gebracht. In hun vragen klonk de nodige twijfel, ongeloof en zelfs minachting door. *En ze namen aanstoot aan Hem* (Marcus 6:3b). Zij ergerden zich letterlijk aan Jezus en wezen Hem af. Marcus schrijft: *Hij* ***kon*** *daar geen enkel wonder doen* (Marcus 6:5, NBV). Er staat niet dat Jezus geen zieken *wilde* genezen, maar dat Hij het vanwege hun ongeloof in Hem niet *kon*! Het was geen kwestie van onvermogen, het kwam door de houding van zijn stadsgenoten. In Nazareth heerste een klimaat van ongeloof, waardoor zij aanstoot aan Jezus namen en het Hem moeilijk maakten om wonderen in hun midden te doen. Ongeloof kan Gods grootheid in de weg staan. *Hij verwonderde zich over hun ongeloof. En Hij trok de dorpen in de omgeving rond en gaf er onderwijs* (Marcus 6:6). Toch vermeldt Marcus dat Jezus een uitzondering maakte door enkele zieken te genezen die Hij wel de handen oplegde: *Hij kon daar geen kracht doen, maar Hij legde slechts enkele zieken de handen op en genas hen* (Marcus 6:5b). Kennelijk geloofden deze zieken wel in Jezus en kwamen ze met grote verwachting, waarop Jezus hen genas.

Ongeloof kan Gods grootheid in de weg staan

HOOP IS HET KLIMAAT WAARIN GELOOF WERKT

Hoop gaat vooraf aan geloof. Hoop hebben betekent vol vreugde en vertrouwen het goede verwachten. Het betekent dat je geloofsverwachting hebt dat er elk moment iets goeds kan gaan gebeuren: *Wie de HEERE* ***verwachten****, zullen hun kracht vernieuwen, zij zullen hun vleugels uitslaan als arenden* (Jesaja 40:31). God is op zoek naar mensen die Hem verwachten. Zij verwachten dat God hun gebeden verhoort en hen geeft wat ze nodig hebben. De hele Bijbel is doortrokken van deze hoop: *Hoop is het veilige en vaste anker voor onze ziel* (Hebreeën 6:19, NBV). Een anker wordt gebruikt om een schip op een bepaalde plaats te houden en om te voorkomen dat het door de golven een bepaalde kant op wordt gestuwd. Als de golven van twijfel over ons heen slaan en we heen en weer worden geslingerd door allerlei emoties en negatieve gedachten, angst en bezorgdheid, dan kunnen we niet zonder het anker van de hoop. Door de wedergeboorte is diep binnen in ons de zinderende hoop verankerd die leven brengt: *God heeft ons opnieuw geboren doen worden door de opstanding van Jezus Christus uit de dood, waardoor wij leven in hoop* (1 Petrus 1:3, NBV). Hoop die alles onder controle heeft en niet zal toelaten dat ons schip zal wegdrijven of omslaan. Een hoop die met ongekende, onovertroffen zekerheid en vol verlangen naar God uitroept en het van Hem verwacht. Paulus schrijft: *Zo stevig heeft het getuigenis over Christus zich in u verankerd, dat geen enkele genadegave u ontbreekt, terwijl u vol verwachting uitziet naar het moment dat onze Heer Jezus Christus zich zal openbaren* (1 Korintiërs 1:6-7, GN). Hoop doet ons verlangen naar de genadegaven die God geeft én naar de nieuwe hemel en aarde die komen gaan: *Wij verwachten, overeenkomstig zijn belofte, nieuwe hemelen en een nieuwe aarde, waar gerechtigheid woont* (2 Petrus 3:13). We mogen zoveel verwachten als God in zijn Woord belooft. Zo ver als Gods beloften reiken mogen onze verwachtingen gaan.

KOM MET VERWACHTING

Ik wil je aanmoedigen om meer van God te gaan verwachten. Want God reageert op verwachting. Bidden tot God is niet alleen maar vragen, maar ook verwachten dat Hij iets zal doen. *Toen Jezus Kapernaüm binnenging, kwam een Romeins officier naar Hem toe die Hem smekend vroeg: 'Heer, mijn bediende ligt thuis ziek op bed. Hij is verlamd en lijdt vreselijke pijn.' Jezus antwoordde hem: 'Ik ga mee en Ik zal hem genezen.' Maar de officier zei: 'Heer, wie ben ik dat U bij me thuis wilt komen? U hoeft maar een enkel woord te zeggen en mijn bediende wordt beter. Want ik sta wel onder bevel van anderen, maar ik heb ook zelf soldaten onder mij. Zo zeg ik tegen de een: Ga, en hij gaat, en tegen een ander: Kom, en hij komt, en tegen mijn knecht: Doe dit, en hij doet het.' Jezus was verbaasd over wat Hij hoorde en zei tegen de mensen die hem volgden:* ***Ik verzeker u: in Israël ben ik iemand met zo'n groot geloof nog niet tegengekomen*** (Matteüs 8-10, GN). De hoofdman had een groot geloof: een groot vertrouwen in de macht van Jezus. Hij geloofde dat Jezus zijn bediende kon genezen, zelfs als Hij niet ter plekke aanwezig was. Jezus reageerde op zoveel verwachting met de woorden: *Ga heen, u geschiede naar uw geloof* (Matteüs 8:13, NBG). Het woord van Jezus, als antwoord op het geloof van de hoofdman, zette de kracht tot genezing vrij. Op hetzelfde moment genas zijn bediende.

Bidden tot God is niet alleen maar vragen, maar ook verwachten dat Hij iets zal doen

Net als Jezus en Petrus had ook Paulus een ontmoeting met een verlamde man. Tijdens Paulus' prediking was hij een van de toehoorders. Ook hij was vanaf zijn geboorte geheel verlamd. De man had geen kracht in zijn voeten. Hij had nog nooit één stap kunnen zetten, laat staan kunnen rennen of springen. Deze verlamde man had met grote belangstelling naar de prediking van het evangelie geluisterd. Waarschijnlijk heeft Paulus gesproken over de wonderen en genezingen die Jezus verricht heeft. Want de verkondiging had een klimaat van geloof en geloofsverwachting gewekt in het hart van de man en dat was Paulus niet ontgaan. *Hij keek hem doordringend aan en* ***toen hij zag dat hij geloof had om gezond te worden,*** *zei hij met luide stem: 'Sta recht op uw voeten!' En hij sprong op en liep rond* (Handelingen 14:9-10). Paulus had gezien dat de man geloof had ontvangen om genezing te vinden. Hij zal ook gezien hebben dat Gods kracht op de man rustte en zei hem iets te doen wat hij niet kon: rechtop gaan staan en geloven dat hij kracht zou ontvangen om iets te doen wat hijzelf onmogelijk kon. Zijn geloof bleek uit zijn gehoorzaamheid. Op hetzelfde moment stelde Gods genezende kracht hem in staat om op te springen en te gaan lopen. Het wonder gebeurde dat de man, die nooit één stap had kunnen doen, voor het eerst van zijn leven zijn voeten kon gebruiken.

BEPERK GOD NIET

In Psalm 78 beschrijft de psalmdichter hoe God de Israëlieten vele tekenen en wonderen liet zien voordat Hij hen uit de Egyptische slavernij verloste. Hij wist dat ze misleid waren, misbruikt en mishandeld. Hij wilde hen genezen door zichzelf aan hen te geven. Er was niets wat God niet zou hebben gedaan voor zijn volk: *In het land Egypte, in de vlakte van Soan zagen hun voorouders hoe Hij een wonder verrichtte: Hij spleet de zee en voerde hen erdoor, als een dam hield Hij het water tegen. Hij leidde hen met een wolk overdag, in de nacht met een lichtend vuur. Hij spleet de rotsen in de woestijn en leste hun dorst met een watervloed, uit de steen ontsprongen beken, het water stroomde als rivieren* (Psalm 78:12-16, NBV). *Maar het was een opstandige en ongehoorzame generatie. Een generatie die zijn hart niet richtte op God en van wie de geest niet trouw was aan God* (vers 8). Zij vergaten hoe God had ingegrepen, hoe Hij hen van de vijand had bevrijd, hoe Hij grote daden en wonderen had verricht. *Telkens weer stelden zij God op de proef en beperkten de Heilige van Israël* (Psalm 78:41). Omdat mensen God beperken, ontvangen ze niet wat Hij hen wil geven. Wie God begrenst, snijdt zijn eigen toevoerlijn door. Wie God beperkt, sluit Gods hand en komt te kort. Het enige dat wij zullen doen is God niet beperken. Dat is alles wat we vandaag hoeven te doen in onze wandel met Jezus.

NOG STEEDS MEER OVERVLOEDIG

Paulus begint zijn brief aan de gemeente in Filippi met de volgende woorden: *Ik bid dat jullie liefde* nog steeds meer overvloedig *mag zijn in helder inzicht en alle fijngevoeligheid, om te onderscheiden, waarop het aankomt* (Filippenzen 1:9-10a, NBG). Dit is Paulus ten voeten uit. Hij bidt niet dat Gods liefde in ons overvloedig mag zijn. Nee, Paulus gebruikt de allesovertreffende trap: hij bidt dat Gods liefde nog-steeds-meer-overvloedig mag zijn. Het kan niet op. Volgens het woordenboek mag je het Griekse woord voor overvloedig ook vertalen met 'overmatig', 'overbodig' of 'overdadig'. Zo is Gods liefde voor jou!

Overmatig betekent meer dan gewoon. Wat je je nauwelijks voor kunt stellen. Ver buiten het alledaagse vallend. Zo buitengewoon is Gods liefde voor jou!

Overbodig betekent meer dan nodig. Een tikkeltje overdreven. Zo is God, Hij komt jou in zijn liefde tegemoet met rijke zegeningen (Psalm 21:4).

Overdadig betekent meer dan wenselijk. In zeer grote mate. Gods liefde voor jou is uitbundig, onstuimig en tomeloos.

Deze overmatige, overbodige en overdadige overvloed van Gods liefde tilt je boven het niveau van je eigen behoeften uit, waardoor je in staat bent om uit te reiken naar de behoeften van anderen: *God is bij machte elke vorm van genade overvloedig te maken in u, zodat u, wanneer u in alles altijd al het nodige bezit, overvloedig kunt zijn in elk goed werk* (2 Korintiërs 9:8). Je ontvangt zoveel genade, liefde, blijdschap, vrede en kracht dat je rijkelijk kunt uitdelen aan de mensen om je heen: Gods genade die overvloedig is (Romeinen 5:15). Gods liefde die alle kennis te boven gaat (Efeziërs 3:19). Gods vreugde die onuitsprekelijk is (1 Petrus 1:8). Gods vrede die alle verstand te boven gaat (Filippenzen 4:7). En Gods kracht die overweldigend groot is (Efeziërs 1:19). Laat Gods overvloedige liefde je hart masseren en tot leven wekken om meer en meer van Hem te verwachten. Want God is een beloner voor wie Hem ernstig zoeken.

GOD IS EEN BELONER!

Op een ochtend werd ik vroeg wakker en hoorde ik een zachte stem zeggen: 'God is een beloner!' Ik was nog wat soezig en draaide me om. Opnieuw hoorde ik: 'God is een beloner!' De woorden klonken nu zo helder en krachtig alsof er iemand naast me stond. Terwijl ik me afvroeg wat dit betekende, hoorde ik voor de derde keer luid en duidelijk: 'God is een beloner!' Inmiddels was ik wakker genoeg om te beseffen dat deze woorden in de Bijbel staan. Ik ken ze uit mijn hoofd: *Zonder geloof is het onmogelijk God welgevallig te zijn. Want wie tot God komt, moet* geloven ***dat Hij** bestaat en **een beloner*** is *voor wie Hem ernstig zoeken* (Hebreeën 11:6, NBG). Opeens besefte ik dat het mij nooit was opgevallen dat hier expliciet gezegd wordt dat God een beloner is. Meestal had ik in mijn prediking het eerste en laatste deel benadrukt: 'Als je tot God komt moet je geloven dat Hij bestaat. Je moet Hem ernstig zoeken!' Wat er nu uitsprong waren de vier woorden: God is een beloner! Ik was helemaal wakker. Snel pakte ik mijn smartphone en las de tekst in meerdere vertalingen. De Nieuwe Bijbelvertaling zegt: *Zonder geloof is het onmogelijk God vreugde te geven!* Hoe kunnen we God blij maken? Het antwoord is duidelijk: door te geloven dat Hij een beloner is!

Het geloof dat vreugde geeft, is het geloof dat God een beloner is

Het geloof dat vreugde geeft, is het geloof dat God een beloner is. Zo is Hij! Je hoeft er niet je best voor te doen. Je hoeft er zeker geen ernstig gezicht bij te trekken. De NBG-vertaling heeft dit als enige er ten onrechte bij gezet. In de grondtekst vind je het woord 'ernstig' niet terug. Het Griekse woord dat hier met 'ernstig zoeken' is vertaald, duidt op 'in aanbidding tot God naderen'. God zegt niet dat Hij je zal belonen als je een goed christen bent en de Bijbel helemaal uit je hoofd kent. Hij beloont je niet omdat je de meest getalenteerde christen bent, maar omdat je in aanbidding tot Hem nadert. Omdat je naar Hem verlangt. Hij zegt: 'Ik beloon je voor het zoeken naar Mij!' Het Griekse werkwoord voor zoeken betekent letterlijk 'tevoorschijn zoeken'. We zoeken God met heel ons hart om Hem te ontmoeten. Wij zoeken God niet om iets van Hem te krijgen, maar omdat we van Hem houden. We zoeken niet de beloning, maar de Beloner! Maar het is Gods natuur dat Hij ons wil zegenen. Hij beloont ons - zegent ons - omdat ons hart naar Hem uitgaat en we zijn liefde willen ontvangen, beantwoorden en doorgeven. Omdat Hij op de eerste plaats staat. We hoeven er niet ons best voor te doen. We hoeven alleen maar te geloven dat Hij is wie Hij zegt dat Hij is.

In het Griekse woord voor beloner vinden we ook de betekenis van 'teruggeven', 'herstellen' en 'compenseren'. God belooft je zevenvoudig terug te geven wat de vijand heeft gestolen (Spreuken 6:30-31 en Johannes 10:10). Hij belooft je in ere te herstellen in wat er is aangetast (Psalm 91:15). Hij belooft je te compenseren voor wat je omwille van Hem hebt achtergelaten (Marcus 10:29-30). Koning David zei: *Hoe groot is het goed dat U hebt weggelegd voor wie U vrezen, dat U bereid hebt voor wie bij U schuilen* (Psalm 31:20-21). De New Living Translation vertaalt het zo: *How great is the goodness you have stored up for those who fear you.* In de hemel is een compleet pakhuis vol met goedheid opgestapeld voor Gods kinderen. Niet alleen voor als je in de hemel bent, maar ook voor nu, in je dagelijkse wandel met Jezus.

In de hemel is een compleet pakhuis vol met goedheid opgestapeld voor Gods kinderen

God beloont ons niet om wat we doen, maar om wie we voor Hem zijn. In eenheid met Christus zegt God ook tegen ons: 'Jullie zijn mijn geliefde kinderen, Ik vind vreugde in jullie!' (naar Marcus 1:11, NBV). Toen Jezus werd geboren verscheen er een menigte van engelen die God loofde met de woorden: *Eer zij aan God in de hoogste hemelen, en vrede op aarde, in mensen een welbehagen* (Lucas 2:14). God heeft in mensen een welbehagen! Hij heeft ons niet gemaakt om ons te veroordelen, maar om van ons te genieten. Het Hebreeuwse woord voor 'welbehagen' is *ratsah*; het betekent 'behagen scheppen', 'plezier hebben in' en 'genieten van'. God schept behagen in ons! Hij heeft plezier in ons! En Hij geniet van ons! In modern Hebreeuws wordt nog steeds hetzelfde woord gebruikt als je tegen iemand zegt: 'Ik mag jou graag!' Dat is wat God tegen ons zegt. 'In Christus' zijn we immers goedgekeurd en aanvaard als zijn geliefde kinderen. Durf je te geloven dat God van je geniet als Hij naar je kijkt? Dat Hij blij is dat jij er bent? Dat Hij plezier heeft in jou? Misschien is dat wel de grootste beloning.

EEN KONINKLIJK GESCHENK

Jaren geleden speelde de professionele golfer Arnold Palmer een aantal demonstratiewedstrijden in Saudi-Arabië. Toen hij klaar was, was de koning zo onder de indruk dat hij hem een cadeau wilde geven. Omdat Palmer allang multimiljonair was sputterde hij tegen: 'Dat hoeft niet. Ik vond het een eer om in uw land te mogen spelen en uw landgenoten te ontmoeten.' De koning maakte duidelijk dat hij zeer verbolgen was, omdat hij de beroepsgolfer geen geschenk kon aanbieden. Palmer bedacht zich en zei: 'Graag een golfclub dan. Een golfclub zou een prachtig aandenken zijn aan mijn bezoek.' De koning was tevreden. De volgende ochtend kwam er een speciale gezant naar de hotelkamer van Palmer en overhandigde hem de eigendomspapieren van een golfbaan met 36 holes, compleet met bomen, meren en gebouwen. Dit waargebeurde verhaal leert ons dat als een koning je vraagt met welk geschenk hij je kan plezieren, je hem beledigt als je hem om een klein cadeau vraagt.

Jezus heeft gezegd dat Hij is gekomen *opdat wij leven en overvloed hebben* (Johannes 10:10). Leven voor onszelf en overvloed om van uit te delen. Als Jezus 'overvloed' zegt bedoelt Hij niet 'zuinig aan'. Hij bedoelt ook niet 'een beetje' of 'net genoeg'. Als Jezus ons overvloed belooft, mogen we meer verwachten dan nodig is. Want God is een vrijgevige beloner en royaal in zijn goedheid. Op het moment dat alles tegenzit of de feiten Gods beloften lijken te weerspreken, mag je geloven in de goedheid, de zegen en de overvloed van God. Juist dan zul je God eren door vrijmoedig voor zijn genadetroon te naderen en Hem onbeschroomd te vragen wat je nodig hebt. Laat je bemoedigen door wat Paulus schrijft: *Gods macht is oneindig groot. Hij kan alles doen wat wij Hem vragen, of waar wij aan denken, en zelfs nog veel meer* (Efeziërs 3:20, BGT).

God is een vrijgevige beloner en royaal in zijn goedheid

GUN GOD GEEN RUST

Christenen hebben geen 'Sinterklaas-geloof'. We geloven niet in een God die alle wensen op je verlanglijstje vervult. God is ook niet als een automaat die meer levert als er meer of beter gebeden wordt. Toch roept Jesaja ons op om zowel God als onszelf geen rust te gunnen om Hem steeds weer te herinneren aan zijn beloften: ***Gun je geen rust, herinner de Heer aan zijn beloften, steeds weer opnieuw. Gun God geen rust,*** *tot Hij Jeruzalem heeft hersteld en beroemd gemaakt over heel de aarde* (Jesaja 62:6-7, GN). De woorden van Jesaja komen overeen met de gelijkenis van de weduwe in Lucas 18, waar Jezus ons aanspoort om niet te stoppen met bidden als we nog geen verhoring zien. Onophoudelijk klopt de weduwe met lege handen op de deur van de rechter om haar recht te verschaffen.

Het Hebreeuwse woord voor 'herinneren' is *mazkira*. Het betekent dat iemand een ander ergens aan herinnert. Het is het moderne Hebreeuwse woord voor een secretaresse. Zij herinnert haar baas aan zijn afspraken en de zaken waar hij tijd voor vrij moet maken. God roept ons om zijn *mazkira* te zijn en Hem te herinneren aan de vele beloften die Hij heeft gedaan en die nog niet zijn vervuld. Paulus zegt dat *in Christus alle beloften van God worden ingelost; en daarom is het ook door Hem dat we amen zeggen, tot Gods eer* (2 Korintiërs 1:20, NBV). God wil dat je Hem geen rust gunt en Hem herinnert aan alle onvervulde beloften die Hij aan deze wereld - maar ook aan jou persoonlijk - heeft gedaan. Houd jij God aan zijn woord? Gun Hem en jezelf geen rust, totdat de nieuwe hemel en aarde werkelijkheid zijn geworden. Hij vraagt erom.

God roept ons om zijn *mazkira* te zijn en Hem te herinneren aan de vele beloften die Hij heeftgedaan en die nog niet zijn vervuld

BLIJF DE WIL VAN GOD DOEN

God deed zijn belofte aan Abraham toen hij vijfenzeventig jaar oud was en vervulde die pas vijfentwintig jaar later. Het is niet voor niets dat de Hebreeënschrijver zegt: *Want u hebt volharding nodig om, de wil van God doende, te verkrijgen hetgeen beloofd is* (Hebreeën 10:36, NBG). In de tijd dat ik voorganger was kreeg ik van de ene op de andere dag een epilepsieaanval. Het gebeurde nota bene in onze kerkzaal, direct na afloop van de dienst. Plotseling viel ik op de grond, waar ik een half uur lang schuddend heb gelegen, met het schuim op mijn mond - totaal van de wereld. Toen ik bijkwam hoorde ik Aukje zeggen: 'Het komt goed.' Later vertelde ze me dat God op het moment dat ik lag te schokken en te schuimbekken haar de gave van geloof had gegeven voor mijn genezing. Op dat moment ontving ze de zekerheid dat het goed zou komen. Ze bracht me met de auto naar huis. Op elke hoek van de straat in ons dorp hebben we gestopt omdat ik moest overgeven. Ik had me niet eerder zo beroerd en zo moe gevoeld. Na neurologisch onderzoek moest ik de nodige medicijnen slikken, vooral een regelmatig leven leiden (geen stress) en mocht ik geen lange autoritten maken. Voor een voorganger een onmogelijke opdracht. Elke drie maanden werd ik door de neuroloog onderzocht en hield hij me goed in de gaten. Epilepsie maakte een groot deel uit van mijn leven, of ik het wilde of niet. Ik heb niet weer een *grand mal* gehad, maar het gebeurde regelmatig dat ik tijdens mijn preek een epileptisch insult had en me moest vasthouden aan de lessenaar. Het kwam zelfs voor dat ik niet meer wist wat ik wel of niet gepreekt had. In de zeven jaar dat ik ziek was heb ik vele malen voor me laten bidden. Zonder resultaat. Toch heb ik in die zeven moeilijke jaren elke dag mijn vertrouwen op Jezus gesteld en deed ik in gehoorzaamheid wat Hij van me vroeg. Tot die wonderlijke dag aanbrak. Na zeven jaar sprak God tijdens een gemeentebidstond tot mij dat ik voor mijn linker-achter-hersenhelft moest laten bidden.

Ik twijfelde. Uiteindelijk vroeg ik de anderen voor mijn hoofd te bidden. Ik vroeg niet of ze voor mijn linker-achter-hersenhelft wilden bidden. Dat hield ik voor mezelf. Met liefde baden ze voor mijn genezing. Na een paar minuten legde iemand, die net nieuw in onze kerk was, de hand op mijn linker-achter-hersenhelft en sprak de woorden: 'Dank U wel, Here Jezus, dat U zijn linker-achter-hersenhelft genezen hebt.' Hoe was dat in hemelsnaam mogelijk? Ik twijfelde opnieuw. Ik had helemaal niets gevoeld en vroeg me af of ik nu echt genezen was. Daarom maakte ik een afspraak met mijn neuroloog die me na het onderzoek meedeelde dat ik geen medicijnen meer hoefde te slikken. Vanaf die dag ben ik volledig genezen en heb ik nooit meer een epilepsie-aanval gehad. Sinds die tijd begrijp ik waarom de Bijbel ons oproept om zowel met volharding te blijven bidden, alsook de wil van God te blijven doen: doen waar Hij je voor geroepen heeft, om de vervulling van zijn belofte te ontvangen. In deze moeilijke jaren is mijn geloofsvertrouwen in God gegroeid en heb ik geleerd dat gebed altijd met geloof, verwachting en volharding gepaard gaat.

GELOOFSHELDEN SPOREN ONS AAN

De gave van geloof is een bovennatuurlijke belofte van God die je ontvangt voor een specifiek moment en een specifieke situatie. De gave van geloof gaat vaak gepaard met een bovennatuurlijke opdracht of een bovennatuurlijke roeping. De geloofshelden in Hebreeën 11 sporen ons aan om op God te vertrouwen en te volharden als Hij tot ons gesproken heeft.

Henoch is een geloofsheld omdat hij met God wandelde en Hem behaagde: *Door zijn geloof werd Henoch naar elders overgebracht, om niet te hoeven sterven; hij werd niet meer gevonden, omdat God hem had weggenomen. Hij stond immers al vóór zijn opneming bekend als iemand in wie God vreugde vond* (Hebreeën 11:5, NBV).

De gave van geloof gaat vaak gepaard met een bovennatuurlijke opdracht of een bovennatuurlijke roeping

Noach is een geloofsheld omdat hij God gehoorzaamde toen hij de opdracht kreeg om een ark te bouwen (waar hij maar liefst 120 jaar aan gewerkt heeft): *Door het geloof heeft Noach, toen hij een aanwijzing van God ontvangen had van de dingen die nog niet te zien waren, uit ontzag voor God de ark gebouwd, tot redding van zijn gezin. Daardoor heeft hij de wereld veroordeeld en is hij een erfgenaam geworden van de rechtvaardigheid die overeenkomstig het geloof is* (Hebreeën 1:7).

Abraham is een geloofsheld omdat hij God vertrouwde toen hij de opdracht kreeg om zijn vaderhuis te verlaten en op weg te gaan naar een land dat God voor hem bestemd had: *Door het geloof is Abraham, toen hij geroepen werd, gehoorzaam geweest om weg te gaan naar de plaats die hij tot een erfdeel ontvangen zou. En hij is weggegaan zonder te weten waar hij komen zou* (Hebreeën 11:8).

Hij is ook een geloofsheld omdat Hij bereid was zijn enige zoon te offeren, toen God hem op de proef stelde: *Door zijn geloof kon Abraham, toen hij op de proef werd gesteld, Isaak als offer opdragen. Hij die de beloften had ontvangen, was bereid zijn enige zoon te offeren. Terwijl er tegen hem gezegd was: 'Alleen door Isaak zul je nageslacht krijgen,' zei hij bij zichzelf dat het voor God mogelijk moest zijn iemand uit de dood op te wekken, en daarom kreeg hij hem ook terug, bij wijze van voorafbeelding* (Hebreeën 11:17-19, NBV).

Sara is een geloofsheld omdat zij geloofde dat God zijn woord zou houden: *Door het geloof heeft ook Sara, die onvruchtbaar was, de kracht ontvangen om ondanks haar hoge leeftijd nog moeder te worden, omdat ze Hem die de belofte had gedaan, betrouwbaar achtte* (Hebreeën 11:11, NBV).

Mozes is een geloofsheld omdat hij liever met Gods volk kwaad verdroeg dan tijdelijk van de zonde te genieten: *Door het geloof heeft Mozes, toen hij groot geworden was, geweigerd een zoon van de dochter van de farao genoemd te worden. Hij koos ervoor liever met het volk van God slecht behandeld te worden dan voor een ogenblik het genot van de zonde te hebben. Hij beschouwde de smaad van Christus als grotere rijkdom dan de schatten in Egypte, want hij had het loon voor ogen. Door het geloof heeft hij Egypte verlaten zonder bevreesd te zijn voor de toorn van de koning. Want hij bleef standvastig, als zag hij de Onzichtbare* (Hebreeën 11:24-27).

De geloofshelden uit Hebreeën 11 hebben door het geloof koninkrijken overwonnen, gerechtigheid in praktijk gebracht, beloften verkregen, muilen van leeuwen gesloten. Zij hebben de kracht van het vuur geblust, zijn aan de scherpte van het zwaard ontkomen, hebben in zwakheid kracht ontvangen, zijn machtig geworden in de oorlog, hebben legers van vreemden op de vlucht gejaagd en hebben soms hun doden teruggekregen door opstanding uit de dood.

Hetzelfde geloof kenmerkte ook het leven en het levenseinde van de martelaren, die zowel geestelijk als lichamelijk een zwaar lijden moesten doorstaan: *Maar anderen zijn gefolterd en namen de aangeboden verlossing niet aan, opdat zij een betere opstanding verkrijgen zouden. En weer anderen hebben spot en geselslagen verdragen, ja zelfs boeien en gevangenis. Zij zijn gestenigd, in stukken gezaagd, in verzoeking gebracht, met het zwaard ter dood gebracht. Zij hebben rondgelopen in schapenvachten en geitenvellen. Zij leden gebrek, werden verdrukt en mishandeld. De wereld was hen niet waard. Zij dwaalden rond in afgelegen plaatsen en verbleven op bergen, in grotten en in holen in de aarde'* (Hebreeën 11:35b-38). Zij hebben - hoewel zij door het geloof een goed getuigenis van God gekregen hebben - de vervulling van de belofte nog niet verkregen: 'het betere hemelse vaderland' (Hebreeën 11:16) en 'de betere opstanding' (Hebreeën 11:35). *Maar uit de verte hebben ze het gezien en begroet. Ze zijn ervoor uitgekomen, dat ze op aarde vreemdelingen waren, tijdelijke bewoners* (Hebreeën 11:13, GN).

DE GEEST VAN GELOOF

De apostel Paulus heeft als verkondiger van het evangelie ook de nodige vervolging en verdrukking doorstaan. Ook hij is een geloofsheld in het volgen van Christus: *Wij worden in alles verdrukt, maar niet in het nauw gebracht; wij zijn in twijfel, maar niet vertwijfeld; wij worden vervolgd, maar niet verlaten; neergeworpen, maar niet te gronde gericht. Wij dragen altijd het sterven van de Heere Jezus in het lichaam mee, opdat ook het leven van Jezus in ons lichaam openbaar wordt. Want wij die leven, worden voortdurend aan de dood overgegeven om Jezus' wil, opdat ook het leven van Jezus openbaar wordt in ons sterfelijk vlees. Zo is dan de dood werkzaam in ons, maar het leven in u. Maar omdat wij dezelfde* ***Geest van het geloof*** *hebben, overeenkomstig wat geschreven staat: 'Ik heb geloofd, daarom heb ik gesproken,' geloven ook wij, en daarom spreken wij ook* (2 Korintiërs 4:8-13).

De Heilige Geest is de Geest van geloof die je doet uitstijgen boven je omstandigheden en die je het onmogelijke van God doet verwachten

De Heilige Geest is de Geest van geloof die je doet uitstijgen boven je omstandigheden en die je het onmogelijke van God doet verwachten. In Numeri 13 en 14 ontdek je het verschil tussen degenen die de Geest van geloof hebben en hen die dit missen. Mozes stuurde twaalf verspieders - waaronder Jozua en Kaleb - naar het Beloofde Land. Gedurende veertig dagen reisden de mannen samen en verkenden ze het grondgebied dat God hen had beloofd. Alle twaalf hebben met hun fysieke ogen hetzelfde waargenomen, maar hun perspectief werd bepaald door wat in hen was. Kaleb zei: *Laten wij vrijmoedig optrekken, wij zullen het land in bezit nemen, want wij zullen het zeker overmeesteren* (Numeri 13:30). Tien van de spionnen spanden tegen Jozua en Kaleb samen en zeiden: *Wij kunnen onmogelijk tegen dat volk op; ze zijn veel te sterk!* (Numeri 13:31, GN). Wat was het verschil? God zei dat in Kaleb een andere geest was*: Omdat mijn knecht Kaleb* ***een andere geest in zich had*** *en hij Mij volkomen gevolgd heeft, zal Ik hem naar het land brengen, waarheen hij geweest is, en zijn nakomelingschap zal het bezitten* (Numeri 14:24, KJV). Die 'andere geest' was de Geest van geloof. Ook Jozua had de Geest van geloof, waardoor hij met Kaleb het Beloofde Land zou beërven. De spionnen die niet de Geest van geloof hadden, mochten het Beloofde Land niet binnengaan.

De meeste vertalers zeggen dat Kalebs naam 'hond' betekent. Zijn naam zegt iets van zijn karakter. Nooit volgde een hond zijn meester, zoals Kaleb zijn God volgde. Kaleb liep nooit voor God uit, maar bleef dicht bij Hem. Zijn naam heeft nog een andere betekenis: 'één en al hart.' Een passende naam voor de man die God met heel zijn hart volgde. C.H. Spurgeon noemde hem 'een man met een leeuwenhart'. De Geest van de Leeuw van Juda was in hem, waardoor hij evenzeer bereid was om met reuzen te vechten en de druiventrossen te dragen. Hij woonde vijfenveertig jaar in het legerkamp van Israël. Al die tijd volgde hij zijn Heer en koos hij nooit de kant van de rebellerende opstandelingen. Nu hij vijfentachtig jaar oud was geworden, was hij nog even strijdlustig als in zijn jongere jaren. Hij zag met de ogen van zijn hart dat God groter was dan alle obstakels in het Beloofde Land. Hij geloofde dat de opdracht die God hen gaf niet onmogelijk was. Het volk van God stierf in de woestijn, omdat hun visie al eerder was gestorven. Kaleb daarentegen zag in de geest wat Jezus ons heeft geleerd: *Wat bij de mensen onmogelijk is, is mogelijk bij God* (Lucas 18:27).

Het is mijn gebed dat jij als een Kaleb zult zijn, dat je geloofsvertrouwen in God - gedurende alle seizoenen van je leven - zal groeien en in kracht zal toenemen. Ik bid dat jij je laat leiden door *de Geest van geloof* die *het geloof* ***van*** *God* in jou wil planten, waardoor God door jou heen het onmogelijke mogelijk laat worden. Met de schrijver van de Hebreeënbrief wens ik je de volgende woorden van harte toe:

'Het is mijn vurige wens dat je tot het einde toe dezelfde ijver aan de dag blijft leggen, totdat alles waarop je hoopt verwezenlijkt zal zijn, en dat je niet achterblijft maar in het spoor treedt van hen die dankzij hun standvastig geloof ontvangen hebben wat hun beloofd was.'

Naar Hebreeën 6:11-12, NBV

Over de auteur

Wilkin van de Kamp (1961) is getrouwd met Aukje. Na zestien jaar parttime in het onderwijs gewerkt te hebben was Wilkin van 2000 tot en met 2010 fulltime in dienst als voorganger van de Duits-Nederlandse *Euregio Christengemeente* voor eenheid en verzoening. Vanaf 2010 is hij fulltime in dienst bij *Vrij Zijn* en eindverantwoordelijk voor de bediening.

Wilkin weet zich geroepen om mensen te helpen hun identiteit en vrijheid in Christus te ontvangen en te versterken, en om samen met christenen uit alle kerken onze eenheid in Christus te vieren. Om de bediening van Wilkin te ondersteunen is stichting *Vrij Zijn* opgericht. In Nederland is *Vrij Zijn* uitgegroeid tot een beweging van christenen uit allerlei kerken die hun identiteit, vrijheid en eenheid in Christus hebben gevonden en die dit onderwijs willen (helpen) uitdragen. De afgelopen jaren heeft *Vrij Zijn* een eigen uitgeverij, bijbelschool, trainingsschool, magazine en vele tv-producties opgezet. In dit alles wil zij de bevrijdende boodschap van Gods liefde verkondigen.

Wilkin is een echte bruggenbouwer en was als medeoprichter voorzitter van de nationale beweging *Wij kiezen voor eenheid.* Op 6 oktober 2012 was hij gastheer op de Nationale ontmoetingsdag van verootmoediging en verzoening in Den Haag. Nationale kerkleiders en zo'n drieduizend christenen uit tal van kerken beleden God en elkaar schuld voor de negatieve wijze waarop zij over elkaar hebben gesproken en met elkaar zijn omgegaan in het verleden. Deze dag wordt gezien als een doorbraak in de oecumene van kerkelijk Nederland. In 2013 is Wij kiezen voor eenheid opgegaan in het *Nederlands Christelijk Forum*. Wilkin maakt deel uit van de stuurgroep die een open ruimte wil creëren voor nationale kerkleiders om met elkaar hun geloof te delen, vriendschappen aan te gaan en waar zij gemeenschappelijke uitdagingen verkennen en willen aangaan.

Aukje en Wilkin zijn ambassadeurs van de christelijk humanitaire stichting *Pan de Vida*, die inmiddels 42 kinderrestaurants heeft gestart in verschillende sloppenwijken in Peru, waar kinderen elke dag gratis een gezonde maaltijd krijgen. Daarnaast zijn er twee kinderdagverblijven en een kindertehuis opgezet. Hun zoon Carlos woont met zijn vrouw Mariela in Arequipa om leiding te geven aan de verschillende projecten.

Website: www.vrijzijn.nl
Twitter: @wilkinvandekamp
Facebook: facebook.com/wilkinvandekamp

Discipelschap-serie

In deze serie wil Wilkin van de Kamp je helpen om op een gebalanceerde en ontspannen manier de bediening van Jezus voort te zetten.

GROEIEN IN GELOOF

In dit boekje laat Wilkin van de Kamp je aan de hand van de Bijbel en persoonlijke ervaringen het verschil zien tussen *de vrucht van geloof* (die kan groeien) en *de gave van geloof* (die in zichzelf volmaakt is) waardoor de kracht van God wordt vrijgezet en het onmogelijke mogelijk kan worden.

GODS GEEST IN EN OP ONS

De zalving van de Heilige Geest is Gods ontzagwekkende aanwezigheid in ons en Gods kracht op ons om de bediening van Jezus in onze tijd voort te zetten. Wie leert mee te bewegen in de golfbeweging van de Geest zal geestelijk volwassen worden en tot bloei komen om tot zegen te zijn voor anderen.

BEVRIJDING EN GENEZING

Als we bidden voor genezing hebben we te doen met *geopenbaarde kracht* om te genezen. Als wij bidden voor bevrijding hebben we te maken met *gegeven macht* om te bevrijden. Het is belangrijk het verschil te kennen tussen gegeven macht en geopenbaarde kracht om extreme theologie en excessieve praktijk te voorkomen. *Verwacht in 2019.*

ZEGEN EN VLOEK

God wil zijn zegen laten doorwerken tot in maar liefst duizend generaties. Maar als er onrecht plaatsvindt in de familielijn en dit niet als zonde wordt beleden, dan kan dit een negatieve uitwerking hebben op de volgende generaties in de sociale, biologische en geestelijke context. *Verwacht in 2019.*

OORDEEL OF BELONING?

In dit boekje laat Wilkin zien dat de volgelingen van Jezus na hun sterven op grond van hun levenswandel voor de rechterstoel van Christus *beloond* worden, terwijl de ongelovigen op grond van hun levenswandel voor de grote witte troon *geoordeeld* worden. Wij kunnen met vrijmoedigheid voor de rechterstoel verschijnen, want de rechterstoel is voor ons een genadetroon. *Verwacht in 2019.*

VRIJ ZIJN

De boodschap van Gods bevrijdende liefde verspreiden over de hele wereld, dat is de missie van Vrij Zijn.

Vrij Zijn is een bediening en tegelijkertijd een beweging van christenen uit allerlei kerken in Nederland die hun identiteit, vrijheid en eenheid in Christus hebben gevonden en die dit onderwijs willen (helpen) uitdragen waar zij kerken en werken.

Door het hele land houdt *Vrij Zijn* verschillende conferenties die vrij toegankelijk zijn (incl. koffie, thee en lunch). Dagen vol onderwijs, aanbidding, bemoediging en ontmoeting. De jaarlijkse *Vrij Zijn Zomerweek* is een feestelijke conferentie voor alle leeftijden, waarin we met 3.500 deelnemers - uit de gehele breedte van de Kerk - Gods tegenwoordigheid op een bijzondere manier in ons midden ervaren.

Ons YouTube-kanaal *Vrij Zijn TV* biedt gratis onderwijs. Voortdurend verschijnen nieuwe bijbel-animaties en korte filmpjes met inspirerende onderwerpen. Meer dan 7.500 abonnees krijgen een signaal als er weer een nieuw item klaar staat. Je kunt er 24/7 afleveringen terugkijken over thema's als *Wie je bent in Christus* en *Woorden hebben kracht*. Ook vind je er meer dan honderd korte meditaties over allerlei onderwerpen.

Inmiddels hebben zo'n 4.000 studenten de *Vrij Zijn Bijbelschool* gevolgd, waarin we je helpen om je identiteit en vrijheid in Christus te ontdekken en te versterken. De avondbijbelschool vindt plaats in het hart van Nederland (Ede).

Vrij Zijn heeft een eigen uitgeverij die de boeken van Wilkin van de Kamp uitgeeft, waaronder de bestsellers *Het wonder van het kruis, Wie je bent in Christus, Bevrijd van banden, U bent altijd bij mij* en *Waarom grijpt God niet in?*

In de Vrij Zijn-webshop vind je ook E-books, MP3's en DVD's. De baten en royalty's vloeien terug in de stichting om de activiteiten van *Vrij Zijn* mogelijk te maken.

Inmiddels willen steeds meer uitgeverijen in het buitenland onze boeken uitgeven. *Het wonder van het kruis* en een aantal andere titels zijn verschenen in het Duits, Engels, Maleis, Portugees en Spaans.

Een groot deel van onze activiteiten wordt mogelijk gemaakt door onze *Vrij Zijn Vriendenkring.* Zonder toegewijde vrienden die ons financieel ondersteunen kunnen we dit werk niet doen. Naast het kantoorteam heeft *Vrij Zijn* meer dan vierhonderd vrijwilligers die ons helpen om de boodschap van Gods liefde te verkondigen.

Andere titels van de auteur

- Het wonder van het kruis
- Een zevenvoudig geschenk (uitverkocht)
- De zeven wonderen
- Zeven stappen op weg naar vrijheid (uitverkocht)
- Geboren om vrij te zijn (Handboek voor bevrijdingspastoraat)
- Kan een christen gebonden zijn?
- Bevrijd van banden
- Demonie en psychiatrie
- De geheime wereld achter occultisme
- De geheime wereld achter vrijmetselarij
- Hoe behoud ik mijn vrijheid?
- Wie je bent in Christus
- Hoe God naar je kijkt
- U bent altijd bij mij
- Waarom grijpt God niet in?
- God speelt geen enkele rol in mijn leven...
- Woorden hebben kracht
- Wat seks met je doet
- De droom van God
- Geef God een kans (uitverkocht)
- Mag God het doen? (uitverkocht)
- Wij kiezen voor eenheid
- Roddelen doe ik niet
- Begin je dag met God (dagboek)
- De laatste 18 uur (werkboek)
- Gods Geest in en op ons

Aanbevolen boek

Auteur: Wilkin van de Kamp
Aantal pagina's: 400
Prijs: € 24,95

Begin je dag met God (dagboek)

Een dagboek met 365 levenslessen en waardevolle pareltjes uit de Bijbel.

Na de succesvolle *Vrij Zijn TV*-serie *Begin je **week** met God* is nu het dagboek *Begin je **dag** met God* uitgekomen.

Elke dag behandelt Wilkin van de Kamp een tekst uit de Bijbel die je inspireert om de nieuwe dag die God je geeft vol verwachting in te gaan.

Laat je een jaar lang onderdompelen in het onderwijs over identiteit, vrijheid en eenheid in Christus. Om je hart te raken en je leven te veranderen.

Het project 'De zeven wonderen'

Ik spreek graag over de zeven wonderen van het kruis, omdat het mijn leven totaal veranderd heeft. Sinds ik het boek *Het wonder van het kruis* schreef, staat mijn leven in het teken van het kruis. Voor mij is het wonder van het kruis het wonder van Gods liefde. Het is het bovennatuurlijk ingrijpen van God in deze wereld, in mijn wereld. Het verhaal van het kruis is een verhaal vol wonderen. Wonderen op de aarde en wonderen in de hemel. Wonderen zijn bovennatuurlijk, bovenmenselijk. Ook het wonder van het kruis, dat het grootste wonder van alle wonderen is. Ik ben dankbaar dat ik op zoveel plaatsen en in zoveel landen mag spreken over de zeven wonderen van het kruis en dat ik vervolgens getuige mag zijn van de vele wonderen die God doet in mensenlevens.

Nooit had ik durven denken dat *Het wonder van het kruis* een bestseller zou worden en in zoveel talen vertaald zou worden. Eigenlijk snap ik nog steeds niet hoe dit allemaal heeft kunnen gebeuren. Het kan niet anders dan dat Gods zegen er op rust. De afgelopen jaren zijn we telkens weer benaderd met het verzoek om *Het wonder van het kruis* te vertalen. Dankzij de inzet van uitstekende vertalers en toegewijde sponsors zijn er inmiddels een vertalingen in het Engels, Spaans, Duits, Portugees, Frans, Russisch en Hongaars. We zijn blij met uitgevers in verschillende landen die geloven in deze boodschap en het boek hebben uitgegeven. Samen mogen we deze boodschap in steeds meer landen en talen laten klinken.

We hebben een zeventalige website opgezet (Engels, Spaans, Nederlands, Duits, Frans, Russisch en Chinees). Omdat veel landen geen leescultuur maar een beeldcultuur hebben, wilden we dat deze internationale website een zeer beeldend karakter zou krijgen. Ik maakte een samenvatting van *Het wonder van het kruis* en vroeg Glenn van der Mull om hier illustraties bij te maken. Een jaar lang heeft Glenn hier vol overgave aan gewerkt.

Glenn wist de zeven wonderen van het kruis in meer dan vijftig (!) indrukwekkende illustraties te verbeelden. Heel bewust koos hij ervoor om geen gebruik te maken van professionele fotomodellen. Hij wilde dat het buitengewone verhaal van Jezus het levensverhaal zou kruisen van heel gewone mensen. De prachtige platen zijn door Glenn ook verwerkt in de animatieserie *De zeven wonderen.* Deze serie heeft in Amerika een *Crown-Award voor Best Church Clip gewonnen.*

In 2015 ben ik met een televisiecrew naar Jeruzalem gereisd om daar de televisieserie *De zeven wonderen in Jeruzalem* op te nemen. In deze zevendelige serie ga ik in Jeruzalem op zoek naar de zeven plaatsen waar Jezus heeft gebloed om te ontdekken wat dit voor ons betekent. Deze serie heeft in Amerika een *Crown-Award voor Best International Film* gewonnen.

BEST CHURCH CLIP
2017 ICVM

BEST INTERNATIONAL FILM
2017 ICVM

Het hele project komt samen in het werkboek *De laatste 18 uur.* Een bijbelstudie die we speciaal voor Pasen hebben opgezet. Laat je in de veertig dagen voor Pasen dagelijks meenemen in de laatste 18 uur van Jezus en nodig anderen om deze reis samen te maken. Het studiemateriaal is uitermate geschikt om in kleine groepen te behandelen.

Bezoek onze internationale website **de7wonderen.nl** en maak deze bekend bij al je familieleden en vrienden in binnen- en buitenland. Hier kun je gratis alle illustraties van *De zeven wonderen* downloaden ter ondersteuning van bijbelstudies en predikingen over de zeven wonderen van het kruis.

Samen mogen we de Kerk wereldwijd helpen een nieuw zicht te krijgen op de grootheid van het kruis!

Wilkin van de Kamp

Eindnoten

1. Matteüs 6:30; 8:26; 14:31 en 16:8. Lucas 12:28.

2. Andere vertalingen die de woorden van Jezus letterlijk weergeven:

   - Young's Literal Translation: *And Jesus answering saith to them,* ***'Have faith of God.***
   - Neues Leben, die Bibel: *Da sagte Jesus zu den Jüngern:* ***»Habt den Glauben Gottes.«***

   Deze constructie komt vaker voor, bijvoorbeeld in:

   > Romeinen 3:22, SV: ... *rechtvaardigheid Gods door* ***het geloof van Jezus Christus.***

   > Galaten 2:16, SV: *Doch wetende, dat de mens niet gerechtvaardigd wordt uit de werken der wet, maar door* ***het geloof van Jezus Christus.***

   > Galaten 3:22, SV: ... *opdat de belofte uit* ***het geloof van Jezus Christus*** *aan de gelovigen zou gegeven worden.*

3. *The real faith,* Charles S. Price, online book: www.hopefaithprayer.com/the-real-faith-charles-s-price

4. Vertaling: *'Ik spreek niet op eigen initiatief, maar de Vader die in Mij blijft, doet zijn werk door Mij.'*

5. *The real faith,* Charles S. Price, online book: www.hopefaithprayer.com/the-real-faith-charles-s-price

6. De negen gaven van de Geest zijn te verdelen in drie groepen van drie (1 Korintiërs 12:4-11):

   1. *De openbaringsgaven* ('de ogen van God'): woord van wijsheid, woord van kennis en het onderscheiden van geesten.
   2. *De krachtgaven* ('de handen van God'): **gave van geloof**

(pistis), gaven van genezing, kracht om wonderen te verrichten.

3. *De inspiratiegaven* ('de mond van God'): profetie, spreken in tongen en het vertalen van tongen.

7. Andere vertalingen die dezelfde keuze maken:
- King James Bible: *And* ***the prayer of faith*** *shall save the sick, and the Lord shall raise him up.*
- English Standard Version: *And* ***the prayer of faith*** *will save the one who is sick, and the Lord will raise him up.*
- American Standard Version: *And* ***the prayer of faith*** *shall save him that is sick, and the Lord shall raise him up.*
- Evenals de Douay-Rheims Bible, Darby Bible Translation, English Revised Version, de Webster's Bible Translation, Weymouth New Testament, World English Bible, Aramaic Bible in Plain English, Holman Christian Standard Bible, NET Bible, Young's Literal Translation e.a.

8. Lees: Matteüs 4:23-24; 8:16-17; 9:35; 12:15; 14:14,34-36; 15:30-31; 19:2; 21:14; Marcus 1:32-34,39; 6:56. Lucas 4:40; 6:17-19; 7:21; 9:11; 17:12-17.

9. *Die hun eigen geweten als met een brandijzer hebben toegeschroeid* (1 Timoteüs 4:2). *Want nu zien wij nog door een spiegel, in raadselen, doch straks van aangezicht tot aangezicht. Nu ken ik onvolkomen, maar dan zal ik ten volle kennen, zoals ik zelf gekend ben* (1 Korintiërs 13:12, NBG).

10. *Een kracht tot genezing,* John Wimber & Kevin Springer, Gideon, 1987, blz. 54-58.

மனசே, ரிலாக்ஸ் ப்ளீஸ்!

பாகம் II

சுவாமி சுகபோதானந்தா

விகடன் பிரசுரம்

Title : MANASAE, RELAX PLEASE (Volume-II)

Author : © SWAMI SUGAPODHANANDHA

ISBN : 81-89780-45-X (Volume-II)

விகடன் பிரசுரம் : **42**

நூல் தலைப்பு : **மனசே, ரிலாக்ஸ் ப்ளீஸ்! (பாகம்-II)**

நூல் ஆசிரியர் : **© சுவாமி சுகபோதானந்தா**

தொகுப்பு : **வேல்ஸ்**

நூல் வடிவமைப்பு : **திருமலை**

முதற்பதிப்பு : **டிசம்பர், 2003**

ஆறாம் பதிப்பு : **ஏப்ரல், 2007**

விலை : **ரூ. 100**

பதிப்பாளர் : **பா.சீனிவாசன்**

துணைத்தலைவர் : **ஆர்.வெங்கடேஷ்**

பொறுப்பாசிரியர் : **பொன்ஸீ**

உதவி ஆசிரியர்கள் : **முருக சிவகுமார்**
கதிர்பாரதி
சா.இலாகுபாரதி

வடிவமைப்பு : **மு.ராம்குமார்**
அ.அன்பழகன்
மு.க.ரவிச்சந்திரஹாசன்

விகடன் பிரசுரம்,

757, அண்ணா சாலை, சென்னை-600 002.

எடிட்டோரியல் பிரிவு போன் : **091-44-42139697**

விற்பனை பிரிவு போன் : **091-44-28411679, 28524074.**

e-mail : **publications@vikatan.com**

என்னுரை

'அதெப்படி எங்கள் மனங்களை அரித்துக் கொண்டிருக்கிற கேள்விகளுக்கெல் லாம் சொல்லி வைத்தாற்போல் இவர் பதில் தருகிறார்?'

விகடனில், 'மனசே, ரிலாக்ஸ் ப்ளீஸ்!' தொடரை சுவாமி சுகபோதானந்தா துவங்கியதிலிருந்தே வாரந்தோறும் வாசகர்களிடமிருந்து வியப்புடன் எங்களுக்குக் கடிதங்கள் வந்துகொண்டே இருக்கும்.

'ஆமாம் சுவாமிஜி... எங்களுக்கும்தான் இது புரியவில்லை... அதெப்படி இருக்கிற இடத்திலிருந்தே வாசகர்களின் மனங்களைப் படித்துவிட்டு, உங்களால் அத்தியாயங்களை எழுத முடிகிறது?' என்று சுவாமி சுகபோதானந்தாவிடமே நாங்கள் ஒரு முறை கேட்டோம்.

'இது மிகச் சுலபம்! அன்றாடம் நேரிலும், தொலைபேசியிலும் தபால் மூலமும், இ-மெயில் மூலமும் எத்தனையோ பேர் என்னிடம் தொடர்பு கொள்கிறார்கள். அவர்கள் தங்கள் குடும்பத்தில், பணியிடத்தில், நண்பர்களிடத்தில் எதிர்கொள்ளும் சங்கடங்களை என்னிடத்தில் சொல்லி தீர்வு கேட்கிறார்கள். நானும் சொல்கிறேன்! என்னிடத்திலே பத்துப் பேர் வைக்கின்ற சொந்த வாழ்க்கைச் சிக்கல்கள்தான் பல்லாயிரக்கணக்கானவர்களின் பிரச்னைகளாக இருக்கிறது. அதைத்தான் நான் தொடர்ந்து எழுதுகிறேன்' என்றார் சுவாமிஜி.

நிஜம்தான்! சுவாமி சுகபோதானந்தாவின் கட்டுரைகளில் வரிக்கு வரி எதிரொலிப்பவை நிஜ வாழ்க்கைப் பிரச்னைகள். அவற்றைத் தீர்த்துக் கொள்வதற்கு அவர் சொல்லும் தீர்வுகளும் நடைமுறையில் மிக மிகச் சாத்தியமானவை.

அதனால்தான், முதன்முதலில் விகடனில் அவரது கட்டுரைத் தொடர் வெளியானபோதும் சரி... அதுவே புத்தகமாக தொகுக்கப்பட்டு கடைகளுக்கு வந்தபோதும் சரி... ஆரவாரமான வரவேற்பைப் பெற்றது.

முதல் பதிப்பு விற்பனைக்கு வந்த வேகத்திலேயே வாசகர்கள் போட்டி போட்டு அள்ளிக்கொண்டு போய்விட, அடுத்தடுத்த பதிப்புகளுக்கு அவசியம் ஏற்பட்டது. தமிழ் பதிப்பக வரலாற்றில் ஒரு சாதனையாக, இரண்டரை லட்சம் பிரதிகளைத் தாண்டி அந்தப் புத்தகம் விற்றது. இப்போதும் விற்றுக் கொண்டிருக்கிறது.

அதன்பிறகு, சுவாமிஜியின் எழுத்துகள் இரண்டாவது பாகமாக விகடனில் வெளியாகத் துவங்கியபோதும் சற்றும் குறையாத வரவேற்பு. இந்த முறை, அவரது பல்வேறு சுற்றுப்பயணங்களில் எடுத்த உற்சாகம் ததும்பும் புகைப்படங்களையும் சேர்த்து, புதிய பரிமாணம் மற்றும் புதிய வீச்சுடன் அமைக்கப்பட்டிருந்த கட்டுரைகள் ஜம்மென்று களைகட்டின.

அதன் தொகுப்பு இதோ புத்தக வடிவில் - உங்கள் கைகளில்!

நன்றி.

எஸ். பாலசுப்ரமணியன்
ஆனந்த விகடன்

19.12.03

மனசே, ரிலாக்ஸ் ப்ளீஸ்! பாகம் II

மனசே,

பிரசாதம்.. மகா பிரசாதம்!

குதிரை போல இருப்பான் அவன். மிகக் கம்பீரமான தோற்றம். காற்றில் அலையும் தலைமுடி. நேர்த்தியான உடைகள். புன்னகை பாடும் கண்கள். பெயர் சொன்னாலே 'ஓ அவரா!' என்று கேட்கும் அளவுக்கு பெங்களூர் ராக் இசை ரசிகர்களிடையே பிரபலம் அந்த இளைஞன். பெயர், புகழ், தேவைக்கு அதிகமாகவே வந்துசேரும் பணம் என ஆண்டவனால் ஆசீர்வதிக்கப்பட்டவன் அந்த இளைஞன்.

அவன் ஒரு நாள் பெங்களூரில் என்னை சந்தித்தான். 'அவனா இவன்!' என்று அதிர்ச்சியடையும் அளவு நொறுங்கிப் போயிருந்தான்.

அந்த இளைஞன் என்னிடம் சொன்னதை வார்த்தை மாறாமல் அப்படியே உங்களிடம் பகிர்ந்துகொள்கிறேன்.

"எங்கள் குடும்பம் சந்தோஷத்துக்குக் குறைவே இல்லாத, குதூகலமான ஒரு குடும்பம்.

அன்று என் இருபத்திரண்டாவது பிறந்தநாள். நான் உடைந்து உதிர ஆரம்பித்ததும் அன்றுதான். ஆம்... என் தாய் வேறு ஒருவனோடு உல்லாசமாக இருந்ததை அன்றுதான் நாங்கள் பார்த்தோம். அப்பாவோடும் தங்கையோடும் கடைவீதிக்குச் சென்றுவிட்டு வீடு திரும்பியபோதுதான் அதைப் பார்க்க நேர்ந்தது.

அம்மாவைக் கண்டித்தார் அப்பா. தங்கை நெஞ்சு வலிக்க அழுதாள். எங்கே மிகமோசமாக நடந்து கொண்டு விடுவேனோ என்ற பயத்தில் நான்

ரிலாக்ஸ் ப்ளீஸ்!

என்னைக் கட்டுப்படுத்திக்கொண்டு மௌனமாக இருந்தேன். ஆனால், என் தாயை எதுவுமே கரைக்கவில்லை. இனி மறைப்பதற்கு எதுவும் இல்லை என்று அவனுடனேயே வீட்டைவிட்டு ஓடிப்போய்விட்டாள்.

ஒருசில நாட்களிலேயே என் அப்பா முழுநேரக் குடிகாரராகி விட்டார். அடுத்த சில வாரங்களிலேயே என் தங்கை, தன் காதலனுடன் சேர்ந்து வாழ்வதற்காக வீட்டைவிட்டே கிளம்பிவிட்டாள்.

என் சோகம் இதோடு நின்றிருந்தால்கூட நான் ஆறுதலடைந்திருக்க சாத்தியம் உண்டு.

ஏழு எட்டு இரவுகளுக்குள்ளேயே அவனுக்கு என் தங்கை சலித்துவிட்டாள். வீட்டைவிட்டுத் துரத்தி விடப்பட்டாள். என் தங்கை போன இடம் தெரிய வில்லை. ஊர் ஊராகத் தேடினேன்... கண்டுபிடிக்கவே முடியவில்லை.

என் தங்கை காணாமல் போய் ஒரு வருடமிருக்கும். ஒரு நாள் எனது குடும்ப நண்பர் ஒருவர் அந்த அதிர்ச்சித் தகவலைத் தந்தார். 'உன் தங்கைக்குப் பைத்தியம் பிடித்துவிட்டால், அவளை மனநலம் குன்றியவர்கள் விடுதியில் சேர்த்துவிடுவதா?' என்று என்னிடம் கோபப்பட்டார். பதறிப்போன நான் அவரிடம் விலாசம் கேட்டு அந்த விடுதிக்கு ஓடினேன். அங்கே... கிழிந்த நாராக என் தங்கை ஒரு மூலை யில் சுருண்டு படுத்திருந்தாள்.

'ஒரு வாரம் இருக்கும் சார். ரெட் லைட் ஏரியாவில் இருக்கும் சில பெண்கள் இவளை இங்கே கொண்டு வந்து சேர்த்தார்கள்' என்றார், அந்த விடுதியின் காப்பாள ராக இருந்த பெண்மணி.

இடைப்பட்ட ஒரு வருட

காலத்தில் என்ன நேர்ந்திருக்கும் என்று என்னால் யூகிக்க முடிந்தது.

தானாகக் குளிக்கவோ உடைமாற்றிக் கொள்ளவோ முடியாத அளவுக்கு சுயநினைவு இல்லாத தங்கையைத் தன்னந்தனி ஆண்மகனாக இருந்து கவனித்துக் கொள்வது எத்தனை பெரிய துன்பம் என்பதை விளக்க வேண்டியதில்லை.

ஒரு நாள் வேலை விஷயமாக வெளியே போய்விட்டு மாலையில் வீடு திரும்பினேன். வீட்டின் எதிரே என் மோட்டார்பைக்கை நிறுத்தக்கூட இல்லை... 'என்ன மனுஷன்யா நீ... உன் தங்கச்சிக்குத்தான் புத்தி சரியில லைன்னு தெரியும். உங்கப்பனும் ஒரு குடிகாரன். நீ இந்தப் பக்கம் போன துமே அவன் அந்தப் பக்கம் சாராயக் கடையைத் தேடிட்டுப் போயிட் டான். போ... போய்ப் பார்... உன் தங்கச்சி உடம்புல பொட்டுத் துணி கூட இல்லாம மார்க்கெட்டுல டான்ஸ் ஆடிட்டு இருக்கா..' என்று அக்கம் பக்கத்தில் இருந்தவர்கள் சொன்னபோது நான் நெருப்பில் விழுந்த புழுவாகத் துடித்தேன். கையில் கிடைத்த புடவையைச் சுருட்டி எடுத்துக்கொண்டு கதறி அழுதபடி மார்க்கெட்டுக்கு ஓடினேன்.

அங்கே பிறந்தமேனியாக என் தங்கை- சுயநினைவு இன்றி. சாலையோரமாக அவளைச் சுற்றி ஒரு கூட்டமே நின்று வேடிக்கை பார்த்துக் கொண்டிருந்தது. ஒரு மாதிரி அவளை மீட்டு வீட்டுக்கு இழுத்து வந்தேன்.

அடுத்த நாள் அவளை ஒரு மனநல மருத்துவரிடம் அழைத்துச் சென்றேன். அவளைப் பரிசோதித்த டாக்டர் என்னென்னவோ சிகிச்சைகள் கொடுத்தார். எதுவும் பலன் அளிக்கவில்லை. கடைசியில் ஒரு நாள் என்னைத் தனியாக அழைத்து 'சிவப்பு விளக்குப் பகுதியில் இருந்தபோது உங்கள் தங்கை தொடர்ந்து பலாத்காரம் செய்யப் பட்டிருக்கிறாள். அது போன்ற தருணம் ஒன்றில்தான் அவள் மனநிலை பாதிக்கப்பட்டிருக்கக்கூடும். எனவே யாராவது ஒருவர் உங்கள் தங்கையுடன் உறவு கொண்டால் அந்த அதிர்ச்சியில் ஒருவேளை அவள் குணமடையக்கூடும். அதனால் உங்களுக்குத் தெரிந்த யாரையாவது அழைத்து வாருங்கள்!' என்றார்.

எனக்கு அழுகை முட்டிக்கொண்டு வந்தது. என் தர்மசங்கடத்தைப் புரிந்துகொண்ட அந்த டாக்டரே அதற்கும் உதவுவதாகச் சொன்னார்.

தங்கை குணமானால் போதும் என்ற மனநிலையில் இருந்த நான் தலையாட்டினேன். டாக்டரின் இந்த வைத்தியம் ஒரு வார காலம் தொடர்ந்து நடந்தது. அந்தச் சந்தர்ப்பத்தில்தான் ஒரு நாள் அந்த டாக்டர் ஒரு அயோக்கியன், வக்கிரபுத்தி பிடித்து அலைபவன் என்பது புரிந்தது.

அதன் பிறகு எந்த டாக்டரிடமும் போகவில்லை. வீட்டுக்குள்ளேயே வைத்து தங்கையைக் கவனித்து வந்தேன்.

ஒரு நாள் காலையில் எழுந்து பார்த்தேன். தங்கையைக் காண வில்லை. படபடப்புடன் ரயில்நிலையம் பக்கமாகத் தேடிச்சென்ற எனக்குத் தாளமுடியாத அதிர்ச்சி காத்திருந்தது.

'ஆமா... சிவப்பு சுடிதார் போட்ட ஒரு பொண்ணு மும்பை ரயிலில் ஏறிப்போச்சு... குண்டா வெத்திலை மென்னுட்டு இருந்த ஒரு பொம்பளைதான் டீதண்ணி வாங்கிக் கொடுத்துக் கூட்டிட்டுப் போகுது. ஆமா, நீ ஏன் அந்த பொண்ணைப் பத்திக் கேட்கிற? அது என்ன, உன்னோட பார்ட்டியா?' என்று ஒரு போர்ட்டர் கேட்டார். நான் என்ன செய்கிறேன் என்று தெரியாமல் அந்த போர்ட்டரை ஓங்கிக் கன்னத்தில் அடித்துவிட்டேன். இதைப் பார்த்த மற்ற போர்ட்டர்கள் என்னைத் துவட்டி எடுத்துவிட்டார்கள். ஒரு வார காலம் சிகிச்சை எடுத்துக்கொண்டு இப்போதுதான் நர்ஸிங் ஹோமில் இருந்து வெளியே வந்திருக்கிறேன். என் தங்கையைத் தேடுவதற்கு என் உடம்பில் தெம்பு இல்லை. மனதிலும் வலிமை இல்லை."

அந்த இளைஞனால் மேற்கொண்டு பேசமுடியவில்லை. வாய்விட்டு நெடுநேரம் அழுதான். பிறகு ஆத்திரத்துடன்...

"கர்த்தர் ஏன் என்னை இப்படிச் சோதிக்கிறார்? நான் என்ன பாவம் செய்தேன்? என் தங்கை என்ன பாவம் செய்தாள்?

சோதிப்பதற்கு ஒரு அளவு வேண்டாமா? கருணையே உருவான கடவுள் ஏன் இப்படி அடுக்கடுக்காகச் சோதிக்கிறார்?" என்று கேட்டுச் சின்னக் குழந்தை போல தேம்பித் தேம்பி அழுதான்.

அந்த இளைஞனின் மனம் சமநிலை அடையும்வரை காத்திருந்துவிட்டுச் சொன்னேன். 'இயற்கையில் நடைபெறும் ஒவ்வொரு விஷயத்துக்கும் நாம் காரணம் கண்டுபிடிக்க முடியாது. சக்ராயுத பாணியாக மகாவிஷ்ணு விளங்குவது தீமையை

அழிப்பதற்கு மாத்திரமல்ல; உலகில் துக்கமும் சந்தோஷமும் மாறி மாறிவரும் என்பதை உணர்த்துவதற்காகவும்தான்.

ஓடிக்கொண்டிருக்கும் நதியை நம்மால் பின்னோக்கி ஓடச்செய்ய முடியாது. அதுபோலத்தான் நடந்து முடிந்துவிட்ட விஷயங்களை நம்மால் மாற்ற முடியாது.

உங்களின் சோகம் மிகப் பெரியது. அதனால் அதை நியாயப்படுத்துவ தற்காக இதைச் சொல்வதாக எடுத்துக் கொள்ளவேண்டாம்' என்று சொல்லிவிட்டு, அவரிடம் நான் சொன்ன விஷயம் இது.

ஒரு பெரிய பிரச்னையோ அல்லது கஷ்டமோ வரும்போதுதான் மனிதனுக்கு அவனின் ஐம்புலன்களும் விழித்துக் கொள்கின்றன. இந்தச் சோதனையில் இருந்து மீண்டுவருவது எப்படி என்று அவன் திட்டமிட்டுச் செயல்படும்போதுதான் அவனது விழிப்புஉணர்வு உச்சகட்டத்தில் செயல்படுகிறது.

அதனால் பிரச்னைகளையும் கஷ்டங்களையும் கடவுள் நமக்குக் கொடுப் பது நம்மை மேம்படுத்துவதற்கு என்று ஏன் எடுத்துக் கொள்ளக்கூடாது?

விதை என்ற அந்தஸ்தை இழந்தால்தானே அது செடியாக மாறமுடியும்?

செடி என்ற அந்தஸ்தை இழந்தால்தானே அது மரமாகப் பூத்துக் குலுங்க முடியும்?

ஒன்றை இழந்தால்தான் இன்னொன்று கிடைக்கும். இதுதான் இறைவனின் நியதி.

திபெத் நாட்டில் ஒரு பண்டிகை கொண்டாடுவார்கள். அந்தப் பண்டிகை ஆரம்பிப்பதற்கு வெகுநாள் முன்பே உயிரைக் கொடுத்து ரங்கோலி மாதிரியான கலையம்சம் நிறைந்த ஓர் ஓவியத்தைத் தீட்டுவார்கள். ஒருமித்த மனநிலையோடும் ஒன்றுபட்ட சிந்தனையோடும் கவனமாகத் தீட்டப்படும் அந்த ஓவியத்தை, பண்டிகை நாளன்று ஆற்றங்கரைக்குக் கொண்டுபோய் ஒருமுறை ஆசையாகப் பார்த்து விட்டு ஆற்றுநீரில் கரைத்துவிடுவார்கள்.

பற்றற்று வாழ்க்கையை நடத்த மக்களைத் தயார்ப்படுத்துவதுதான் இந்தச் சடங்கின் குறிக்கோள்.

கடிகாரத்தின் பெண்டுலம் இடது பக்கத்துக்கும் வலது பக்கத்துக்கும் மாறிமாறிச் செல்வதைப்போல வாழ்க்கையில் வெற்றியும் தோல்வியும் சுகமும் துக்கமும் மாறிமாறி வரும்.

'சுகம் என்பது ஆண்டவன் கொடுக்கும் பிரசாதம்.

துக்கம் என்பதும் ஆண்டவன் கொடுக்கும் மகாபிரசாதம்.'

– ஆதிசங்கரரின் ஆயிரம் அர்த்தங்கள் நிறைந்த அருளுரை இது!

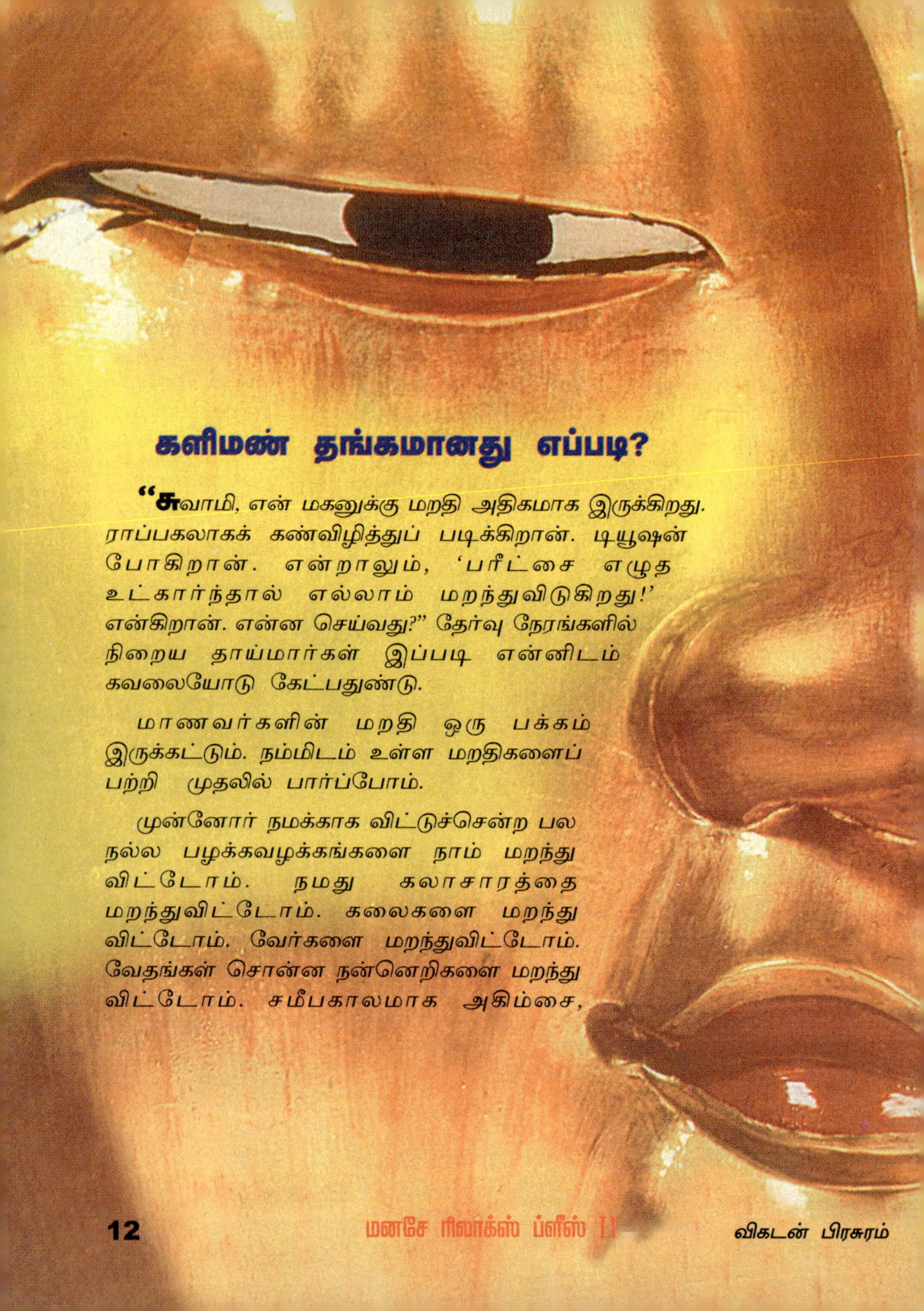

களிமண் தங்கமானது எப்படி?

“சுவாமி, என் மகனுக்கு மறதி அதிகமாக இருக்கிறது. ராப்பகலாகக் கண்விழித்துப் படிக்கிறான். டியூஷன் போகிறான். என்றாலும், ‘பரீட்சை எழுத உட்கார்ந்தால் எல்லாம் மறந்துவிடுகிறது!’ என்கிறான். என்ன செய்வது?” தேர்வு நேரங்களில் நிறைய தாய்மார்கள் இப்படி என்னிடம் கவலையோடு கேட்பதுண்டு.

மாணவர்களின் மறதி ஒரு பக்கம் இருக்கட்டும். நம்மிடம் உள்ள மறதிகளைப் பற்றி முதலில் பார்ப்போம்.

முன்னோர் நமக்காக விட்டுச்சென்ற பல நல்ல பழக்கவழக்கங்களை நாம் மறந்து விட்டோம். நமது கலாசாரத்தை மறந்துவிட்டோம். கலைகளை மறந்து விட்டோம். வேர்களை மறந்துவிட்டோம். வேதங்கள் சொன்ன நன்னெறிகளை மறந்து விட்டோம். சமீபகாலமாக அகிம்சை,

சகிப்புத்தன்மை போன்ற நல்ல குணங்களையும் நம்மில் சிலர் மறந்துவிட்டோம்.

பல வருடங்களுக்கு முன்பு தாய்லாந்து நாட்டில் நடந்த ஓர் உண்மைச் சம்பவத்தைப் பாருங்கள்.

ஏதோ ஒரு நிர்ப்பந்தம் காரணமாகத் தொன்மை வாய்ந்த ஒரு கோயிலில் இருந்த புத்தரின் களிமண் சிலையை வேறு ஓர் இடத்துக்கு எடுத்துச் செல்லவேண்டிய கட்டாயம். மிகுந்த பயபக்தியோடும் பாதுகாப்போடும் அதை ஒரு பெரிய லாரியில் எடுத்துச் சென்றனர். செல்லவேண்டிய இடத்தை அடைவதற்குள் திடுமென இடியோசை... மின்னல் வெட்டுக்கள்! வானமே பொத்துக் கொண்டதுபோல பெரும் மழை பொழிந்தது.

சிலையைத் தாங்கிவந்த லாரி சாலை ஓரமாக நிறுத்தப்பட்டது. உதவியாளர்களில் சிலர் புத்தர் சிலைக்குக் குடை பிடித்தனர். சிலர் தென்னங்கீற்று ஓலைகளை எடுத்துவந்து கூரைமாதிரி சிலைக்கு மேலே கட்டினர். அப்படியும் மழைநீர் புத்தர்சிலை மீது விழுந்தது. சிலையைப் பாதுகாக்க என்ன செய்யலாம் என்று குரு யோசிப்பதற்குள் சுழன்றடித்த சூறாவளிக் காற்றில் சிலைக்கு மேலே கட்டப்பட்டிருந்த தென்னை ஓலைகள் பிய்த்துக்கொண்டு பறந்தன. மழை கொட்டோ கொட்டென்று கொட்ட, புத்தர்சிலை கரையத் தொடங்கியது.

தொன்மையான புத்தர்சிலை கரைவதைப் பார்த்து பக்தர்கள் செய்வதறியாது வேதனைப் பட்டார்கள். அப்போதுதான் அந்த அதிசயம் நிகழ்ந்தது. புத்தரின் கண்களும் அதையடுத்து முகம், கை, கால், உடம்பு என சிலையின் களிமண் மொத்தமும்

கரைந்து, விரைவிலேயே அந்தச் சிலை தங்கமாக மாறி ஜொலித்தது.

எதிரிகள் எங்கே புராதனமிக்க புத்தரின் தங்கச்சிலையைச் சூறையாடிக்கொண்டு போய்விடுவார்களோ என்ற அச்சத்தில் போர்க் காலத்தில் அந்தச் சிலைமீது களிமண்ணைப் பூசி, களிமண்சிலை மாதிரி தோற்றமளிக்க, தங்கள் முன்னோர் செய்திருந்த ஏற்பாடு அது என்று அவர்களுக்குப் புரிந்தது.

தாய்லாந்து போனால் இன்றைக்கும் தங்கத்தால் ஆன அந்த புத்தரைத் தரிசிக்கலாம்.

நாம்கூட அந்தச் சிலைமாதிரிதான். நமக்குள் இருக்கும் தங்க புத்தரை மறந்துவிட்டோம்.

பல நூறு ஆண்டுகளாக வாய்வழியாகச் சொல்லப்பட்டு வரும் ஒரு கதையை இங்கே சொல்ல விரும்புகிறேன்.

பல மதத்தவர்களும் ஒன்றாகச் சேர்ந்து வாழும் நாடு அது. ஒருசமயம் அந்த நாட்டில் மாபெரும் மதக் கலவரம் வெடித்தது. ஒருவரையொருவர் வெட்டிக் கொல்லும் அளவுக்குக் கலவரம் பற்றி எரிந்தது.

கலவரத்தை அடக்க அந்த நாட்டு மன்னன் எல்லா நடவடிக்கைகளும் எடுத்துப்பார்த்தான். ஆனாலும், அது மாதக்கணக்கில் தொடர்ந்துகொண்டே இருந்தது. மன்னன் நம்பிக்கை இழக்க ஆரம்பித்த நேரம்... அந்த நாட்டுக்கு ஒரு மகான் வந்தார்.

"என்னால் இந்தக் கலவரத்தை அடக்க முடியும்!" என்று மன்னனிடம் கூறினார். "முதலில் அதைச் செய்யுங்கள். உங்களுக்குப் புண்ணியமாகப் போகும்" என்று அந்த மகானின் கால்களில் விழுந்து வணங்கினான் மன்னன்.

அந்த மகான் மன்னனின் எதிரே ஒரு கண்ணாடியை வைத்துவிட்டுச் சொன்னார்... "இது ஒரு மாயக்கண்ணாடி. இந்தக் கண்ணாடியின் முன்பு உங்கள் நாட்டு மக்கள் வந்து நின்றால் போதும். கலவரம் தானாகவே ஓய்ந்து போகும்!"

கலவரத்தைக் கட்டுப்படுத்த வேண்டும் என்ற துடிப்பில் இருந்த கொஞ்சம் பேர் இந்தக் கண்ணாடியைப் பற்றி நாட்டு மக்களிடம் சொல்ல வெளியே ஓடினர். அதனால் அவர்கள் அந்தக் கண்ணாடிமுன் நிற்கவில்லை. இன்னொரு சாராரோ, 'இதெல்லாம் பித்தலாட்டம்... ஏமாற்றுவித்தை!' என்று பிரசாரம் செய்வதில் முனைப்போடு இருந்ததால் அவர்களும் அந்தக் கண்ணாடிமுன் நிற்கவில்லை.

எஞ்சியிருந்தவர்களோ அறிவுஜீவிகள். 'ஒரு சாதாரணக்

கண்ணாடியால் கலவரத்தை எப்படித் தடுத்து நிறுத்த முடியும்?' என்று தர்க்கரீதியாக அவர்கள் தங்களுக்குள் விவாதித்துக் கொண்டிருந்ததால், அவர்களும் அந்தக் கண்ணாடியின் முன் வந்து நிற்கவில்லை.

■■

இது ஒரு மாயக்கண்ணாடி. இந்தக் கண்ணாடியின் முன்பு வந்து நின்றால் கலவரம் ஓய்ந்து போகும்!

■■

கோபக்கார இளைஞன் ஒருவன் மட்டும் அந்தக் கண்ணாடியை உடைக்கும் நோக்கத்துடன் வேகமாக அதன் முன் வந்து நின்றான். கண்களில் கொலை வெறியோடும், உடம்பு முழுவதும் ரத்தக் கறையோடும் அந்தக் கண்ணாடியில் தெரிந்த தன் உருவத்தைப் பார்த்துப் பதறிப் போனான்! அந்த விநாடியில் அவனது ஆத்திரம் மறைந்து அறிவு கண்விழித்தது. அவனே மறந்துபோன அவனின் உண்மையான அவனை அவனுக்கு அடையாளம் காட்டியது அந்தக் கண்ணாடி. அவன் வன்முறையால் வார்க்கப்பட்ட களிமண் அல்ல, அவனுக்குள்ளும் தங்கத்தாலான புத்தர் இருக்கிறார் என்பதை அது எடுத்துக் காட்டியது.

கூர்வேல் மாதிரி பாய்ந்துசென்ற கோபக்கார இளைஞன், குளிர்காற்றாக மாறியதைப் பார்த்த அந்த நாட்டு மக்கள் ஒவ்வொருவராக அந்த மாயக் கண்ணாடிமுன் வந்து நிற்க... மக்களின் மறதிகள் மொத்தமும் மறைந்துபோயின. தாங்கள் யார், தங்கள் பாரம்பரியம் என்ன என்பது அவர்கள் நினைவுக்கு வந்தது. அதன்பின் அந்த நாட்டில் மதக்கலவரம் ஓய்ந்துபோனது!

'கதையில் வேண்டுமானால் கலவரம் உடனடியாக ஓய்ந்து போகலாம். நிதரிசனத்தில் இது சாத்தியமா?' என்று சந்தேகப்பட வேண்டாம். சரித்திரத்தின் பக்கங்களைப் புரட்டிப் பார்த்தால் ஏகாதிபத்திய வல்லரசிடமிருந்து நமது நாட்டை, மரியாதையை, பெருமையை இன்னும் பலப் பல விஷயங்களை மீட்டுக்கொடுத்தது அகிம்சைதான். இப்போது கையில் சிக்காமல் கண்ணாமூச்சி விளையாடிக் கொண்டிருக்கும் நம் தேசத்தின் அமைதியை யும் நிச்சயம் இந்த அகிம்சைதான் மீட்டுக் கொடுக்கப்போகிறது!

குறை சொல்லாதீர்கள்!

எதற்கெடுத்தாலும் குற்றம் கண்டுபிடிக்கும் குணம் நம்மில் பலருக்கு இருக்கிறது. அடுத்தவர் செய்யும் குற்றங்களைக் கண்டுபிடிப்பதில் அப்படியொரு அலாதியான சந்தோஷம். இப்படிக் குற்றம் கண்டுபிடிப்பதையே வழக்கமாக வைத்துக்கொண்டிருந்தால் நாளடைவில் அது போதைவஸ்து மாதிரி ஆகி, நமது அறிவுப் பார்வையைக் குறுகலாக்கிவிடும்.

தனியார் நிறுவனம் ஒன்றில் பணிபுரியும் ஃபைனான்ஸ் மானேஜர் ஒருவர் நடந்து போய்க்கொண்டிருந்தபோது திறந்திருந்த டிரெய்னேஜ் பள்ளத்துக்குள் விழுந்துவிட்டார். குடலைப் புரட்டி எடுக்கும் சாக்கடை நீரில் கழுத்துவரை மூழ்கிய நிலையில் அவர் தத்தளித்துக் கொண்டிருந்தபோது, அந்தப் பக்கமாக அவரது அலுவலகத்தில் பணிபுரியும் மார்க்கெட்டிங் எக்ஸிகியூடிவ் வந்தார்.

"ஃபைனான்ஸ் மானேஜர்னா கணக்கைத் தவிர வேற எந்த விஷயமும் தெரியாதுனு சொல்வாங்க. அதுக்காகக் கண்ணுகூடவா தெரியாது?" என்று மானேஜர் மீதிருந்த தனது காழ்ப்பு உணர்ச்சியைக் கொட்டிவிட்டு, நடையைக் கட்டினார் அவர்.

அடுத்ததாக மானேஜரின் பக்கத்து வீட்டுக்காரர் வந்தார். "என்ன சார்... இந்தப் பள்ளத்துக்கு முன்னால கொட்டையா சிவப்பு எழுத்தில்

'ஜாக்கிரதை'னு பலகை வெச்சிருக்கே! அதைப் பார்க்கலையா? ஹூம்... நீங்கள்லாம் மானேஜர் உத்தியோகம் பார்த்து என்னத்தைப் பெரிசா கிழிக்கப் போறீங்களோ?'' என்று சலித்துக்கொண்டே ஒரு கையால் தன் மூக்கை மூடிக்கொண்டு, இன்னொரு கையை சாக்கடைப் பள்ளத்தில் கிடக்கும் மானேஜரை நோக்கி நீட்டினார்.

ஆனால், மானேஜரைத் தொட முடியாத அளவுக்கு அந்தப் பள்ளம் மிகவும் ஆழமாக இருந்தது. வேறு வழியின்றி அவரும் அந்த இடத்தைவிட்டு நகர்ந்துவிட்டார்.

அடுத்ததாக, அந்தப் பக்கம் மானேஜரின் நெடுநாளைய நண்பர் வந்தார். கழிவுநீர்ப் பள்ளத்தில் மானேஜர் விழுந்து கிடப்பதைப் பார்த்து பதைபதைத்த அவர், தனது சட்டையைக்கூடக் கழற்றாமல் அந்தச் சாக்கடைக்குள் குதித்தார். "இந்தா, என் தோள்மீது ஏறி, முதலில் நீ வெளியே போ!'' என்று மானேஜரை அந்தச் சாக்கடையிலிருந்து வெளியேற்றினார்.

இந்தக் கதையில் வரும் மார்க்கெட்டிங் எக்ஸிகியூடிவ் மாதிரியோ அல்லது பக்கத்து வீட்டுக்காரர் மாதிரியோ, அடுத்தவர்களிடம் குறை காணும் நபர்களாகத்தான் நம்மில் பலர் இருக்கிறோம் என்பது கசப்பான உண்மை.

கணவனும் மனைவியும் ஒருவர்மீது ஒருவர் குறை கண்டுபிடிக்காமல் வாழவேண்டும். தன் மனைவி குறையே இல்லாத முழுமையான மனைவியாக இருக்கவேண்டும் என்று எதிர்பார்க்காதவர் யாரோ,

அவர்தான் உண்மையில் குறையே இல்லாத முழுமையான கணவன்.

'என்ன சுவாமி சொல்கிறீர்கள்? என் வீட்டுக்கு வந்து பாருங்கள். கட்டில், நாற்காலி, சோபா, தையல்மெஷின் என்று எல்லா இடத்திலும் அழுக்குத் துணியாக இறைத்து வைத்திருக்கிறாள். ஒரு வாரத்துக்கு முன்னால் வைத்த வத்தல்குழம்பு, இரண்டு வாரத்துக்கு முன் வைத்த ரசம் என்று ஃபிரிஜ்ஜே நாறிக்கொண்டிருக் கிறது. இந்தக் குற்றங்களை எல்லாம் அவளுக்கு நான் எடுத்துச் சொல்லக்கூடாதா?' என்று சிலர் கேட்கக்கூடும்.

தாராளமாகச் சொல்லுங்கள். ஆனால், அதற்கு முன் மிகச் சிறந்த புத்திமதி எது என்பதை நீங்கள் தெரிந்துகொள்ள வேண்டும். ஆயிரம் வார்த்தைகளில் புத்திமதி சொல்வதைவிட, முன்உதாரண மாக நாமே வாழ்ந்து காட்டு வதுதான் மிகச் சிறந்த புத்திமதி!

நான் சொல்வதை நம்பு வதற்குச் சிரமமாக இருந் தால், இந்த விளையாட்டை உங்கள் குழந்தையிடம் விளையாடிப் பாருங்கள்.

'ஒன்று, இரண்டு, மூன்று, நான்கு, ஐந்து, ஆறு, ஏழு... என்று வரிசையாகச் சொல்வேன். நான் **ஏழு** என்று சொல்லும்போது நீ கைதட்ட வேண்டும். சரியா?' என்று கேட்டு விட்டு, ஒன்று இரண்டு, மூன்று... என எண்ணத் தொடங்

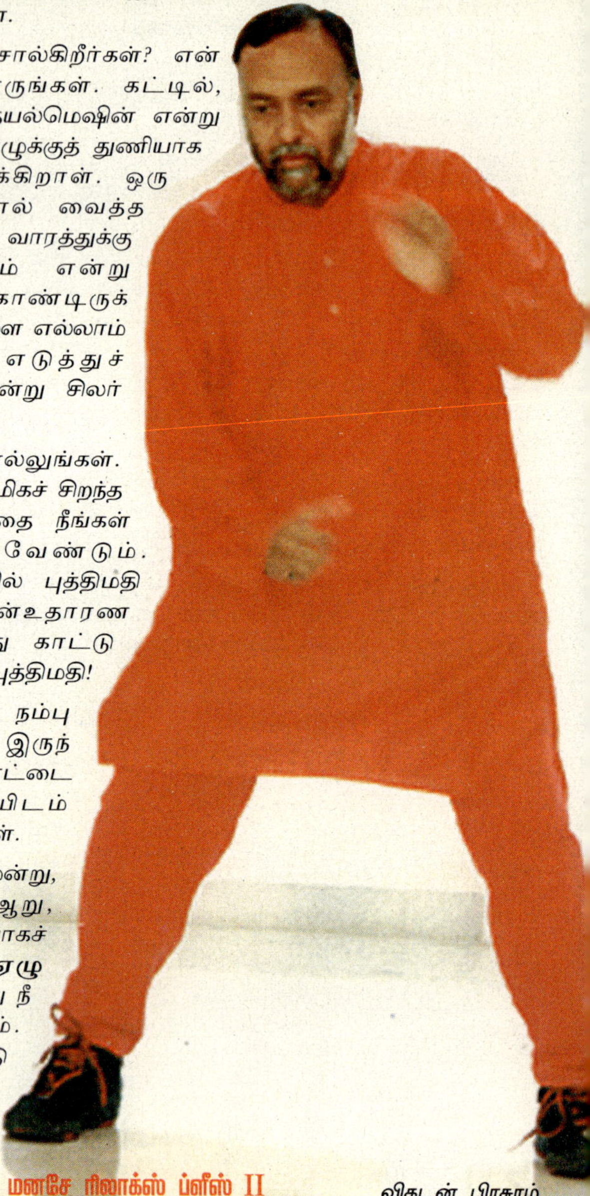

குங்கள். **ஆறு** என்று சொல்லும்போதே, நீங்கள் திடீரெனக் கைதட்டிப் பாருங்களேன். குழந்தையும் சட்டென்று கை தட்டிவிடும்.

இதிலிருந்து தெரிவது என்ன?

குழந்தைகள் நாம் சொல்வதைப் பின்பற்றுவதில்லை; நாம் செய்வதைத் தான் பின்பற்றுகின்றன. குழந்தைகள் மட்டுமில்லை, பெரியவர்களும் இப்படித்தான்.

அடுத்தவர்களுக்காக இல்லாவிட்டாலும் சுயநலமான காரணத்துக் காகவாவது அடுத்தவர்மீது குற்றம் காண்பதை நிறுத்திக்கொள்ள வேண்டும்.

'சரி சுவாமி, நம் குழந்தையே ஒரு தப்பு செய்கிறது. அல்லது அலுவலகத்தில் நமக்குக் கீழே வேலை செய்பவர் ஒரு தப்பு செய்கிறார். அடுத்த வீட்டுக்காரன் குப்பையை எடுத்துவந்து நம் வாசலில் கொட்டுகிறான். யாரிடமும் குற்றம் கண்டுபிடிக்கக்கூடாது என்று அப்போதும் வாய்மூடி மௌனியாக இருந்துவிட வேண்டியதுதானா?' என்று நீங்கள் கேட்பது புரிகிறது.

ஒருவர் செய்யும் தவறுகளை, அவருக்கு உணர்த்தக்கூடாது என்று நான் சொல்ல வரவில்லை. ஆனால், அதை அவரே ரசிக்கும்படி சுட்டிக் காட்டலாம்.

ஒரு முறை யார் அழகு என்று ஸ்ரீதேவிக்கும் மூதேவிக்கும் சர்ச்சை உண்டாகிவிட்டது. தீர்வு சொல்லும்படி இருவரும் நாரதரை அணுகினார்கள். நாரதரோ நிஜமாகவே சிக்கலில் மாட்டிக்கொண்டு விட்டார்!

ஸ்ரீதேவியாகிய லட்சுமிதான் அழகு என்றால், மூதேவிக்குக் கோபம் வந்து தன் வீட்டிலேயே தங்கிவிடுவாள். மூதேவிதான் அழகு என்றால், ஸ்ரீதேவி கோபித்துகொண்டு தன் வீட்டைவிட்டு வெளியேறிவிடுவாள். என்ன செய்வது என்று தெரியாமல் விழித்த நாரதர், யோசிப்பதற்கு நேரம் எடுத்துக்கொள்ளும் விதமாக, 'எங்கே... சற்று முன்னும் பின்னுமாக நடந்து காட்டுங்கள்' என்றார்.

ஸ்ரீதேவியும் மூதேவியும் நாரதர் முன் கேட்வாக் நடை நடந்தார்கள். சட்டென நாரதர், "ஸ்ரீதேவி வரும்போது அழகு. மூதேவி போகும் போது அழகு!" என்று சொல்ல... இரு தேவிகளுக்குமே பூரிப்பு!

அங்கே ஜெயித்தது ஸ்ரீதேவியுமல்ல, மூதேவியுமல்ல... நாரதர்தான்!

பணக்காரர் ஆக வேண்டுமா?

வேத நூல்களைக் கற்றுத் தேர்ந்த பெரியவர் ஒருவர் வெளியூர்ப் பயணம் மேற்கொண்டார். வழியில் ஹோவெனப் பேரோசையுடன் கொட்டிக்கொண்டிருந்த அருவி ஒன்றில் குளித்தார். அப்போது கரையோரமாக ஏதோ ஒரு பொருள் மின்னுவது தெரிய, அதை எடுத்துப் பார்த்தார். அது – கேட்பதை எல்லாம் கொடுக்கும் மாயசக்தி படைத்த வைரக்கல்.

அன்றிரவு ஒரு மண்டபத்தில் அமர்ந்து அந்தப் பெரியவர் தன் சோற்றுமூட்டையைப் பிரித்த போது, அவர் வைத்திருந்த வைரக்கல் தவறிக் கீழே விழுந்தது. இதை மண்டபத்தின் மறு மூலையில் ஓய்வெடுத்துக் கொண்டிருந்த ஒரு வைர வியாபாரி பார்த்துவிட்டான்.

அவனோ பேராசை பிடித்தவன். அவன் தயங்கித் தயங்கிப் பெரியவரிடம் வந்து, "இந்த வைரக்கல்லை எனக்குத் தானமாகக் கொடுக்க முடியுமா?" என்று கேட்டான். பெரியவர் சற்றும் யோசிக்காமல் வைரக்கல்லைக் கொடுத்துவிட்டார். அதோடு வியாபாரியிடம் அந்த வைரக்கல்லின் மகிமையைப் பற்றிச் சொன்னார்.

"நன்றி... நன்றி!" என்று தலைக்கு மேலே கைகளை உயர்த்திப் பெரியவரைக் கும்பிட்டுவிட்டு வீடு நோக்கி ஓட ஆரம்பித்தான் வியாபாரி. ஓடும்போதே அவனுக்கு ஞானம் பிறந்தது.

மறுநாள் காலையில் பெரியவர் அந்த ஊரைவிட்டுக் கிளம்பும் நேரம்... வியாபாரி ஓடிவந்தான். "இந்தாருங்கள்... நீங்கள் கொடுத்த மந்திரசக்தி படைத்த வைரக்கல். இது எனக்கு வேண்டாம். இப்படி ஓர் அற்புதமான வைரக் கல்லையே அடுத்தவருக்குத் தானமாகத் தர முன்வந்த உங்கள் இதயம்தான் இந்த வைரத்தைவிட உயர்வானது!" என்றான்.

ஆக, பெரியவரின் சந்திப்பு, பேராசை பிடித்த அந்த வியாபாரியையே மிகப்பெரிய தானதர்மப் பிரபுவாக மாற்றிவிட்டது.

சரி, இப்போது ஏன் இதைச் சொல்கிறேன் தெரியுமா? மனிதன் முன்னெப்போதும் இல்லாத அளவுக்கு இப்போது மிகவும் சுயநலக்காரனாக மாறிக் கொண்டிருக்கிறான். ஒன்றை மட்டும் தெளிவாகப் புரிந்து கொள்ளுங்கள். பக்கத்து வீட்டுக்காரன் பட்டினியில் இருந்தால், நீங்கள் என்னதான் மனமுருகிப் பிரார்த்தனை செய்தாலும் அது கடவுளைச் சென்று சேராது!

இந்தக் கதை உங்களில் பலருக்குத் தெரிந்திருக்கும்.

அவன் மிகப் பெரிய மன்னன். சிவபக்தனும்கூட. அவனுக்கு இருந்த பக்தியை வெறி என்றே சொல்லலாம். ஒரு முறை

"செல்வம் என்பது விதைநெல் மாதிரி. அதை எந்த அளவுக்குப் பரவலாக விதைக்கிறோமோ அந்த அளவுக்கு அது பல்கிப் பெருகும்."

சிவலிங்கத்துக்கு அந்த மன்னன் பாலபிஷேகம் செய்ய நினைத்தான். குறிப்பிட்ட தினத்தன்று நாட்டுமக்கள் யாரும் பாலை உபயோகப்படுத்தக் கூடாது. பசுக்கள் கொடுக்கும் அத்தனை பாலையும் கோயிலுக்குக் கொண்டுவந்து கொடுத்து விட வேண்டும் என்று உத்தரவு போட்டான். பல மணி நேரம் வரிசையில் நின்று கோயிலில் வைக்கப்பட்டிருந்த மிகப் பெரிய பாத்திரத்தில் தாங்கள் கொண்டுவந்த பாலைக் கொட்டினார்கள். ஆனாலும் அந்தப் பாத்திரம் நிரம்பவில்லை. ஏதோ தெய்வகுற்றம் நிகழ்ந்துவிட்டது என்று மன்னனும் ஊர்மக்களும் அஞ்சினார்கள்.

ஒரு பெண் ரொம்பவும் தயங்கியபடியே ஒரு சிறிய கிண்ணத்தில் பாலைக் கொண்டுவந்து பாத்திரத்தில் கொட்டினாள். அப்போது எல்லோரும் ஆச்சரியப்படும் அளவுக்கு அந்தப் பாத்திரம் நிரம்பி வழிந்தது.

"நாங்கள் எல்லாம் சொம்பு சொம்பாக, அண்டா அண்டாவாகக் கொட்டியும் நிரம்பாத அந்தப் பாத்திரம் நீ கொட்டிய ஒரு ஆழாக்குப் பாலினால் எப்படி நிரம்பியது?" என்று மன்னன் வியப்போடு கேட்க... அந்தப் பெண் சொன்னாள்.

"மன்னா... முதலில் என்னை நீங்கள் மன்னிக்க வேண்டும். நீங்கள் போட்ட உத்தரவை நான் முழுமையாகப் பின்பற்றவில்லை. அபிஷேகத்துக்காகப் பாலைக் கொண்டுவரும் வழியில் சில குழந்தைகள் பசியால் துடித்துக் கொண்டிருந்தன. கொஞ்சம் பாலைக் குழந்தைகளுக்குக் கொடுத்துவிட்டு மீதமிருந்ததைத்தான் இங்கே கொண்டு வந்தேன்" என்றாள்.

கடவுளின் அருளைப் பெறுவதற்கான வழி என்ன என்பது மன்னனுக்கு அப்போதுதான் புரிந்தது.

அடுத்த வீடு தீப்பிடித்து எரிந்தால் அதை ஓடிச்சென்று அணைப்பது, அடுத்த வீட்டைக் காப்பாற்ற மட்டுமல்ல... உங்கள் வீட்டிலும் தீ பரவாமல் இருக்கவேண்டும் என்பதற்காகவும் தான். உதவி தேவைப்படும் ஒருவரை

ஆண்டவன் உங்கள் முன் நிறுத்துவது அவரைக் காப்பாற்ற மட்டும் அல்ல; உங்களை உயர்த்தவும்தான். மேடையில் ஒருவர் பாடினால் பாடுபவருக்கு உற்சாகம் கொடுக்க நாம் கைதட்டும்போது நாமும் உற்சாகம் அடைகிறோம் இல்லையா?

சம்பாதிப்பதில் ஐந்தில் ஒரு பங்கை ஏழைகளுக்குக் கொடுக்கவேண்டும் என்கிறது இஸ்லாம். பக்ரீத் பண்டிகை அன்று இஸ்லாமியர்கள் உண்பதற்காக ஆடு வெட்டினால் அதில் அதிகச் சதைப் பிடிப்புள்ள பங்கை ஏழைகளுக்குக் கொடுக்கவேண்டும் என்பது எழுதப்படாத சட்டம்.

'ஏழைகளுக்கு நீங்கள் உண்ணக் கொடுக்கும் உணவு எனக்கே கொடுத்த உணவாகக் கருதப்படும்' என்றார் இயேசு கிறிஸ்து.

நீங்கள் பணக்காரர் ஆவதற்கு உங்களுக்கு ஒரு ரகசியம் சொல்லட்டுமா?

தேவைக்கு அதிகமாகச் சேர்த்துவைப்பதால் யாரும் பணக்காரர் ஆவது இல்லை. அடுத்தவர்களுக்குக் கொடுக்கும்போதுதான் ஒருவன் உண்மையிலேயே பணக்காரன் என்று உணர்கிறான்.

செல்வம் என்பது விதைநெல் மாதிரி. அதை எந்த அளவுக்குப் பரவலாக விதைக்கிறோமோ அந்த அளவுக்கு அது பல்கிப் பெருகும்.

விதை நெல்லை மூட்டைகட்டி முடக்கி வைத்தால் ஒருவேளை அது முளைவிட்டு சோறு சமைக்கக்கூட பயனற்றதாகிவிடும்.

'அடுத்தவர்களுக்குத் தானம் கொடுக்கும் அளவுக்கு ஆண்டவன் என்னை வைக்கவில்லை!' என்று நீங்கள் கருதினால், குறைந்தபட்சம் உங்கள் உடல் உழைப்பையாவது அடுத்தவர்களுக்குத் தானமாகக் கொடுங்கள்.

ஒரு விஷயத்தை நினைவில் நிறுத்திக் கொள்ளுங்கள். யாரோ போட்ட சாலையில்தான் நாம் வாகனங்களை ஓட்டிக்கொண்டு போகிறோம். யாரோ கூலியாட்கள் கட்டிய வீட்டில்தான் நாம் வசதியாக வாழ்கிறோம். யாரோ நெய்த ஆடையைத்தான் நாம் கம்பீரமாக அணிந்து கொள்கிறோம். யாரோ விளைவித்த தானியங்களைத்தான் சாப்பிடுகிறோம். சீப்பில் இருந்து செருப்பு வரை நாம் பயன்படுத்தும் ஒவ்வொரு பொருட்களும் யாரோ செய்ததுதான்.

சமுதாயத்திலிருந்து இத்தனை விஷயங்களைப் பெற்றுக்கொள்ளும் நாம், சமுதாயத்துக்குப்பட்டிருக்கும் கடன்களை எப்படித் திருப்பி அடைக்கப் போகிறோம்? அதனால் சந்தர்ப்பம் கிடைக்கும்போதெல்லாம் அடுத்தவர்களுக்குத் தாராளமாக உதவி செய்யுங்கள். நீங்கள் அடுத்த வருக்கு உதவி செய்தால், ஆண்டவன் உங்களுக்கு உதவி செய்வார்.

துன்பத்துக்குக் காரணம் யார்?

பிரசாத் ஒரு டி.வி. நிருபர். கலகலப்பான ஆள். எக்கச்சக்கமான நண்பர்கள். எந்நேரமும் அவரது செல்போன் சிணுங்கிக்கொண்டே இருக்கும். உலகத்தை இதயத்தின் வழியாகப் பார்க்கிற ஈரமான மனிதர்.

ஏழெட்டு வருடங்களாகப் பழக்கமான அவரை சமீபத்தில் சந்தித்தபோது காற்று பிடுங்கிய பலூன் போல இருந்தார். முக்கியமாக அவரது செல்போனைக் காணோம்.

ஏனென்று கேட்டேன். “தொந்தரவு தாங்கலை சுவாமி. அதான் வேணாம்னு தூக்கிப் போட்டுட்டேன்” என்றார் புலம்பலாக!

இருவரும் பேச ஆரம்பித்தோம். திடீரெனக் குமுறிக்குமுறி அழ ஆரம்பித்துவிட்டார் பிரசாத்.

“கிரெடிட் கார்டில் கடன் கிடைக்கிறது என்பதால் நண்பர்களுக்கெல்லாம் என்னுடைய கார்டில் டி.வி., ஃப்ரிஜ், ஏ.ஸி. மெஷின் என்று நிறையப் பொருட்களை வாங்கிக் கொடுத்தேன். என் நண்பர் ஒருவருக்கு வீடு வாங்க முன்ஜாமீன் கையெழுத்துப் போட்டேன். இப்போது யாரும் பணம் கட்டவில்லை. அதனால் கிரெடிட் கார்டு கம்பெனிக்காரர்கள் தினமும் ஆபீஸுக்கு வந்து என்னை விசாரிக்கிறார்கள். சிலர் அவமானமாகப் பேசுகிறார்கள். என் மரியாதையே போய்விட்டது. ஒரு மாதம் ஆபீஸுக்குப் போகாமல் இருந்ததில் வேலையும் போய்விட்டது.

கடன் பாக்கிக்காக என் வீட்டில் இருந்த கம்ப்யூட்டர், பைக், ஃப்ரிஜ், டி.வி. என கடன் கொடுத்த கம்பெனிக் காரர்கள் ஆளுக்கொரு பொருளாக எடுத்துச் சென்று விட்டார்கள். நான் உதவி செய்த நண்பர்களெல்லாம் காணாமல் போய்விட்டார்கள். என் பொண்டாட்டி, பிள்ளைகளை எல்லாம் எப்படிக் காப்பாற்றப் போகிறேன் என்று தெரியவில்லை!” என அழுதார்.

முன்பெல்லாம் அடகுக் கடையில் பணம் கிடைக்கும். ஆனால், அடகுக் கடைக்குச் செல்வதையே அவமான மாக நினைத்துப் பலர் அந்தத் தெருப் பக்கம்கூட

போகமாட்டார்கள்.

பத்தே வருடங்களில் கடன் மீதிருந்த நமது பார்வையே மாறிவிட்டது.

பைக் வாங்கக் கடன், வீடு வாங்கக் கடன், பண்டிகை கொண்டாடக் கடன், பழைய கடனை அடைக்கப் புதிய கடன் என்று நீள்கிறது... போதாக்குறைக்கு வீட்டுவாசலுக்கே சில வங்கி ஆசாமிகள் வந்து, "இந்தாங்க சார் கடன்" என்று கையில் பணத்தைத் திணித்துவிட்டுப் போய்விடுகிறார்கள்.

கடன் வாங்குவது தவறில்லை. தேவைகளுக்காக, தவிர்க்க முடியாத சந்தர்ப்பங்களில் நீங்களும் நானுமேகூட வாங்க நேரிடலாம். ஆனால்,

அந்தச் செலவு அவசியம்தானா என்ற யோசனை வேண்டும். அதை எப்படித் திருப்பி அடைக்கப் போகிறோம் என்ற திட்டமிடல் வேண்டும்.

செயின்ஸ்மோக்கர் ஒருவரின் நுரையீரல் பழுதடைந்தால் அதற்கு யார் பொறுப்பு?

குடிகாரன் ஒருவனின் கல்லீரல் கெட்டுப்போனால் அதற்கு யார் பொறுப்பு?

நன்றாக யோசித்துப் பார்த்தால் நாம் படும் கஷ்டங்களில் பெரும்பாலானவை நாமே உருவாக்கிக் கொண்டவைதான் என்று புரியும்.

சூஃபி இலக்கியத்தில் முல்லா நஸ்ருதீனுக்குத் தனி இடம் உண்டு.

முல்லா பற்பல அவதாரங்கள் எடுப்பார். சில சமயம் முல்லா ஒரு ஞானியின் அறிவோடு பேசுவார். இன்னொரு கதையில் கடைந்தெடுத்த முட்டாள் மாதிரி வருவார். ஒவ்வொரு மனிதனுக்கு உள்ளேயும் இருக்கிற மனசாட்சிதான் முல்லா!

ஒரு முறை முல்லா இந்தியா வந்தார். அதுவரை பேரீச்சம்பழம் மட்டும் சாப்பிட்டு வளர்ந்த முல்லாவுக்கு இங்கே நம் தேசத்தில் கலர் கலராக வெவ்வேறு வடிவங்களில் இருந்த பழங்களைப் பார்த்ததும் சந்தோஷத்தில் தலைகால் புரியவில்லை.

ஒவ்வொரு பழமாகக் காட்டி வியாபாரியிடம் விலை கேட்டார். கடைசியில் குறிப்பிட்ட ஒரு பழம் மிகவும் விலை மலிவாகத் தெரிய, அந்தப் பழங்களை ஒரு பை நிறைய வாங்கிக்கொண்டு பக்கத்திலிருந்த மண்டபத்துக்குப் போய் உட்கார்ந்து சாப்பிட ஆரம்பித்தார்.

அந்தப் பழம் நாக்கில் பட்டதுமே 'சுரீர்' என்று நாக்கு எரிந்தது. அவர் கண்களில் நீர் தாரை தாரையாகக் கொட்ட ஆரம்பித்துவிட்டது.

கண்கள் சிவந்துவிட்டன. வயிற்றில் தீப்பிடித்துக் கொண்டதைப் போல எரிச்சலும் வலியும் உண்டாகிவிட்டன. என்றாலும், காசு கொடுத்து வாங்கிய பொருளைக் குப்பையில் கொட்ட அவருக்கு மனமில்லை.

அப்போது அங்கே வந்த ஒரு வழிப்போக்கன், "சரியான பைத்தியக் காரனா இருக்கியே... மிளகாய்ப் பழத்தைப் போய் யாராவது இப்படி முறுக்கு மாதிரி நறுக்நறுக்குனு கடிச்சுச் சாப்பிடுவாங்களா?" என கேட்க, முல்லாவுக்குத் தன் தவறு புரிந்தது. என்றாலும் அவர் மிளகாய்ப் பழத்தைச் சாப்பிடுவதை நிறுத்தவில்லை.

"இப்படியே இந்த மிளகாயைச் சாப்பிட்டுக்கிட்டிருந்தா வயிறு புடுங்கிக்கும்'' என்று அந்த வழிப்போக்கன் எச்சரிக்க... முல்லா விக்கிக்கொண்டே சொன்னார்:

"நான் இப்போது சாப்பிடுவது மிளகாயை அல்ல... என் பணத்தை!"

அமெரிக்கர்களால் ஆயுதப் பயிற்சி கொடுக்கப்பட்ட பின் லேடன்தான் பின்னர் ஆயிரக்கணக்கான அமெரிக்கர்களின் மரணத்துக்குக் காரணமானான்.

அந்த வகையில் பார்த்தால் அமெரிக்காவின் துன்பங்களுக்குக் காரணம் அமெரிக்காவேதான்!

அதே போலத்தான் நாம் படுகிற பெரும்பாலான துன்பங்களுக்குக் காரணம் நாமேதான்!

வயசானா எப்படி நடந்துக்கணும்?

சமீபத்தில் ஒரு மிகப் பெரிய தொழிலதிபர் என்னைச் சந்தித்தார். அவருக்கு வயது எழுபது இருக்கும். வெளிச்சத்தை அள்ளி வேட்டி - சட்டையாக அணிந்திருக்கிறாரோ என்று தோன்றும் அளவுக்குச் சுத்தமான வெள்ளை ஆடையில் கம்பீரமான, மரியாதைக்குரிய மனிதராகத் தோன்றினார்.

வாழ்க்கைப் புத்தகத்தின் கடைசி அத்தியாயத்தில் இருக்கிற மனிதர் அவர். என்னைப் பார்த்ததும் நெஞ்சு புடைக்கப் பேசினார்...

"எனக்கு ஒரே மகன். அவனுக்கு நாற்பத்தைந்து வயதாகிறது. அவனுக்குத் திருமணமாகிக் கல்யாண வயதில் பிள்ளைகள் இருக்கிறார்கள். இருந்தாலும் அவனுக்குச் சாமர்த்தியம் போதவில்லை. வியாபாரத்தை அக்கறையோடு கவனிக்க மாட்டேன் என்கிறான். கடையில் என்ன வருமானம் வருகிறது, என்ன செலவு ஆகிறது என்று எதிலும் ஆர்வம் இல்லை. ஈடுபாடே இல்லாமல் கூலிக்கு வேலை செய்பவன் மாதிரி இருக்கிறான்.

பெற்ற பிள்ளைதான் இப்படி என்றால் வந்த மருமகளும் சரி இல்லை. பேரப் பிள்ளைகளும் சரியில்லை. யாருக்கும் வியாபாரத்தைப் பற்றியோ குடும்பத்தைப் பற்றியோ கொஞ்சம் கூடக் கவலை இல்லை. விதம்விதமாகச் சாப்பிடுவது, புதுசுபுதுசாக உடுத்துவது இதில்தான் மும்முரமாக இருக்கிறார்கள். எனக்குப் பிறகு இவர்கள் எப்படி இந்த நிறுவனத்தை நடத்தப் போகிறார்கள் என்று நினைத்தால் பயமாக இருக்கிறது. நான் என் வாழ்நாள் முழுக்க ஓடி ஓடிச் சேர்த்து வைத்த செல்வங்களையெல்லாம் பொறுப்பில்லாத்தனத்தினால் என் மகன் அழித்துவிடுவானோ என்று அச்சமாக இருக்கிறது..." பெரியவர் பேசும்போதே அவர் கண்களில் இருந்து முத்து முத்தாக நீர் கொட்டியது.

அவர் தன் கதையை விவரித்துக் கொண்டிருந்தபோதே பிரச்னை என்ன என்பதை என்னால் புரிந்துகொள்ள முடிந்தது.

'வாழ்க்கை என்பது ஒரு ரிலே ரேஸ் மாதிரி. ஒரு சுற்று ஓடி முடிந்ததும் அடுத்து ஓடுவதற்குத் தயாராக இருக்கும் வாரிசிடம்

குச்சியைக் கொடுத்தால்தான் அவர்கள் மேற்கொண்டு ஓடுவார்கள். ஆனால், நீங்களோ நிர்வாகம் என்ற குச்சியை உங்கள் மகனிடமும் கொடுக்கவில்லை. நீங்களும் ஓடுவதை நிறுத்தவில்லை. விஷயம் இப்படி இருக்க, உங்கள் மகனுக்கு ஓடத் தெரியவில்லை என்று நீங்களாக நினைத்துக்கொண்டிருக்கிறீர்கள்.

குச்சியை எங்கே கீழே போட்டுவிடுவாரோ என்ற பயத்தில் மகனிடம் குச்சியையே கொடுக்காமல் இந்த வயதான காலத்தில் மூச்சு இரைக்க இரைக்க நீங்களே ஓடிக்கொண்டு இருந்தால் எப்படி?

எழுபது வயதைக் கடந்துவிட்ட உங்களுக்கு இது ஓடுகிற நேரம் இல்லை. உங்கள் மகன் ஓடுவதை உட்கார்ந்து ரசிக்கவேண்டிய வயது.

உங்கள் மகனுக்கு நீங்கள் ஏற்கெனவே போதுமான பயிற்சி கொடுத்துவிட்டீர்கள். இனிமேல் உங்கள் மகன் ஓடுவதைப் பார்த்து ரசியுங்கள். அவர் ஆரம்பத்தில் தடுமாறி விழுந்தால் கைதட்டி உற்சாகம் கொடுங்கள். வேகமாக ஓடினால் மகிழ்ச்சியில் ஆனந்தக் கூத்தாடுங்கள்.

முக்கியமாக, உங்கள் மகனை நீங்கள் நம்புங்கள். நீங்கள் அவருக்குக் கிளிப்பிள்ளை மாதிரி கற்றுக் கொடுத்தது எல்லாம் ஒரு சொற்பமான பங்குதான். உங்கள் நடவடிக்கைகளைக் கவனித்து அவர் கற்றுக்கொண்டதுதான் ஏராளமாக இருக்கும்.'

இப்படித்தான் அவருக்குச் சொல்ல நினைத்தேன். ஆனால், இப்படிப் பட்டுக் கத்தரித்த மாதிரி சொன்னால் அவரால் அதை ஜீரணித்துக் கொள்ள முடியாது என்பதால், அதையே வேறு மாதிரி சொன்னேன்.

''இருபது வயது இளைஞன் ஒருவன் 'ஆண்டவன் நமக்குக் கொடுத்ததே போதும்' என்று பரம திருப்தியடைந்து வீட்டில் காலை நீட்டி உட்கார்ந்து மெகா சீரியல் பார்ப்பது எப்படித் தவறோ, அதே மாதிரியே எழுபது வயதை அடைந்தவர்கள் 'என் பிள்ளைக்குச் சேர்க்கிறேன். என் பேரப்பிள்ளைக்குச் சேர்க்கிறேன். என் பேரப்பிள்ளையின் பிள்ளைக்குச் சேர்க்கிறேன்' என்று பணத்தின் பின்னால் ஓடிக்கொண்டே இருப்பதும் தவறு. எழுபது வயதுக்கு மேல் நிச்சயம் வாழ்க்கையில் ஒரு திருப்தி வரவேண்டும்...''

நான் சொல்லி முடிப்பதற்கு முன்பே அந்தப் பெரியவர் இடைமறித்துக் கேட்டார்... ''யாருடைய தயவையும் உதவியையும் எதிர்பார்க்காமல் கடைசிவரை ஆடி ஓடி வேலை செய்துவிட்டு.. அப்படி வேலை செய்துகொண்டிருக்கும்போதே உயிர் பிரியவேண்டும் என்று நான் நினைப்பது தவறா சுவாமி?''

பெரியவர் சொன்னது மிகவும் சரி. உடல் சுறுசுறுப்பாக இருக்க வேண்டும் என்பதில் எந்த மாற்றுக் கருத்தும் இருக்க முடியாது. ஆனால், எழுபது வயதுக்கு மேலும் மனம் திருப்தியடையாமல் இருந்தால் அது சரி என்று யாராலும் சொல்ல முடியாது.

இது வெளிநாட்டில் நடந்த ஒரு சம்பவம். அது ஒரு சூப்பர் மார்க்கெட். வயதான மூதாட்டி ஒருவர் தன் ஆறு வயதுப் பேத்தியை அழைத்துக்கொண்டு அங்கே வந்தார். அந்த மூதாட்டி மிகவும் கண்டிப்பானவர் என்று அவர் முகத்திலேயே எழுதி ஒட்டியிருந்தது.

அந்தப் பாட்டியும் பேத்தியும் சாக்லெட்டுகள் இருக்கும் இடத்தைக் கடந்தபோது 'நிக்கி... கண்டதையும் சாப்பிட்டா உடம்பு கெட்டுப் போயிடும்' என்ற அதட்டல் குரல் மானேஜருக்குக் கேட்டது. அடுத்ததாக அவர்கள் ஐஸ்க்ரீம் இருக்கும் இடத்துக்குச் செல்ல, 'நிக்கி, பாக்கறதை எல்லாம் சாப்பிடக்கூடாது' என்று கண்டிப்பது மானேஜருக்குக் கேட்டது. இப்படியே கேக் செக்ஷன், காஸ்மெட்டிக் செக்ஷன், பெர்ஃப்யூம் செக்ஷன் எல்லா இடத்திலும் அதட்டல் சத்தம் கேட்டது.

'சே... இந்தக் குழந்தை பாவம்' என்று நினைத்த அந்த மானேஜர் அந்தப் பாட்டியை அணுகி 'நீங்கள் அனுமதி கொடுத்தால் இந்த ஐஸ்க்ரீமை உங்கள் பேத்தி நிக்கிக்குத் தர ஆசைப்படுகிறேன்' என்றார்.

உடனே அந்தப் பாட்டி 'ஸாரி, என் பெயர்தான் நிக்கி. என்

பேத்தியின் பெயர் மேரி' என்றாராம்.

வயது ஆக ஆக பலருக்கு உடல்தான் முதிர்ச்சியடைகிறதே தவிர, உள்ளம் முதிர்ச்சியடைவதில்லை. வயதானால் செனிலிட்டி எனப்படும் ஓர் உபாதை பெரும்பாலானவர்களுக்கு ஏற்படும். இதை ஒரு வியாதி என்று சொல்ல முடியாது. ஞாபகமறதி, முன்கோபம், குழப்பம் போன்றவையெல்லாம் இதனால் ஏற்படும். அதனால்தான் வயதான வர்கள் நிதானமாக இருக்கவேண்டும் என்று சொல்வார்கள்.

தாத்தா ஒருவர் தன்னந்தனியாக காரை எடுத்துக்கொண்டு நூறு கிலோ மீட்டருக்கு அப்பால் இருக்கும் ஒரு நண்பரைப் பார்க்கக் கிளம்பினார்.

'இந்த வயதில் ஹை-வேயில் காரை ஓட்ட வேண்டாம்' என்று அவர் மனைவி எவ்வளவோ சொல்லிப் பார்த்தார். தாத்தா தன் மனைவியின் பேச்சைக் கேட்கிற ஆள் இல்லை. மின்னல் வேகத்தில் காரை எடுத்துக் கொண்டு கிளம்பிப் போய்விட்டார்.

சரியாக இருபது நிமிடம்கூட இருக்காது... தாத்தாவை அவர் மனைவி செல்போனில் கூப்பிட்டு 'ஜாக்கிரதையாக காரை ஓட்டிப் போங்கள். நீங்கள் போகும் ஹை-வேயில் யாரோ ஒரு பைத்தியக்காரன் 200 கிலோ மீட்டர் வேகத்தில் ராங்ஸைடில் காரை பயங்கரமாக ஓட்டிக்கொண்டு வருகிறானாம். டி.வி-யில் இப்போதுதான் சொன்னார்கள்' என்று எச்சரித்தார்.

அதைக் கேட்டதும் தாத்தாவுக்குச் சிரிப்பு... 'விவரம் புரியாதவளா இருக்கியே! ஒருத்தன் இல்லை... இதுவரைக்கும் இருநூறு முந்நூறு பேர் ராங் ஸைடில்தான் காரை ஓட்டிக்கொண்டு போகிறார்கள்' என்றாராம்.

சரி... இதெல்லாம் வயதானவர் களுக்காக நான் கூறிய கருத்துகள். அதனால் எந்த மருமகளும் இந்தக் கட்டுரையை தன் மாமியாருக்கோ மாமனாருக்கோ காட்டி, 'இப்பவாவது தெரிஞ் சுக்குங்க, வயசானா எப்படி நடந்துக்கணும்'னு என்று சொல்லாதீர்கள்.

வயதானவர்களை மற்றவர்கள் எப்படிப் பார்க்க வேண்டும், எப்படி நடத்த வேண்டும் என்பதைப் பார்க்கலாம்!

பெற்றோரைத் தவிக்க விடாதே!

என் ஆசிரமத்தில் இருக்கும் கம்ப்யூட்டரில் அன்று ஏதோ ரிப்பேர். அதனால் பக்கத்தில் இருக்கும் ப்ரௌசிங் சென்டருக்குச் சென்றிருந்தேன். அங்கே ப்ரௌஸ் செய்துகொண்டிருந்தவர்களில் பாதிப்பேர் அறுபது வயதைத் தாண்டியவர்களாக இருந்தது எனக்கு ஆச்சரியத்தை அளித்தது.

என் சிறு வயது முதலே எனக்கு நன்கு அறிமுகமான ஒரு பெரிய வரும் அங்கு இருந்தார். வீட்டில் ஃப்யூஸ் போன டியூப்லைட்டை மாற்று வதற்குக்கூட எலெக்ட்ரீஷியனைத் தேடிப்போகிறவர் அவர். 'தேவை யில்லாம நமக்கேன் இந்த வேலை?' என்கிற மனப்பான்மை கொண்டவர்.

அப்படிப்பட்டவர் இங்கே என்ன செய்துகொண்டிருக்கிறார் என்று விசாரித்தேன். அமெரிக்காவில் இருக்கும் தன் மகனுக்கு இ-மெயில் அனுப்ப வந்திருப்பதாகச் சொன்னார்.

மகனுக்கு இ-மெயில் அனுப்புவது கம்ப்யூட்டரில் புரோகிராம் எழுதும் அளவுக்குக் கஷ்டமான காரியம் இல்லைதான் என்றாலும், டியூப்லைட் மாற்றவே ஆள் தேடுகிறவர், இந்த வயதிலும் ஆர்வத்துடன் வந்து கம்ப்யூட்டரை இயக்கக் கற்றுக்கொண்டது எனக்கு மிகப் பெரிய ஆச்சரியத்தை ஏற்படுத்தியது.

கம்ப்யூட்டர் மீதுள்ள மோகத்தால் எல்லாம் அவர் இங்கு வரவில்லை. மகன் மீதும் பேரக்குழந்தைகள் மீதும் இருக்கும் பாசம்தான் அவரை இந்தத் தள்ளாத வயதிலும் ப்ரௌசிங் சென்டருக்குத் துரத்தியிருக்கிறது. அவர் மட்டுமல்ல, அவரைப் போன்ற பல பெரியவர்களும் அங்கே வந்திருந்தது வெளிநாட்டில் இருக்கும் தங்கள் வாரிசுகளுக்குப் பாசத்துடன் இ-மெயில் அனுப்பத்தான்.

ஆனால், தாய்-தந்தையர் பொழியும் பாசத்தை, பிள்ளைகளில் எத்தனை பேர் அவர்களுக்குத் திருப்பித் தருகிறார்கள்?

தான் உண்டு, தன் குழந்தைகள் உண்டு என்று வருடக்கணக்கில் பெற்றோரைத் திரும்பிக்கூடப் பார்க்காத பலரை நான் அறிவேன்.

காரணம் கேட்டால்... "நான் சிறுவனாக இருந்த போது என் அப்பா என்னை கான்வென்ட்டில் படிக்க வைக்கவில்லை. என்னைவிட மூத்தவன் மீதுதான் அப்பாவுக்குப் பிரியம். அவனுக்குத்தான் அதிகமான சொத்துகளை எழுதி வைத்தார்.

அம்மா எனக்கு எண்ணெய் ஏறிய கன்னங்கரேல் என்ற ஒற்றைக்கல் மூக்குத்திதான் கொடுத்தார். ஆனால், நேற்று வந்த மருமகளுக்கோ இரட்டைவடம் சங்கிலியைக் கொடுத்தார்'' என்று ஏதேதோ காரணம் சொல்வார்கள்.

இன்னும் சிலரோ, "இந்த இரண்டு கிழங்கட்டைகளுக்குமே மாத்தி மாத்தி வைத்தியம் பார்த்துட்டு இருந்தா நான் எப்ப நாலு காசு சேர்த்து வைக்கிறது?'' என்று அங்கலாய்ப்பார்கள். பொருள் ஈட்டுவதும் வருங்காலத்துக்காகச் சேமித்து வைப்பதும் நல்ல பழக்கம்தான்! ஆனால், அதற்கு எதை விலையாகக் கொடுப்பது என்றில்லையா?

வெளிநாட்டைப் பின்னணியாகக் கொண்டு புனையப்பட்ட கற்பனைக்கதை ஒன்றைப் பார்ப்போம்.

அது ஒரு கிராமம். அந்த ஊர்ப் பண்ணையாரிடம் ஒரு ஹெலிகாப்டர் இருந்தது.

தான் சாவதற்குள் ஒரே ஒரு முறையாவது அந்த ஹெலிகாப்டரில் பறந்து பார்க்கவேண்டும் என்று அந்த ஊரிலிருந்த வயதான மாது ஒருத்தி தன் மகனிடம் ஆசைப்பட்டுக் கேட்டாள்.

மகனுக்கு இதில் கொஞ்சமும் விருப்பமில்லை. 'சாகப்போகிற நேரத்தில் கிழத்துக்கு என்ன மாதிரியெல்லாம் ஆசை வருது பாரு!' என்று புலம்பிக்கொண்டே பண்ணையாரிடம் போய் விஷயத்தைச் சொன்னான்.

அதற்குப் பண்ணையார், "நான் யாரையுமே பணம் வாங்காமல் ஹெலிகாப்டரில் ஏற்றிச்செல்வதில்லை. இருந்தாலும் உனக்காக ஒரு சலுகை தருகிறேன். ஹெலிகாப்டரை கன்னாபின்னாவென்று வேகமாக ஓட்டியே நான் பழகிவிட்டேன். தவிர, நான் ஹெலிகாப்டர் ஓட்டும்போது பக்கத்தில் யாராவது பயத்தில் கத்தினால் நான் டென்ஷனாகி விடுவேன். அதனால் பயணம் செய்யும்போது நீங்கள் ஒரு துளிச் சத்தம்கூட எழுப்பக்கூடாது. இதை மீறி யாராவது கத்தினால், தரை இறங்கியதும் அபராதமாக நூறு டாலர் கொடுக்க வேண்டும்'' என்றார். மகனும் இதற்கு ஒப்புக்கொண்டான்.

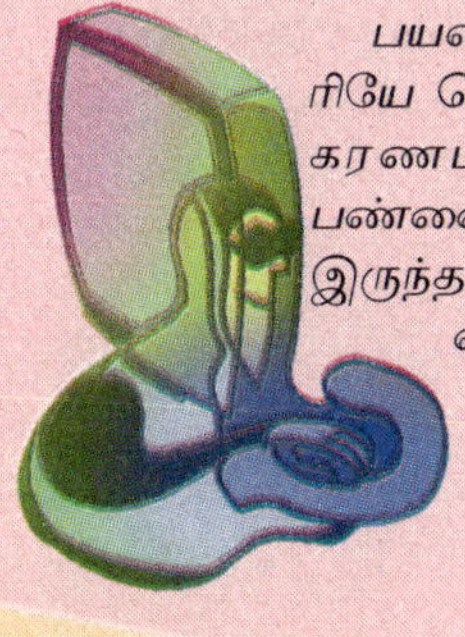

பயணம் துவங்கியது. பண்ணையார் தான் சொன்ன மாதிரியே ஹெலிகாப்டரைத் தாறுமாறாக ஓட்டினார். வானத்தில் கரணம் அடித்தார். கடைசியில் தரை இறங்கியதும் பண்ணையார், "பரவாயில்லையே... ஹெலிகாப்டர் வானத்தில் இருந்தபோது நீங்கள் ஒரு சின்ன முனகல் சத்தம்கூட எழுப்பவில்லையே!'' என்று பாராட்டினார். அதற்கு, "ஆமாம்... என் அம்மா ஹெலிகாப்டரிலிருந்து தவறிக் கீழே விழுந்துவிட்டாள். 'அம்மா' என்று கத்தினால் நூறு டாலர் அபராதம் கட்டச் சொல்வீர்களே என்பதால் கஷ்டப்பட்டு என்னைக் கட்டுப்படுத்திக்

கொண்டேன்...'' என்றானாம் அந்த அருமை மகன்.

பெற்ற அம்மாவைவிட, பந்தயமும் பணமும் இவனுக்கு எப்படி முக்கியமாகப் போய்விட்டதோ, அப்படித்தான் இப்போது பலருக்கும் தங்கள் பெற்றோரைவிட அயல்நாட்டு வேலையும் பணமும்தான் முக்கியமாகப் போய்விட்டது.

இந்த மகாபாரதக் கதை உங்களில் அநேகம் பேருக்குத் தெரிந்திருக்கும்.

முனிவர் ஒருவர் இருந்தார். மிகவும் கோபக்காரர். காட்டில் அவர் தவம் செய்துகொண்டிருந்தபோது ஒரு முறை கொக்கு ஒன்று அவர் தலையில் எச்சம் இட்டுவிட்டது. முனிவர் உடனே அந்தக் கொக்கைக் கோபமாகப் பார்க்க, அது அந்த விநாடியே எரிந்து சாம்பலாகிவிட்டது. பிறகு அந்த முனிவர் பசியாறுவதற்காக ஒரு பெண்ணிடம் போய் பிட்ஷை கேட்டார். ஆனால், அந்தப் பெண்ணோ தன் கணவருக்கான பணிவிடைகளை முடித்துவிட்டு, பிறகு நிதானமாக வந்து முனிவருக்கு உணவு கொடுத்தாள். தன்னைக் காக்க வைத்துவிட்டாளே என்று சீற்றம் அடைந்த முனிவர், அந்தப் பெண்ணுக்குச் சாபம் கொடுக்க முற்பட... அவள் 'என்னை கொக்கென நினைத்தாயோ கொங்கணவா?' என்று கேட்டாளாம்.

ஆடிப்போய்விட்டார் முனிவர்!

“இப்படித் தொட்டதற்கெல்லாம் சாபம் கொடுக்க 'விசுக் விசுக்' என்று கையை உயர்த்தும் உங்களைப் பார்த்தாலே நீங்கள் இன்னும் பூரண ஞானம் பெறவில்லையோ என்று தோன்றுகிறது. உண்மையிலேயே நீங்கள் முழுமையான ஞானம் பெறவிரும்பினால் இன்னாரைப் போய்ப் பாருங்கள்'' என்று சொல்லி ஒரு விலாசத்தைக் கொடுத்தாள் அந்தப் பெண்.

அவள் சொன்ன இடத்துக்குப் போனார் முனிவர். அது ஒரு கசாப்புக்கடை. 'வேதங்களையும் உபநிஷத்துக்களையும் கற்றுத் தேர்ந்த எனக்கு – போயும் போயும் ஒரு கசாப்புக்கடைக்காரர் ஞானோபதேசம் தருவதாவது...' என்ற முகச்சுளிப்போடு முனிவர் பார்க்க... “கசாப்புக்கடை நடத்துவது என்பது என் குலத்தொழில். அதைத்தான் நான் செய்து வருகிறேன். உங்களைப் போல பெற்ற தாயையும் தந்தையையும் வயதான காலத்தில் தனியாகத் தவிக்க விட்டுவிட்டு 'கடவுளைத் தேடுகிறேன் பேர்வழி' என்று காடுகளிலும் மலைகளிலும் நான் அலையவில்லை. என் பெற்றோருக்குத் தேவையான சேவைகளைச் செய்வதையே இறைவனை நோக்கிச் செய்யும் தவமாக எண்ணி வாழ்ந்து வருகிறேன்'' என்றாராம் அந்தக் கசாப்புக்கடைக்காரர்.

அவரது இந்த வார்த்தைகள்தான் முனிவருக்கு ஞானத்தைக் கொடுத்தன என்று சொல்கிறது நமது புராணம்.

'பெற்ற தாய் – தந்தையரிடம் கடவுளைத் தரிசிக்க முடியாதவன் முன்னால் கடவுளே பிரசன்னமானாலும் அவனால் அவரைக் கண்டுகொள்ள முடியாது!' என்கிறது நமது வேதம்.

பொய் சொல்லாதிருப்பது எப்படி?

நினைத்துப் பாருங்கள்...

நமது பால்ய காலத்தை!

'பொய் சொல்லக்கூடாது... திருடக்கூடாது... கஷ்டம் வந்தால் மூட்டை தூக்கிக்கூடப் பொழைக்கலாம், தப்பில்லை...' என்று எத்தனை எத்தனை நல்ல விஷயங்களை நமக்குக் கற்றுத் தந்தார்கள்.

ஆனால், இன்று..? அந்த அடிப்படை நல்லொழுக்கமே மெள்ள மெள்ள நீர்த்துப்போய்க் கொண்டிருக்கிறதோ என்று எனக்குப் பயமாக இருக்கிறது. பாமரர்களைவிடப் படித்தவர்களும் விஷயம் தெரிந்தவர்களுமே அதிகம் பொய்சொல்ல ஆரம்பித்திருக்கிறார்கள்.

வீட்டில் போன் மணி அடித்தால், 'அப்பா வீட்டில் இல்லைனு சொல்லு' என்று குழந்தைகளுக்கு நாமே பொய்சொல்லக் கற்றுத் தருகிறோம்.

'ஏன் லேட்...?' என்று மனைவி கேட்டால், நம் கைவசம் ஏதோ ஒரு பொய் எப்போதும் தயாராக இருக்கிறது.

தெரிந்தே ஒரு பொய்யை, மெய் என்று நம்புவதில் எவ்வளவு ஆபத்து இருக்கிறது, தெரியுமா?

இதோ, இந்தக் கதையைப் படியுங்கள்.

ஒரு முறை முல்லா, பக்கத்து வீட்டுக்காரரிடம் பானை ஒன்றை இரவல் வாங்கினார். சில நாட்களுக்குப் பிறகு, பக்கத்து வீட்டுக்காரர் தயங்கித் தயங்கி, ''என் பானையைத் திருப்பிக் கொடுக்க முடியுமா..?'' என்று முல்லாவிடம் கேட்டார்.

''அடடா... உங்களிடம் இரவல் வாங்கிய பானையை உடனே திருப்பிக் கொடுக்காமல் மறந்துபோனதிலும் ஒரு லாபம் இருக்கிறது. ஆமாம்... உங்கள் பானை ஒரு குட்டி போட்டிருக்கிறது, பாருங்கள்!'' என்று சொல்லி, தான் இரவலாக வாங்கிய பானையுடன் சேர்த்து ஒரு குட்டிப் பானையையும் கொடுத்தார் முல்லா. பக்கத்து வீட்டுக்காரருக்குத் தாங்கமுடியாத சந்தோஷம்.

அடுத்த வாரமே முல்லா மறுபடியும்

பக்கத்து வீட்டுக்காரரிடம் சென்று, "போன தடவை கொடுத்ததைவிடப் பெரிய பானை ஒன்று இருந்தால், இரவலாகக் கொடுங்களேன்!" என்று கேட்க... அவரும் 'ஒன்றுக்கு இரண்டாகப் பானை கிடைக்கும்' என்ற சந்தோஷத்தோடு, வீட்டிலிருந்த மிகப்பெரிய பானையைத் தூக்கி முல்லாவிடம் கொடுத்தார்.

ஒரு வாரம் ஆயிற்று. பக்கத்து வீட்டுக்காரர் முல்லாவிடம் சென்று, தான் இரவலாகத் தந்த பானையைத் திரும்பக் கொடுக்க முடியுமா என்று கேட்டார்.

"அதை ஏன் கேக்கறீங்க..? நேத்து உங்க பானை செத்துப்போச்சு!" என்றார் முல்லா.

பக்கத்து வீட்டுக்காரருக்கு மகா எரிச்சலாகி விட்டது! "என்னை என்ன மடையன்னு நினைச்சியா? பானை எப்படிச் செத்துப்போகும்?" என்றார் கோபமாக.

"பானை குட்டிபோட முடியும்னு உன்னால் நம்பமுடியுது. பானை செத்துட்டதுனு சொன்னா நம்பமுடியலையா?" என்று திருப்பிக் கேட்டார் முல்லா. பக்கத்து வீட்டுக்காரர் வந்த சுவடே தெரியாமல் நடையைக் கட்டினார்.

இப்போது புரிகிறதா? பொய் சொல்வது எவ்வளவு தப்போ, அவ்வளவு தப்பு– பொய் என்று தெரிந்தும் அதை நம்புவது!

சரி, நாம் பொய் சொல்லும்படியான அவசியம் ஏற்படாதிருக்க என்ன வழி?

இல்லை, முடியாது போன்ற வார்த்தைகளைச் சொல்லக் கற்றுக்கொண்டால், ஏறக்குறைய ஐம்பது சதவிகிதப் பொய்களைச் சொல்லவேண்டிய அவசியமே ஏற்படாது.

ஆபீஸில் உடன் வேலைசெய்பவர் மோட்டார்சைக்கிளை இரவலாகக் கேட்கிறார். 'ஸாரி... என் மோட்டார் சைக்கிளை நான் யாருக்கும் இரவல் கொடுப்பதில்லை' என்று நேரடியாகச் சொல்லிவிட்டால் எதிராளியின் முகம் வாடிப்போகுமே என்று பயந்து, 'இல்லைப்பா... பெட்ரோல் இல்லை, பிரேக்

பிடிக்கலை...' என்று வாய்க்கு வந்த பொய்யைச் சொல்கிறோம். எதிராளியின் முகம் வாடிப் போய்விடக்கூடாது என்பதற்காக, நாம் பொய்யன் என்ற பட்டத்தைச் சுமப்பது எந்த விதத்தில் சரி?

பொய் சொல்லக்கூடாது என்றால்... மனைவி, தாய், தந்தை, குடும்பத்தினர், நண்பர்கள் இவர்களிடம் எல்லாம் பொய் சொல்லலாமா? அப்படியே பொய் சொன்னாலும், அது எவ்வளவு காலத்துக்கு நீடிக்கும்..?

ஒரு சின்னக் கதை... ஒரு கல்லூரியில் நான்கு நண்பர்கள் படித்துக் கொண்டிருந்தார்கள். தாவரவியல் மாணவர்கள். ஒரே ஒரு பரீட்சையைத் தவிர, மற்ற எல்லா பரீட்சைகளையும் எழுதிவிட்டார்கள். மிச்சமிருந்த ஒரு பரீட்சைக்கு இன்னும் ஒரு வார காலம் இருந்தது.

மேலும், அது சுலபமான பேப்பர்தான் என்பதால்,

இடைப்பட்ட காலத்தில் பக்கத்தில் இருந்த ஒரு மலைவாச ஸ்தலத்துக்கு பிக்னிக் போனார்கள். ஆட்டம், பாட்டம், கொண்டாட்டம் என ஜாலியாக இருந்தார்கள். அவர்கள் கிளம்பவேண்டிய தருணம் வந்தது.

அப்போது ஒரு மாணவன், “க்ளைமேட் அருமையாக இருக்கிறது. இன்றிரவும் இங்கேயே தங்கிவிட்டு, நாளை காலை ஆறு மணிக்கு காரில் கிளம்பினால் போதும்... பரீட்சை நேரத்துக்குக் கல்லூரிக்குப் போய்விடலாம்...” என்றான்.

‘அதுவும் சரிதான்’ என்று மாணவர்கள் அன்று முழுவதும் அங்கேயே கோலாகலமாகக் கழித்துவிட்டு, இரவு தாமதமாகத் தூங்கினார்கள். நெடுநேரம் கழித்துக் கண்விழித்தார்கள். ‘சரி, புரொபசரிடம் ஏதாவது பொய் சொல்லி, மாற்றுப் பரீட்சைக்கு ஏற்பாடு செய்துகொள்ளலாம்’ என்ற நம்பிக்கையோடு புறப்பட்டார்கள்.

புரொபசர் முன் நல்லபிள்ளைகள் மாதிரி வந்து நின்றவர்கள், “சார்... நாங்கள் அரிதான சில தாவரங்களைச் சேகரிப்பதற்காக ஒரு மலைவாச ஸ்தலத்துக்குச் சென்றிருந்தோம். அங்கிருந்து நேராகப் பரீட்சை எழுதக் கல்லூரிக்கு வந்துவிடலாம் என்ற திட்டத்தில், விடியற்காலை காரில் கிளம்பினோம். வழியில் கார் பஞ்ச்சராகிவிட்டது. அதனால் பரீட்சை எழுத முடியவில்லை. நீங்கள்தான் பெரிய மனசு பண்ணி, எங்களுக்கு மாற்றுப் பரீட்சை வைக்கவேண்டும்...” என்று பொய்யை, மெய்மாதிரி உருகிச் சொன்னார்கள்.

பேராசிரியரும் ஒப்புக்கொண்டார். அந்த நான்கு மாணவர்களையும் நான்கு வெவ்வேறு அறைகளில் அமரவைத்துப் பரீட்சை எழுதச் சொன்னார். மாணவர்களுக்கு செம குஷி. உற்சாகத்துடன் பரீட்சை எழுத உட்கார்ந்தார்கள்.

முதல் கேள்வி மிகவும் சுலபமாக இருந்தது. மாணவர்கள் அதற்கு விடை எழுதிவிட்டு, அந்தக் கேள்விக்கான மார்க் என்ன என்று பார்த்தார்கள். ஐந்து. சரி என்று அடுத்த பக்கத்தைத் திருப்பினார்கள். 95 மார்க் என்ற குறிப்புடன் காணப்பட்ட அடுத்த கேள்வி, அவர்களின் முகத்தில் அறைந்தது.

அந்தக் கேள்வி – ‘உங்கள் காரில் பஞ்சரானது எந்த டயர்..?’

பஞ்சர் என்று பொய் சொன்னார்களே தவிர... இப்படி ஒரு கேள்வி வரும், அதற்கு இன்ன டயர்தான் பஞ்சர் ஆனது என்று நாலு பேரும் ஒன்றுபோல் பதில் சொல்லவேண்டும் என்று பேசி வைத்துக் கொள்ள வில்லையே!

பொய் என்பது தீக்குச்சியைப் போல. அது அந்தக் கணத்துக்கு மட்டுமே பலன் கொடுக்கும். உண்மை என்பது சூரியனைப் போல... அது வாழ்நாள் முழுதும் மட்டுமல்ல, வாழ்ந்து முடிந்த பிறகும்கூடப் பலன் கொடுக்கும்.

மூன்று மரங்களின் ஆசை!

சமீபத்தில் மாணவர் ஒருவர் என்னைச் சந்தித்தார்.

"சுவாமி... சின்ன வயது முதலே டாக்டராக வேண்டும் என்பது என் கனவு. ஆனால், ப்ளஸ்டூவில் நான் எடுத்திருக்கும் மார்க்கும் என்ட்ரன்ஸ் டெஸ்ட்டில் கிடைத்த மார்க்கும் என் டாக்டர் கனவில் மண்ணை அள்ளிப் போட்டுவிடும் போலிருக்கிறது. இத்தனை வருடம் நான் ராப்பகலாக உழைத்த அத்தனை உழைப்பும் ஒரே நாளில் வீணாகிவிடும் போல இருக்கிறது. பேசாமல் தற்கொலை செய்துகொள்ளலாமா என்றுகூடத் தோன்றுகிறது!" என்று சொல்லி, அடக்க முடியாமல் விம்மி அழுதார் அந்த மாணவர்.

அப்போது அவருக்குக் கூறிய இந்தக் கதையை உங்களிடம் பகிர்ந்துகொள்ள ஆசைப்படுகிறேன்.

அது ஒரு அடர்ந்த காடு. அந்தக் காட்டில் அடுத்தடுத்து மூன்று மரங்கள் வளர்ந்திருந்தன. அவை ஒரு நாள் தங்களின் அபிலாஷைகளை மனம்விட்டுப் பகிர்ந்துகொண்டன.

முதல் மரம் சொல்லியது... "தங்கம், வைரம் போன்ற செல்வங்களைப் பாதுகாக்கும் நகைப்பெட்டியாக நான் ஆகவேண்டும்!"

"அதிகாரம் நிறைந்த மாமன்னனைச் சுமந்துசெல்லும் கப்பலாக வேண்டும் என்பதுதான் என் லட்சியம்" என்றது இரண்டாவது மரம்.

"நான் விண்ணிலே இருக்கும் ஆண்டவனைத் தொடும் அளவுக்கு உயரமாக வளர வேண்டும். ஆண்டவன் என் மீது இளைப்பாற வேண்டும். அதுதான் என் லட்சியம்!" என்றது மூன்றாவது மரம்.

இப்படி மரங்கள் பேசிக்கொண்டிருந்தபோது அந்தக் காட்டுக்கு விறகு வெட்டிகள் மூன்று பேர் வந்தார்கள்.

நகைப்பெட்டியாக வேண்டும் என்று நினைத்த மரத்தைக் காட்டி, "இது மிகவும் உறுதியாக இருக்கிறது. இதை வெட்டி நகைப்பெட்டி செய்தால் நல்ல விலைக்குப் போகும்" என்று அந்த மரத்தை வெட்டி எடுத்துக்கொண்டு போனான் முதல் விறகுவெட்டி. தன் லட்சியம் நிறைவேறப்போவதை நினைத்து அந்த மரம் சந்தோஷித்தது.

கப்பலாக ஆசைப்பட்ட மரத்தைப் பார்த்த அடுத்த விறகு வெட்டி, "இந்த மரம் வளைவுகள் ஏதும் இல்லாமல் நேராக இருக்கிறது. அதனால் இதை கப்பல் கட்டும் தச்சர்களிடம் விற்றுவிடப் போகிறேன்" என்று அந்த மரத்தை வெட்டி எடுத்துக்கொண்டு போனான். கப்பலாகப்போகும் கனவில் அந்த மரம் மிதந்தது.

மூன்றாவது விறகுவெட்டி, விண்ணைத் தொடும் அளவுக்கு உயரமாக வளரப் போவதாக ஆசைப்பட்ட மரத்தை வெட்டியதுமே அதன் ஆசை நிராசையாகிவிட, அது சோகத்தில் ஆழ்ந்தது.

சில நாட்கள் ஆயின. நகைப்பெட்டி செய்யப் போகிறேன் என்று மரத்தை வெட்டிக்கொண்டு போனவன் மனதை மாற்றிக்கொண்டான். நகைப்பெட்டிக்குப் பதிலாக அந்த மரத்தைக் கொண்டு அவன் மாடுகளுக்குத் தீவனம் வைக்கும் பெட்டியைச் செய்தான். சாணத்துக்கும் கோமியத்துக்கும் மத்தியில் வந்துசேர்ந்த அந்த மரம் தன் கனவு சிதைந்து போனதை எண்ணிக் கலங்கியது.

அடுத்து கப்பல் செய்யப்போகிறேன் என்று புறப்பட்ட விறகுவெட்டி அந்த மரத்தை சாதாரணப் படகு செய்கிறவனிடம் தர, அது சின்னப் படகாக உருவெடுத்தது. மன்னனைச் சுமக்கும் ஆசை மண்ணாகிப் போனது குறித்து அந்த மரம் மனம் வெதும்பியது.

இறைவனின் திருவடிகளைத் தொட நினைத்த மரம் எந்தவித உபயோகமுமின்றி ஏதோ ஓர் இருட்டறையில் துயரத்துடன் வீழ்ந்து கிடந்தது.

ஒரு நாள் கர்ப்பிணிப் பெண் ஒருத்தி பிரசவத்துக்காகத் தன் கணவனுடன் வைத்தியர் வீடு நோக்கிச் சென்று கொண்டிருந்தாள். வழியிலேயே அவளுக்குப் பிரசவவலி ஏற்பட, அங்கே இருந்த மாட்டுக்

கொட்டகையில் அவர்கள் தஞ்சம் புகுந்தார்கள். அங்கேயே அவள் அழகான ஒரு குழந்தையைப் பெற்றெடுத்தாள். கணவன், அவசரத்துக்கு அங்கே இருந்த தீவனப் பெட்டியில் வைக்கோலைப் பரப்பி அதில் குழந்தையைப் படுக்க வைத்தான். விலையுயர்ந்த செல்வங்களைப் பாதுகாக்கும் நகைப்பெட்டியாக உருவெடுக்க நினைத்த மரத்துக்கு அதைவிட மதிப்பு வாய்ந்த ஓர் உயிரைப் பாதுகாக்கும் வேலை கிடைத்ததும் தான் கேட்டதைவிட ஆண்டவன் அதிகமாகக் கொடுத்திருக்கிறான் என்று உச்சிகுளிர்ந்து போனது.

படகாகிப் போன மரம் ஒரு நாள் கடலில் பயணம் செய்யும்போது புயல் உண்டாகியது. சுழன்றடிக்கும் சூறாவளிக்குத் தாக்குப்பிடிக்க முடியாமல் அதில் பயணித்துக் கொண்டிருந்த ஒவ்வொருவரும் பதறிக்கொண்டிருக்க, வயதான துறவி ஒருவர் அவர்களை அமைதிப்படுத்திவிட்டு, தன் கையை உயர்த்தி 'நிறுத்து' என்று கட்டளையிட்டார். என்ன அதிசயம்! புயல் சட்டென்று நின்றது. பரவசமடைந்த பயணிகள், அந்தத் துறவியின் காலில் விழுந்து வணங்க.. மாமன்னனைவிட ஒரு பெரிய மகானைச் சுமந்த சந்தோஷத்தில் அந்த மரம் மகிழ்ச்சி அடைந்தது.

இருட்டறையில் முடங்கிக் கிடந்த மூன்றாவது மரம் ஒரு நாள் வெளியே கொண்டுவரப்பட்டது. கண்களில் அருள் பொங்கும் தோற்றமுடைய ஒருவர் அதைத் தூக்கிக்கொண்டு வீதிகளில் தள்ளாடித் தள்ளாடி நடந்து போனார். அவரைச் சிலர் சவுக்கால் அடித்து அடித்து ஒரு மலையின் உச்சிக்கு நடத்திச் சென்றார்கள். அங்கே, அந்த மரத்திலேயே அவரை ஆணிவைத்து அறைந்தார்கள்.

அவர்தான் தேவகுமாரனான இயேசு கிறிஸ்து! இந்த உண்மை தெரிய வந்ததும், தன் ஆசையை இறைவன் பூர்த்தி செய்துவிட்டதை அறிந்து அந்த மரம் மகிழ்ச்சியில் விம்மியது.

ஆக, மூன்று மரங்களும் தாங்கள் என்னவாக வேண்டும் என்று ஆசைப்பட்டனவோ அவ்விதமே ஆயின. ஆனால், அவை விரும்பிய வழியில் அல்ல; கடவுள் தேர்ந்தெடுத்த வழியில்.

மரங்களுக்குப் பொருந்தும் இந்த உண்மை மனிதர்களுக்கும் பொருந்தும். கடவுள் நம் நல்ல நோக்கங்களை நிச்சயம் பூர்த்தி செய்வார்; ஆசைகளை அல்ல!

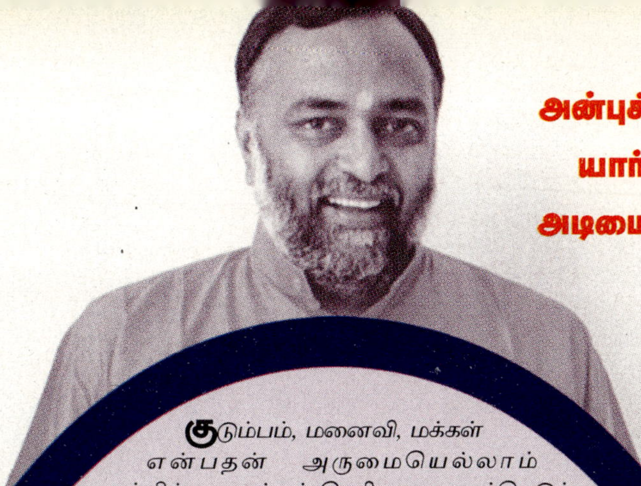

அன்புக்கு யார் அடிமை?!

குடும்பம், மனைவி, மக்கள் என்பதன் அருமையெல்லாம் நம்மில் பலருக்குத் தெரியாது. எதற்கெடுத்தாலும் குற்றம் கண்டுபிடிக்கும் குணம் பல குடும்பங்களைச் சுக்குநூறாக்கிக் கொண்டிருக்கிறது. இதோ, இந்தக் கற்பனைக் கதையைப் பாருங்கள்.

அவர்கள் இருவரும் வயதானவர்கள். நாற்பது வருடத் தாம்பத்தியம் நடத்தியவர்கள். மிகப்பெரிய செல்வந்தனாக வேண்டும் என்ற கனவில் மிதந்தவர் அவர். ஆனால், ஆசை நிறைவேறாமலேயே மரணப்படுக்கையில் விழுந்தார் அவர்.

அந்தக் கடைசிக் காலத்திலாவது மனைவியின் அன்பை அவர் புரிந்துகொள்ள வேண்டும் என்ற நோக்கத்தில், உறவினர் ஒருவர் சொன்னார்... "உன் மனைவி எத்தனை அன்பானவள் தெரியுமா? கல்யாணம் ஆன புதிதில், நீ உன் அலுவலகத்தில் பணத்தைக் கையாடல் செய்து வேலையை இழந்தாய். அப்போது உன் அப்பாவும் அம்மாவும்கூட 'நீ எனக்குப் பிள்ளையே கிடையாது' என்று சொல்லி, உன்னைப் பிரிந்து போனார்கள். ஆனால், உன் மனைவி மட்டும் உன்னுடன் இருந்தாள்.

பிறகு பிஸினஸ் செய்யப்போகிறேன் என்று பல லட்ச ரூபாயை வங்கிக் கடனாக வாங்கி ஒரு ஷோரூம் ஆரம்பித்தாய். அதில் பெரிய நஷ்டம் வந்து கடன்காரனாகிக் கடைசியில் அந்த பிஸினஸும் கைவிட்டுப் போனது. உன்னுடன் நெருக்கமாயிருந்த நண்பர்கள்கூட அந்த நேரத்தில் விலகிப் போனார்கள். அப்போதும் உன் மனைவி உன்னுடன் இருந்தாள்.

பிறகு கெட்ட சகவாசங்கள், தீய பழக்கங்கள் வந்துசேர, ஒழுக்கம்கெட்ட வாழ்க்கை வாழ்ந்து

வியாதியஸ்தனானாய். அப்போது நீ பெற்ற பிள்ளைகளே, உன்னை உதறிவிட்டுப் போனார்கள். ஆனால், அப்போதும் உன்னுடன் இருந்தது உன் மனைவி மட்டும்தான். இதிலிருந்து உனக்கு என்ன புரிகிறது?'' என்று அந்தக் கணவனை நோக்கிக் கேட்டார் உறவினர்.

அதற்குக் கணவர் சொன்னார்: ''எனக்குக் கெட்டது நடந்த ஒவ்வொரு நேரத்திலும் இவள் என் பக்கத்தில் இருந்திருக்கிறாள். இவள் துரதிர்ஷடத்தால்தான் நான் இப்படிக் கஷ்டப்பட்டிருக்கிறேன்...''

இன்னொரு வகை தம்பதிகளும் இருக்கிறார்கள்.

கார் வாங்கவேண்டும். அபார்ட்மெண்ட் வாங்கவேண்டும். உத்தியோ கத்தில் பதவி உயர்வு பெறவேண்டும் என்று சதா அலைந்துகொண்டே இருப்பார்கள். இந்த அலைச்சல் காரணமாக, கணவன் - மனைவி இரண்டு பேருக்கும் வீட்டில் பேசிக்கொள்ளக்கூட நேரம் கிடைக்காது.

அப்படியே பேசினாலும் 'உன் பி.எஃப்-ல் எத்தனை பணம் இருக் கிறது? உனக்கு பாங்க்கில் எவ்வளவு கடன் கொடுப்பார்கள்?' என்று ஏதோ கம்பெனி ஆடிட்டர்கள் மாதிரிதான் பேசிகொள்வார்கள்.

'அன்பு, அந்நியோன்யம், குழந்தைகள் - இதற்கெல்லாம் எப்போது நேரம் ஒதுக்கப்போகிறீர்கள்?' என்று கேட்டால்... 'கார், அபார்ட்மெண்ட், பதவி உயர்வு எல்லாம் வாங்கிய பிறகு' என்று சொல்வார்கள்.

வெற்றியையும் செல்வத்தையும் வாழ்க்கையில் தேட வேண்டியது தான். தப்பு என்று யாராலும் சொல்ல முடியாது. ஆனால், எதை விலையாகக் கொடுத்து இதையெல்லாம் வாங்கப் போகிறோம் என்பதை நாம் கணக்கிட வேண்டியது அவசியம் இல்லையா?

மும்பைவாசிகள் பற்றி ஒரு கிண்டல் உண்டு. அதாவது, பணிக் காலத்தில் தங்களின் ஆரோக்கியம் எல்லாவற்றையும் விலையாகக் கொடுத்து, ஐம்பது வயது வரை அவர்கள் பணம் சம்பாதிப்பார்கள். அதன்பிறகு இழந்த ஆரோக்கியத்தைத் திரும்பப் பெறுவதற்காக, சம்பாதித்த பணத்தையெல்லாம் செலவழிப்பார்களாம்.

அது ஒரு கிராமம்... அங்கே ஒரு வீடு. அந்த வீட்டுக்கு ஒரு நாள் மூன்று பெரியவர்கள் வந்தார்கள். நீண்ட நேரம் பயணம் செய்த களைப்பு அவர்களிடம் தெரிந்தது.

இவர்களைப் பார்த்த அந்த வீட்டுப் பெண்மணி, 'உள்ளே வாருங்கள்... என் கணவர் வந்துவிடுவார்.. உணவருந்தலாம்...' என்று அழைத்தாள்.

'ஆண்மக்கள் இல்லாத வீட்டில் நாங்கள் உணவருந்த மாட்டோம். அதனால் உன் கணவன் வீடு திரும்பும் வரை, இங்கேயே காத்திருக்கிறோம்...' என்று அவர்கள் திண்ணையிலேயே இளைப்பாற ஆரம்பித்தார்கள்.

வயல்வேலைக்குப் போயிருந்த கணவன் மாலையில் வீடு திரும்பி

னான். உடனே அவன் மனைவி, திண்ணையில் உறங்கிக்கொண்டிருந்த பெரியவர்களிடம் சென்று, 'என் கணவர் வந்துவிட்டார். இப்போது எங்கள் வீட்டுக்குள் வர உங்களுக்குத் தடையில்லையே?' என்று கேட்க... அவர்கள், 'தடையில்லை... ஆனால், ஒரு நிபந்தனை. எங்களில் ஒருவர் மட்டுமே உங்கள் வீட்டுக்கு வரமுடியும்' என்றனர்.

அந்தப் பெண்மணி காரணம் புரியாமல் விழிக்க... அவர்களில் மிகவும் வயது முதிர்ந்த பெரியவர், 'என் பெயர் அன்பு. இவன் பெயர் வெற்றி. அவன் பெயர் செல்வம். எங்களில் ஒருவரைத்தான் வீட்டுக்குள் அழைக்க முடியும். அதனால் யாரை அழைப்பது என்று நீயே தேர்ந்தெடுத்துக்கொள்...' என்று சொல்ல, 'வந்திருப்பவர்கள் வழிப்போக்கர்கள் அல்ல... செல்வம், வெற்றி, அன்பு என்ற மூன்றுக்கும் அதிபதியாக இருக்கும் தேவர்கள்!' என்பது அந்தப் பெண்மணிக்குப் புரிந்தது.

பூரிப்போடு வீட்டுக்குள் ஓடிய பெண்மணி, விஷயத்தைக் கணவனிடம் சொன்னாள். கணவனுக்குப் பரவசமும் பதற்றமும் தொற்றிக்கொண்டன. 'வாழ்க்கையில் வெற்றிதான் முக்கியம். அதனால் அவரை நம் வீட்டுக்கு அழைக்கலாம்' என்று யோசனை சொன்னான்.

அதற்கு இவள், 'வெற்றி வந்தால் மட்டும் என்ன பயன்? செல்வம்தானே முக்கியம். அதனால் செல்வத்தை அழைத்து வரலாம்' என்று பரபரத்தாள்.

இவர்கள் இருவரும் பேசிக் கொண்டிருந்ததைக் கேட்ட அவர்களின் மருமகள் சொன்னாள்... 'வெற்றியையும் செல்வத்தையும்விட அன்பு இருந்தால்தான் கணவன், மனைவி, குழந்தை, மாமா, அத்தை என்று நாமெல்லாரும் சந்தோஷமாக ஒற்றுமையாக இருக்க முடியும். அதனால், அன்புதான் எல்லாவற்றுக்கும் அடிப்படை...' என்று சொல்ல, அந்த யோசனையை எல்லோரும் ஏற்றுக்கொண்டார்கள்.

உடனே அந்த வீட்டின் தலைவி வீட்டுக்கு வெளியே சென்று, 'உங்களில் அன்பு யாரோ, அவர் உள்ளே வரலாம்...' என்று சொல்ல, அன்பு என்ற பெரியவர் வீட்டின் உள்ளே சென்றார். அன்பைத் தொடர்ந்து வெற்றி, செல்வம் என்ற மற்ற இரண்டு பெரியவர்களும் வீட்டுக்குள் நுழைந்தார்கள். இதைப் பார்த்த அந்தப் பெண்மணிக்கு ஆச்சரியம்!

பிறகு அவர்கள் சொன்னார்கள் – 'நீங்கள் வெற்றியையோ, செல்வத்தையோ அழைத்திருந்தால், மற்ற இருவரும் வீட்டின் வெளியிலேயே தங்கிவிட்டிருப்போம். ஆனால், அன்பை நீங்கள் அழைத்ததால்தான், நாங்கள் இருவரும் உங்கள் வீட்டுக்குள் வந்தோம். காரணம், அன்பு எங்கு சென்றாலும் அதைப் பின்பற்றி, அதன் பின்னாலேயே செல்ல வேண்டும் என்பதுதான் ஆண்டவன் எங்களுக்கு இட்ட கட்டளை!'

தியானம் பழகுங்கள்!

அவன் ஒரு வியாபாரி. எதிர்காலத்தில் பெரிய தொழிலதிபராக வரவேண்டும் என்று ஆசைப் பட்டான். ஆனால், சரியாகத் திட்டமிட்டுச் செயல்படாததால், அவன் பெரிய நஷ்டத்தைச் சந்திக்க நேர்ந்தது.

மிகுந்த கவலையில் ஆழ்ந்த அவன் வீட்டுக்குச் செல்ல மனமில்லாமல், ஊரைவிட்டு ஒதுக்குப்புறமாக இருந்த ஆற்றங்கரைக்குப் போனான். அங்கே மெல்லிய நிலா வெளிச்சத்தில் ஆற்று மணலில் அமர்ந்து நினைவுகளை ஓடவிட்டான். வியாபாரத்தில் தோற்றுப்போன அவலம் அவனை அழுத்தியது. பங்குதாரர்கள் எப்படியெல்லாம் தனக்குத் துரோகம் செய்தார்கள், நம்பவைத்துக் கழுத்தறுத்தார்கள் என்று எண்ணியெண்ணி வேதனையில் மூழ்கினான்.

தொடர்ந்து எப்படி வியாபாரம் செய்யப்போகிறோம்... குடும்பத்தை எப்படி நடத்தப்போகிறோம் என்பது போன்ற எதிர்காலக் கவலைகள் வேறு ஒருபுறம் எழுந்து அடங்கின. இந்தச் சிந்தனையினூடே அவன் வலக்கை அவனை அறியாமல் ஆற்றுமணலைத் துழாவிக் கைக்குத் தட்டுப்பட்ட சிறு சிறு கற்களை எடுத்து ஆற்றில் வீசியவண்ணம் இருந்தது. இப்படியாக அவன் அன்றிரவு முழுதும் அங்கேயே அமர்ந்திருந்தான்.

பொழுது விடிய ஆரம்பித்தது! வெளிச்சம் பரவியது. ஆற்றிலே வீசுவதற்கு அவனைச் சுற்றி இருந்த கற்கள் எல்லாம் தீர்ந்து போய்விட்டன. அவன் தன் கையில் இருந்த கடைசிக் கல்லைப் பார்த்தான். பிரமித்துவிட்டான். காரணம் - அது சாதாரணக் கூழாங்கல் இல்லை. விலைஉயர்ந்த வைரக்கல்.

யாரோ கொள்ளையர்கள் தாங்கள் கொள்ளையடித்து வந்த வைரக்கற்களை ஆற்றங்கரையில் தவற விட்டுவிட்டு ஓடியிருக்கிறார்கள். அவற்றைத்தான் அவன் இருட்டில் இன்னதென்று அறியாமல் எடுத்து வீசியிருக்கிறான்.

ஒருவகையில் பார்த்தால் நம்மில் பலர் அந்த வியாபாரி மாதிரிதான். கடந்தகாலம் மற்றும் எதிர்கால நினைவுகளில் மிதந்துகொண்டு நிகழ்காலம் என்ற வைரக்கற்களை வீணடித்துக் கொண்டிருக்கிறோம்.

செக்குமாடு மாதிரி திரும்பத் திரும்ப ஒரே வேலையைத் தொடர்ந்து செய்யும்போதுதான் சிந்தனை நிகழ்காலத்தை மறந்து, கடந்த காலத்திலோ அல்லது எதிர்காலத்திலோ இலக்கே இல்லாமல் மிதக்க ஆரம்பிக்கிறது.

ஒரு நாள் குரு ஒருவர் தன் சிஷ்யர்களைப் பார்த்துக் கேட்டார்:

'சந்தோஷம் எங்கே இருக்கிறது?'

வெற்றி, வீரம், தானம், செல்வம், பெண், பொன், மண், மது என்று ஆளாளுக்கு ஒரு பதில் சொன்னார்கள்.

குரு அந்த பதில்களை ஏற்றுக் கொள்ளவில்லை.

'சரி, கேள்வியை மாற்றிக் கேட்கிறேன். அழகு எங்கே இருக்கிறது? இந்தக் கேள்விக்கும் பச்சைப் பசேல் என்கிற செடிகள் அழகு, அவற்றில் பூத்திருக்கும் வண்ண வண்ணப் பூக்கள் அழகு... பூக்களில் அமரும் வண்ணத்துப் பூச்சிகள் அழகு, வானம் அழகு, மேகம் அழகு, வானவில் அழகு... இப்படிச் சொல்லிக்கொண்டே போகலாம் அல்லவா? ஆனால், கண்கள் இல்லையென்றால் இந்த அழகையெல்லாம் எப்படி நம்மால் பார்த்து ரசிக்க முடியும்?

அதே மாதிரிதான் சந்தோஷமும். நீங்கள் சொன்ன வீரம், வெற்றி, தானம் என்று பல விஷயங்களில் மனிதனின் சந்தோஷம் அடங்கியிருக்கலாம். ஆனால், அந்த சந்தோஷத்தை அனுபவிக்க நமக்கு வேண்டியது விழிப்பு உணர்வு' என்றார் குரு.

நம் உடலின் ஐம்புலன்களும் விழிப்புஉணர்வோடு கூர்மையாகவும் உஷாராகவும் இருக்கும்போது ஒரு த்ரில் உண்டாகிறது! அந்த த்ரில்தான் வாழ்க்கையை சுவாரஸ்யப்படுத்துகிறது.

கரணம் தப்பினால் மரணம் என்று தெரிந்தும் சில

வீரர்கள் கார் ரேஸில் உற்சாகமாகக் கலந்துகொள்கிறார்களே, அதற்குக் காரணம் அந்த 'த்ரில்'தான்!

நம் சிந்தனையைக் கடந்த காலத்திலோ அல்லது எதிர்காலத்திலோ மிதக்கவிடாமல் நிகழ்காலம் பற்றிய விழிப்பு உணர்வோடு செயல்பட வைக்கவேண்டும். அதுதான் த்ரில். அதுதான் சுகம்.

சரி... நிகழ்காலத்தில் வாழ்வது எப்படி? ஒவ்வொரு நிமிடமும் விழிப்புஉணர்வோடு இருப்பது எப்படி?

தியானத்தில் ஆழ்ந்திருப்பவர்கள் சின்முத்திரை காட்டுவதைப் பார்த்திருப்பீர்கள். சின்முத்திரைக்கான விளக்கம் என்ன? அடுத்தவர் மீது குற்றம் சுமத்த நாம் நீட்டும் சுட்டு விரல், இலக்கில்லாமல் பறக்கும் நம் சிந்தனையின் குறியீடு. அதை ஆத்மாவின் குறியீடாக விளங்கும் கட்டைவிரலை நோக்கி மண்டியிட வைத்தால் பூஜ்யத்தின் வடிவம் கிடைக்கிறது. பூஜ்யம் என்பது வெற்றிடத்தின் அடையாளம்.

இந்த விநாடியின் அருமையை நாம் உணரவேண்டும் என்றால் முதல் கட்டமாகச் சிந்தனைகள் அற்ற வெற்றிடம் நம் மனதில் உருவாகவேண்டும். சின்முத்திரையின் தத்துவம் இதுதான்!

சரி, சிந்தனைகள் அற்ற வெற்றிடம் நம் மனதில் எப்படிச் சாத்தியமாகும்?

மீன் கடையைப் போல நம் மனசுக்குள் சதா பேச்சுச் சத்தம் கேட்டுக்கொண்டே இருக்கிறது! அதை முதலில் நிறுத்தவேண்டும். வெளியே இருந்து வரும் ஓசைகள் நம் காதுகளில் விழுந்துகொண்டே இருக்கிறது. அவற்றைக் கேட்காமல் புறக்கணிக்க வேண்டும். நாம் ஆழமாக உள்வாங்கி வெளியே விடும் மூச்சுக்காற்றில் மட்டுமே நம் கவனம் ஆழமாகப் பதிந்திருக்க வேண்டும். இப்படி சிந்தனை, பேச்சு, எண்ணம், ஒலி எதுவுமே இல்லாத அந்த வெற்றிடம் அதிகச் சக்தி படைத்தது.

சிதம்பர ரகசியம் என்று சொல்லி வெற்றிடத்துக்கு நாம் பூஜை செய்வதும் இந்தக் கருத்தை வலியுறுத்தத்தான்.

இந்தப் பயிற்சிக்குதான் தியானம் என்று பெயர் கொடுத்திருக்கிறார்கள். தியானத்தின் சக்தி அளப்பரியது. அதிகம் வேண்டாம், தினமும் ஒரு பத்து நிமிடம் இந்தப் பயிற்சியையச் செய்து பாருங்கள்.

நீங்கள் உங்கள் மனதின் எஜமானன் ஆவீர்கள்!

ஏகலைவன் உயர்ந்தது எப்படி?

சமீபத்தில் சென்னை வந்திருந்தேன். கல்லூரி மாணவர்கள் பலரைச் சந்தித்தேன். உற்சாகமாக என்னிடம் உரையாடிக் கொண்டிருந்தார்கள். அப்போது ஒருவர் என்னிடம் பேசினார். "சுவாமி, நான் நான்காம் ஆண்டு பொறியியல் படிக்கிறேன். என்னுடன் பயிலும் அத்தனை பேருக்கும் கேம்பஸ் இன்டர்வியூவிலேயே வேலை கிடைத்துவிட்டது. இத்தனைக்கும் என் வகுப்பில் படிக்கும் பலரைவிட நான் அதிக மதிப்பெண் எடுத்திருக்கிறேன். ஆனாலும் வேலை கிடைக்கவில்லை" என்றார்.

நம் நாட்டின் ஜனாதிபதி விஞ்ஞான மேதை அப்துல் கலாம் பற்றி அந்த மாணவருக்குச் சொன்னேன்.

டாக்டர் அப்துல் கலாம் இயற்கையின் ரசிகர்.

பெங்களூரில் பூக்களுக்கும் மரங்களுக்கும் பஞ்சமே இல்லை என்பதால், அங்கே செட்டிலாக வேண்டும் என்ற

எண்ணத்தில் புகழ்பெற்ற கல்வி நிறுவனமொன்றில் சேர்ந்து பணியாற்ற ஆவலோடு இருந்தார் அப்துல் கலாம். ஆனால், அந்த நிறுவனத்தைச் சேர்ந்த பேராசிரியர்கள் சிலர், அப்துல் கலாம் முறையாக பிஹெச்.டி. படிக்காதவர் என்ற காரணம் சொல்லி அவருக்குத் தங்கள் நிறுவனத்தின் கதவுகளை மூடிவிட்டனர்.

இந்தச் சம்பவம் நடந்தபோது அப்துல் கலாமின் வயது 70. அதுவும் அக்னி ஏவுகணை வெற்றிக்குப் பிறகு! பொக்ரான் வெற்றிக்குப் பிறகு! பிரதமரின் பிரதான அறிவியல் ஆலோசகராகப் பணியாற்றியதற்குப் பிறகு!

இந்நிலையில் இந்தச் சம்பவம் அப்துல் கலாமைப் பாதித்து இருக்குமா? நிச்சயம் பாதித்திருக்காது. தனது ஆற்றலைப் பயன்படுத்திக்கொள்ள அவர்களுக்குக் கொடுத்துவைக்கவில்லை என்றுதான் நினைத்திருப்பார். எடுத்துக்கொண்ட குறிக்கோளுக்காகவும் லட்சியத்துக்காகவும் ஒருமுகச் சிந்தனையோடு செயல்பட்டால் இது மாதிரியான சின்னச் சின்னத் தோல்விகள் நம்மை ஒருபோதும் பாதிக்காது.

என்றாலும் அந்த மாணவர் விடவில்லை. "என்னைவிடக் குறைவாக மதிப்பெண் எடுத்த மாணவர்களுக்கு எல்லாம் உடனடியாக வேலை கிடைத்திருக்கிறது. ஆனால், எனக்குக் கிடைக்கவில்லை என்று நினைக்கும்போது என்னால் ஜீரணித்துக்கொள்ள முடியவில்லையே சுவாமி!" என்றார் ஆதங்கத்தோடு!

நான் சொன்னேன்: "ஒருவரை வேலைக்கு எடுக்கும்போது மதிப்பெண் மட்டுமே அளவுகோல் என்று யார் சொன்னது? இரண்டு வருடங்களுக்கு முன்பு கம்ப்யூட்டர் கோடிங் எழுதத் தெரிந்திருந்தால் போதும், அமெரிக்காவில் உடனடியாக வேலை கிடைக்கும். ஆனால், இப்போதோ கோடிங் மட்டும் எழுதத் தெரிந்தால் போதாது... டீமில் இருக்கும் மற்ற ஊழியர்களிடம் ஒருங்கிணைந்து வேலைசெய்யத் தெரிந்திருக்க வேண்டும். கஸ்டமர்களின் தேவை என்ன என்பதை அவர்களுடன் நட்போடு பழகிப் புரிந்துகொள்ளத் தெரிந்திருக்க வேண்டும்... தான் உருவாக்கிய புரோகிராமை விற்பனை செய்யும் சாமர்த்தியம் வேண்டும்."

அடுத்ததாக இன்னொரு மாணவர் கேட்டார்: "வகுப்பில் ஆசிரியர் பாடம் எடுக்கும்போதும் சரி, புத்தகத்தைப் படிக்கும்போதும் சரி... எனக்குச் சற்று நிதானமாகத்தான் விஷயங்கள் தெளிவாகின்றன. இந்தக் குறையைப் போக்கிக்கொள்வது எப்படி?"

"உங்கள் காதலியைப் புரிந்துகொள்ள வேண்டுமானால் அதற்காக நீங்கள் எத்தனை மெனக்கெடுவீர்கள்? எத்தனை நாள் அந்தப்

பெண்ணின் பின்னாலேயே போவீர்கள்? அப்போதெல்லாம் எவ்வளவு ஈடுபாட்டுடன் முழுமனதோடு முயற்சி எடுப்பீர்களோ, அதே உற்சாகத்துடனும் முனைப்புடனும் பாடத்தைப் புரிந்துகொள்ள முயற்சி செய்யுங்கள். உங்கள் குறை மாயமாக மறைந்துபோகும்'' என்றேன்.

பிறகு ஒரு புராணக் கதையையும் சொன்னேன் –

துரோணாச்சாரியாரின் மகன் அஸ்வத்தாமன். இருப்பினும் தன்னைப் பிரதான சீடனாக ஏற்காமல் அர்ஜுனனை ஏற்றுக்கொண்டாரே என்று தந்தை மீது அஸ்வத்தாமனுக்கு வருத்தம். இதை நேரடியாகத் தந்தையிடம் சொல்லியும்விட்டான். அதற்கு துரோணாச்சாரியார் சொன்னார்...

'மகனே... நான் அர்ஜுனனுக்குச் சொல்லிக் கொடுத்ததைவிட உனக்குத்தான் அதிகமாகச் சொல்லிக் கொடுத்தேன். நாராயண அஸ்திரம் பற்றி அர்ஜுனனுக்கு நான் சொல்லித்தரவில்லை. அதை உனக்குக் கற்றுக் கொடுத்தேன். மகன் என்ற காரணத்தினால் மற்றவர்களைவிட உனக்குத்தான் அதிக முக்கியத்துவம் தந்தேன். இந்தச் சுயநலம் என் மனதில் புகுந்ததனால்தான் ரிஷி என்கிற அந்தஸ்தை என்னால் அடைய முடியாமல் போய்விட்டது. உண்மை இப்படியிருக்க, என்னைப் பார்த்து இப்படியொரு கேள்வி கேட்கலாமா?'

'என்னைவிட அர்ஜுனனுக்கு நீங்கள் அதிகமாகச் சொல்லித் தரவில்லை என்பது உண்மையானால், அவன் என்னைவிடத் திறமைசாலியாக இருப்பது எப்படி?' என்று கேட்டான் அஸ்வத்தாமன்.

'நான் என்னவோ உங்கள் அனைவருக்கும் ஒரே மாதிரிதான் வித்தைகளைச் சொல்லிக்கொடுத்தேன். ஆனால், அவனோ உங்களைவிட அதிகமாகக் கற்றுக்கொண்டான். சொல்லப்போனால், உங்களுக்குப் பாடம் எடுப்பதை மறைந்திருந்து கவனித்த ஏகலைவன் உங்கள் அனைவரைவிடவும், அர்ஜுனனைவிடவும், ஏன்... என்னைவிடவும் அதிகமாக என்னிடமிருந்து கற்றுக்கொண்டான்' என்றார் துரோணாச்சாரியார்.

சூரிய உதயத்தை அபாரமாக வர்ணித்து எழுதியிருக்கிறார் சுப்பிரமணிய பாரதியார். வேறு சிலரோ 'எப்படி சுள்ளுனு அடிக்குது பாரு' என்று எரிச்சலோடு ஜன்னலை இழுத்துமூடிவிட்டு நிம்மதியாகப் படுத்துத் தூங்குகிறார்கள். அதனால்தான் அவர் மகாகவி பட்டம் பெற்றார். மற்றவர்கள் சோம்பேறிப் பட்டம் பெற்றார்கள். ஆசிரியர் என்பவரும் சூரியன் மாதிரிதான். பாரபட்சம் இல்லாதவர்.

முடிவெடுப்பது ஒரு கலை!

அவன் இளைஞன். அஜீத், விஜய் போன்ற நடிகர்களைவிட அழகன். நன்கு படித்தவன். பன்னாட்டு நிறுவனம் ஒன்றில் வேலை செய்கிறான். அவன் ஒரு முறை என்னிடம் தயங்கி நின்றான். ''என்ன விஷயம்?'' என்று கேட்டபோது, ஒரு பெண்ணைக் காதலிப்பதாகவும்,

அவனுக்காக அந்தப் பெண்ணிடம் நான் தூது போகவேண்டும் என்றும் சொன்னான்.

ஆன்மீக நிகழ்ச்சிகளில் கலந்துகொள்ள வரும் இளைஞர்களுடன் என்னைப் போன்ற சாமியார்கள் நட்புடன் பழகினால், என்னென்ன வேலைகள் எல்லாம் செய்ய வேண்டிவரும் என்பதை முதல்முறையாக உணர்ந்தேன். என்றாலும், அந்தப் பையன் மிகவும் நல்லவன். நீண்ட நாட்களாக எனக்குப் பழக்கமானவன் என்பதாலும் அதற்கு ஒப்புக்கொண்டேன். அந்தப் பெண்ணைச் சந்தித்தேன்.

இளைஞனின் பெயரைச் சொல்லி, "அவன் உன்னைத் திருமணம் செய்துகொள்ள விரும்புகிறான்'' என்று பேச

ஆரம்பித்தேன். வாக்கியத்தை முடிப்பதற்குள் அந்தப் பெண் கோபப்பட்டு, ''முடியவே முடியாது சுவாமி!" என்று உரத்த குரலில் மறுத்தாள்.

"என்ன காரணம்?" என்று கேட்டதற்கு, "அவனை நான் காதலித்தேன். அதுதான் காரணம்'' என்றாள். "பிறகென்ன பிரச்னை?'' என்றேன். "அதுதான் சுவாமி பிரச்னையே..." என்று அவள் நடந்ததை விவரித்தாள்.

''எந்தப் பெண்ணுக்கும் பார்த்ததுமே பிடித்துப் போகிற அளவு அழகும் குணமும் உள்ள பையன். எனக்கும் பிடித்திருந்தது. மூன்று வருடங்களுக்கு முன், ஒரு நாள் என் காதலை அவனிடம் சொன்னேன். அவனிடமிருந்து பதிலே இல்லை. இதோ, என் காதலை ஏற்றுக்கொண்டு அவன் சம்மதம் சொல்வதற்கு மூன்று வருடம் ஆகியிருக்கிறது!

என் காதலை ஏற்றுக்கொள்வது சம்பந்தமாக ஒரு முடிவு எடுப்பதற்கே மூன்று வருடங்களை எடுத்துக்கொள்ளும் ஒரு ஆசாமியை நம்பி, நான் தலையாட்டினால் அவன் என்னை எப்போது திருமணம் செய்துகொள்ளலாம் என்று முடிவெடுப்பதற்கு இன்னும் எத்தனை ஆண்டுகள் எடுத்துக்கொள்வானோ, தெரியாது..." என்று அந்தப் பெண் படபடவென்று பேசினாள்.

"சரி, உணர்ச்சிவசப்பட்டுப் பேசாதே. நீயும் அவனைக் காதலித்த தாகச் சொல்கிறாய். இதுமாதிரி விஷயங்களுக்குக் கொஞ்சம் விட்டுக்

கொடுத்துதான் போகவேண்டும்" என்று சொன்னதை அந்தப் பெண் ஏற்றுக்கொள்ளவில்லை.

"என் அப்பாவும் இந்த இளைஞன் மாதிரிதான். எந்த ஒரு விஷயத்திலும் சுலபத்தில் ஒரு முடிவு எடுக்க மாட்டார். வீட்டில் இருக்கும் டி.வி. ரொம்பப் பழையதாகிவிட்டது, ஒரு புது டி.வி. வாங்க வேண்டும் என்று அம்மா சொல்லி இரண்டு வருடம் ஆகிவிட்டது. எந்த டி.வி. வாங்குவது... அதை பணமாகக் கொடுத்து வாங்குவதா அல்லது தவணை முறையில் வாங்குவதா என்றுகூட அப்பா இன்னும் முடிவு செய்யவில்லை.

ஒரு திருமணத்தில் கலந்துகொள்ள வெளியூர் செல்லவேண்டும்

முடிவெடுக்கும் திறன் இல்லாவிட்டால் என்ன மாதிரியான விளைவு ஏற்படும் என்பதற்கு, நம் காஷ்மீர் பிரச்னை ஒரு நல்ல உதாரணம்.

என்றால், யார் யார் செல்லவேண்டும்.. எப்படிச் செல்லவேண்டும் என்று கடைசிவரை முடிவு எடுக்கமாட்டார். இப்படிச் சின்ன விஷயத்திலிருந்து பெரிய விஷயம்வரை எந்த முடிவும் எடுக்க முடியாத... தெரியாத ஒரு மனிதரோடு என் அம்மா இத்தனை வருடங்களாகப் பட்ட கஷ்டத்தை நேரில் இருந்து பார்த்தவள் நான். நானும் அப்படியொரு முடிவெடுக்கத் தெரியாத முட்டாளைக் கட்டிக்கொண்டு, வாழ்க்கை முழுவதும் அவஸ்தைப்படத் தயாராக இல்லை. இதுதான் என் முடிவு" என்று சொன்னாள்.

சரியான நேரத்தில் முடிவெடுக்க முடியாத காரணத்தினால், அந்த இளைஞனால் தான் விரும்பிய பெண்ணைத் திருமணம் செய்துகொள்ள முடியாமல் போனது!

முடிவெடுக்கும் திறன் இல்லாவிட்டால் என்ன மாதிரியான விளைவு ஏற்படும் என்பதற்கு, நம் காஷ்மீர் பிரச்னை ஒரு நல்ல உதாரணம்.

இந்தியா சுதந்திரம் அடைந்த சமயம் பல சமஸ்தானங்கள் இந்தியாவுடன் இணைய விருப்பம் தெரிவித்துச் சேர்ந்தன. சில சமஸ்தானங்கள் பாகிஸ்தானுடன் சேர விரும்பி, அந்த நாட்டோடு சேர்ந்தன. ஆனால், காஷ்மீர் மன்னரால் மட்டும் இதுபற்றி உடனடியாக ஒரு முடிவெடுக்க முடியவில்லை. அவர் காலம் தாழ்த்தினார்.

அந்தத் தருணத்தில் பாகிஸ்தான் அனுப்பிய கூலிப்படையினர் காஷ்மீருக்குள் நுழைய... காஷ்மீர் மன்னர், தான் இந்தியாவுடன் சேர

விரும்புவதாகத் தகவல் அனுப்பினார். இந்தியப் படைகள் காஷ்மீருக்குச் செல்வதற்குள், பாகிஸ்தானின் கூலிப் படையினர் காஷ்மீரின் ஒரு பகுதியைப் பிடித்துவிட்டனர்.

இது எல்லாருக்கும் தெரிந்த சரித்திரம் என்றாலும் முடிவெடுக்கும் திறன் இல்லாவிட்டால், என்னென்ன விளைவுகள் ஏற்படும் என்பதற்கு காஷ்மீர் ஒரு படிப்பினை!

முடிவெடுப்பது ஒரு கலை.

சிலர் இருக்கிறார்கள்... 'முடிவெடுக்க இது சரியான தருணம் அல்ல... அந்த விஷயத்தைக் கொஞ்சம் ஆறப்போடுங்கள். பிறகு பார்க்கலாம்' என்று சொல்வார்கள். ஆனால், பிஸினஸ் உலகில் இது சரிவராது. 'முடிவுகள் எடுக்க நூறு சதவிகிதம் சரியான, உகந்த தருணம்' என்று எதுவும் கிடையாது.

ஒரு செயலைத் தொடங்குவதற்கு அறிவு வேண்டும். ஆனால், தொடங்கிவிட்டால், அதை முடித்துவைப்பது உழைப்புதான்! நமது முடிவுகள் வெற்றி பெறவேண்டுமானால் மிகமிக அவசிய மானது, அந்த முடிவு வெற்றிபெற நாம் எத்தனை சிரத்தை எடுக்கிறோம், பாடுபடுகிறோம் என்பதில்தான் இருக்கிறது.

'என்ன சுவாமி இப்படிச் சொல்கிறீர்கள்? ஒரு பெண்ணுக்கு நான்கு இடத்திலிருந்து வரன்கள் வந்திருக்கின்றன என்று வைத்துக் கொள்ளுங்கள். அப்போது தகப்பன்காரன் என்ன செய்வான்? நான்கு வரன்கள் பற்றியும் தகவல்கள் சேகரித்து, அதை அலசி ஆராய்ந்துதானே தன் பெண்ணை யாருக்குக் கொடுப்பது என்ற முடிவுக்கு வருவார். அதற்கு அவகாசம் வேண்டும்தானே?' என்று சிலர் கேட்கலாம்.

உண்மைதான். இல்லை என்று சொல்லவில்லை. ஆனால், தகவல்களைச் சேகரிப்பதிலேயே காலத்தைக் கடத்திவிட்டால் முடிவெடுப்பதற்கான அவசியமே வராது.

எனக்கு ஓர் அன்பரைத் தெரியும். வீடு வாங்க வேண்டும் என்பது அவரது ஆசை. அவர் வசிக்கும்

நகரிலேயே நான்கு வீடுகள் விலைக்கு வந்தன. அவரும் ஒரு பேப்பரில் நான்கு கட்டங்களைப் போட்டுக்கொண்டு, அந்த நான்கு வீடுகளின் சாதக - பாதகங்களை அலச ஆரம்பித்தார்.

நான்கு வீடுகளுமே அவருக்குப் பிடித்திருந்தன. அதனால் அவரால் ஒரு முடிவுக்கு வரமுடியவில்லை. ஆனால், கடைசியில் என்னவாயிற்று என்றால், நான்கு வீட்டில் ஒரு வீட்டை வாங்கலாம் என்று அவர் முடிவெடுத்து விசாரித்தால், அந்த நான்கு வீடுகளுமே ஏற்கெனவே விற்றுப் போய்விட்டன.

என்ன சமைப்பது, என்ன உடுத்துவது என்பது போன்ற சின்னச் சின்ன விஷயங்களில்கூட முடிவெடுக்க முடியாமல் பலர் தடுமாறுவதைப் பார்த்திருப்பீர்கள். இதற்கு முக்கியக் காரணமே 'கூழுக்கும் ஆசை, மீசைக்கும் ஆசை' என்ற மனோநிலைதான்.

நண்பரின் வீட்டுக்குப் போகிறீர்கள். 'என்ன சாப்பிடுகிறீர்கள்? காபியா, டீயா?' என்று கேட்டால், 'இரண்டும்' என்று பதில் சொல்ல முடியுமா?

ஒன்றை இழந்தால்தான் ஒன்றைப் பெறமுடியும் என்ற அடிப்படைப் பாடம் தெரியாததுதான், பலர் முடிவெடுக்கும் திறன் இல்லாமல் இருப்பதற்கு முக்கியக் காரணம்!

குழந்தைகளைக் கொண்டாடுங்கள்!

ஒரு முறை ஹைதராபாத் போயிருந்தேன். அங்கே ஓர் இளம் தம்பதி என்னை வந்து சந்தித்தார்கள். கணவர் முதலில் பேசினார்.

"சுவாமி... இவளுக்குக் குழந்தையை வளர்க்கத் தெரியவில்லை. மகனுக்குப் பாடம் சொல்லிக் கொடுக்கிறேன் பேர்வழி என்று இவள் செய்யும் சித்ரவதையைப் பார்த்தால், ஏதோ தீவிரவாதியை போலீஸ் சித்ரவதை செய்வதைப் போலத்தான் இருக்கும்..."

கணவன் முடிப்பதற்குள் மனைவி குறுக்கிட்டார்... "எனக்கு மட்டும் மகனைப் படுத்தியெடுக்க வேண்டும் என்று ஆசையா என்ன? நன்றாகப் படித்தால் நாளைக்கு அவனுக்குத்தானே நல்லது! சரி, படிப்பைக்கூட விட்டுத் தள்ளுங்கள். எந்தப் பொருளை எடுத்தாலும் எடுத்ததை எடுத்த இடத்தில் வைக்கவேண்டும் என்ற ஒழுக்கம் அவனிடம் இல்லை. சில விஷயங்களை அவன் முதுகில் லேசாக இரண்டு அடி போட்டுத்தான் சொல்லிக் கொடுக்க வேண்டியிருக்கிறது. அப்படிச் செய்தால், இவருக்குக் கோபம் பொத்துக்கொண்டு வருகிறது.

இவர் இவ்வளவு பேசுகிறாரே... இதோ, இவரின் அருமை மகன் வாங்கி வந்திருக்கும் மார்க். நீங்களே பாருங்கள்!" என்று தன் பையனின் ரிப்போர்ட் கார்டை என்னிடம் நீட்டினார் அந்தப் பெண்மணி.

வாங்கிப் பார்த்தேன். அந்த கார்டின் பின்புறம் இருந்த ஒரு வாசகம் என்னைக் கவர்ந்தது.

'உங்கள் குழந்தைகளுக்குப் படிப்பின்மீது அக்கறை ஏற்பட வேண்டுமானால், பெற்றோராகிய நீங்கள் தினமும் காலையிலோ, மாலையிலோ ஏதாவது ஒரு புத்தகத்தைப் படியுங்கள் அல்லது எழுதுங்கள். நீங்கள் படிப்பதையும் எழுதுவதையும் பார்த்தால்தான் படிப்பதன் முக்கியத்துவம் உங்கள் குழந்தைக்குப் புரியும்!'

"இந்தக் குறிப்பு எத்தனை சத்தியமானது

என்று கொஞ்சம் சிந்தித்துப் பார்த்தால் உங்களுக்கே விளங்கும். பெற்றோர் ஜாலியாக டி.வி. பார்த்துக்கொண்டு, குழந்தையைப் படி, படி என்றால் அது எப்படிப் படிக்கும்? 'ஹோம் வொர்க் எல்லாத்தையும் முடி. ஒன்பது மணிக்கு மெகா சீரியல் பார்க்கணும்' என்று நீங்கள் குழந்தையிடம் பரபரத்தால், குழந்தையும் அதற்குத்தானே முக்கியத்துவம் கொடுக்கும்?" என்றேன்.

அந்தப் பெண்மணி சட்டென, "இவனுக்காகத்தான் நான் கேபிள் கனெக்ஷனே கொடுக்கலை" என்றார்.

"எத்தனை தடவை சொல்லிக் கொடுத்தாலும் இவன் மண்டையிலே ஏறமாட்டேங்குது. ரொம்ப மறதி. அதனால் பரீட்சையில் நல்ல மார்க் வாங்கமாட்டேன் என்கிறான்..." என்று புலம்பினார்.

இத்தனைக்கும் அவர் மகன் ப்ளஸ் டூ மாணவன் இல்லை... ஏழாவது,

எட்டாவதுகூட இல்லை; இரண்டாம் வகுப்புதான்!

நம் அவசரத்தை எல்லாம் குழந்தைகள்மீது காட்டினால் எப்படி? நாம் படிக்கும் வேகத்தில் குழந்தையும் படிக்கவேண்டும் என்று ஆசைப் படுவது சரியா?

அமெரிக்கா போன்ற மேல்நாடுகளில் பெரும்பாலான பள்ளிக்கூடங் களில் இம்போஸிஷன், பிரம்படி, வகுப்புக்கு வெளியே நிற்கவைத்தல் போன்ற தண்டனைகளைக் குழந்தைகளுக்குக் கொடுத்தால் படிப்பின்மீதே அவர்களுக்கு வெறுப்பு வந்துவிடுமோ என்று முதல் ஐந்து வருடங்களும் விளையாட்டாகவே படிப்பைச் சொல்லித் தருவார்கள். இந்த வழிமுறைக்கு நல்ல பலனும் கிடைக்கிறது.

குழந்தைகளுக்கு ஏழு, எட்டு வயது வரை கற்றுக்கொள்ளும் திறன் அபாரமாக இருக்கும். சரியான வாய்ப்பை ஏற்படுத்திக் கொடுத்தால், அந்தப் பருவத்தில் அவர்கள் மூன்று, நான்கு மொழிகள்கூடக் கற்றுக் கொள்வார்கள் என்று அறிஞர்கள் கூறுகிறார்கள்.

பிரமிடு பற்றிய ஒரு விஷயத்தைக் கேள்விப்பட்டிருப்பீர்கள். அதற்குள் இருக்கும் எதுவும் எத்தனை ஆயிரம் ஆண்டுகள் ஆனாலும் கெடாது. ஆராய்ச்சியாளர்கள் சிலர் பிரமிடு ஒன்றிலிருந்து சமீபத்தில் சில விதைகளைக் கண்டெடுத்தார்கள். அவற்றை மண்ணில் விதைத்துப் பார்த்தார்கள். சில நாட்களில் அவை வீரியத்தோடு விளைந்தன.

நீங்கள், உங்கள் குழந்தைகளுக்குச் சொல்லிக்கொடுக்கும் நல்ல விஷயங்களும் அப்படித்தான். அவை எப்போதுமே வீணாகாது. அவர்களுக்குப் புரியுமா, காது கொடுத்துக் கேட்பார்களா என்றெல்லாம் யோசிக்காதீர்கள். உடனடியாகப் பயன்படாவிட்டாலும் அவை என்றாவது ஒரு நாள் அவர்களுக்கு நிச்சயம் கைகொடுக்கும்.

குழந்தைகளை வளர்ப்பது என்பது, மண்ணில் இருந்து தங்கத்தை வெட்டி எடுப்பது மாதிரி. தங்கத்தை வெட்டி எடுப்பவர்கள் மண்ணில் தங்கத்தைத்தான் தேடுவார்களே தவிர, தூசுகளைத் தேடமாட்டார்கள்.

அதுபோல, குழந்தைகளிடம் உள்ள சின்னச் சின்னக் குறைகளையெல்லாம் பூதக்கண்ணாடி கொண்டு பெரிதாக்கிப் பார்க்காதீர்கள். அவர்களிடம் உள்ள நல்ல விஷயங்களை வெளிச்சத்துக்குக் கொண்டுவாருங்கள்!

எதிரிகளை மன்னியுங்கள்!

ஒரு முறை பஞ்சாலைத் தொழிலாளி ஒருவர் என்னை வந்து சந்தித்தார். அழுது சிவந்த கண்களோடு காணப்பட்ட அவர், தன் சோகம் முழுவதையும் கொட்டித் தீர்த்தார்.

''சுவாமி, நான் ஒரு தனியார் கம்பெனியில் வேலை பார்க்கிறேன். என்னைக் கண்டாலே என் சூபர்வைஸருக்குப் பிடிப்பதில்லை. காரணம், நான் அவரைவிட அதிகம் படித்தவன். என்றாலும், அனுபவம் காரணமாக அவர் எனக்கு சூபர்வைஸராக இருக்கிறார். நான் என்ன வேலை செய்தாலும் அதில் குறை சொல்வார். என்னைக் கேலி செய்து சிறுமைப்படுத்திப் பார்ப்பதில் அவருக்கு குரூரமான ஒரு மகிழ்ச்சி. அவரின் விஷ வார்த்தைகளைத் தாங்க முடியாமல் பல தடவை நான் லீவ் எழுதிக் கொடுத்துவிட்டு ஃபாக்டரியில் இருந்து வெளியேறியிருக்கிறேன்.

ஒரு நாள் என் நான்கு வயது மகன் அடுப்பில் கொதித்துக்கொண்டு இருந்த நீரைத் தன் மீது கவிழ்த்துக்கொண்டு விட்டான். இந்தத் தகவலைச் சொல்வதற்காக என் மனைவி பதறியபடி போன் செய்திருக்கிறாள். ஆனால், போனை எடுத்த சூபர்வைஸரோ எனக்கு லைன் கொடுக்கவில்லை. மனைவி போன் செய்த விவரத்தையும் என்னிடம் தெரிவிக்கவில்லை.

மாலையில் வேலை முடிந்து நான் வீடு திரும்பியபோது என் வீட்டின் எதிரே ஒரு பெரிய கூட்டம். என்ன என்று பதறியடித்துக்கொண்டு உள்ளே போய்ப் பார்த்தேன். கொதிநீரில் வெந்து, துடிதுடித்து என் குழந்தை இறந்து போய்விட்டான் என்றும், இந்த வேதனையைத் தாங்க முடியாத என் மனைவி மண்ணெண்ணெயை ஊற்றிக்கொண்டு தற்கொலைக்கு முயன்றதாகவும், அக்கம்பக்கத்தில் இருந்தவர்கள் அவளை மருத்துவமனைக்குத் தூக்கிச் சென்றிருப்பதாகவும் சொன்னார்கள்.

கொஞ்சி விளையாடிய என் குழந்தை இப்போது என்னுடன் இல்லை.

மகாலட்சுமி மாதிரி வீட்டில் வலம் வந்துகொண்டிருந்த என் மனைவி கருகிப் போன முகத்தோடும் உடம்போடும் வீட்டின் மூலையில் முடங்கிக் கிடக்கிறாள்.

என்னுடைய இத்தனை வேதனைகளுக்கும் காரணம் அந்த சூபர்வைஸர்தான். என்றாலும், அவரை எதுவும் செய்ய முடியாமல் கையாலாகாதவனாக இருக்கிறேன். அவருக்குத் தகுந்த பாடம் கற்றுத் தராவிட்டால் என் குழந்தையின் ஆன்மா என்னை சத்தியமாக மன்னிக்காது.'' வெறி பிடித்ததுபோல் கத்தினார் அந்தத் தொழிலாளி.

நான் ஓரிரு நிமிடம் மௌன மாக இருந்தேன். பின்னர் "இந்தச் சம்பவங்கள் எல்லாம் நடந்தது எத்தனை மாதங்களுக்கு முன்னால்?'' என்று மெது வாகக் கேட்டேன்.

"பத்து ஆண்டுகளுக்கு முன்னால்'' என்றார் அவர்.

'கசப்பான அனுபவங்கள்' என்பது ஒரு சிலுவையைப் போல. 'எதிரியைப் பழிவாங்குகிறேன்' என்று சொல்லிக்கொண்டு நாம் ஏன் அந்தச் சிலுவையைச் சுமந்து கொண்டிருக்க வேண்டும்? 'உங்கள் எதிரிகளை மன்னியுங்கள்... அப்போதுதான் கடவுள் உங்கள் தவறுகளை மன்னிப்பார்' என்று கிறிஸ்தவ மதம் சொல்வது உங்கள் எதிரியின் நன்மைக்காக இல்லை, உங்களின் நன்மைக்காக.

இயேசுநாதர் சிலுவையில் அறையப்பட்டதற்குக் காரணமானவனே அவரின் சீடரான யூதாஸ்தான். என்றாலும், இயேசுநாதர் சற்றும் தயங்காமல் அவனை மன்னித்தருளினார். தன்னைக் காட்டிக் கொடுத்ததற்கு முன்தினம் யூதாஸ் உட்பட தன் பதின்மூன்று சீடர்களுக்கு ஒரு விருந்தளித்தார் இயேசுநாதர். அந்த விருந்தை கிறிஸ்தவர்கள் 'கடைசி திருவிருந்து' (The last supper) என்று சொல்வார்கள். இந்தக் கடைசி திருவிருந்து காட்சியை ஓவியர் ஒருவர் வரைய முற்பட்டார்.

ஓவியம் அற்புதமாக உருவெடுத்தது. ஆனால், அதில் இயேசுநாதரின் முகத்தை மட்டும் அவரால் கச்சிதமாக வரைய முடியவில்லை.

கவலையில் ஆழ்ந்த ஓவியர் அந்த ஊர்ப் பாதிரியாரிடம் சென்று வருத்தத்துடன் தன் பிரச்னையைச் சொன்னார்.

அதைக் கேட்டுப் புன்னகைத்த பாதிரியார், "இந்தப் படத்தில் யூதாஸை வரையும்போது உங்கள் சொந்த எதிரியை மனதில் உருவகித்துக்கொண்டு வரைந்திருக்கிறீர்கள் என்று நினைக்கிறேன். அதனால்தான் யூதாஸின் முகம் இத்தனை தத்ரூபமாக, கொடூரமாக அமைந்திருக்கிறது. எந்த உள்ளத்தில் பழிவாங்கும் உணர்ச்சி இருக்கிறதோ அந்த உள்ளத்தால் இயேசுகிறிஸ்துவின் முகத்தை மனக்கண்ணால்கூடக் காண முடியாது! ஆகவே, உங்கள் எதிரியை நீங்கள் இந்தக் கணமே முழுமனதுடன் மன்னித்துவிடுங்கள். அதன்பின் இயேசுவை வரைய முயற்சி செய்யுங்கள். அந்தக் கருணை பொங்கும் முகம் அற்புதமாக உங்கள் விரல்களால் உருவாகும்!" என்றார்.

'மன்னிப்பது என்பது பலவீனமானவன் செய்யும் செயல் இல்லையா?' என்று சிலர் கேட்கலாம். கிடையாது. மன்னித்தல் பலவீனமானவர்கள் செய்யும் செயல் அல்ல; அது பலசாலிகள் செய்யும் செயல்.

பாலஸ்தீனிய இளம்பெண் ஒருத்தியின் இரண்டு குழந்தைகளையும் அவளின் கண் முன்னாலேயே இஸ்ரேலிய ராணுவத்தினர் கொன்றார்கள். அதைத் தடுக்க முற்பட்டபோது அவளின் வயிற்றில் இருந்த ஐந்து மாதக் கருவும் கலைந்து போனது. மரணத்தின் விளிம்புவரை சென்றுவிட்டு அந்தப் பெண்மணி சில மாதங்களுக்குப் பிறகு உடல்நலம் தேறி வெளியே வந்தாள். அப்போது பாலஸ்தீனியர்கள் நடத்திய தாக்குதலில் அநாதையாக்கப்பட்ட யூத இனக் குழந்தை ஒன்று மாடிப்படிகளில் இருந்து கீழே உருண்டு விழுந்துகொண்டிருந்தது. தன் குழந்தைகளைக் கொன்ற யூத (இஸ்ரேலிய) இனத்தைச் சேர்ந்த அந்தக் குழந்தையைக் காப்பாற்றலாமா, வேண்டாமா என்றெல்லாம் அந்தப் பாலஸ்தீனிய இளம்பெண் யோசிக்கவில்லை. பாய்ந்து ஓடி அந்தக் குழந்தையைத் தாங்கிக் காப்பாற்றிவிட்டாள். அக்கம்பக்கத்தில் இருந்தவர்கள் எல்லாம் அவளைத் திட்டித் தீர்க்க, அதற்கு அந்தப் பெண் சொன்னாள்... "என் குழந்தைகளைக் கொன்ற இஸ்ரேலியர்களை நான் எப்போதோ மன்னித்துவிட்டேன்!"

மன்னித்தல் என்பது விசித்திரமான ஒரு மருந்து. அதை அடுத்தவர்களுக்கு அளிக்கும்போது நம் மனதில் இருக்கும் காயங்கள் தாமாகவே ஆறிவிடும்!

அந்த மூன்று விஷயங்கள்!

மளிகைக்கடை நடத்திவரும் நண்பர் ஒருவர் என்னிடம் சொன்ன உண்மைச் சம்பவம் இது.

கிழிந்துபோன சட்டையும் கலைந்துபோன தலையுமாக மிகப் பரிதாபமாகக் காட்சியளித்த இளைஞன் ஒருவன் ஒரு நாள் அவரிடம் வந்து வேலை கேட்டிருக்கிறான். அவரும் இரக்கப்பட்டுக் கடையில் பொட்டலம் மடிக்கும் வேலை கொடுத்திருக்கிறார். வங்கிக்குப் போய் வருவதும் அவனுடைய வேலைதான்!

ஒரு நாள் எதிர்பாராத விதமாக அவன் சைக்கிள் பஞ்சராகிவிட, அவனால் வங்கிக்குப் போக முடியவில்லை. ஆனால், வங்கிக்குப் போயே ஆகவேண்டும். என்ன செய்வது என்று தவித்த நண்பர், "உனக்கு மோட்டார் சைக்கிள் ஓட்டத்

தெரியுமா?'' என்று அந்த இளைஞனிடம் கேட்டார். அவனும் தயக்கத்துடன் "சமாளிச்சு ஓட்டிடுவேன்'' என்றான். ''சரி... என்னுடைய மோட்டார்சைக்கிளை எடுத்துக்கொண்டு சீக்கிரம் வங்கிக்குப் போய் வந்துவிடு'' என்றார் நண்பர். அதன்பின், அவன் அந்த மோட்டார் சைக்கிளில் ஏறி அமர்ந்து, ஸ்டார்ட் செய்த

ஸ்டைல் பார்த்து அசந்து போய் விட்டார். "ஏன் தம்பி, உனக்கு மோட்டார் சைக்கிள் ஓட்டத் தெரியும் என்று முன்பே சொல்லி இருந்தால் ஆரம்பத்தில் இருந்தே நீ மோட்டார் சைக்கிளில் வங்கிக்குப் போய் வந்திருக்கலாமே!'' என்று செல்லமாக அவனைக் கடிந்துகொண்டார்.

சில நாட்கள் சென்றன. ஒரு நாள் காலையில் கடையில் பில் போடுவதற்காக வைக்கப் பட்டிருந்த கம்ப்யூட்டர் வேலை செய்யவில்லை. இன்ஜினியருக்கு போன் செய்து அவர் வந்து கம்ப்யூட்டரைப் பழுது பார்ப் பதற்குக் குறைந்தது நான்கு மணி நேரமாவது ஆகும். வியாபாரம் கெட்டுவிடும்... என்ன செய்ய லாம் என்று தலையைப் பிய்த்துக் கொண்டார் நண்பர்.

அப்போது கடையில் வேலை செய்யும் சிறுவன் ஒருவன், "முதலாளி, இந்த அண்ணனுக்கு கம்ப்யூட்டர் பழுது பார்க்கத் தெரியும்" என்று அந்த இளைஞனைக் கைகாட்டினான். நண்பர் அவனை ஆச்சரியத் துடன் பார்க்க.. "இல்லை முதலாளி, ஏதோ கொஞ்சம் தெரியும்" என்றான். "சரி... இதில் என்ன பிரச்னைன்னு பார்'' என்று நண்பர் சொல்ல, கம்ப்யூட்டரைச் சோதித்துப் பார்த்த இளைஞன், "சார், நேற்று யாரோ இதில் ஃப்ளாப்பியைப் போட்டு விட்டு அதை வெளியே எடுக்க மறந்து விட்டிருக் கிறார்கள்" என்று சொல்லி விட்டு அந்த ஃப்ளாப்பியை வெளியே எடுத்துவிட்டு கம்ப்யூட்டரை ரீ-ஸ்டார்ட் செய்ய, அது சமர்த்தாக வேலை செய்யத் தொடங்கியது.

''ஏம்பப்பா, உனக்கு கம்ப்யூட்டர் பற்றித் தெரியும் என்று முன்பே

என்னிடம் சொல்லியிருக்கக்கூடாதா?" என்று நண்பர் கேட்க, அந்த இளைஞன் வழக்கம் போல மௌனம் காத்தான்.

ஒரு நாள் நண்பர், ஓய்வெடுப்பதற்காகத் தன் குடும்பத்தோடு கொடைக் கானல் கிளம்பினார். அந்த இளைஞனும் உடன் வந்தால் உதவியாக இருக்கும் என்று அவனையும் அழைத்துக்கொண்டார்.

கார் கொடைக்கானல் மலையில் ஏறிக்கொண்டிருந்தது. என்ன கோளாறோ, பாதி வழியில் கார் மக்கர் செய்து நின்றுவிட்டது. தனக்குத் தெரிந்தவரையில் பானெட்டைத் திறந்து ஏதோ முயன்று பார்த்திருக் கிறார் நண்பர். எதுவும் முடியவில்லை.

"சரி, நீ ஏதாவது காரை மடக்கி மலைக்குப் போய் மெக்கானிக்கை கூப்பிட்டு வா" என்று இளைஞனிடம் சொன்னார்.

"இருங்க சார்.. நான் பார்க்கிறேன்" என்ற அவன், பானெட்டுக்குள் தலையை நுழைத்துக்கொண்டு சிறிது நேரம் என்னவோ செய்தான். கார் ஸ்டார்ட்டாகி விட்டது!

ஆச்சரியப்பட்டுப்போன என் நண்பர், "என்னப்பா, உனக்கு கார் ரிப்பேர்கூட பார்க்கத் தெரியுமா?" என்று கேட்டதோடு, "சரி, உனக்கு இன்னும் என்னவெல்லாம் தெரியும்னு சொல்லு" என்றார்.

அதற்கு அந்த இளைஞன், "இல்லை முதலாளி, எனக்கு எந்தப் பொறுப் பும் வேண்டாம். நான் எப்பவும் போல கடையில் பொட்டலம் கட்ட றேன். அதுக்கு மேலே எனக்கு எந்த வேலையும் கொடுக்காதீங்க. நானும் உங்களிடம் அதிகச் சம்பளம் எதிர்பார்க்கலை" என்றானாம்.

இந்த இளைஞனிடம் இருப்பது 'போதும் என்ற மனமே பொன் செய்யும் மருந்து' என்கிற உயர்ந்த மனோபாவம் இல்லை. இவனிடம் இருப்பது முழுச் சோம்பல். பொறுப்புகளை ஏற்கத் தயங்கும் குணம். இது ஒரு பெரிய சாபக்கேடு.

எந்தத் துறையில் இருந்தாலும் சரி, நீங்கள் வெற்றியடைய வேண்டு மானால் மூன்று விஷயங்கள் நிச்சயம் தேவை! இதற்கு நான் 'முக்காலி டெக்னிக்' என்று பெயர் வைத்திருக்கிறேன்.

நீங்கள் எந்தக் காரியத்தைத் தொடங்குவதாக இருந்தாலும், 'இந்த வேலையைச் செய்ய நாம்தான் சரியான ஆள்' என்ற தன்னம்பிக்கை யோடு தொடங்குங்கள். இரண்டாவது, யாருக்காகவும் காத்திருக்காதீர்கள். பொறுப்புகளை வலியச் சென்று ஏற்றுக்கொள்ளும் தைரியம் வேண்டும். மூன்றாவதாக, தொழிலுக்குத் தேவையான திறமைகளை வளர்த்துக் கொள்ள வேண்டும்.

இந்த மூன்றும் இருந்தால் நீங்கள் வெற்றி பெறுவது நிச்சயம்!

நல்ல நேரம் வரும்!

ஊரில் இருக்கும் உங்கள் தாய், தந்தையரை எப்போது கடைசியாகப் போய்ப் பார்த்தீர்கள்?

உங்களோடு பிறந்த அண்ணன், தம்பிகளுக்கு நீங்கள் கடைசியாகக் கடிதம் எழுதியது எப்போது?

நன்றாக யோசித்துப் பாருங்கள்...

'அப்பா, கதை சொல்லுப்பா' என்று குழந்தை பாசம் பொங்க உங்களிடம் வரும்போது, 'நாளைக்குச் சொல்றேன்' என்று சொல்லிவிட்டுப் படுக்கையில் திரும்பிப் படுத்துக்கொள்கிறீர்கள்.

காலையில் எழுந்து யோகா, வாக்கிங் என்று ஏதாவது உடற்பயிற்சி செய்யவேண்டும் என்று நினைக்கிறீர்கள். ஆனால், அதற்கு உங்களால் நேரம் ஒதுக்க முடிவதில்லை.

அற்புதமான புத்தகம் என்று உங்கள் நண்பர் கொடுத்த புத்தகத்தைப் படிக்க நேரமில்லாமல் மாதக்கணக்கில் அதை அப்படியே வைத்திருக்கிறீர்கள்.

நேரமில்லை என்ற காரணத்தால் இதுவரை நீங்கள் எதை எதையெல்லாம் செய்யாமல் இருக்கிறீர்கள் என்பதைப் பட்டியலிட்டுப் பாருங்கள்.

நிதானமாகச் செய்ய வேண்டும் என்று ஒதுக்கிவைத்த வேலைகள், அலுவலகத்தில் எத்தனை நாட்களாகத் தேங்கிக்கிடக்கின்றன?

இதையெல்லாம் ஏன் செய்யவில்லை என்று கேள்வி எழுந்தால், 'காலையில எழுந்து பஸ்ஸைப் பிடிச்சு, அடிச்சுப் பிடிச்சு ஆபீஸ் ஓடி, ரொட்டீன் வேலை செய்யவே நேரம் சரியா இருக்கு. இதுல மற்ற வேலைகளைப் பார்க்க ஏது நேரம்?' என்பதுதான் பெரும்பாலானோரின் பதிலாக இருக்கும்.

மும்பை போன்ற பெரிய நகரங்களில் வெறும் நானூறு சதுரஅடி அபார்ட்மெண்ட்டில் டி.வி., ஃபிரிஜ், கட்டில், டைனிங்டேபிள், சோபா செட், டீப்பாய், கிரைண்டர், மிக்ஸி, தையல்மெஷின் என்று எல்லா பொருட்களையும் அழகாக இடம் ஒதுக்கி வைத்திருப்பார்கள். அதுபோக, புழங்கவும் கொஞ்சம் இடம் இருக்கும்.

ஆனால், அதுவே நம்மூரில் சில வீடுகளில், ஆயிரம் சதுரஅடி வீடாக இருந்தால்கூடப் பொருட்களை வைக்க இடம் இல்லாமல், சரக்குகள் அடுக்கும் கோடௌன் மாதிரி வீட்டை வைத்திருப்பார்கள்.

ஒரு விஷயத்தை நினைவில் வைத்துக் கொள்ளுங்கள். உங்களுக்கு இருப்பதும் இருபத்து நான்கு மணி நேரம். ஜார்ஜ் புஷ், வாஜ்பாய்க்கும்

கூட அதே இருபத்துநான்கு மணி நேரம்தான். ஒரு நாள் என்பது சூட்கேஸ் மாதிரி. சிலர் அதில் இரண்டு பாண்ட் - சட்டைகளை மட்டும் வைத்துவிட்டு, 'மேற்கொண்டு வைக்க அதில் இடமில்லை' என்று புலம்புவார்கள். ஆனால் சிலரோ... அதே சூட்கேஸில் நான்கு செட் பாண்ட் - சட்டைகளைக்கூடச் சாமர்த்தியமாக மடித்து அடுக்கி வைப்பார்கள்.

இதிலிருந்து தெரிந்துகொள்ள வேண்டியது என்னவென்றால், ஒரு நாள் என்பதும் சூட்கேஸ் மாதிரிதான். அதில் அடுக்கும் விதத்தில் அடுக்கினால், அன்றைக்கு நாம் செய்யவேண்டிய அத்தனை வேலைகளையும் ஒன்றுகூடப் பாக்கியில்லாமல் நம்மால் செய்துவிட முடியும்.

நாளைக்குச் செய்துகொள்ளலாம், அடுத்த வாரம் செய்துகொள்ளலாம் என்று வேலையைத் தள்ளிப்போடும் குணம் நிறையப் பேருக்கு உண்டு. உதாரணத்துக்கு, காலையில் படுக்கையிலிருந்து சீக்கிரமே எழுந்தால் யோகா செய்ய... வாக்கிங் செல்ல... பேப்பர் படிக்க... குழந்தைகளுக்குப் பாடம் சொல்லிக் கொடுக்க... சமையல் அறையில் மனைவிக்கு உதவிசெய்ய என்று எல்லாவற்றுக்கும் நேரம் இருக்கும்.

ஆனால், பெரும்பாலானோர் என்ன செய்கிறார்கள்? ஏழு, ஏழரை மணி வரை படுக்கையிலேயே மலைப்பாம்பு மாதிரி உருண்டுகொண்டிருக்கிறார்கள். காலையில் ஆறு மணிக்குமேலும் படுக்கையில் படுத்திருப்பது படுமட்டமான செயல் என்பதை நமக்கு நாமே உணர்த்திக்கொள்வது எப்படி?

எனக்குத் தெரிந்த ஒருவருக்கு ரசகுல்லா என்றால் உயிர். ஒரு நாள் டாக்டர் அவரைப் பரிசோதித்துவிட்டு, 'உனக்குச் சர்க்கரைவியாதி முத்தி விட்டது. இனி ஒரே ஒரு ரசகுல்லா உன் நாக்கில் பட்டால்கூடப் போதும்... உனக்குக் கண்பார்வை போய்விடும்...' என்று எச்சரிக்கை விடுத்தார். அதுவரை தித்திப்பாக இருந்த ரசகுல்லா, இன்று அவருக்குக் கசப்பானதாக மாறிவிட்டது.

அதேபோலத்தான் காலையில் ஆறு மணிக்குமேலும் தூங்குவது சுகம் என்ற எண்ணம் கொண்டிருந்த ஒருவருக்கு யோகா சொல்லிக் கொடுத்தேன். யோகாவின்பால் ஈர்க்கப்பட்ட அவரால் இப்போது காலையில் எழுந்து யோகா செய்யாமல் இருக்கமுடியவில்லை. மெத்தென்ற படுக்கை காலை ஆறு மணியானதும் முள்ளாகிவிடுகிறது அவருக்கு.

இங்கே இன்னொரு கருத்தையும் சொல்ல ஆசைப்படுகிறேன்.

உங்களுடைய உச்சபட்ச செயல்திறனுக்கான நேரம் எது என்பதை முதலில் தெரிந்துகொள்ளுங்கள்.

அதே மாதிரியே உங்களின் மந்தமான நேரம் எது என்று பாருங்கள்.

சிலருக்கு மதியச் சாப்பாடு சாப்பிட்ட பிறகு தூக்கம் தூக்கமாக வரும். அதுதான் அவர்களுக்கு மந்தமான நேரம். அதுமாதிரி நேரங்களில், நாலு பேரோடு சேர்ந்து செய்யும் வேலைகளை அல்லது ஓரிடத்தில் இருந்து இன்னொரு ஆபீஸுக்குச் செல்வது மாதிரியான வேலைகளை வைத்துக் கொள்ளுங்கள்.

சரி, சிலர் ஏன் சில வேலைகளைச் செய்யாமல் தள்ளிப் போடுகிறார்கள்? சுலபமான வேலைகளை முதலில் செய்துவிட்டு, கஷ்டமான வேலைகளைப் பிறகு செய்துகொள்ளலாம் என்பதுதான் வேலைகளைத் தள்ளிப் போடுவதன் முக்கிய நோக்கம்.

ஒரு பெரிய தர்பூசணிப்பழத்தைக் கொடுத்து 'சாப்பிடுங்கள்' என்றால், அதை அப்படியே முழுதாகச் சாப்பிட முடியுமா? முதலில் அந்தப் பழத்தைச் சிறிய சிறிய துண்டுகளாக வெட்டிக்கொள்வோம்தானே..? அதுமாதிரிதான் பெரிய வேலைகளைச் செய்யவேண்டுமானால், அதைச் சின்னச் சின்ன வேலைகளாகப் பிரித்துக்கொண்டு செய்தால் சிரமம் தெரியாது.

வேலைகளை நேரத்தோடு முடிக்க இன்னொரு முக்கிய தேவை காலவரையறை. 'இந்தத் தேதிக்குள், இத்தனை மணிக்குள் இந்த ரிப்போர்ட்டை முடிக்கவேண்டும், இந்த மாதத்துக்குள் வீட்டுக்கு பெயிண்ட் அடித்துவிட வேண்டும்... இந்த மாதத்துக்குள் குலதெய்வத்தின் கோயிலுக்குச் சென்றுவிட்டு வரவேண்டும்...' என்று நமக்கு நாமே ஒரு நேரக் கட்டுப்பாடு நிர்ணயித்துக்கொள்ள வேண்டியது அவசியம்.

'இல்லை சுவாமிஜி... ஒரு நாளைக்கு நான் பதினைந்து மணி நேரம் வேலை செய்கிறேன். என்றாலும், என் மேலதிகாரிகளிடம் என்னால் நல்ல பெயர் வாங்கமுடியவில்லை' என்று ஒரு முறை இளைஞர் ஒருவர் என்னிடம் குறைப்பட்டுக்கொண்டார்.

அமெரிக்கா போன்ற மேலைநாடுகளை எடுத்துக்கொண்டால், ஒருவர் ஆபீஸ் நேரம் முடிந்த பிறகும் ஆபீஸிலேயே தங்கி வேலை செய்தால், அவரைக் கடுமையான உழைப்பாளி என்று யாரும் பாராட்டமாட்டார்கள். மாறாக, குறிப்பிட்ட நேரத்துக்குள் வேலையை முடிக்கத் துப்பில்லாதவர் என்ற அவப்பெயர்தான் கிடைக்கும்.

அதனால் மனதை எங்கேயோ வைத்துக்கொண்டு மெத்தனமாகப் பதினைந்து மணி நேரம் வேலை செய்வதைவிட, உடலும் எண்ணமும் ஒன்றிணைந்து கவனத்துடன் எட்டு மணி நேரம் வேலைசெய்தால் போதும். மிச்சமிருக்கும் நேரம் எல்லாம் உங்களுக்காகவும் உங்கள் குடும்பத்துக்காகவும்தான்!

பொற்காசா.. இளவரசியா?

"நகரில் ஒரு முக்கியமான டாக்டர் நான். என் கணவரும் அப்படியே. எங்கள் மகனும் மகளும்கூட மருத்துவக் கல்லூரி மாணவர்கள்தான். என் கணவரின் நடவடிக்கைகள் எனக்குக் கொஞ்சமும் பிடிக்கவில்லை. காலையில் ஏழரை மணிவரை தூங்குவது, பல் துலக்காமலே காபி குடிப்பது, கிருத்திகை - அமாவாசை என்று பார்க்காமல் எல்லா நாட்களிலும் அசைவ உணவு சாப்பிடுவது, அழுக்குத் துணிகளை அங்கங்கே கடாசுவது என்று ஒழுங்கே இல்லாமல் இருக்கிறார். பிள்ளைகளும் அப்படியே அப்பாவை உரித்துக்கொண்டு வந்திருக்கின்றன. இவர்களைத் திருத்தலாம் என்ற நோக்கத்தில் நான் காலையில் எழுந்து பக்தி மணம் கமழ சுப்ரபாதம் காஸெட் போடுவேன். வீட்டைப் பெருக்கி சாம்பிராணிப் புகை போடுவேன். ஆனால், என்னுடைய இந்தச் செயல்கள் அவர்களைத் திருத்துவதற்குப் பதிலாக அவர்களுக்கு என் மீது எரிச்சலை ஏற்படுத்துகின்றன. நான் இவர்களை எப்படித் திருத்துவது?"

ஒரு முறை என்னை வந்து சந்தித்த பெண்மணி ஒருவர் கேட்ட கேள்வி இது.

"விடிகாலையில் எழுந்திருந்து உடற்பயிற்சி செய்யவேண்டும்... பிறகு குளித்துவிட்டு தியானம் செய்யவேண்டும்... இப்படியான நல்ல பழக்கங்களை உங்கள் பிள்ளைகளும் கணவரும் கடைப்பிடிக்க வேண்டும் என்று நீங்கள் ஆசைப்படுவது சரிதான். ஆனால், உங்கள் முயற்சிக்குச் சுரண்டல் லாட்டரி மாதிரி உடனடியாக முடிவு தெரிய வேண்டும் என்று அவசரப்படுவதுதான் தவறு.

தினம் ஒரு குடம் நீர் ஊற்றி வந்தால் செடி வளர்ந்து மரமாகும். அதற்காக ஒரே நாளில் நூறு குடம் நீர் ஊற்றினால் மறுநாளே அந்தச் செடி மரமாகிவிடுமா என்ன? அழுகியல்லவா போகும்...?

சரி, நீங்கள் சொன்ன பிரச்னையை வேறு கோணத்தில் இருந்து பார்க்கலாம்.

உங்கள் கணவருக்கும் பிள்ளைகளுக்கும் எத்தனையோ நல்ல குணங்கள் இருக்க, உங்கள் கவனம் ஏன் அவர்களின் இந்தச் சிறிய குறைகளின் மீதே பதிந்திருக்கிறது?

இதுபோன்ற சின்னச் சின்னக் குறைகளுக்கு அளவுக்கு அதிகமான முக்கியத்துவம் கொடுக்காதீர்கள். அந்தக் குறைகளுக்கு நிவாரணம் தேடுகிறேன் பேர்வழி என்று நீங்கள் எப்போது பார்த்தாலும் அதைப் பற்றியே பேசிப் பேசி, பின்னர் அதுவே உங்களுக்கு ஒரு பெரிய குறையாகி

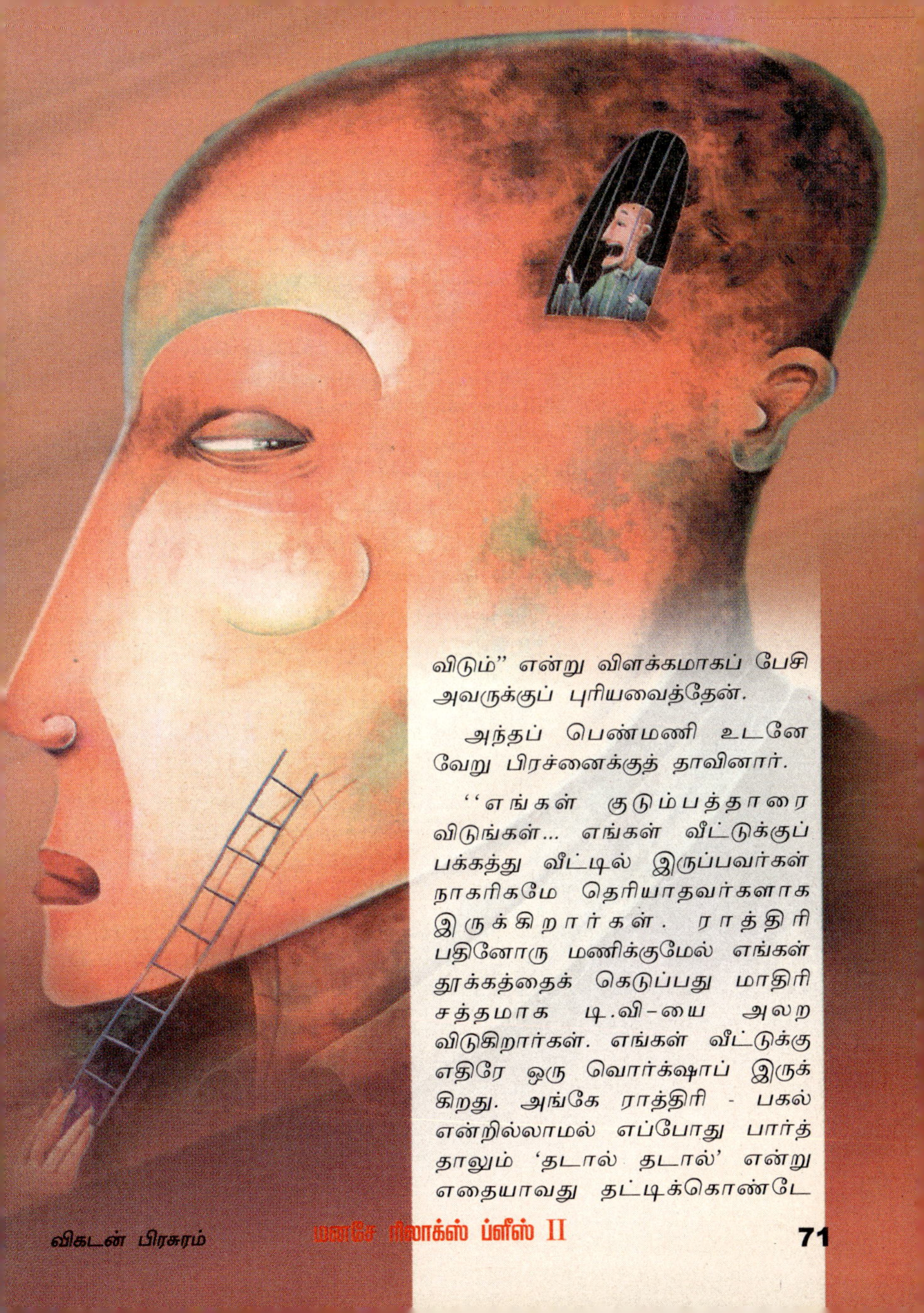

விடும்" என்று விளக்கமாகப் பேசி அவருக்குப் புரியவைத்தேன்.

அந்தப் பெண்மணி உடனே வேறு பிரச்னைக்குத் தாவினார்.

''எங்கள் குடும்பத்தாரை விடுங்கள்... எங்கள் வீட்டுக்குப் பக்கத்து வீட்டில் இருப்பவர்கள் நாகரிகமே தெரியாதவர்களாக இருக்கிறார்கள். ராத்திரி பதினோரு மணிக்குமேல் எங்கள் தூக்கத்தைக் கெடுப்பது மாதிரி சத்தமாக டி.வி-யை அலற விடுகிறார்கள். எங்கள் வீட்டுக்கு எதிரே ஒரு வொர்க்ஷாப் இருக்கிறது. அங்கே ராத்திரி - பகல் என்றில்லாமல் எப்போது பார்த்தாலும் 'தடால் தடால்' என்று எதையாவது தட்டிக்கொண்டே

இருப்பார்கள். 'ஏம்பா, நாங்க தூங்கறதா, வேண்டாமா?' என்று கேட்டால், அடாவடியாகப் பேசுவார்கள். கடைசியில் போலீஸில் புகார் கொடுத்து, ஐ.ஜி. வரை சென்றுதான் அவர்களை நாங்கள் அங்கிருந்து அப்புறப்படுத்த வேண்டியிருந்தது. உலகில் இப்படிக்கூட மனிதர்கள் இருக்கிறார்களே, ஏன்?" என்று ஆதங்கத்தோடு கேட்டார் அந்தப் பெண்மணி.

உலகில் நல்லவர்கள் - கெட்டவர்கள் என இரண்டு விதமானவர்களும் எப்போதுமே இருந்து வந்திருக்கிறார்கள். கிருஷ்ணர் இருந்த காலத்தில் தான் துரியோதனனும் இருந்தான். இயேசு இருந்த காலத்தில்தான் யூதாஸ் இருந்தான்.

வலுக்கட்டாயமாக யாரையும் நம்மால் திருத்தவோ, மாற்றவோ முடியாது. அப்படி மாற்ற முயன்றால், சில சமயம் அது நமக்கே தீங்காக முடிந்துவிடலாம். ஒரு சின்னக் கதை சொல்கிறேன்.

வீர்யன் என்பவன் நல்ல பலசாலி. உடல்வலிமை பெற்றவன். இருந்தாலும் அவன் ஒரு தொடைநடுங்கி. கோழை. அவனது கோழைத் தனத்தைப் போக்கவேண்டும் என்று அவன் நண்பன் விரும்பினான்.

அந்த நாட்டு மன்னன் ஏற்பாடு செய்திருந்த ஒரு வீர விளையாட்டு நிகழ்ச்சிக்கு ஒரு தடவை அவர்கள் சென்றார்கள்.

'இதோ இருக்கிறதே இந்த அகழி... இதில் மனிதர்களை விரும்பிச் சாப்பிடும் ராட்சத முதலைகள் பல இருக்கின்றன. இந்த அகழியில் பயமில்லாமல் குதித்து நீந்தி வரும் வீரனுக்கு ஒரு லட்சம் பொற்காசுகள் பரிசு. அல்லது என் மகளை அவனுக்குத் திருமணம் செய்து கொடுப்பேன். இந்த இரண்டில் ஏதாவது ஒன்றை நிச்சயம் தருவேன்!' என்றான் மன்னன்.

யாருமே அந்த அகழியில் குதிக்க முன்வரவில்லை. அப்போது திடீரென யாரோ ஒருவன் அகழியில் குதிக்கும் சத்தம் கேட்டது. திரும்பிப்பார்த்தால் நமது தொடைநடுங்கி வீர்யன்தான். மின்னல் வேகத்தில் அகழியை நீந்திக் கடந்து கோட்டையை அடைந்தான் அவன்.

'இவனல்லவோ வீராதி வீரன்' என்று மகிழ்ந்த மன்னன், வீர்யனை நோக்கி 'கேள்... உனக்கு என்ன வேண்டும்? ஒரு லட்சம் பொற்காசுகளா அல்லது இளவரசியா?' என்றான்.

'இரண்டும் வேண்டாம். அதற்குப் பதிலாக என்னை இந்த அகழியில் பிடித்துத் தள்ளிய என் துரோகி நண்பனுக்குத் தக்க தண்டனை கொடுங்கள்!' என்றான் வீர்யன்.

என்னதான் உங்கள் எண்ணம் நல்ல எண்ணமாக இருந்தாலும் வலுக்கட்டாயமாக நீங்கள் ஒருவரை மாற்ற விரும்பினால் கடைசியில் இப்படித்தான் உங்களுக்குக் கெட்டபெயர் கிடைக்கும்!

ஊழியருக்கு ஒரு சல்யூட்!

ஒரு முறை ஜீ டி.வி-யில் ஒரு நிகழ்ச்சி பார்த்தேன். கம்ப்யூட்டர் துறைக்கே கலங்கரை விளக்கம் மாதிரி இருக்கும் இன்ஃபோசிஸ் ஃபவுண்டேஷனின் தலைவர் நாராயண மூர்த்தியைப் பற்றிய நிகழ்ச்சி அது. "ஆயிரம் ஆயிரம் கோடிகளாகச் செல்வத்தை உற்பத்தி செய்யும் உங்களின் வெற்றிக்குக் காரணம் என்ன?" என்று அவரிடம் பேட்டியாளர் கேட்டார்.

அதற்கு அவர் பொதுவாக மற்ற எல்லோரும் சொல்வது போல, ''எங்கள் ஊழியர்கள் எனக்களித்த ஒத்துழைப்புதான் காரணம்'' என்பார் என நினைத்தேன்.

ஆனால் அவரோ, ''எங்கள் வெற்றிக்கு நானும் என் ஊழியர்கள் மட்டும் காரணமில்லை. இந்த வெற்றியின் பின்னால் கண்ணுக்குத் தெரியாத எத்தனையோ பேர் இருக்கிறார்கள்'' என்று தொடங்கியவர், தனக்குப் பள்ளிக்கூடத்தில் பாடத்துடன் பண்புகளையும் சொல்லிக் கொடுத்த ஆசிரியர், கனவுகளை விதைத்த கல்லூரி ஆசிரியர், சோதனையான நேரங்களில் எல்லாம் கூடவே இருந்து ஆறுதல் சொன்ன நண்பன், தன்னுடைய கார் டிரைவர், அவர்... இவர்... என்று ஒரு பட்டாளத்தையே காமிராவின் முன்கொண்டு வந்து நிறுத்தி அனைவருக்கும் நன்றி சொன்னார்.

இந்த நிகழ்ச்சியைப் பார்த்தபோது எனக்கு ஓர் உண்மைச் சம்பவம் நினைவுக்கு வந்தது.

அவர் அமெரிக்காவின் ராணுவத்தில் மிகப் பெரிய அதிகாரி. வியட்நாம் யுத்தத்தின்போது வீரதீரச் சாகசங்கள் செய்து பல பதக்கங்கள் பெற்றவர். ஒரு முறை நடுக்கடலில் நிறுத்தப்பட்டிருந்த அமெரிக்க போர்க் கப்பலில் இருந்து போர் விமானத்தில் கிளம்பி, வியட்நாமின் மீது அவர் பறந்த போது, எதிரிப்படையினரின் சரமாரியான குண்டுவீச்சில் விமானம் பலத்த சேதமடைந்தது. நடுவானில் தத்தளித்த அவர் அவசர அவசரமாக பாராசூட்டை மாட்டிக்கொண்டு கீழே குதித்து உயிர் தப்பினார். இந்தச் சம்பவம் நடந்து இரண்டு ஆண்டுகளுக்குப் பிறகு அந்த அதிகாரி தன் மனைவியுடன் ஓர் ஓட்டலுக்குப் போனார். அங்கே முன்பின் அறிமுகம்

இல்லாத யாரோ ஒருவர் இந்த அதிகாரியின் அருகே வந்து "நன்றாக இருக்கிறீர்களா?" என்று கரிசனத்தோடு விசாரித்தார். "ஓயெஸ்.. நன்றாக இருக்கிறேன். ஆனால், நீங்கள் யார்? எனக்குத் தெரியவில்லையே..?" என்று அந்த அதிகாரி கேட்க, வந்தவர் சொன்னார்...

"நான் கடற்படையில் வேலை செய்யும் ஒரு சாதாரண ஊழியன். இரண்டு வருடங்களுக்கு முன்பு நான் உங்கள் பிரிவில் வேலை செய்தேன். கப்பலில் இருந்து கிளம்பிய உங்கள் விமானம் எதிரிப்படையினரால் சுட்டு வீழ்த்தப்பட்டதல்லவா? அன்றைய தினம் அன்றாட வழக்கப்படி உங்கள் விமானத்தில் பாராசூட் நன்றாக வேலைசெய்கிறதா என்று பரிசோதித்தேன். அது பழுதடைந்திருந்தது. அதனால் அதை அகற்றிவிட்டு புதிய பாராசூட்டை வைத்தேன்" என்றார் அந்தக் கடைநிலை சிப்பாய்.

உடம்பு முழுதும் ஒரு சிலிர்ப்பு பரவ, அதிகாரி அந்த ஊழியரின் கைகளைப் பிடித்துக் குலுக்கி 'நன்றி' சொன்னார்.

'இந்த ஊழியர் என்னிடம் இரண்டு ஆண்டுகளுக்கு முன் பணியாற்றியதாகச் சொல்கிறார். இப்போது பார்த்துவிட்டு அருகில் வந்து நலம் விசாரிக்கிறார். ஆனால், எனக்கோ அவரின் முகம்கூட நினைவில் இல்லை. இவர் எத்தனை முறை என்னைப் பார்த்து சல்யூட் அடித்திருப்பார்! ஆனால், நான் ஒரு முறைகூட சாதாரண ஊழியரான அவருக்கு பதில் சல்யூட் அடித்திருக்க வாய்ப்பே இல்லை. இவர் மட்டும் அன்று எனது பாராசூட்டைப் பரிசோதிக்காமல் இருந்திருந்தால் என் கதி..?' இப்படி ஏதேதோ நினைவுகள் அவர் மனதில் எழுந்தபடி இருந்தன. அந்த அதிகாரியால் அன்று இரவு முழுவதும் தூங்கமுடியவில்லை.

அந்த அமெரிக்க ராணுவ அதிகாரியைப் போல சாகச அனுபவங்கள் இல்லாவிட்டாலும் உங்களுக்கும் எனக்கும்கூட ஆபத்தில் இருந்து உயிர்தப்பிய அனுபவங்கள் ஒன்று இரண்டாவது நிச்சயம் இருக்கும்.

'நேத்து அடிச்ச பேய்மழையில கரண்ட் ஒயர் அறுந்து தண்ணியில் கிடக்குதுங்க... அந்தப் பக்கம் போகாதீங்க!' என்று எச்சரித்த யாரோ ஒரு கிராமவாசியின் முகம்...

'கார், லாரின்னு வர்ற நேரத்தில உங்க குழந்தை ரோட்டில விளையாடிட்டு இருக்கு. போய்ப் பாருங்க..' என்று அக்கறையோடு எச்சரித்துவிட்டுப் போகிற பக்கத்துவீட்டு அம்மாவின் முகம்...

நோய்களில் இருந்து நம்மைக் காப்பாற்றி வரும் டாக்டர்களின் முகங்கள்...

இப்படி நம் உயிரைக் காப்பாற்றிய பலரின் முகங்களை மறந்துவிட்டோம்!

ஆபீஸ், அக்கம்பக்கம், வீதி.. என்று ஒரு நாளைக்கு நாம் ஆயிரம் ஆயிரம் பேரைப் பார்க்கிறோம். நம் உயிரைக் காப்பற்றியவர் இவர்களில் ஒருவராகவும் இருக்கலாம். ஆதலால் அனைவரிடமும் அன்பாக இருங்கள். வந்தனம் சொல்லுங்கள். புன்னகை செய்யுங்கள்.

அன்பைப் பரப்புவதற்காக இறைத்தூதர் என்று உங்களை நினைத்துக் கொள்ளுங்கள். உங்களைச் சுற்றி அன்பெனும் அலை முழுவீச்சில் பரவினால் கோபம், குரோதம், விரோதம், பொறாமை, பகை போன்ற தீயகுணங்கள் யாவும் அதில் அடித்துச் செல்லப்பட்டுவிடும்!

பறவை தத்துவம்!

ஒரு நாள் வானத்தில் கலாட்டா. வண்ணங்களுக்குள் 'யார் பெரியவர்?' என்று சர்ச்சை எழுந்தது.

'வானத்திலிருந்து பூமியைப் பார்க்கும்போது மரம், செடி, கொடி என எல்லாம் ஒரே பச்சையாகத்தான் தெரிகின்றன. அதனால் நான்தான் பெரியவன்...' என்றது பச்சை நிறம்.

'வானம், கடல் என்று எல்லாமே நீலநிறம்தான். அதனால் நான்தான் பெரியவன்...' – ஆவேசமானது நீலம்.

'உலக உயிரினங்களின் ரத்தம் சிவப்பு நிறம்தான். ஏன், செங்கதிரே என்னுடைய நிறம்தான். அதனால் எனக்குத்தான் அதிகச் சிறப்பு...' – கொந்தளித்தது சிவப்பு.

இப்படி ஒவ்வொரு நிறமும் தான்தான் பெரியவன் என்று சண்டை போட்டுக்கொண்டிருந்தபோது, வானத்தில் பயங்கர மான ஓர் இடிச்சத்தம். அதைக் கேட்டுப் பயந்துபோன வண்ணங் கள் அத்தனையும் ஒன்றாக இணைய, வானவில் தோன்றியது!

அப்போது மழை அவர்களைப் பார்த்துச் சொன்னது... 'நீங்கள் தனித்தனியாக இருப்பதைவிடச் சேர்ந்திருக்கும் போதுதான் அழகாக இருக்கிறது. சேர்ந்திருப்பது அழகு மட்டுமல்ல... அதுதான் புத்திசாலித்தனமும்கூட!'

மிகச் சிறந்த கிரிக்கெட் வீரர்கள் எல்லாம் நம் நாட்டில் இருக்கிறார்கள். என்றாலும், நம் திறமைக்குத் தகுந்த வெற்றிகள் கிடைப்பதில்லை. பெரும்பான்மையான போட்டிகளில் நமது டீம் தோல்வியோடு திரும்பி வருகிறது. இதற்கு என்ன காரணம்?

'நான் அதிகமான ரன்கள் எடுக்கவேண்டும்... நான் அதிகமான விக்கெட்டுகள் எடுக்கவேண்டும்... நான் இந்தச் சாதனையை முறியடிக்க வேண்டும்...' என்று பெரும்பாலான வீரர்கள் தங்களுக்காகத்தான் விளையாடுகிறார்களே தவிர, டீமுக்காக ஆடுவதில்லை.

கிரிக்கெட்டில் மட்டுமில்லை, இன்று நம் நாட்டில் எல்லா இடங்களிலும், எல்லாத் துறைகளிலும் இதுதான் நடந்து கொண்டிருக்கிறது.

நாம் வேலை செய்யும் அலுவலகத்தையே எடுத்துக்கொள்ளுங்கள்.

அலுவலகத்தில் பணிபுரியும் நாம் அனைவரும் ஒரே டீம் என்றுகூட நாம் நினைப்பதில்லை. காரணம், சக பணியாளரை நாம் நேசிப்பதில்லை. அடுத்தவருக்கு இருக்கும் திறமைகளை நாம் அங்கீகரிப்பதில்லை.

முதலாளியாக இருப்பவர், 'நமக்காக வேலை செய்யத்தான் நானூறு பேர் இருக்கிறார்கள்' என்று நினைக்கிறாரே தவிர, 'நம்மோடு இணைந்து வேலை செய்யத்தான் நானூறு பேரும் இருக்கிறார்கள்' என்று நினைப்பதில்லை. மேலாளராக இருப்பவர், தன்னுடைய பெருமைகளைப் பற்றித்தான் பேசுகிறாரே தவிர, அவர் தன்கீழ் பணிபுரிபவர்களின் பெருமைகளைப் பற்றிப் பேசுவதில்லை.

தலைமைப் பொறுப்பில் இருக்கும் பலருக்கு, ஒரு சின்ன விஷயம் புரிவது இல்லை. ஒருவர் எத்தனை பெரிய திறமைசாலியாக இருந்தாலும் சரி... எத்தனை பெரிய பணக்காரராக இருந்தாலும் சரி... எத்தனை பெரிய உழைப்பாளியாக இருந்தாலும் சரி... சக ஊழியர்களின் ஒத்துழைப்பின்றி அவரால் நிறுவனத்தை ஒரு மில்லி மீட்டர்கூட முன்னேற்ற முடியாது.

'உங்கள் நிறுவனத்தை மிகப்பெரிய நிறுவனமாக மாற்றுவதற்காக உழைப்பாளர்களைப் பயன்படுத்தாதீர்கள். உழைப்பாளர்களைத் திறமைவாய்ந்த மிகப்பெரிய மனிதர்களாக மாற்றுவதற்கு உங்கள் நிறுவனத்தைப் பயன்படுத்துங்கள். உங்கள் நிறுவனம் தானாகவே மிகப்பெரிய நிறுவனமாக உருவெடுக்கும்!' தொழிலதிபர்களுக்கு இப்போது நிபுணர்கள் கொடுக்கும் அறிவுரை இதுதான்.

இதோ... கம்பெனி முதலாளி ஒருவர், தன் ஊழியர் ஒருவருக்கு எழுதியிருக்கும் இந்தக் கடிதத்தைப் பாருங்கள்.

'திக்ஷ. குக்ஷசாமிக்கு,

என்னுடையது ஒக்ஷ பழமையான தட்டச்சு மெஷினாக இக்ஷந்தாலும் ஒக்ஷ பொத்தான் நீங்கலாக மற்றதெல்லாம் நன்றாகவே இக்ஷக்கிறது. அந்த ஒக்ஷ பொத்தானும் கச்சிதமாக இயங்கவேண்டும் என்று விக்ஷம்புகிறேன். மற்ற பொத்தான்கள் நன்றாக இக்ஷந்தாலும் ஒக்ஷ பொத்தான் இயங்காதது கஷ்டமாகத்தான் இக்ஷக்கிறது.

நமது குழுவும் எனது தட்டச்சு மெஷினைப் போல இக்ஷப்பதாகத்தான் எனக்குத் தோன்றுகிறது. குழுவில் அனைவக்ஷமே நல்ல திறமைசாலிகள், உழைப்பாளிகள் என்கிறபோது, 'நான் ஒக்ஷவன் ஒழுங்காக வேலை செய்யா விட்டால் என்ன பெக்ஷம் நஷ்டம் வந்து விடும்' என்று நீங்கள் நினைக்கலாம்.

ஒக்ஷ குழு சிறப்பாகச் செயல்பட வேண்டுமானால், ஒவ்வொக்ஷ உறுப்பினக்ஷம் ஒக்ஷமுகப்பட்ட சிந்தனையோடு வேலை செய்யவேண்டும். இதுதான் என் விக்ஷப்பம். நானும் ஒக்ஷ கடுமையான உழைப்பாளியாக

மாறுவேன் என்ற ஒக்ஷ சிந்தனை நம் அனைவக்ஷக்குமே அவசியம். உங்கள் ஒத்துழைப்பை வக்ஷம்காலத்தில் மிகவும் விக்ஷம்புகிறேன்

இப்படிக்கு,

உங்களில் ஒக்ஷவன்,

திக்ஷமுக்ஷகன்.'

நிறுவனத்தில் வேலை செய்யும் ஒவ்வொருவருமே முக்கியமானவர்கள்தான் என்பதும், டீம் ஸ்பிரிட் என்பது நிறுவனத்தில் வேலை செய்யும் ஒவ்வொருவருக்கும் அவசியம் என்பதும் இப்போது உங்களுக்குப் புரிந்திருக்குமே!

டீம்-வொர்க்கால் ஏற்படக்கூடிய நன்மைகளை விளக்க மிகச் சிறந்த உதாரணம், கண்டம் தாண்டி கண்டம் பறந்துவரும் பறவைகள். இவை ஓய்வே எடுக்காமல் எப்படிக் கடலுக்கு மேலே ஒரே மூச்சாகப் பல நூறு கிலோ மீட்டர்களைக் கடந்து வருகின்றன என்பது பறவையியலாளர்களுக்கே வியப்பை ஏற்படுத்தும் ஒரு விஷயம்.

பறவைகளின் இந்தச் சாதனைக்கு முக்கியக் காரணம் டீம்-வொர்க். ஆம்... வானத்தில் ய வடிவில் பறவைகள் கூட்டம் பறப்பதை நீங்கள் பார்த்திருப்பீர்கள். பறவைகள் இப்படி ஒன்றாக, ஒரே கூட்டமாகச் சிறகுகளைப் படபடத்துப் பறக்கும்போது அந்தச் சிறகடிப்பு, பக்கத்தில் இருக்கும் பறவைகளுக்கும் உதவுமாம்!

'இப்படி ஒன்றாகப் பறப்பதால், ஒவ்வொரு பறவைக்கும் அதன் சக்தியைவிட இரண்டு மடங்கு பறக்கும் சக்தி கிடைக்கிறது' என்கிறார்கள் பறவையியல் வல்லுநர்கள்.

சில சமயம், கவனம் சிதறி ஏதாவது ஒரு பறவை கூட்டத்தை விட்டுத் தனியாகப் பறக்க ஆரம்பித்தால், அதன் பறக்கும் வேகம் குறைவதை, அது உடனடியாக உணர்ந்துவிடும். அப்போது கூட்டத்திலிருந்து இரண்டு, மூன்று பறவைகள் மீட்புப் படை மாதிரி போய், இந்தத் தனிப் பறவையை மீண்டும் தங்கள் கூட்டத்துக்கு அழைத்து வந்துவிடும்.

'எத்தனை பெரிய மனிதருக்கு எத்தனை சிறிய அறிவிருக்கு... எத்தனை சிறிய பறவைக்கு எத்தனை பெரிய அறிவிருக்கு' என்று பல வருடங்களுக்கு முன்பே நம் தமிழ்த் திரைப் பாடல் ஒன்று மனிதனின் மண்டையில் ஓங்கிக் குட்டிவிட்டது. அப்படியும் இந்த உண்மையை இன்னும் ஏன் மனிதர்கள் உணர்ந்து கொள்ளவில்லை என்பதுதான் வியப்பை ஏற்படுத்துகிறது!

கலியுகக் கண்ணன்!

'அடுத்தவர்கள் மகிழ்ச்சியாக இருக்கவேண்டும் என்று நீங்கள் நினைத்தால், அவர்களுக்கு உதவி செய்யுங்கள். நீங்கள் மகிழ்ச்சியாக இருக்க வேண்டும் என்று நினைத்தால், பிரதிபலனே பாராமல் அடுத்தவர்களுக்கு உதவுங்கள்...'

– தலாய்லாமாவின் இந்தப் பொன்மொழி எத்தனை சத்தியமானது என்பதை யாராலும் விளக்க முடியாது; அதை அனுபவபூர்வமாக மட்டுமே உணர முடியும்.

வேலைக்காரச் சிறுமிக்கு பாடப் புத்தகம் வாங்குவதற்கும், பேனா வாங்குவதற்கும் காசு கொடுத்துவிட்டு, "அடுத்தவர்களுக்கு நான் என்னாலான உதவிகளைச் செய்கிறேன்'' என்று சிலர் தங்களைத் தாங்களே திருப்திப்படுத்திக் கொள்வதுண்டு. ஆனால், இதுபோன்ற செயல்களுக்குப் பெயர் உதவி இல்லை. வேலைக்காரப் பெண் இன்னும் அதிக ஈடுபாட்டுடனும், சுறுசுறுப்புடனும், உற்சாகத்துடனும் வேலை செய்வதற்காகக் கொடுக்கப்படும் ஊக்கத்தொகை அது. அவ்வளவுதான்!

நான் இப்படிச் சொல்வதால் மற்றவர்களுக்கு அளித்து வரும் இதுபோன்ற சொற்ப உதவிகளை தயவுசெய்து யாரும் நிறுத்திவிட வேண்டாம். எந்த பிரதிபலனும் எதிர்பாராமல் அடுத்தவர்களுக்கு உதவி செய்தால் மட்டுமே அளவில்லாத, பூரணமான சந்தோஷத்தை உங்களால் உணர முடியும் என்பதைத் தான் இங்கே வலியுறுத்திச் சொல்ல விரும்புகிறேன்.

தான் உண்டு... தன் மனைவி, மக்கள் உண்டு என்றுதான் பெரும் பாலானவர்கள் இருக்கிறார்கள். "விற்கும் விலைவாசியில் நடுத்தரக் குடும்பத்தைச் சேர்ந்த என்னால் மற்றவர்களுக்கு எப்படி உதவ முடியும்?'' என்றுகூட சிலர் கேட்கலாம்.

மனம் இருந்தால் மார்க்கமுண்டு. ஒரு சினிமா பார்க்கிற செலவைக் குறைத்துக்கொண்டு, ஓர் ஏழை மூதாட்டிக்கு மலிவான ஒரு நூல்புடவை எடுத்துக் கொடுக்க முடியாதா? ஓர் உதாரணத்துக்காகச் சொல்கிறேன். உதவ வேண்டும் என்ற எண்ணம் இருந்தால் எப்படியும் உதவ முடியும்.

நீங்கள் அடுத்தவர்களுக்கு உதவினால் ஆண்டவன் உங்களுக்கு உதவுவான். எப்படி? இந்தக் கதையைப் படியுங்கள்... புரியும்.

கண்ணனுக்கு வயது முப்பத்திரண்டு. இந்தச் சின்ன வயசுக்குள் அவன் அனுபவித்துவிட்ட சோதனைகள் மிகமிக அதிகம். வாழ்ந்து கெட்ட குடும்பத்தைச் சேர்ந்த அவன், இப்போது வயிற்றுப் பிழைப்புக்காக ஒரு மெக்கானிக் ஷாப்பில் மிகக் குறைந்த சம்பளத்தில் பன்னிரண்டு மணி

நேரம் வேலை செய்கிறான்.

ஒரு நாள்... இரவு நேரம். கண்ணனை அழைத்து டிபன் வாங்கிவரச் சொன்னார் முதலாளி. ரிப்பேருக்கு வந்திருந்த ஓர் ஆட்டோவை எடுத்துக்கொண்டு கண்ணன் கிளம்பினான். அப்போது பேய்மழை பெய்துகொண்டிருந்தது. தூரத்தில் வயது முதிர்ந்த பெரியவர் ஒருவர் ஒதுங்க இடமில்லாமல் பெட்டி படுக்கைகளுடன் மழையில் கோழிக்குஞ்சு மாதிரி நனைந்தபடி நின்றுகொண்டிருந்தார். கண்ணன் அவரருகில் சென்று ஆட்டோவை நிறுத்தினான்.

"என்ன சார்! என்னாச்சு?" என்று கரிசனத்துடன் விசாரித்தான். தான் பயணம் செய்த பஸ் பிரேக்டௌன் ஆகி நடுவழியில் நின்றுவிட்டதாகவும் மற்ற பயணிகள் எல்லாம் லாரி, டிரக் என்று பிடித்துச் சென்று விட்டதாகவும், தான் மட்டும் கடந்த ஒரு மணி நேரமாக வாகனம் எதுவும் கிடைக்காமல் இங்கே மழையில் நனைந்துகொண்டிருப்பதாகவும் வெடவெடத்த குரலில் கூறினார் அவர்.

கண்ணன் அந்தப் பெரியவர் மீது இரக்கம் கொண்டான். "இந்த ராத்திரி நேரத்துல இந்த ரூட்டில் பஸ் ஒண்ணும் கிடையாது சார். பேசாம ஆட்டோவில் ஏறி உட்காருங்க. இங்கிருந்து கொஞ்ச தூரம் போனா அங்கே ஏதாவது டாக்ஸி கிடைக்கும். அதுல நீங்க சௌகரியமா உங்க ஊருக்குப் போயிடலாம்!" என்றான். நன்றி பொங்கத் தலையாட்டிவிட்டு ஆட்டோவில் ஏறி அமர்ந்தார் அவர்.

அடுத்த ஐந்தாவது நிமிடம் அவரை, ஒரு டாக்ஸி பிடித்து ஏற்றி, வழி அனுப்பினான் கண்ணன். பெரியவர் அவன் கைகளைப் பிடித்துக்கொண்டு, "தப்பா நினைக்கலைன்னா இதை வெச்சுக்கப்பா!" என்று சில ரூபாய் நோட்டுகளை கண்ணனின் கையில் திணிக்க முனைந்தார். கண்ணன் வெடுக்கென்று கைகளை உருவிக்கொண்டான்.

"இதுக்கெல்லாம் காசு வேணாம் சார். நடுரோட்டில் பரிதாபமாக நின்னுட்டு இருந்தீங்களேன்னு லிஃப்ட் கொடுத்தேன். அவ்வளவுதான்! இதே மாதிரிதான் முன்னே ஒரு சமயம் எங்க அப்பா முன்பின் தெரியாத இடத்துல வழிபுரியாம தவிச்சிட்டிருந்தப்போ யாரோ ஒருத்தர் வந்து தனக்கு உதவி பண்ணினதா சொல்லியிருக்கார். இப்ப உங்களுக்கு நான் உதவி செய்தேன். இந்த உதவிச்சங்கிலி அறுந்துடாம இருக்க நீங்க இதேபோல வேற யாருக்காவது உதவி செய்யுங்க!" என்று சினிமா ஹீரோ மாதிரி பேசிவிட்டு ஆட்டோவை கிளப்பிக்கொண்டு பறந்துவிட்டான் கண்ணன்.

டாக்ஸி நகர ஆரம்பித்த பிறகுதான் பெரியவருக்கு, தான் ஒழுங்காக ஊர் போய்ச் சேர்ந்துவிடுவோம் என்ற பாதுகாப்பு உணர்வு வந்தது. உடனே பசியும் வந்தது.

அவர் டாக்ஸி டிரைவரைப் பார்த்து, "தம்பி, நான் சாப்பிட்டு நாலு மணி நேரத்துக்கு மேலே ஆகுது. இனிமே என்னால தாங்க முடியாது. உடனடியா நான் சாப்பிடலைன்னா மயக்கமே வந்துடும். அதனால் வழியில ஓட்டல் ஏதாவது இருந்தா நிறுத்தேன்" என்றார். அதற்கு டிரைவர், "சார்...

இந்த வழியில ஓட்டல் ஏதும் இல்லீங்களே... ஏழைஜனங்க வசிக்கிற பகுதியாச்சுங்களே இது!'' என்றான். டாக்ஸி மெதுவாக ஓடிக்கொண்டிருக்க, சாலை ஓரத்தில் ஒரு குடிசைக்கு வெளியே ஒரு பெண்மணி இட்லி சுட்டு விற்றுக்கொண்டிருப்பதை யதேச்சையாகப் பார்த்துவிட்டார் பெரியவர். டிரைவரிடம் டாக்ஸியை நிறுத்தச் சொன்னார்.

"என்ன சார், இங்கேயா சாப்பிடப் போறீங்க?'' என்று டிரைவர் முகம் சுளித்ததைக்கூடப் பொருட்படுத்தாமல் இறங்கி விறுவிறுவென்று நடந்து போனார். திருப்தியாக அந்தப் பெண்ணிடம் ஏழெட்டு இட்லி வாங்கிச் சாப்பிட்டார். பின்னர் கை கழுவிக்கொண்டு, "எவ்வளவுமா ஆச்சு?'' என்று கேட்க... "எட்டு ரூபாய் கொடு சாமி'' என்றாள் அவள். பெரியவர் தன் பர்ஸில் இருந்து ஆயிரம் ரூபாய் நோட்டு ஒன்றை எடுத்து நீட்ட, "ஐயோ சாமி, இதுக்கு சில்லறை கொடுக்க நான் எங்க போவேன்?'' என்று பதறினாள் அவள்.

அதற்கு அந்தப் பெரியவர், "நீ பாக்கி எதுவும் எனக்குத் தர வேண்டாம்மா! எனக்கு உதவி தேவைப்பட்டபோது யாரோ முன்பின் தெரியாத ஒரு புண்ணியவான் தேடிவந்து எனக்கு உதவி செய்தார். இப்பவும் பசியில உயிர் போகிற மாதிரி துடிச்சிட்டிருந்தப்போ அன்னலட்சுமியா என் எதிர்ல வந்து என் பசியைப் போக்கினே. இது இட்லிக்கான பைசா இல்லே. என் நன்றிக்கான அடையாளம். உன் மடியில இருக்கிற குழந்தை சளியும் இருமலுமா அவதிப்பட்டுக்கிட்டிருக்கே... அதை ஆஸ்பத்திரியில காட்டி, மருந்து வாங்க இந்த பணத்தை வெச்சுக்கோ! நான் வரேன்'' என்று அவளிடம் விடைபெற்றுக்கொண்டு புறப்பட்டார் பெரியவர்.

பெரியவர் பயணித்த கார் சென்ற திசையையே வைத்த கண் வாங்காமல் பார்த்துக்கொண்டிருந்தாள் அந்தப் பெண். அவள் கடையின் முன் 'கிரீச்' என்ற சத்தத்துடன் ஒரு ஆட்டோ வந்து நின்றது. வந்தவன் ஆட்டோவைவிட்டு இறங்கும் வரைகூட காத்திருக்காமல், "யோவ்... 'குழந்தைக்குக் காய்ச்சல் அடிக்குது. டாக்டர்கிட்ட போலாம்னா காசு இல்லியே'னு கவலைப்பட்டுட்டு இருந்தியே.. கடவுளாப் பார்த்து கண் திறந்துட்டார். யாரோ ஒரு பெரியவர் வந்து ஆயிரம் ரூபா கொடுத்துட்டுப் போனார். உடனே கிளம்பு, டாக்டர்கிட்ட போய் நம்ம குழந்தையைக் காட்டி மருந்து வாங்கிட்டுவரலாம்!'' என்று அவள் பரபரப்பும் உற்சாகமுமாகச் சொல்ல, ஆச்சரியத்தில் உறைந்தவனாக எதிரே நின்றிருந்தான் கண்ணன்.

யார் தவறு?

அன்றாட வாழ்க்கையில் நாம் அனுபவித்துக் கொண்டிருக்கும் பல துன்பங்களுக்குக் காரணம், நம்முடைய தவறுகளை நாம் ஏற்றுக்கொள்ள மறுப்பதுதான். ஆபீஸாக இருந்தாலும் சரி, வீடாக இருந்தாலும் சரி... நம்முடைய தவறுகளை, ஏமாந்த சோணகிரி யாராவது கிடைத்தால் அவர் தலையில் கட்டிவிட்டு நாம் தப்பித்துக்கொள்வது என்பது இப்போது சர்வசகஜமாகிவிட்டது.

ஒரு முறை நண்பர் ஒருவருடன் சென்னை வீதியில் காரில் போய்க்கொண்டிருந்தேன். என்னைக் குறிப்பிட்ட நேரத்துக்குள் அழைத்துச் செல்லவேண்டும் என்கிற அவசரத்தில் நண்பர் வேகமாக கார் ஓட்டினார். அப்போது எதிர்பாராதவிதமாக எதிரே வந்த ஆட்டோ மீது மோதிவிட்டார். வண்டியை மோதிய அதே வேகத்தில் சற்றும் யோசிக்காமல் ஆட்டோ டிரைவரைப் பார்த்து சென்னைத் தமிழில் வெளுத்து வாங்கிவிட்டு, அதே வேகத்தில் காரை கிளப்பிக்கொண்டு வந்துவிட்டார்.

சற்றுத் தூரம் சென்றதும், "தவறு நம்முடையதுதானே...? தவறான பாதையில் வந்தது நாம்தானே? நியாயமாகப் பார்த்தால் நாம்தான் அவரிடம் மன்னிப்புக் கேட்டிருக்க வேண்டும். அதை விட்டுவிட்டு அவரைத் திட்டித் தீர்த்தது சரியா?" என்று நண்பரிடம் கேட்டேன்.

"சுவாமி, இந்த சென்னையைப் பத்தி உங்களுக்குத் தெரியாது. இங்கே ரோட்டில் மத்தவன் மேலே நாம் இடிச்சாலும் சரி, அடுத்தவன் வந்து நம்மை இடிச்சாலும் சரி... முதலில் நாம்தான் சத்தம் போட்டுவிட வேண்டும். அப்போதுதான் எதிராளி பயந்து அடங்கிப்போவான். இல்லை என்றால் நம் தலையில் மிளகாய் அரைத்துவிடுவார்கள்" என்று நண்பர் எனக்கு 'வீதி நீதி' பற்றி உபதேசம் செய்தார்.

நான் மிகவும் ரசிக்கும் முல்லா நஸ்ருதீன் கதை ஒன்றை நண்பருக்குச் சொன்னேன்.

முல்லா ஒரு முறை பஸ்ஸில் பயணம் செய்துகொண்டு இருந்தார். அங்கே நான்கு ஸீட் தள்ளி உட்கார்ந்திருந்த டிப்டாப் ஆசாமி ஒருவரைப் பார்த்ததும் முல்லாவுக்கு உற்சாகம் மேலோங்கிவிட்டது.

"டேய் பஷீர்... என்னடா அடையாளமே தெரியாத அளவுக்கு

மாறிட்டே..!'' என்று சத்தமாகக் குசலம் விசாரித்தார் முல்லா.

டிப்டாப் ஆசாமி ஏதோ சொல்ல வாயெடுக்க, முல்லா அவரைப் பேசவே விடாமல், ''என்னடா பஷீர்... பீப்பா மாதிரி இப்படிக் குண்டாயிட்டே?'' என்றார்.

டிப்டாப் ஆசாமி மீண்டும் ஏதோ சொல்ல வாயெடுத்தார்.

மறுபடியும் முல்லாவே குறுக்கிட்டுப் பேசினார். ''காலேஜ்ல படிச்சபோது குள்ளமாத்தான் இருப்பே. இப்ப எப்படிடா பஷீர் ஆறடி உயரத்துக்கு வளர்ந்துட்டே?''

கடுப்பாகிப்போன அந்த டிப்டாப் ஆசாமி, ''கொஞ்சம் என்னைப் பேசவிடறீங்களா? என் பேர் பஷீர் இல்லை. இப்ராகிம்'' என்றார்.

உடனே முல்லா தன் தவறை உணர்ந்தாலும், அதை வெளிக்காட்டிக் கொள்ளாமல், ''அட, ஆள்தான் அடையாளம் தெரியாத அளவுக்கு மாறிட்டேனு பார்த்தா பேரைக்கூடவா மாத்திக்கிட்டே?'' என்று சமாளித்தார்.

நகைச்சுவைக்காகச் சொல்லப்படுகிற கதை இது.

ஆனால், நிஜமாகவே நாம் நம்முடைய தவறுகளை இப்படி மூடி மறைத்துக்கொண்டிருந்தால், நாளடைவில் அது நமக்கே கெடுதலாக முடியும். ஒரு கட்டத்தில் நம்முடைய பொய்களை நாமே நம்ப ஆரம்பித்துவிடுவோம். இதைவிட ஒரு பெரிய கேடு இருக்க முடியாது.

சுவரில் ஒட்டியிருக்கும் பல்லி, தான்தான் சுவரையே தாங்குவதாக கற்பனை செய்துகொள்ளுமாம். அதைப் போல கம்பெனியையே தான்தான் தாங்குவதாக அங்கு வேலை செய்யும் ஒருவன் எல்லோரிடமும் கதை அளந்துகொண்டிருந்தான். கம்பெனி சம்பந்தமான பல பொறுப்புகளைத் தான்தான் தலையில் சுமப்பதாக பார்க்கிறவர்களிடம் எல்லாம் அவன் ரீல் விட்டுக்கொண்டிருந்தான். பல வருட காலமாக இதே பொய்யைத் திரும்பத் திரும்பச் சொல்லிக்கொண்டிருந்தவன், ஒரு கட்டத்தில் அவனே அந்தப் பொய்யை நம்பத்

தொடங்கிவிட்டான்.

ஒரு முறை அதிகச் சம்பளம் கிடைக்கும் என்ற காரணத்துக்காக வேறு ஒரு கம்பெனியின் இன்டர்வியூவில் கலந்துகொண்டான். இன்டர்வியூவின்போது அந்த கம்பெனியின் மானேஜர் சொன்னார்.... "இது ஒரு பெரிய பதவி. முக்கியமான பதவி. அதனால் இந்தப் பதவிக்கு நாங்கள் தேர்ந்தெடுக்கும் நபர் மிக மிகப் பொறுப்பு மிக்கவராக இருக்கவேண்டும் என்று நாங்கள் விரும்புகிறோம்."

இதைக் கேட்டதும் நம்முடைய ஆள், "அதற்கு நான் முற்றிலும் தகுதியானவன். எங்கள் கம்பெனியிலேயே அதிகமான பொறுப்புகள் என்னுடையதுதான்!" என்றான்.

"உண்மையாகவா சொல்கிறீர்கள்?" என்று கேட்டார் மானேஜர்.

"பின்னே..? எங்கள் கம்பெனிக்கு வந்து யாரை வேண்டுமானாலும் கேட்டுப்பாருங்கள்... போன வருடம் எங்கள் கம்பெனி கோடௌன் எரிந்து சாம்பலானது. நிர்வாகம் அதற்கு நான்தான் பொறுப்பு என்றது. போன மாதம் கம்பெனியில் ஸ்ட்ரைக் நடந்தது. அதற்கும் கம்பெனி நான்தான் பொறுப்பு என்றது. சென்ற வாரம் ஒரு முக்கியமான ஆர்டர் எங்கள் கையைவிட்டுப் போனது. அதற்கும் நான்தான் பொறுப்பு என்றது கம்பெனி. ஆகையால், எங்கள் கம்பெனியிலேயே அதிகப் பொறுப்புகள் உள்ளவன் நான்தான். இந்த வேலையை நீங்கள்

எனக்குக் கொடுத்தால் இதே மாதிரியே அதிகப் பொறுப்போடு செயல்படுவேன்" என்றானாம்.

நம்முடைய தவறுகளையெல்லாம் மூடிமறைத்து, நாமாக ஒரு பொய்யை உருவாக்கி, அதை மற்றவரிடமும் பரப்பிக்கொண்டிருந்தால், நாளடைவில் அது நமக்கே தீங்காக முடியும் என்பதை விளக்குவதற்காக நான் அடிக்கடி சொல்லும் கதை இது.

ஆரம்பத்தில் ஒரு தவறு உண்டானபோதே, அதற்கு நாம்தான் காரணம் என்று பொறுப்பேற்றுக்கொள்ளும் மனப்பக்குவம் வேண்டும். அப்போதுதான் 'அந்தத் தவறு ஏன் நடந்தது? அது மேற்கொண்டு நடக்காமல் எப்படித் தவிர்ப்பது?' என்று நம்மால் தீர யோசித்து, வழிகாண முடியும். உண்மையில் நம் மீதுதான் தவறு என்றால், நம்மை நாம் திருத்திக்கொள்ளலாம். அப்படி இல்லையென்றாலும்கூட, சம்பந்தப்பட்டவர் மறுபடி அந்தத் தவறைச் செய்யாதவாறு நம்மால் தடுக்க முடியும். அதை விட்டுவிட்டு, ஆரம்பத்திலேயே பழியை வேறு ஒருவர் மீது சுமத்திவிட்டால், அந்தத் தவறு திருத்தப்படுவதற்கான கதவுகள் அனைத்தும் அடைப்பட்டுப் போகும். அடுத்தவர் மீது குற்றம் சுமத்தி, அந்த நிமிடத்துக்குத் தப்பிப்பது என்பதை நிர்வாகவியல் நிபுணர்களின் வார்த்தைகளில் சொன்னால் It is a tactical success but a strategic failure.

எது தகுதியோ அதுவே வாய்க்கும்!

பொறுமை என்பது இப்போது மிகவும் அரிதான பொருளாகிவிட்டது. சினிமா தியேட்டரில் வரிசையில் நிற்கப் பொறுமையில்லாமல் சுவர் ஏறிக் குதித்து டிக்கெட் வாங்குவது மாதிரி எல்லா விஷயத்திலும் விதிமுறைகளைப் பறக்கவிடுகிறோம். கோயிலுக்குச் சாமி கும்பிடப் போனால், அங்கேகூட வரிசையில் நின்று சாமி கும்பிட நமக்குப் பொறுமையில்லை. குறுக்குவழி ஏதாவது இருக்கிறதா என்றுதான் தேடுகிறோம்.

இதில் விசித்திரம் என்னவென்றால், விதிமுறைகளை அதிகமாகக் காற்றில் பறக்கவிடுபவர்கள்தான் விதிமுறைகள் பற்றி அதிகமாகப் பேசுகிறார்கள்.

சென்ற முறை நான் சென்னை வந்தபோது சென்னை நகர வீதிகள் எனக்கு ஏராளமான விசித்திரங்களைக் காட்டின. சென்னையின் ஹீரோ யார் என்று கேட்டு மக்களை வோட்டுப் போடச் சொன்னால், அவர்கள் யாருக்கு வோட்டுப் போடுவார்களோ தெரியாது. ஆனால், வில்லன் யார் என்று அடையாளம் காட்டச் சொன்னால், பெருவாரியான மக்கள் ஆட்டோ டிரைவர்களுக்குத்தான் அந்த அந்தஸ்தைக் கொடுப்பார்கள் என்பது சந்தேகத்துக்கு இடமில்லாமல் புரிந்தது.

ஆட்டோ டிரைவர்களை மக்கள் வெறுப்பதற்கு

அடிப்படைக் காரணம் என்ன என்று யோசித்துப் பாருங்கள். டிரைவர்கள் சிலரது அடாவடிப் பேச்சும், அதிரடியாக வண்டி ஓட்டும் வேகமும், சில நேரங்களில் அவர்களின் சூடு மீட்டரும்தான்!

சவாரி பிடிப்பதற்காகக் குறுகலான சந்தில் அவர்கள் நின்று நிதானித்து, நிறுத்தி நிறுத்தி ஆட்டோவை ஓட்டுவதால், பின்னால் வரும் அத்தனை வாகனங்களும் பொறுமையாக ஊர்வலம் போலச் செல்ல வேண்டியிருக் கிறது. அதுவே, சவாரி கிடைத்துவிட்டால், 'இசட்' பிரிவு தலைவருக்கு ஒதுங்கி வழிவிடுவதைப் போல, சாலையில் இருக்கும் எல்லா வாகனங்களும் ஆட்டோ சீறிப் பாய்ந்து செல்வதற்காக ஒதுங்கி வழி கொடுக்கவேண்டும். இப்படி எந்த விதிகளுக்கும் கட்டுப்படாமல் சிலர் இருப்பதால்தான், ஆட்டோ ஓட்டுநர்கள் மக்களின் வெறுப்புக்கு ஆளாகிறார்கள்.

இப்போது நம் விஷயத்துக்கு வருவோம். ஆட்டோ ஓட்டுநரின் குணநலன்களில் எத்தனை சதவிகிதம் நம்மிடம் இருக்கிறது என்று எந்தவிதப் பாரபட்சமுமின்றி எடை போட்டுப் பாருங்கள்.

ஆட்டோ டிரைவர்கள் வேலை செய்யும் இடம் வீதி. அதனால், அவர்களில் சிலர் விதிகளை மீறினால்கூட, நம் எல்லோர் கண்களுக்கும் அது பட்டவர்த்தனமாகத் தெரிகிறது. ஆனால், நாம் வேலை செய்யும் இடம் நான்கு சுவர்களுக்கு உள்ளே அமைந்து இருக்கும் ஓர் அலுவலகம் அல்லது தொழிற்சாலை மாதிரியான இடம். ஆட்டோ டிரைவர்கள் மாதிரி மீட்டருக்குமேல் வசூல் செய்பவர்கள், ராங் சைடில் போகிறவர்கள் இந்த இடங்களிலும் உண்டு.

விதிமுறைகளை மீறும் ஆட்டோ டிரைவரை நீங்கள் எப்படி வெறுப்புடன் பார்க்கிறீர்களோ, அதே மாதிரிதான் உங்களையும் அடுத்தவர்கள் பார்ப்பார்கள் என்பதை நினைவில் வைத்துக்கொள்ளுங்கள்.

'போலீஸ்காரர்கள் செய்யும் அக்கிரமங்களைப் பற்றியெல்லாம் நீங்கள் ஏன் எழுதக் கூடாது?' – புலனாய்வு நிருபராக என்னை நினைத்துக் கேள்வி கேட்டார் என் மாணவரின் நண்பர் ஒருவர். அவர் விசித்திரமான சம்பவம் ஒன்றையும் சொன்னார்.

"போன வாரத்தில் ஒரு நாள் நான் அவசரமாக

மோட்டார் பைக்கில் சென்றுகொண்டிருந்தபோது என்னை வழிமறித்த போலீஸ்காரர் ஒருவர், நூறு ரூபாய் கேட்டார். நான் தர மறுத்து, சட்டம் பேச ஆரம்பித்தேன். உடனே அவர், 'வேண்டாம் சார், நீங்க நூறு ரூபாய் தரவேண்டாம். சட்டப்படி ஐந்நூறு ரூபாயே கட்டிட்டுப் போங்க. ரசீது கொடுக்கிறேன்' என்றார் எரிச்சலாக.

■■

ஆட்டோ டிரைவர்கள் விதிகளை மீறினால் அது பட்டவர்த்தனமாகத் தெரிகிறது.

■■

சட்டத்தைக் காப்பாற்ற வேண்டியவர்களே இப்படிச் சட்டத்தைத் தவறாகப் பயன்படுத்தினால் நாடு உருப்படுமா?'' என்று அந்த நண்பர் என்னிடம் கேட்டார்.

''அதெல்லாம் சரி. உங்களை ஏன் முதலில் போலீஸ்காரர் நிறுத்தினார்?'' என்று கேட்டேன்.

''நான் ஆபீஸ் வேலையாக வேகமாகச் சென்றுகொண்டிருந்த போது, அது ஒன்வே என்பதைக் கவனிக்கத் தவறிவிட்டேன். அதனால் தான் போலீஸ்காரர் என்னைப் பிடித்துவிட்டார்...'' என்றார்.

''விதிமுறைகளை மீறுவதற்கு இப்படி ஆயிரம் காரணங்களைச் சொல்ல நமக்கு உரிமை உண்டு என்றால், அதே விதி அந்த போலீஸ்காரருக்குப் பொருந்தும்தானே?'' என்று கேட்டேன் நான். அவரால் பதில் பேச முடியவில்லை.

நமக்கு எந்த மாதிரியான போலீஸ்காரர்களை அடைய தகுதி உண்டோ, அதுமாதிரி போலீஸ்காரர்கள் தான் நமக்கு வாய்ப்பார்கள். எப்படிப்பட்ட ஆட்டோக்காரர்களைப் பெற நமக்குத் தகுதி உண்டோ, அத்தகைய ஆட்டோக்காரர்கள்தான் நமக்குக் கிடைப்பார்கள்!

சபாஷ் சிங்கப்பூர்!

லீ க்வான் யூ

சென்னையைச் சுத்தமாக வைத்திருக்க முயற்சி செய்யும் அமைப்பு ஒன்றின் தீவிரமான உறுப்பினர் அவர். நான் அமெரிக்காவுக்குச் சென்றிருந்தபோது அங்கே அவரைச் சந்தித்தேன். அப்போது அவர் சென்னையைப் பற்றிப் புலம்பித் தள்ளிவிட்டார்!

"சென்னை எத்தனை அழகான நகரம்? அதை நாம் ஏன் இப்படிச் சீரழித்துவிட்டோம்? அழகான கூவம் நதியைச் சாக்கடையாக்கி விட்டோம். மெரீனா கடற்கரையைக் கல்லறையாக மாற்றிவிட்டோம். வீதிகளை எல்லாம் குப்பைக்கிடங்குகளாக மாற்றிவிட்டோம். இது பற்றி யாரும் கவலைப்படுவதில்லை.

நான் சிறுவனாக இருந்தபோது என்னைப் படிக்கவைப்பதற்காக சென்னைக்கு அழைத்து வந்தார் என் தாத்தா. அவர் தலைமுறை நம்மிடம் ஒப்படைத்த சென்னை அழகானதாக இருந்தது. ஆனால், நான் என் பேரனுக்கு விட்டுச் செல்லப்போகும் சென்னை ஒரு பெரிய குப்பைமேடாகத்தான் இருக்கும் போலிருக்கிறதே..?'' - இப்படி அங்கலாய்த்துக்கொண்டே போனார் அவர்.

சமூகத்தின் மீது அக்கறை கொண்டவர்கள் குறைந்துகொண்டே போகும் இந்தக் காலத்தில், இப்படி ஒருவரைச் சந்தித்தது எனக்குப் பெரிய ஆறுதலாக இருந்தது. அமெரிக்காவில் இருக்கும் சில கோயில்களுக்கு என்னை அவர் அழைத்துச் சென்றார். அவை, இந்தியாவில் இருக்கும் மதுரை மீனாட்சியம்மன் கோயிலைப் போலவோ, சிதம்பரம் நடராஜர் கோயிலைப் போலவோ புராணங்களையோ சரித்திரத்தையோ உள்ளடக்கிய பெருமை கொண்டவை அல்ல. அவை வெறும் வழிபாட்டுத் தலங்கள். அவ்வளவுதான். இருந்தாலும், அவற்றை அவர்கள் பராமரிக்கும் அழகும் கொடுக்கும் மரியாதையும் இருக்கிறதே... அடேயப்பா!

புண்ணியம் தேடக் கோயிலுக்குப் போகிறேன் பேர்வழி என்று இங்கே நம்மவர்கள் கோயிலுக்குப் போய் திருக்குளத்தை அசிங்கப்படுத்துவதும், கோயிலின் பிராகாரங்களில் உட்கார்ந்து புளியோதரை, தயிர்சாதக் கட்டுகளைப் பிரித்து வைத்துக்கொண்டு

ஓட்டல் மாதிரி அங்கே சாப்பிட்டுவிட்டு வாழைப்பழத் தோலையும் சாப்பிட்ட எச்சில் இலைகளையும் கொஞ்சம்கூடக் குற்றவுணர்வே இல்லாமல் அங்கேயே போட்டுக் கோயிலையே குப்பைக்கூளமாக மாற்றிவிடுவதும் எந்த வகையில் புண்ணியம் சேர்க்கும் என்று தெரியவில்லை!

சரி, பொது இடத்தில்தான் இப்படி... வீட்டைப் பொறுத்தவரை எப்படி என்று பார்த்தால், அங்கேயும் நம்மவர்களின் போக்கு சகிக்க முடியாததாகத்தான்

இருக்கிறது.

மூன்றாவது மாடியில் குடியிருப்பவர்கள் தங்கள் குப்பைகளை அங்கு இருந்தபடியே வீதியில் விட்டெறிவது சர்வசகஜமாக இருக்கிறது. குப்பை நம் வீட்டைவிட்டு வெளியே போனால் சரி. நாம் வசிக்கும் வீதி குப்பையாக இருந்தால் அதுபற்றி நமக்குத் துளியும் கவலையில்லை.

புத்தரின் திருவுருவச் சிலை முன்பு ஊதுவத்திகளை ஏற்றி வழிபடும் வழக்கம் கொண்ட பெண் ஒருத்தி இருந்தாள். அவள் எங்கே சென்றாலும் தன்னோடு தங்கத்தாலான ஒரு புத்தர் சிலையை எடுத்துச் செல்வாள். போகும் இடத்தில்

புத்தரின் சிலைக்கு ஊதுவத்தி ஏற்றி வழிபடுவாள். ஆனால், அந்த ஊதுவத்தியின் நறுமணத்தை அடுத்தவர்கள் ஓசியில் முகர்ந்துவிடக் கூடாது என்ற சுயநல எண்ணம் கொண்டவள் அவள். அதனால், ஊதுவத்தியில் இருந்து ஒரு குழாயை புத்தரின் மூக்குப் பகுதிக்குப் பொருத்திவிட்டாள். இதனால் நாளாக ஆக தங்க புத்தரின் மூக்கு கறுத்து விட்டது. சுயநலம் இருக்கும் இடத்தில் சுத்தமிருக்காது என்பதை விளக்க ஜென் மதத்தினர் சொல்லும் கறுப்புமூக்கு புத்தர் கதை இது.

சுமார் முப்பது வருடங்களுக்கு முன்பு குப்பைகள் விஷயத்தில் சிங்கப்பூர் நம்மைவிட மோசமாக இருந்தது. “நம்முடைய நாடு இத்தனை அசுத்தமாக இருந்தால் சுற்றுலாப் பயணிகள் எப்படி வருவார்கள்? குப்பைமேட்டில் ஓட்டல் கட்டி அமிர்தமே பரிமாறினாலும் ஒருத்தரும் தலைவைத்துப் படுக்க மாட்டார்களே! சுத்தப்படுத்துவது என்பது ஏதோ எழுதப் படிக்கத் தெரியாத கூலியாட்கள் மட்டுமே செய்யும் வேலை என்று நினைக்காதீர்கள். நம் வீடு, வீதி, கோயில் என எல்லாவற்றையும் நாம்தான் சுத்தம் செய்யவேண்டும்” என்று சொல்லி தானே முதல் ஆளாக வீதிகளில் இறங்கிக் குப்பைகளை அகற்றத் தொடங்கினார் ‘சிங்கப்பூரின் சிற்பி’ என்று போற்றப்படும் லீ க்வான் யூ! மக்களும் அவர் காட்டிய வழியைப் பின்பற்றித் தங்கள் நாட்டைச் சுறுசுறுப்பாகச் சுத்தப்படுத்தினார்கள்.

அதன் பின்னர், ‘யார் வீதியில் குப்பை போட்டாலும், எச்சில் துப்பினாலும் கடுமையான அபராதம் போடுங்கள்’ என்று மக்களே அரசுக்கு யோசனை சொன்னார்கள்.

சிங்கப்பூர் சுத்தமான சொர்க்கமாக உருவெடுத்தது இப்படித்தான்!

‘சரி... நீங்கள் சொல்லும் அதே சிங்கப்பூரைச் சேர்ந்த நிறுவனம்தான் இங்கே சென்னையின் குப்பைகளை அகற்றிக் கொண்டிருக்கிறது. அப்புறமும் ஏன் சென்னை சுத்தமான நகரமாக மாறவில்லை?’ என்று கேட்கிறீர்களா? நம்முடைய சென்னையை சுத்தமாக வைத்திருக்க வேண்டியது நாம்தான். நம் வீடு சுத்தமாக இல்லாததற்கு வேலைக்காரியின் மீது பழியைப் போடுவது மாதிரி இருக்கிறது இது!

பொது இடங்களைச் சுத்தம் செய்வது என்பதுதான் மிகச் சிறந்த திருப்பணி.

இனி யாராவது கோயில்களுக்கு ஏதாவது வேண்டுதல் என்று நேர்ந்து கொள்ள ஆசைப்பட்டால், ‘ஒரு நாள் முழுதும் என் குடும்பத்தினரோடு வந்து கோயிலைச் சுத்தம் செய்கிறேன்’ என்று நேர்ந்துகொள்ளுங்கள். அது மற்ற எல்லா வேண்டுதல்களையும்விட நிச்சயமாக அதிக பலனையும் புண்ணியத்தையும் தரும்!

பொறாமைப்பட வைக்கணும்!

சில பேர் இருக்கிறார்கள். அடுத்தவர்கள் சந்தோஷமாக இருப்பதைப் பார்த்தாலே, அவர்களுக்குப் பொறுக்காது. அப்படிப்பட்ட மனிதர்களை நீங்கள்கூடப் பார்த்திருக்கலாம்!

வாடகை வீட்டில் இருப்பவர்கள் இதை அனுபவித்திருப்பார்கள். அதுவும் ஹவுஸ்ஓனர் ஒரு போர்ஷனிலும் வாடகைக்கு இருப்பவர்கள் இன்னொரு போர்ஷனிலும் இருந்தால், கேட்கவே வேண்டாம். வாடகைக்கு இருப்பவர்கள் கடைக்குப் போய் ஏதாவது டி.வி., கிரைண்டர் என்று வாங்கி வந்துவிட்டால் போதும்... வீட்டுக்குச் சொந்தக்காரர் தடாலென வாடகையை ஏற்றிவிடுவார்.

வாடகைக்குக் குடியிருப்பவரின் வீட்டுக் குழந்தைகள் நன்றாக மார்க் எடுத்து, ஹவுஸ்ஓனரின் குழந்தைகள் குறைவாக மார்க் எடுத்துவிட்டால் இரவு பத்து மணிக்கே விளக்கை எல்லாம் அணைக்கச் சொல்லி உத்தரவு பறக்கும். அடுத்தவர்கள்

சந்தோஷமாக இருப்பதையோ அல்லது வாழ்க்கையில் முன்னேறுவதையோ இப்படிச் சிலரால் கொஞ்சம்கூடச் சகித்துக்கொள்ள முடிவதில்லை!

இதுபோன்று பொறாமைத் தீயில் வெந்து பொசுங்கும் நபர்களின் மனநிலையை விளக்க சுவாரஸ்யமான ஒரு கதை உண்டு.

ஒரு முறை அலுவலகம் ஒன்றின் ஸ்டோர்ரூமில் பழைய விளக்கு ஒன்று கிடைக்கிறது. அது என்ன என்று தெரியாத ஸ்டோர்கீப்பர், அதைத் தன் மானேஜரிடம் கொண்டுவந்து காட்டி, "இது ஏன் இங்கே இருக்கிறது?" என்று கேட்கிறார். அப்போது பக்கத்தில் இருந்த காரியதரிசி, விளக்கின் மீதிருந்த தூசியைச் சுத்தம் செய்ய முயல... மாயாஜாலக் கதைகளில் வருவதைப் போல விளக்கில் இருந்து ஒரு பூதம் வெளிப்படுகிறது.

இது அற்புதவிளக்கு என்று தெரிந்துகொண்ட அந்தக் காரியதரிசி, "நான் ஊட்டிக்குப் போய் ஒரு வாரம் ஜாலியாக இருக்க வேண்டும்" என்று கேட்டாள். பூதம் "அப்படியே" என்றது. அடுத்த கணம் அவள் ஊட்டியில் இருந்தாள். சட்டென்று காரியதரிசி காணாமல் போனதைக் கண்டு ஆச்சரியப்பட்ட ஸ்டோர்கீப்பர், "நான் ஒரு மாத காலம் ஜாலியாக சிம்லாவில் தங்கியிருக்க ஆசைப்படுகிறேன்" என்று சொல்ல... பூதம் "அப்படியே" என்றது. அவர் விசுக்கென்று அடுத்த கணம் சிம்லாவுக்குப் போய்விட்டார்.

மானேஜர் மட்டும் எதுவும் கேட்காமல் கோபமாக இருந்ததைப் பார்த்த பூதம், "உனக்கு என்ன வேண்டும் கேள்?!" என்றது. உடனே அந்த மானேஜர், "என் காரியதரிசியும் ஸ்டோர்கீப்பரும் உடனடியாக டியூட்டிக்கு இப்போதே வரவேண்டும்" என்று கேட்டார். இது எப்படி இருக்கு?

புதிதாகக் கல்யாணமான மகன் தங்கியிருக்கும் அறைக்கு மருமகள் போனாலே "அடுப்புல ஏதோ தீயற வாசனை வருது... என்னான்னு பாரு" என்று மருமகளுக்கு உத்தரவு போடும் மாமியார் மாதிரியான காரெக்டர்கள் இன்னமும் இருக்கத்தான் செய்கிறார்கள்.

அடுத்தவர்கள் சந்தோஷத்தைக் கெடுப்பதால் எப்போதுமே நமக்குச் சந்தோஷம் கிடைக்காது என்பதை அவர்கள் போகப்போக நிச்சயமாகப் புரிந்துகொள்வார்கள். அதனால் இத்தகைய நபர்களைப் பார்த்து பதிலுக்கு நாமும் எரிச்சல் அடைய வேண்டிய அவசியமில்லை. அப்படி நாம் எரிச்சலடைந்தால், அவர்களின் எண்ணம் ஈடேற நாமே வழிவகை செய்து கொடுத்ததாகிவிடும்.

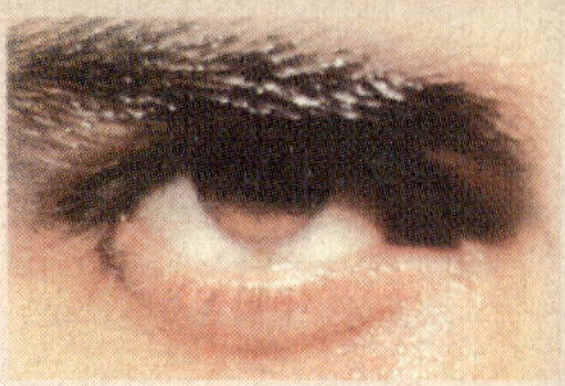

எனவே, உங்களின் அன்றாட வாழ்க்கையில் இத்தகைய நபர்களை நீங்கள் எதிர்கொள்ள நேர்ந்தால், மனசுக்குள்கூடத் திட்டாதீர்கள். இதை ஏன் சொல்கிறேன் என்றால், அந்த நபர் உங்களின் மேலதிகாரியாகவோ அல்லது ஹவுஸ் ஓனர் ஆகவோ இருக்கும்பட்சத்தில், அவர்களைப் பார்த்த மாத்திரத்திலேயே உங்களுக்குக் கோபம், எரிச்சல் எல்லாம் வரும். அப்படி வந்தால், அது உங்களின் சந்தோஷத்துக்குத்தான் கெடுதலாக முடியும்!

இந்தப் பிரச்னையை வேறு ஒரு கோணத்தில் இருந்தும் பார்க்கலாம். அதற்கு முன் ஒரு சின்னக் கதை.

அது ஒரு பிரமாண்டமான கண்ணாடி பங்களா. சாலை ஓரமாகத் துள்ளி விளையாடிக்கொண்டிருந்த நாய்க்குட்டி ஒன்று அந்த பங்களாவுக்குள் புகுந்தது.

உள்ளே திரும்பிய பக்கம் எல்லாம் தெரிந்த கண்ணாடிகளில் அதன் பிம்பங்கள் தெரிய, அது புரியாமல் தனக்குச் சுற்றிலும் நூற்றுக்கணக்கான நாய்கள் மகிழ்ச்சியாக இருப்பதைப் பார்த்து, அந்த நாய்க்கும் முன்பைவிட பலமடங்கு சந்தோஷம் பெருக்கெடுத்தது.

இந்த நாய்க்குட்டி வந்துபோன சிறிது நேரம் கழித்து, அந்தக் கண்ணாடி பங்களாவுக்குள் கோபமான உறுமலுடன் வேறு ஒரு தெரு நாய் நுழைந்தது. தனக்குச் சுற்றிலும் நூற்றுக்கணக்கான நாய்கள் கோபத்துடன் முறைப்பதைக் கண்டு எரிச்சலாகி, அவற்றின்மீது ஆவேசத்துடன் பாய்ந்தது. கண்ணாடிகள் உடைந்து சிதறி, இந்த நாயின் உடம்பைக் கீறிப் புண்ணாக்கின.

நமக்குச் சுற்றிலுமிருக்கும் மனிதர்களின் முகங்கள் அனைத்தும் கண்ணாடிகள் மாதிரிதான். எதிரே நிற்பவரின் முகத்தில் தெரியும் முகபாவம், நம்முடைய முகபாவமே!

'நம்மைப் பார்த்துப் பொறாமைப்படும் ஒருத்தனைப் பார்த்து எப்படி சுவாமி சும்மா இருப்பது? இதுபோன்ற வயிற்றெரிச்சல் பிடித்தவர்களுக்கு எல்லாம் சரியான பாடம் கற்பிக்க வேண்டாமா?' என்று சிலர் கேட்கக் கூடும்.

உங்களைப் பார்த்து யாராவது பொறாமைப்பட்டால் அதற்கு என்ன அர்த்தம்? அவர்கள் பொறாமைப்படும் அளவுக்கு ஏதோ ஒரு விஷயத்தில் நீங்கள் உயர்ந்திருக்கிறீர்கள் என்றுதானே அர்த்தம்! அது அவர்கள் உங்களுக்குக் கொடுக்கும் சர்டிபிகேட் என்று நீங்கள் ஏன் எடுத்துக் கொள்ளக்கூடாது?

கிளி சொல்லும் ரகசியம்!

புலியைப் பார்த்துப் பூனை சூடு போட்டுக்கொண்ட கதையாக இப்போது உலகில் ஒருவரைப் பார்த்து, மற்றவர் சூடு போட்டுக்கொள்வது சர்வசாதாரணமாகி விட்டது.

ஆபீஸில் வேலை செய்யும் சக ஊழியர் கிரெடிட் கார்டு வாங்கினால், பக்கத்து ஸீட்காரரும் கிரெடிட் கார்டு வாங்குகிறார். அடுத்தவர் மொபைல்போன் வாங்கினால் நாமும் மொபைல்போன் வாங்கி விடுகிறோம். 'உண்மையிலேயே கிரெடிட் கார்டோ அல்லது மொபைல்போனோ நமக்கு அவசியம்தானா? கிரெடிட் கார்டில் கடன் வாங்கிவிட்டால் மாதத் தவணைகளை ஒழுங்காகக் கட்ட முடியுமா? மொபைல்போன் வாங்கினால் மாதா மாதம் அதற்கு பில் கட்ட முடியுமா?' என்றெல்லாம் பலரும் யோசிப்பதே இல்லை. 'எல்லோரும் வைத்திருக்கிறார்களே... அதனால் நாமும் வைத்திருந்தால்தானே மரியாதை!' என்கிற வீண் பந்தா, இதற்கு முன் எப்போதும் இருந்திராத அளவுக்கு இன்று எல்லோரிடமும் மேலோங்கியிருக்கிறது.

அடுத்தவர்களைப் பார்த்துச் சூடுபோட்டுக்கொள்வதில் பணநஷ்டம் உட்படப் பல அபாயங்கள் உண்டு. நமக்கென்று ஆண்டவன் சில தனித்தன்மைகளைக் கொடுத்திருக்கிறான். அது என்னவென்று கண்டுபிடித்து, அதில் நமது உழைப்பைச் செலுத்தி முன்னேறுவதில்தான் வெற்றியின் ரகசியமே புதைந்துகிடக்கிறது. இது பலருக்குப் புரிவதில்லை. தனித்தன்மையை விளக்க, சிறுவர்களுக்காகச் சொல்லப்படும் ஒரு கதை எனக்கு மிகவும் பிடித்தமானது.

ஒரு நாள் தூக்கம் கலைந்து உலகம் விழித்தபோது எல்லோருக்கும் அதிர்ச்சி. காரணம், திடீரென்று ஊதா நிறத்துக்கு உலகமே மாறியிருந்தது. அப்பா, அம்மா, அக்கா, தங்கை, அண்ணன், தம்பி, வாத்தியார், தபால்காரர், பால்காரர், எதிர்வீட்டுக்காரர், பக்கத்து வீட்டுக்காரர், ஐஸ்க்ரீம்காரர், ஆட்டோ டிரைவர், வாட்ச்மேன், ஆடு, மாடு, நாய், பூனை என்று அத்தனை பேரும் ஊதா நிறத்தில் மாறி இருந்தார்கள். பேட்மேன், ஸ்பைடர்மேன் தொடங்கி சினிமா நடிகர்கள், டி.வி. நடிகர்கள், அரசியல்வாதிகள், ஆபீஸர்கள் என்று எல்லோருமே ஊதா நிறத்துக்கு மாறியிருந்தார்கள்.

வீட்டில் இருக்கும் டி.வி., ஃப்ரிஜ், கம்ப்யூட்டர், மேஜை, நாற்காலி, சோபா, ஃபேன், காஸ் ஸ்டவ், காஸ் சிலிண்டர், தட்டு, தம்ளர், சமையல் பாத்திரங்கள் என்று ஆரம்பித்து வீதியில் ஓடிக்கொண்டிருக்கும் பஸ், ரயில், டாக்ஸி, மோட்டார்பைக், ஆட்டோ, விமானம் என்று எல்லா வாகனங்களும்கூட ஊதா நிறமாக மாறியிருந்தன.

இட்லி, தோசை, வடை, பொங்கல், ரொட்டி, சாக்லெட் என்று சாப்பிடும் பொருட்கள்கூட ஊதா நிறத்துக்கு மாறியிருந்தன.

ஏன்... வானவில்லில் இருந்த ஏழு நிறங்களும்கூட மறைந்து, ஒட்டுமொத்தமாக அது ஊதா நிறப் பட்டை போல் காட்சியளித்தது.

திடீரென்று ஏற்பட்ட இந்த மாற்றம் கனவா அல்லது நிஜமா என்று புரியாமல் எல்லோரும் குழம்பிவிட்டார்கள். ஏதோ புரிந்துகொள்ள முடியாத ஆபத்து உலகுக்கு ஏற்பட்டிருக்கிறது என்று சிலர் பயந்தார்கள். வேறு சிலர் இந்த மாற்றத்தைக் கண்டு ஆச்சரியப்பட்டார்கள்.

இன்னொருபுறம் விஞ்ஞானிகள் எல்லாரும் ஒன்றுகூடி இது சம்பந்தமாக அறிவியல் கருத்தரங்கம் ஒன்று நடத்தினார்கள்.

இத்தனைக்கும் மத்தியில் ஒரே ஒரு பச்சைக்கிளி மட்டும் ஊதா நிறத்துக்கு மாறாமல் தன் பச்சை நிறத்திலேயே இருந்தது. இதனால் அந்தப் பச்சைக் கிளியைப் பார்க்க உலகத்தில் இருந்த அத்தனை விஞ்ஞானிகளும் வந்தனர். ஊதா நிறம் தவிர மற்ற நிறமே இல்லாத உலகத்தில், ஒரே ஒரு கிளி மட்டும் வித்தியாசமாகப் பச்சை நிறத்தில் இருப்பதால் அதை உலகமே பாதுகாப்பாக வைத்திருக்க வேண்டும் என்று உலக நாடுகளின் தலைவர்கள் எல்லாம் ஒன்றுகூடிப் பேசி அந்தப் பச்சைக்கிளிக்கு ஆயுதம் ஏந்திய போலீஸ் பாதுகாப்பு கொடுக்கப்பட்டது.

அதன் பின் ஒரு நாள் இரவு முடிந்து பொழுது விடிந்தபோது உலகமே மஞ்சள் நிறத்துக்கு மாறியது.. மனிதர்கள், மிருகங்கள், கார், மோட்டார் சைக்கிள் என்று அத்தனையும் மஞ்சள் நிறத்துக்கு மாறிவிட்டன. ஆனால், அந்தப் பச்சைக்கிளி மட்டும் நிறம் மாறாமல் இருந்தது.

அதனால் அதன் பெருமை முன்பைவிடவும் உலகம் முழுதும் பரவ, அதைப் பார்க்க உலகம் முழுவதிலும் இருந்து சுற்றுலாப் பயணிகள் வந்தனர்.

சிறிது நாட்களுக்குப் பிறகு ஒரு நாள் உலகம் திடீரென பச்சை நிறத்துக்கு மாறிவிட்டது. சூரியன், நிலா நட்சத்திரங்கள் எல்லாம்கூட பச்சை நிறத்துக்கு மாறிவிட்டன. பச்சைக்கிளி மட்டும் தன் பச்சை நிறத்திலேயே எப்போதும் போல இருந்தது. உலகம் முழுவதுமே பச்சை நிறத்துக்கு மாறிவிட்டதால் பச்சைக் கிளியின் மவுசு குறைந்து போய்விட, அதைப் பார்க்க சுற்றுலாப் பயணிகள் யாரும் வரவில்லை. கிளிக்குக் கொடுக்கப் பட்டிருந்த பாதுகாப்பையும் அரசு விலக்கிக்கொண்டுவிட்டது.

இன்னும் சில நாள் போனது. ஒரு நாள் உலகம் தூக்கத்தை உதறிக்கொண்டு கண்விழித்தபோது எல்லாமே அதன் அதன் சொந்த நிறத்துக்கு மாறி இருந்தன. வானவில் இப்போது பழையபடியே ஏழு நிறங்களையும் பெற்றிருந்தது. எப்போதும் போல அந்தப் பச்சைக்கிளியும் பச்சை நிறமாகவே இருந்தது.

உலகமே நிறம் மாறினாலும் கடைசி வரையிலும் நிறம் மாறமல் இருந்த பச்சைக்கிளியின் பெருமையை உலகம் அப்போது புரிந்துகொண்டு அதைக் கொண்டாடியது.

கவிஞர்கள் அதைப் புகழ்ந்து கவிதை எழுதினார்கள். ஓவியர்கள் அதை விதம்வித மான ஓவியமாகத் தீட்டினார்கள். உலகத்தில் உள்ள பத்திரிகைகள், டி.வி-க்கள் எல்லாம் அந்தக் கிளியின் படத்தைப் போட்டு, 'இதோ, ஒரு அதிசயக் கிளி!' என்று பாராட்டித் தள்ளின.

குழந்தைகளுக்காகச் சொல்லப்படும் இந்தக் கற்பனைக் கதையில் இருந்து என்ன தெரிகிறது?

தலையே போனாலும் நீங்கள் உங்களின் தனித் தன்மையை இழக்காமல் இருந்தால் உங்களுக்குரிய மரியாதை தானே தேடி வரும்.

சுவாமிஜி உடற்பயிற்சி செய்யலாமா?

தன் ஏழு வயது மகனை அழைத்துக் கொண்டு ஓர் இளம் தந்தை மலை உச்சிக்குப் போனார். சில்லென்று வீசும் சுத்தமான காற்று, பச்சைப்பசேல் மரங்கள்... உற்சாகமாகிப்போன மகன் தன் தந்தையின் கையை உதறிக்கொண்டு ஓடினான். ஓடியவன் தடுக்கி விழ, 'அம்மா' என்று அலறினான். சுற்றிலுமிருந்த மலைகள் எல்லாம் 'அம்மா' என்று எதிரொலித்தன. வாழ்க்கையில் முதல்முறையாக எதிரொலியைக் கேட்ட சிறுவன், எதிரொலி வந்த திசையின் பக்கம் திரும்பி, 'உன் பெயர் என்ன?' என்று கத்தினான். மலைகள், 'உன் பெயர் என்ன?' என்று எதிரொலித்தன. தான் சொல்லுவதையே திருப்பிச் சொல்லி வெறுப்பேற்றுகிறதே என்று சிறுவனுக்குக் கோபம் வர, 'நீ ஒரு முட்டாள்' என்று கத்தினான். மலைகளும், 'நீ ஒரு முட்டாள்' என்றன. அப்போது அவன் அப்பா, "நீ ஒரு சாம்பியன் என்று மலைகளைப் பார்த்துக் கத்து" என்றார். சிறுவனும் அப்படியே செய்தான். மலைகளும் சிறுவனைப் பார்த்து 'நீ ஒரு சாம்பியன்' என்றன. 'நீ கெட்டிக்காரன்' என்று கத்தினான் சிறுவன். மலைகளும் இவனைக் கெட்டிக்காரன் என்றன. வாழ்க்கை என்பதும் எதிரொலி மாதிரிதான். நம் சிந்தனை, செயல் இவற்றின் பிரதிபலிப்புதான் வாழ்க்கை!

நம் வாழ்க்கை நலமாக இருக்க... நம் உடம்பையும் நோய்நொடி இல்லாமல் ஆரோக்கியமாக வைத்திருக்க வேண்டியது அவசியம் அல்லவா?

சில மாதங்களுக்கு முன்பு ஒரு நாள், என்னைச் சந்திக்க வந்திருந்தார் ஒருவர். நான் வியர்வை வழிய உடற்பயிற்சி செய்து கொண்டிருப்பதைப் பார்த்ததும் அவருக்கு என்ன தோன்றியதோ... ''நீங்கள்தான் சுவாமிஜியா?'' என்று சந்தேகத்துடன் கேட்டார். "ஆமாம்" என்றேன். இருந்தாலும் அவருக்கு நம்பிக்கை வரவில்லை. நான் அணிந்திருந்த

ஷார்ட்ஸையும் டி–ஷர்ட்டையும் ஒரு முறை ஏற இறங்கப் பார்த்துவிட்டு, “சுவாமிஜியாக இருப்பவர் குஸ்திக்குப் போகும் முரட்டு ஆசாமி போல் இது மாதிரி உடற்பயிற்சிகள் செய்யலாமா?” என்று கேட்டார்.

“துறவிகள் என்றால் உடல்நலத்தைத் துறக்க வேண்டும் என்று எந்த வேதப் புத்தகத்தில் சொல்லியிருக்கிறது?'' என்று அவரையே திருப்பிக் கேட்டேன். அவரிடம் அதற்குப் பதில் இல்லை.

உங்களுக்கு ஒன்று தெரியுமா..? இந்தியாவிலேயே நீரிழிவு நோயாளிகள் அதிகம் இருப்பது தமிழகத்தில்தான்! இதை நான் சொல்ல வில்லை. சில நாட்களுக்கு முன் என்னைச் சந்திக்க வந்த டாக்டர்கள் சிலர் சொன்ன ஒரு புள்ளிவிவரம்.

இதைக் கேட்டு நான் ஆச்சரியப்படவில்லை. காலையில் எழுந்தால்

தேங்காய்ச் சட்னி, மிளகாய்ப் பொடியுடன் இட்லி அல்லது தோசை, மதியம் சாம்பார், கூட்டு, பொரியல் என்று முழுச் சாப்பாடு! போதாதென்று, டின்னர் என்ற பேரில் இரவிலும் ஒரு வெட்டு வெட்டுகிறோம். நம் நாட்டிலேயே அரிசியை உணவாக அதிகம் உண்பது நாம்தான்.

தவிர, உடற்பயிற்சி என்பது நம்மில் பலருக்குக் கிடையவே கிடையாது. கடைகண்ணிக்குப் போகும் போதாவது நடக்கிறோமா என்றால் இல்லை. பூ வாங்கப் போனாலும் சரி, புடலங்காய் வாங்கப் போனாலும் சரி... மோட்டார்சைக்கிளை விட்டு இறங்காமலேயே அத்தனை வியாபாரத்தையும் முடித்துக்கொள்கிறோம். நமது வாழ்க்கைமுறை இந்த லட்சணத்தில் இருந்தால் டயாபட்டீஸ் வராமல் என்ன செய்யும்?

பொதுவாகவே ஜாகிங் என்பது ஒரு நல்ல உடற்பயிற்சி. ஜாகிங் மட்டுமல்ல... வாக்கிங், சைக்கிளிங், நீச்சல், குதிரையேற்றம் என எல்லாமே உடம்புக்குப் புத்துணர்ச்சி தரும் உடற்பயிற்சிகள்தான். நான் தினசரி ஜாகிங் செய்கிறேன். டென்னிஸ் விளையாடுகிறேன். இன்னபிற உடற்பயிற்சிகள் செய்கிறேன். தினமும் நன்றாக உடற்பயிற்சி செய்தால் நிம்மதியான தூக்கம் வரும். நிம்மதி யான தூக்கம் இருந்தால், அறிவு விழிப்புடன் இருக்கும்.

'உடம்பில் இருந்து வெளிப்படும் ஒவ்வொரு சொட்டு வியர்வையும் நம் உடம்பில் இருக்கும் ஒவ்வொரு லிட்டர் ரத்தத்தைச் சுத்திகரிக்கும்' என்னும் ஆங்கிலப் பழமொழி அர்த்தம் நிறைந்தது.

சமச்சீர் உணவு, உடற்பயிற்சி என்ற இரண்டு விஷயங் களில் கவனம் செலுத்தினாலே போதும்... டாக்டரிடம் போய் நிற்கவேண்டியது இல்லை.

நம் உடம்பை நன்கு பராமரிப்பது என்பது ஆன்மீகத்துக்கு எதிரானது என்று யாராவது நினைத்துக் கொண்டிருந்தால், தயவுசெய்து அந்த எண்ணத்தை மாற்றிக் கொள்ளுங்கள். நம் மனத்தில் ஆண்டவனை இருத்தினால் நம் உடம்புதானே அவனுக்கான ஆலயம்!

உடம்பைக் கோயில் மாதிரி பராமரித்துப் பாருங்கள். உங்கள் உள்ளத்தில் இறைவன் குடியேறுவான்.

பம்பரம் சொல்லும் தத்துவம்!

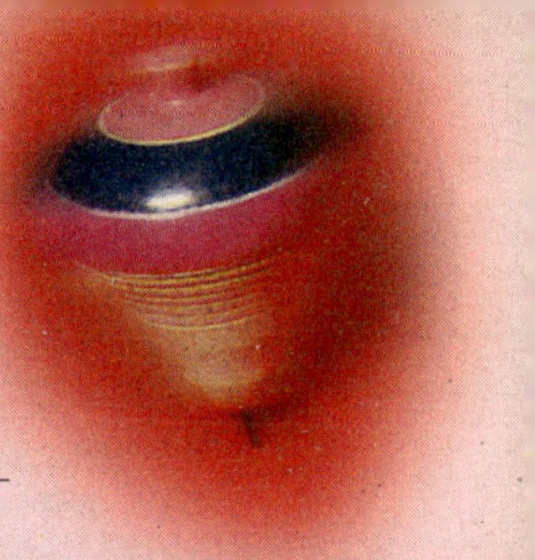

'**மா**யா மாயா எல்லாம் மாயா.. சாயா சாயா எல்லாம் சாயா..'

"இந்தப் பாட்டுக்கு என்ன அர்த்தம் என்று சொல்ல முடியுமா?"

சமீபத்தில் நான் சென்னை வந்திருந்தபோது பள்ளிமாணவர் ஒருவர் என்னைப் பார்த்து இப்படி ஒரு கேள்வியைக் கேட்டார்.

''பகவத்கீதைக்கும் சிவசூத்திரத்துக்கும் விளக்கம் அளிக்கும் சுவாமிகளிடம் மரியாதை இல்லாமல் என்ன கேட்கிறாய்?'' என்று அந்த மாணவனின் தாய் தன் மகனைக் கண்டிக்க... அவரைத் தடுத்து நிறுத்திவிட்டு, அந்த மாணவருக்கு நான் பதில் சொன்னேன். அந்த விளக்கத்தை உங்களிடமும் பகிர்ந்துகொள்ள ஆசைப்படுகிறேன்.

"இந்தக் கேள்வி புதிது கிடையாது. ஆதிசங்கரரில் ஆரம்பித்து ஞானிகள் பல பேர் இந்த மாயாவைப் பற்றி நிறைய விளக்கங்களைக் கொடுத்திருக்கிறார்கள்.

மாயா என்றால் எது மாயா? இதோ, நிற்கிறாரே உங்கள் தாய்... அவர் மாயாவா? அல்லது அதோ இருக்கிறாரே உங்கள் தந்தை... அவர் மாயாவா? அல்லது உடன்பிறந்தவர்கள் மாயாவா? யாரும் மாயா இல்லை... அனைவரும் நிஜம்.

அப்படி என்றால் எது மாயா? பணமும் பொருளும் மாயாவா?

சரியான வழியில் பொருள் ஈட்டுவதில் தவறு எதுவும் இல்லை. நம்முடைய அர்த்தசாஸ்திரமே பொருள் ஈட்டுவது பற்றியதுதான். அதனால் அதுவும் மாயா இல்லை.

ஆண் அல்லது பெண்ணின் மேல் ஏற்படுகிற ஈர்ப்பு மாயாவா?

வாத்ஸ்யாயன மாமுனிவர் இதுபற்றி காமசூத்ரம் என்னும் ஒரு நூலே எழுதியிருக்கிறார். அதனால் அதுவும் மாயா அல்ல.

அப்படியென்றால் எது மாயா?

உலகம் மாயா அல்ல. உலகை நாம் பார்க்கிற விதத்தில்தான் மாயை இருக்கிறது; மயக்கம் இருக்கிறது, கோளாறு இருக்கிறது.

டி.வி-யில் எல்லா சேனல்களையும் ஒன்றுவிடாமல் ஒருவர் பார்த்து ரசிக்கிறார். அதுவே மற்றவர், டி.வி. என்றாலே முகம் சுளிக்கிறார். ஆக, கோளாறு டி.வி-யில் இல்லை. நம் பார்வையில்தான் இருக்கிறது.

என் கனவில் நடந்த சம்பவம் ஒன்றைச் சொல்கிறேன்...

பாகிஸ்தானுக்கும் இந்தியாவுக்கும் இடையே கால்பந்துப் போட்டி நடந்துகொண்டிருக்கிறது. பார்வையாளர்கள் காலரி நிறைந்து வழிகிறது. அங்கே நானும் பகவான் கிருஷ்ணரும் பக்கத்துப் பக்கத்தில் அமர்ந்து அந்த ஆட்டத்தைப் பார்த்துக்கொண்டிருக்கிறோம். இந்தியா ஒவ்வொருமுறை கோல் போடும்போதும் நான் மகிழ்ச்சியில் துள்ளிக் குதிக்கிறேன். என்னோடு பகவான் கிருஷ்ணரும் சேர்ந்து சந்தோஷத்தில் குதிக்கிறார். சற்று நேரமாகிறது. ஆட்டத்தில் பாகிஸ்தான் கை ஓங்குகிறது. பாகிஸ்தான் அடுத்தடுத்து கோல் போடுகிறது. நான் சோகத்தில் தலை கவிழ்கிறேன். ஆனால், பகவான் கிருஷ்ணரோ பாகிஸ்தான் கோல் போடும்போதுகூட குதூகலித்து வாய்விட்டுச் சிரிக்கிறார். நான் குழப்பத்தோடு, "நீங்கள் யார் பக்கம்? பாகிஸ்தான் பக்கமா? இல்லை, இந்தியா பக்கமா?" என்று கேட்கிறேன்.

"நான் யார் பக்கமும் இல்லை. எல்லாருமே என் பக்கம். இங்கே நான் ஒரு ரசிகன். இந்த கால்பந்தாட்டத்தை ரசிக்கிறேன். அவ்வளவுதான்" என்று சொல்லிவிட்டுத் தொடர்ந்து ஆட்டத்தை ரசிக்க ஆரம்பிக்கிறார்.

நான் ஏற்கெனவே சொன்ன வார்த்தைகளை மீண்டும் ஞாபகப் படுத்துகிறேன்... உலகம் என்பது மாயா அல்ல. உலகத்தை நாம் பார்க்கும் விதத்தில் மாயை இருக்கிறது. இந்த மாயையிலிருந்துதான் நாம் விடுபட வேண்டும். நம் கட்சி, எதிர்க்கட்சி, நம் ஜாதி, அடுத்த ஜாதி, நம் மொழி, மாற்றான் மொழி... இப்படி ஏகப்பட்ட மாயைகளில் நாம் அனைவரும் சிக்கித் தவித்துக்கொண்டு இருக்கிறோம். இதிலிருந்து நாம் வெளிவந்தாக வேண்டும்.

ஒரு பம்பரம் வெகுவேகமாகச் சுழன்றுகொண்டிருக்கிறது. அதைப் பார்க்கும் ஒரு குழந்தை, 'அட, என்ன இந்தப் பம்பரம் சுழலாமல் பொம்மை மாதிரி நின்றுகொண்டிருக்கிறதே!' என்று ஆச்சரியப்படும். ஆனால், உண்மையில் அந்தப் பம்பரம் நின்றுகொண்டிருக்கிறதா, என்ன? பூமி சுழன்றுகொண்டிருக்கிறது என்று நமக்குத் தெரியும். ஆனால், பல நூறு ஆண்டுகளுக்கு முன்புவரை மனிதன் இந்த பூமி சுற்றாமல் சுழலாமல் நிலையாக இருப்பதாகத்தானே நினைத்துக்கொண்டிருந்தான்!

ஆக, நம் அறிவு வளர வளர.. நம்மிடம் இருந்த மாயைகள் விலகி, தெளிவு பிறப்பது

போல், நம் மெய்ஞ்ஞான அறிவு பெருகப் பெருக நம் குழப்பங்கள் அகலும்.

சிலர் இருக்கிறார்கள். கோயிலுக்குப் போனதும், 'நான் வந்திருக்கிறேன். தூங்காமல் கண்ணைத் திறந்து பார்த்து... எனக்கு அருள் செய்' என்று கடவுளுக்குக் கட்டளையிடுவது மாதிரி அங்கே இருக்கும் மணியை 'டாண்' என்று சத்தமாக அடித்துவிட்டு ஆண்டவனிடம் தாங்கள் எடுத்து வந்த பட்டியலை ஒப்பிக்க ஆரம்பிப்பார்கள்.

ஆலயத்தில் இருக்கும் ஆண்டவன் தூங்குவதில்லை. அப்படியிருக்க, மணியடிக்கவேண்டும் என்று ஒரு வழிபாட்டு முறையை நம் முன்னோர் ஏன் வகுத்து வைத்திருக்கிறார்கள்? நம்முள் இருக்கும் ஆண்டவனை எழுப்புவதற்குத்தான் அந்த மணி. ஆண்டவன் எப்போதும் நம்மிடம் பேசிக் கொண்டுதான் இருக்கிறார். அவர் பேசுவதை நாம்தான் காது கொடுத்துக் கேட்பதில்லை. காரணம், ஓய்வுஒழிச்சல் இல்லாமல் நாம் நமக்குள்ளே பேசிக்கொண்டிருக்கிறோமே!

இதைக் கன்னத்தில் அறைவது மாதிரி கவிதையில் சொல்வார் கபீர். இட்லிப் பொடி அரைக்கும் இயந்திரம் மாதிரி 'டட் டட் டட் டட்' என்று ஓயாமல் நம் மூளைக்குள் பேச்சுச் சத்தம் கேட்டுக்கொண்டிருந்தால் கடவுள் நம்மிடம் பேசுவது எதுவும் நம் காதில் விழாது என்பார் அவர்.

கடவுள் பேசுவதைக் கேட்பது ஒருபக்கம் இருக்கட்டும்... வீட்டில் இருக்கும் மனைவி, மக்கள் பேசுவதையே பலர் இப்போது காது கொடுத்துக் கேட்பதில்லை. குடும்பத்தில் ஒருவருக்கு ஒருவர் இப்படிப் பேசாமல் மௌனச் சாமியாராகத் திரிந்துகொண்டிருந்தால் குடும்பமே சிதறுண்டு போய்விடக்கூட வாய்ப்பு உண்டு.

''நானெல்லாம் அப்படி இல்லை சுவாமிஜி... வீட்டுக்குப் போனதும் என் மனைவியிடம் இன்று என்ன சமையல் என்று கேட்பேன். அதேபோல என் பையில் எவ்வளவு பணம் இருக்கிறது என்று மனைவி கேட்பாள்...'' என்று சிலர் சொன்னாலும் சொல்வார்கள். இதையெல்லாம் பேசிக்கொள்வது என்ற கணக்கில் எடுத்துக்கொள்ள முடியாது.

சோதனை.. சாதனை!

அவர் ஒரு ஜமீன்தார். ஆனால், மகா கஞ்சப் பிரபு! ஒரு முறை நாட்டில் கடுமையான பஞ்சம். மக்கள் குடிப்பதற்குத் தண்ணீர் கூட இல்லாமல் வேதனைப்பட்டார்கள். ஜமீன்தார் என்ற முறையில், அவர் தன் சொந்தப் பணத்தைப் போட்டுக் கிணறு வெட்டி மக்களின் தாகத்தைப் போக்கியிருக்க வேண்டும். ஆனால், செய்யவில்லை.

ஜமீன்தாரின் மனைவியோ இவருக்கு நேர்மாறு. மிகுந்த இரக்க குணமுள்ளவர். அவர் தோட்டக்காரனின் துணையுடன், தானே வயல்வெளியில் இறங்கிக் கிணறு தோண்ட ஆரம்பித்தார். ஒரு நாள் முழுக்கத் தோண்டினாலும் அவர்களால் கொஞ்சம்தான் தோண்ட முடிந்தது. அதனால் ஜமீன்தாரின் மனைவி ஒரு ஐடியா செய்தார். இவர்கள் கிணறு தோண்டும் இடத்துக்கு ஜமீன்தார் வந்த சமயம், அந்தப் பள்ளத்தில் கொஞ்சம் எண்ணெயை ஊற்றிவிட்டு, ‘இங்கே எண்ணெய்க் கிணறு இருக்கலாம் என்று தோன்றுகிறது’ என்று ஜமீன்தாரிணி சொல்ல... உடனே ஜமீன்தார் பத்துப் பேரை வேலைக்கு அமர்த்தி, இரவோடு இரவாக அங்கே கிணறு தோண்ட ஆரம்பித்தார். ஜமீன்தாரின் மனைவி சொன்னது போல அங்கே எண்ணெய் வரவில்லை. அதற்குப் பதிலாகக் கற்கண்டுபோல் இனிக்கும் தண்ணீர் சுரந்து வர... ஜமீன்தார் ஏமாற்றமடைந்தார். ஆனால், மக்கள்

மானடைந்தார்கள். ஜமீன்தாரின் மனைவியும் மகிழ்ச்சியடைந்தார்.

இந்தக் கதையை இங்கே சொல்லக் காரணம் இருக்கிறது. மேற்கொண்டு படியுங்கள்.

அவர் என் நீண்ட நாள் மாணவர். இன்று அவர் நேர்மையான ஒரு போலீஸ் ஆபீஸர். சமீபத்தில் அவர் என்னைத் தேடி வந்தார்.

"இதுவரை எந்த கோல்மாலுக்கும் இடம் இல்லாத ஒரு பதவியில் நான் பணியாற்றி வந்தேன். ஆனால், திடுதிடுப்பென்று எனக்கு வேறு ஒரு பதவி கொடுத்து, 'அங்கே போய் வேலை செய்!' என்று உத்தரவு போட்டுவிட்டார்கள். அது பண முதலைகளும் ரௌடிகளும் அரசியல் தலையீடுகளும் புழங்கும் பதவி. எனக்கு அந்தப் பதவி சரிப்பட்டுவரும் என்று தோன்றவில்லை. பேசாமல் வேலையே வேண்டாம் என்று ராஜினாமா கடிதம் கொடுத்துவிட்டுப் போய்விடலாமா என நினைக்கிறேன்'' என்றார் அவர்.

அவருக்கு நான் அப்போது சொன்ன கதைதான் மேலே நீங்கள் படித்தது.

இறைவனின் ஆலயத்தில் குருக்களாக இருப்பவர் எந்தத் தீய பழக்கங்களும் இல்லாமல் இருப்பது ஒரு பெரிய விஷயமே இல்லை. ஆனால், சாராயக்கடைக்குப் பக்கத்தில் பக்கோடா கடை நடத்தும் நபர் எந்தவிதத் தீய பழக்கமும் இல்லாமல் இருப்பாரேயானால் அதிகம் பாராட்டப்பட வேண்டியவர் அந்த நபர்தான் இல்லையா? கெட்டுப்போவதற்கு அதிகச் சந்தர்ப்பங்கள் இருந்தும் ஒருவர் கெடாமல் இருந்தால் அதுதானே சவாலான விஷயம்? அதுதானே அதிகம் பாராட்டுதற்குரிய விஷயம்?

நான் அந்த போலீஸ் அதிகாரியிடம் இப்படிச் சொல்லிக் கொண்டிருக்கும்போதே அவர் என்னை இடைமறித்து, "என்னதான் நீங்கள் ஆயிரம் சமாதானம் சொன்னாலும், ஊழல் பேர்வழிகளோடு சேர்ந்து என்னால் எப்படி வேலை செய்ய முடியும்? நான் அந்தப் பதவியில் இருந்தால், ஒன்று நானும் ஊழல் செய்ய வேண்டும்... அல்லது, என்மீது ஏதாவது வீண்பழி சுமத்தி என்னை அவமானப்படுத்தி விடுவார்கள்...''

அந்த போலீஸ் அதிகாரி மிகவும் உணர்ச்சிவசப்பட்டிருந்தார்.

"குறிப்பிட்ட இந்தப் பிரச்னைக்கு என்ன தீர்வு என்பதை நீங்களேதான் முடிவு செய்ய முடியும். ஆனால், பொதுவாக ஒரு விஷயத்தை உங்களுக்குச் சொல்லிக்கொள்ள விரும்புகிறேன்'' என்று கூறி, அவருக்குச் சொன்ன விஷயங்களை இங்கே உங்களிடம் நான் பகிர்ந்துகொள்ள விரும்புகிறேன்.

ஆண்டவன் நமக்கு அளிக்கும் வாய்ப்புகள் எதுவாயினும், அதை

எப்படிப் பயனுள்ளதாக்கிக்கொள்வது என்பது நம் கையில்தான் இருக்கிறது.

ஆண்டவன் நமக்கு மாம்பழத்தை அளித்தால், மாம்பழ ஜூஸ் செய்து அனைவருக்கும் பருகக் கொடுப்போம். எலுமிச்சம் பழத்தைக் கொடுத்தால், எலுமிச்சம் ஜூஸ் செய்வோம். ஆனால், ஆண்டவன் கொடுத்த எலுமிச்சம் பழத்தைக் கையில் வைத்துக்கொண்டு, அதிலிருந்து மாம்பழ ஜூஸ் செய்ய முடிய வில்லையே என்று கவலைப்பட்டுக்கொண்டிருந்தால் எப்படி?

இது கிரிக்கெட் சீஸன் என்பதால் அதையே உதாரணமாகக் காட்டிச் சொல்கிறேன். பேட்ஸ்மேனை நோக்கி வீசப்படும் ஒவ்வொரு பந்தும் அவரை ஆட்டத்திலிருந்து அவுட் செய்யப் படுவதற்காகவே வீசப்படுகிறது. அதே சமயம் ஃபோர், சிக்ஸர் என்று ரன்கள் குவிக்க பேட்ஸ்மேனுக்குப் பயன்படுவதும் அதே பந்துதானே!

நம்முடைய அலுவலகத்தில்... குடும்பத்தில்... இப்படி எந்த இடத்தில் என்ன மாற்றங்கள் நடந்தாலும் சரி... நாம் நினைத்தால் சோதனைகளைக்கூடச் சாதனைகளாக மாற்றிக்கொள்ள முடியும்! சின்னச் சின்ன விஷயங்கள்கூட நமக்குள் சீரிய சிந்தனைகளை விதைக்க முடியும்.

ஓர் உதாரணத்துக்கு பென்சிலையே எடுத்துக்கொள்ளுங்கள்.

செதுக்குதல் என்பதோ சீவுதல் என்பதோ வலி நிறைந்ததுதான். என்றாலும், பென்சில் சீவப்பட்டால்தான் கூர்மையானதாக இருக்கும்.

இந்த உண்மை மனிதர்களாகிய நமக்கும் பொருந்துமா, பொருந்தாதா? சற்றே யோசித்துப் பாருங்கள்.

பென்சிலின் வெளிப்புறத் தோற்றம் முக்கியமல்ல... அதன் உள்ளே இருப்பதுதான் முக்கியம்.

பணம், செல்வம், வசதி வாய்ப்புகள்... இதெல்லாம் வெளிப்புறம். மகிழ்ச்சி, சந்தோஷம், திருப்தி... இதெல்லாம் உட்புறம் என்ற அர்த்தத்தில் யோசித்துப் பாருங்கள். பென்சிலுக்குப் பொருந்தும் தத்துவம் நமக்கும் பொருந்தும்தானே?

கடவுள் பார்க்கிறார்!

அது ஒரு பள்ளிக்கூடம்...

தீபாவளிப் பண்டிகையைக் கொண்டாடும் விதமாக தலைமை ஆசிரியர் தன் மேஜைமீது ஒரு கூடை நிறைய ஆப்பிள்களையும் இன்னொரு கூடை நிறைய சாக்லெட்களையும் வைத்துவிட்டு, மாணவர்களைப் பார்த்து, ''எல்லோரும் வரிசையாகச் சென்று ஆளுக்கொரு ஆப்பிள் அல்லது சாக்லெட்டை எடுத்துக் கொள்ளுங்கள்...'' என்று சொல்லிவிட்டு வகுப்பறையை விட்டு வெளியே போய்விடு கிறார்.

அவர் சொன்ன மாதிரியே மாணவர்கள் தங்களுக்கு வேண்டியதை எடுத்துக்கொள்ள அவரது அறைக்குள் செல்கிறார்கள். அங்கே மேஜைமீது ஆப்பிள், சாக்லெட் கூடைகளுக்கு அருகில் 'ஜாக்கிரதை! கடவுள் பார்த்துக்கொண்டிருக்கிறார்' என்கிற வாசகம் கொண்ட ஓர் அட்டை வைக்கப்பட்டிருக்கிறது.

அப்போது ஒரு மாணவன் கைநிறைய சாக்லெட்டுகளை அள்ள முயல, மற்ற மாணவர்கள் எல்லோரும் 'கடவுள் பார்த்துக் கொண்டிருக்கிறார்' என்ற அட்டையைக் காட்டி, "வேண்டாம்டா... ஆசிரியர் சொன்னது போல் ஒன்று மட்டும் எடுத்துக்கொள்" என்று எச்சரிக்கிறார்கள். அதற்கு அவன், "கடவுள் ஆப்பிள்களைத்தான் கவனித்துக்கொண்டிருக்கிறார். என்னையோ, சாக்லெட்டுகளையோ அல்ல...'' என்றானாம்.

அந்த மாணவனைப் போலத்தான் நம்மில் பலரும் நடந்துகொள்கிறோம். நாம் தவறு செய்யும்போதெல்லாம் ஆண்டவன் நம்மைக் கவனிக்கவில்லை என்று நமக்கு நாமே சமாதானம் செய்துகொள்கிறோம்.

"சுவாமி, நான் ஒன்றும் பெரிதாகத் தவறுகள் செய்வதில்லையே...'' என்று சிலர் கூறலாம். அடுத்த வீட்டு ஜன்னலை உடைத்துத் திருடுவதும் வீதியில் தனியாகப் போகும் ஒரு பெண்ணிடம் கத்தியைக் காட்டி

மிரட்டி நகைகளைப் பறிப்பதும்தான் தவறு என்று நினைக்க வேண்டாம்.

'எவனோ ஒரு ஸ்கூட்டர்காரன் வழுக்கி விழுந்து கை, காலை உடைத்துக் கொண்டால் எனக்கென்ன?' என்று சமூகநலனில் அக்கறை இல்லாமல், திருஷ்டிப் பூசணிக்காயை நடுத்தெருவில் உடைப்பதில் ஆரம்பித்து... கடைவீதிக்குப் போகும்போது மோட்டார் சைக்கிளைப் போக்குவரத்துக்கு இடையூறாக பார்க் செய்வது... திருட்டு வி.சி.டி-யில் சினிமா பார்ப்பது... ஓடும் பஸ்ஸில் இருந்தபடியே எச்சில் துப்புவது... குழந்தைகள் எதிரிலேயே சிகரெட் பிடிப்பது... என்று தினம்தினம் நாம் பலப்பல தவறுகளைச் செய்து கொண்டிருக்கிறோம்.

உங்கள் ரத்தம் சூடாக இருந்த காலத்தில், அதாவது நீங்கள் இளைஞர்களாக இருந்த காலத்தில், 'இந்த உலகத்தையே மாற்ற வேண்டும்... சமூகத்தைத் திருத்தவேண்டும்...' என்றெல்லாம் நினைத்திருப்பீர்கள். ஆனால், காலப்போக்கில் உலகத்தை உங்களால் மாற்ற முடியாமல் போனது மட்டுமின்றி, நீங்களே மற்றவர்களைப் போல தவறான பாதைக்கு மாறத் தொடங்கி இருப்பீர்கள். இதுவே இவ்வுலக யதார்த்தம்.

ஒன்றை நினைவில் வைத்துக்கொள்ளுங்கள்... தீயபழக்கம் எப்போதும் தனியாக வராது. பல்வேறு விதமான மற்ற தீயபழக்கங்களையும் கூடவே அழைத்துக்கொண்டு வந்துவிடும். ஒருசில தவறுகள் மட்டுமே செய்தபோது அதற்காக வருந்திய நாம், தீயபழக்கங்கள் சேரச் சேர, நம் தவறுகளை நியாயப்படுத்த ஆரம்பித்துவிடுவோம்.

"எல்லாம் சரி சுவாமி! நம்மைச் சுற்றியிருக்கும் நாலு பேருக்குத் தகுந்த மாதிரிதானே நாமும் நடந்துகொள்ள முடியும்? அப்போதுதானே அவர்கள் நம்மை அவர்களில் ஒருவனாக ஏற்றுக்கொள்வார்கள்.

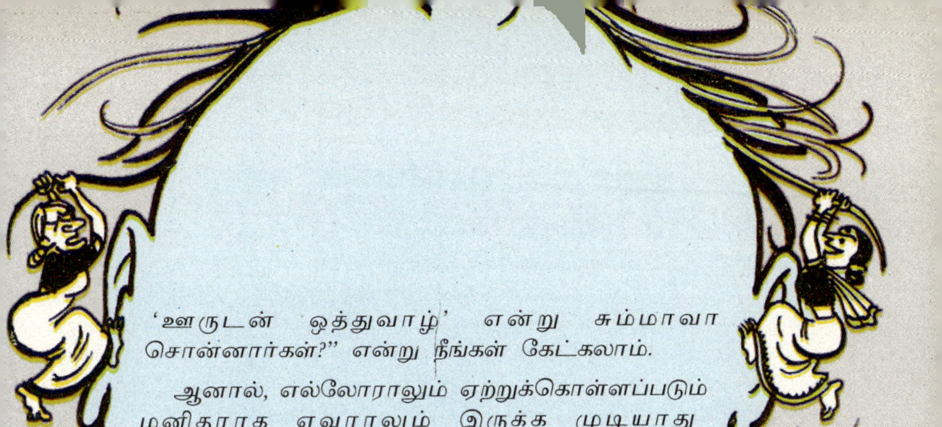

'ஊருடன் ஒத்துவாழ்' என்று சும்மாவா சொன்னார்கள்?'' என்று நீங்கள் கேட்கலாம்.

ஆனால், எல்லோராலும் ஏற்றுக்கொள்ளப்படும் மனிதராக எவராலும் இருக்க முடியாது என்பதையும் நீங்கள் உணர வேண்டும்.

அவன் நடுத்தர வயதைச் சேர்ந்தவன். அவன் தலையில் பாதி வெள்ளைமுடி. அவனுக்கு இரண்டு மனைவிகள். ஒருத்தி, அவனைவிட வயதில் மிக மூத்தவள். அடுத்தவளோ, அவனைவிட மிகவும் இளையவள்.

''இப்படி தலையில் வெள்ளைமுடியோடு நீங்கள் என்னுடன் ஜோடியாக வெளியே வந்தால், என் தோழிகள் எல்லாம் என்னைக் கேலி செய்வார்கள்...'' என்று சொல்லி, அந்த இளம்மனைவி அவன் தலையில் இருந்த வெள்ளை முடிகளையெல்லாம் ஒரு நாள் பிடுங்கிவிட்டாள்.

அடுத்த நாள் காலையில் அவனைப் பார்த்த மூத்த மனைவி திடுக்கிட்டுப் போனாள். "இப்படிக் கருகருவென்ற தலைமுடியோடு இருக்கும் உங்களுடன் நான் ஜோடியாக வெளியே வந்தால், பார்ப்பவர்கள் என்னைத்தான் 'பாட்டி' என்று பரிகாசம் செய்வார்கள். இதை நான் அனுமதிக்க மாட்டேன்!'' என்று சொல்லிவிட்டு, அவன் தலையில் இருந்த கறுப்பு முடிகளையெல்லாம் பிடுங்கிவிட்டாள் அவள்.

ஆக மொத்தத்தில், அவன் முழு மொட்டையாகிவிட்டான்.

இதிலிருந்து என்ன தெரிகிறது? எல்லோருக்கும் பிடித்தமானவனாக யாராலும் நடந்துகொள்ள முடியாது. எனவே, யார் என்ன சொன்னாலும் சரி... எப்படி நடந்துகொண்டாலும் சரி... உங்கள் மனதுக்குத் தவறு என்று பட்டால், அதை எக்காரணம் கொண்டும் செய்யாதீர்கள். உங்களுக்காக இல்லாவிட்டாலும் உங்கள் பிள்ளைகளுக்காகவாவது நீங்கள் நேர்மையாக நடந்துகொள்ள வேண்டியது அவசியம்.

குதிரை – ஒட்டகமான கதை!

“அடுத்த வீட்டுக்காரன் தேங்காய் உடைக்கிறான்கிறதுக்காக நீ சட்டிபானையை உடைக்கிறதா?” என்று கிராமப்புறங்களில் பழமொழி மாதிரி ஒரு கேள்வி கேட்பார்கள். இதற்கு என்ன அர்த்தம்? அந்தக் காலத்தில் தேங்காய் உடைத்துச் சமைப்பது சற்றே வசதியுள்ளவர்கள் செய்யும் காரியம். அடுத்த வீட்டுக்காரருக்கு நாம் சற்றும் சளைத்தவர்கள் இல்லை என்பதை நிரூபிப்பதற்காக, அடுத்த வீட்டில் தேங்காய் உடைக்கும் சத்தம் கேட்டதுமே, நம் வீட்டிலும் தேங்காய் உடைக்கிறோம் என்ற பிரமையை அடுத்த வீட்டுக்காரருக்கு ஏற்படுத்துவதற்காக சட்டி பானையை உடைப்பார்களாம். வீண்ஜம்பம் என்பது சோறு சமைப்பதற்காக வீட்டில் இருக்கும் சட்டிபானையைக்கூட விட்டு வைக்காது என்ற அர்த்தமும் இந்தப் பழமொழியில் புதைந்திருப்பதாக நான் கருதுகிறேன்.

இப்படி, மற்றவர்களுக்காக நம் சக்திக்கு மீறிய செயல்களை நம்மில் பலர் செய்துகொண்டுதான் இருக்கிறோம்.

நெருங்கிய உறவினர் வீட்டில் திருமணம் என்றால் “கல்யாணத்துக்குக் கட்டிக்கொண்டு போக என்னிடம் புதிய பட்டுப்புடவை எதுவும் இல்லை. அதனால் பட்டுப்புடவை வாங்கிக் கொடுங்கள். இல்லை என்றால், அந்தக் கல்யாணத்துக்கே போகமாட்டேன்!” என்று சொல்லும் பெண்மணிகள் உண்டு.

“தீபாவளிக்கு என் ஓரகத்தி இரண்டாயிரம் ரூபாயில் புடவை எடுத்திருக்கிறாள். அதனால் நானும் அது போலத்தான் புடவை எடுப்பேன். இரண்டாயிரத்துக்கு ஒரு ரூபாய் குறைந்தாலும் அது எனக்குத் தேவையில்லை” என்று கணவர்களைப் படுத்தியெடுக்கும் பெண்கள் உண்டு. நான் எல்லோரையும் சொல்லவில்லை. பொதுவாக, ஓர் உதாரணத்துக்காகச் சொல்கிறேன்.

‘ஆஹா... சுவாமிஜி சரியான நேரத்தில்தான் இப்படி நச்சென்று எழுதியிருக்கிறார்’ என்று குஷியாக துள்ளிக்குதித்துக்கொண்டு இந்தக் கட்டுரையை மனைவிக்குப் படித்துக்காட்ட ஓடுவதற்கு முன் ஆண்களுக்கு ஒரு விஷயம். இந்த குணம் உங்கள் மனைவிக்கு மட்டும் அல்ல, உங்கள் தங்கைக்கும் இருக்கலாம்... உங்கள் தாய்க்கும் இருக்கலாம்... ஏன், உங்களுக்கும் எனக்கும்கூட இப்படியொரு குணம் இருக்கலாம். விகிதாசாரத்தில் வேண்டுமானால் மாற்றம் இருக்கலாமே தவிர,

உண்மையில் இந்தக் குறை நம் எல்லோரிடமும் இருக்கிறது.

ரொம்ப வருடங்களாக எங்கள் வீட்டில் அனைவரும் சொல்லிச் சொல்லிச் சிரிக்கும் சம்பவம் இது. என் இளமைப் பருவத்தில் நாங்கள் வசித்து வந்த தெருவில் சுதந்திரப் போராட்ட வீரர் ஒருவரின் வீடும் இருந்தது. சுதந்திர தாகத்தில் நாடே சூடாகியிருந்த காலம் அது. அப்போது எங்கள் தெருவில் வசித்துவந்த அந்த சுதந்திரப் போராட்ட வீரரின் வீட்டுக்கு 'கவிக்குயில்' சரோஜினி நாயுடு வந்திருந்தார்.

அவரைக் காண ஊரே ஒன்று திரண்டது. எங்கள் வீட்டுக்கு அருகே வசித்த ஒரு பணக்காரப் பெண்மணியும் கவிக்குயிலைப் பார்ப்பதற்காக தன்னிடமிருந்த விலை உயர்ந்த பட்டுச்சேலை, நகைநட்டு என்று எல்லாவற்றையும் போட்டுக்கொண்டு போயிருக்கிறார். இவ்வளவு அலங்காரம் செய்துகொண்டு போன அந்தப் பெண்மணி கவிக்குயிலை பார்க்கப் போன அதே வேகத்திலேயே வீட்டுக்குத் திரும்பி வந்துவிட்டார். 'ஏன்?' என்று அக்கம்பக்கத்தில் இருந்தவர்கள் கேட்க, "என்ன பெரிய சரோஜினி நாயுடு? வெறும் நூல் புடவை கட்டிக்கிட்டு, ஒரு

மூக்குத்திகூடப் போடாம... அவங்களைப் பார்க்கறதுக்காகவா இப்படி எல்லோரும் ஓடிட்டு இருக்காங்க!'' என்றாராம். அந்தப் பெண்மணியின் அறியாமையைப் பார்த்து அங்கே கூடியிருந்தவர்கள் சிரித்தார்கள்.

“இல்லை சுவாமிஜி... காந்திஜி, சரோஜினி நாயுடு போன்றோர் மனிதர்களில் மேம்பட்டவர்கள். அவர்களுக்கு ஆடை, ஆபரணங்கள் ஒரு பொருட்டாக இல்லாதிருக்கலாம். ஆனால், நம்மைப் போன்ற சாதாரண மனிதர்களுக்குத் தோற்றம் முக்கியமல்லவா? ‘ஆள் பாதி, ஆடை பாதி’ என்று நம் பெரியவர்களே சொல்லியிருக்கிறார்களே?'' என்று உங்களில் யாராவது கேட்கக்கூடும். ஆம்... ‘ஆள் பாதி, ஆடை பாதி’ என்றுதான் சொல்லியிருக்கிறார்களே தவிர, ‘ஆள் பாதி, ஆடம்பரம் பாதி’ என்று பெரியவர்கள் சொல்லவில்லை.

புலியைப் பார்த்துப் பூனை சூடு போட்டுக்கொள்ளலாமா?

ஒரு கதை சொல்கிறேன்.

தேவலோகத்தில் ஓரிடத்தில் நிறையக் குதிரைகள் இருந்தன. அதில் வெள்ளை நிறத்தில் மிகமிக அழகான ஒரு குதிரையும் இருந்தது. எல்லோரையுமே கவரும் அளவுக்கு கம்பீரமாகவும் அழகாகவும் இருந்த அந்தக் குதிரைக்கு மனதில் ஒரு குறை. ஒரு நாள் கடவுளின் முன்னே சென்ற அந்தக் குதிரை, “என் கழுத்தைச் சற்றே நீளமாகவும், கால்களை இன்னும் கொஞ்சம் ஒல்லியாகவும் உயரமாகவும் ஆக்கினால், நான் இன்னும் அழகாக இருப்பேனே!'' என்றது.

கடவுளும் “அப்படியே ஆகட்டும்'' என்று சொல்ல, குதிரையின் கழுத்தும் கால்களும் நீளமாகின. அடுத்து அந்தக் குதிரை, “என் முதுகை இன்னும் பெரிதாக ஆக்குங்களேன்'' என்று கடவுளிடம் கேட்டுக்கொண்டதும், “அப்படியே ஆகட்டும்'' என்றார் கடவுள். உடனே குதிரை ஒட்டகம் போல் ஆகிவிட்டது.

தன் தோற்றத்தைப் பார்த்து அதிர்ச்சியடைந்த குதிரை, “என்னை ஏன் ஒட்டகமாக ஆக்கினீர்கள்?'' என்று கடவுளிடம் கோபப்பட... “குதிரையின் கழுத்தையும் கால்களையும் நீளமாக்கினால் அது ஒட்டகம்தான். இது நீயே கேட்டுப்பெற்ற வரம்தானே!'' என்று சொல்லிவிட்டு மறைந்துவிட்டார் கடவுள்.

நமக்கு எது பொருத்தமோ அதுவே சரியானது, சிறப்பானது. உடைக்கு மட்டுமல்ல, நம் வாழ்க்கையின் அனைத்து அம்சங்களுக்கும் இது பொருந்தும்.

பூங்கொத்தோடு தயாராக இருங்கள்!

பொதுவாக, என்னைப் பேசுவதற்கு அழைப்பவர்கள் ஏதாவது தலைப்புக் கொடுத்து ‘இந்தத் தலைப்பில் பேசுங்கள்’ என்று சொல்வதில்லை. ஆனால், சமீபத்தில் என்னை அழைத்த பெங்களூர் பள்ளிக்கூட நிர்வாகிகள் ‘மலர்கள்’ என்று தலைப்பு கொடுத்துப் பேசச் சொன்னார்கள். அங்கே பேசியதை இப்போது உங்களிடம் பகிர்ந்துகொள்கிறேன்.

மலர்கள் என்று சொன்னதுமே எனக்கு முதலில் நினைவுக்கு வந்தவர் கபீர். சுமார் ஐந்நூறு ஆண்டுகளுக்கு முன் வாழ்ந்த அந்த மகான், மதங்களைத் தாண்டி மக்களின் மதிப்பைச் சம்பாதித்தவர்.

கபீர் பிறந்தது இந்துமத நம்பிக்கை உள்ள ஒரு குடும்பத்தில். ஆனால், அவர் வளர்ந்ததோ இஸ்லாமியக் குடும்பத்தில்! அதே சமயம் சீக்கிய மதத்தின் புனிதத் புத்தகத்திலும் இவரது பாடல்கள் இடம்பெற்றிருக்கின்றன.

கபீரின் வாழ்க்கை ஆரம்பித்தது பூக்களில். அது நிறைவுபெற்றதும் பூக்களில்தான். கபீர் பிறந்ததும் அவரை ஒரு கூடையில் வைத்து தாமரைத் தடாகத்தில் மிதக்கவிட்டுவிட்டுச் சென்றுவிட்டார் அவரின் தாய். அந்தக் குழந்தையை இஸ்லாமியத் தம்பதி எடுத்து வளர்த்தனர்.

கபீர் மறைந்தபோது இந்துக்கள், இஸ்லாமியர்கள் என இரு சமூகத்தினரும் தங்கள் மத வழக்கப்படிதான் கபீரின் இறுதிச்சடங்குகள் நடக்க வேண்டும் என்று வாதிட்டார்கள். வாக்குவாதம் முற்றி கடைசியில், “சரி... அப்படியானால் ஒன்று செய்யலாம். கபீரின் ஒரு பாதி உடலை நீங்கள் எடுத்துக்கொண்டு போய் உங்கள் வழக்கப்படி இறுதிச்சடங்குகளைச் செய்யுங்கள். மறுபாதியை நாங்கள் எடுத்துப் போய் எங்கள் வழக்கப்படி இறுதிச்சடங்குகள் நடத்துகிறோம்” என்றார் கூட்டத்தில் இருந்த ஒருவர். பின்பு அவர் கபீரின் உடல் மீது போர்த்தப்பட்டு இருந்த போர்வையை விலக்க.. அங்கே கபீரின் உடலைக் காணவில்லை. மலர்கள்தான் இருந்தன. ஆக, மலர்களில் தொடங்கிய கபீரின் வாழ்க்கை மலர்களிலேயே நிறைவுபெற்றது.

மலர்கள் மனிதனுக்குக் கற்றுத் தரும் பாடங்கள்

ஏராளம்.

ஒரு சமயம் ஒரு முனிவரிடம் மன்னன் ஒருவன் வந்து, "என் எதிர்காலம் எப்படி இருக்கும்? எனது சாம்ராஜ்யம் விரிவடையுமா? இன்னும் எத்தனை போர்களை நான் சந்திக்க நேரிடும்? அதில் எத்தனை போர்களில் நான் ஜெயிப்பேன்?'' என்று ஆரூடம் கேட்டான். அதற்கு அந்த முனிவர் நேரடியாகப் பதில் சொல்லாமல், செடியில் இருந்த ஒரு ரோஜா மொட்டைப் பறித்து அவனிடம் கொடுத்து, "இதை உன்னால் மலரவைக்க முடியுமா?" என்று கேட்டார். "ப்பூ... இதென்ன பிரமாதம்!" என்று அந்த மன்னன் ரோஜாமொட்டைப் பிரிக்க முயன்றபோது பூக்களின்

இதழ்கள் பிய்த்துக்கொண்டு கீழே உதிர்ந்தன. தன் தோல்வியை ஏற்றுக்கொண்டு மன்னன் தலைகவிழ்ந்து நிற்க, அந்த முனிவர் சொன்னார்... "எதிர்காலம் என்பது மலர்மொட்டுகளைப் போல. அதை ஆண்டவன்தான் உனக்குப் பிரித்துக் காட்டவேண்டும். அதற்குள் நீ என்னதான் அவசரப்பட்டாலும் அதை உன்னால் தெரிந்துகொள்ள முடியாது!"

மலர்களை அடிப்படையாக வைத்து ஏராளமான கதைகள் உண்டு. அவற்றில் எனக்கு மிகவும் பிடித்த கதை ஒன்றைச் சொல்கிறேன்...

அவன் ஓர் ஏழைச் சிறுவன். அந்த வருட கிறிஸ்துமஸ் தினத்தன்று தன் தாய்க்கு ஒரே ஒரு மலர்க்கொத்தாவது பரிசாகக் கொடுக்க வேண்டும் என்பது அவன் ஆசை. ஆனால், அவனிடம் இருந்ததோ மிகக் குறைந்த மதிப்புள்ள நாணயம். அதை எடுத்துக்கொண்டு அவன் கடை கடையாக ஏறி இறங்கினான். அந்தக் காசுக்கு மலர்க்கொத்து கொடுக்க யாரும் முன்வரவில்லை. கடைசியாக ஒரு கடைக்குச் சென்றான். ஆனால், அந்தக் கடையில் அப்போது மலர்க்கொத்துக்களே இல்லை. எல்லாம் விற்றுத் தீர்ந்திருந்தன. என்றாலும், கடைக்காரர் இந்தச் சிறுவனையும் இவன் கையிலிருந்த சொற்ப மதிப்புள்ள நாணயத்தையும் பார்த்துவிட்டு உள்ளே சென்று ஓர் அழகான மலர்க்கொத்தை எடுத்து வந்து இவனிடம் கொடுத்தார். "இது என்ன விலை?" என்று சிறுவன் கேட்க, "பணம் வேண்டாம். எடுத்துப் போ!" என்று சொல்லி அனுப்பிவிட்டார்.

இதைப் பார்த்துக்கொண்டிருந்த அவரின் மனைவி, "ஏன் இப்படிச் செய்தீர்கள்?" என்று கேட்க, "காலையில் நான் கடையைத் திறந்த சமயம், 'இன்று நான் உன் கடைக்கு வருவேன். எனக்காக ஒரு பூங்கொத்தை எடுத்து வை' என்று ஒரு குரல் எனக்குள் கேட்டது. பல வருடங்களுக்கு முன்னால் நான் கேட்ட மறக்கமுடியாத குரல் அது! நான் சிறுவனாக இருந்தபோது இதோ இந்தப் பையன் மாதிரியே நானும் என் தாய்க்கு ஒரு மலர்க்கொத்தை கிறிஸ்துமஸ் பரிசாகக் கொடுக்க நினைத்தேன். ஆனால், அப்போது என்னிடம் பணம் இல்லை. முன்பின் அறிமுகமில்லாத ஒரு பெரியவர் உதவினார். அன்று அவர் கொடுத்த பணத்தில்தான் என் தாய்க்கு மலர்க்கொத்து வாங்கிக் கொடுத்தேன். இன்று காலை என் காதுக்குள் ஒலித்த குரல் அந்தப் பெரியவரின் குரல் மாதிரியே இருந்தது. அன்று அவர் செய்த உதவிக்கு நன்றி காட்டும் விதமாகத்தான் இன்று இந்தச் சிறுவனுக்கு நான் மலர்க்கொத்து கொடுத்தேன்" என்றார் கடைக்காரர்.

'எங்கும் நிறைந்திருக்கும் இறைவன் எப்போது வேண்டுமானலும் உங்கள் முன் வரலாம். எனவே, பூங்கொத்துகளோடு தயாராகக் காத்திருங்கள்' என்று தேவாலயத்தில் சொல்வதன் அர்த்தம் இதுதான்!

விவேகானந்தர் வழி!

எதைப் பார்க்க வேண்டுமோ, அது நம் கண்ணிலிருந்து தப்பிவிடுகிறது. எது முக்கியமோ, அது நம் கண்ணில் படுவது இல்லை. பெரும்பாலான நேரம் தேவையில்லாத விஷயங்கள்தான் நம் அறிவையும் பார்வையை யும் மறைத்துவிடுகின்றன.

இது வெளிநாடு ஒன்றில் நடந்த கதை. அவன் ஒரு செல்வந்தன். ஒரு நாள் வழக்கத்தைவிட முன்னதாகவே அவன் அலுவலகத்தில் இருந்து வீடு திரும்பினான்.

வீட்டின் முதல் மாடியில் இருந்த தன் படுக்கையறைக்குச் சென்றான். அங்கே அவன் மனைவி தலைவிரிகோலமாகப் படுத்துக் கிடந்தாள். பதறிப்போன இவன், "என்னாச்சு?" என்று விசாரித்தான். அதற்கு அவள், "ஹார்ட் அட்டாக்!" என்று பதில் சொன்னாள்.

திடுக்கிட்டுப் போன அவன் டாக்டருக்கு போன் செய்வதற்காக அடுத்த அறைக்குள் ஓடினான். அங்கே அவனின் ஆறு வயது மகன், "டாடி... பக்கத்து வீட்டு அங்கிள் உங்க அலமாரியில் ஒளிஞ்சிட்டிருக்கார்" என்றான். உடனே அந்தச் செல்வந்தன், மீண்டும் தன் படுக்கை அறைக்கு ஓடிச்சென்று அலமாரியைத் திறக்க... அதன் உள்ளே பக்கத்து வீட்டுக்காரன் ஒளிந்துகொண்டிருந்தான்.

அவனைப் பார்த்ததும் இவன் கோபம் தலைக்கேறியது. "என் மனைவி ஹார்ட் அட்டாக் வந்து படுக்கையில் கிடக்கிறாள். நீ என்னடாவென்றால் நேரம் காலம் தெரியாமல் இங்கே வந்து கண்ணாமூச்சி விளையாடிட்டிருக்கியா?" என்று சத்தம் போட்டானாம்.

ஒருவகையில் பார்த்தால், நம்மில் பலருக்குச் சரியாகப் பார்க்கத் தெரிவதில்லை என்பதே உண்மை!

நம்மைச் சுற்றியிருக்கும் பல உண்மைகள் நம் கண்களுக்குப் புலப் படுவதில்லை. நம்மைச் சுற்றியிருக்கும் திறமைசாலிகள் நம் கண்களுக்குத் தெரிவது இல்லை. நம்முடைய கலாசாரமும் புராதனப் பெருமைகளும்கூடத் தெரிவதில்லை.

அமெரிக்காவில் வேலை செய்யும் கம்ப்யூட்டர் இன்ஜினீயர் ஒருவர், இந்தியர். என்னைப் பார்ப்பதற்காகச் சமீபத்தில் பெங்களூர் வந்திருந்தார். அவருடன் பேசிக்கொண்டிருந்தபோது, "ஒருவர் என்னதான் திறமையான வராக இருந்தாலும் அவரை நம் நாட்டில் யாருமே மதிப்பதில்லை, சுவாமி! அதுவே அமெரிக்காவுக்குப் போனால், அவர் திறமைசாலிதான் எனும்பட்சத்தில் தங்கத் தாம்பாளத்தில் வைத்துத் தாங்குகிறார்கள். நம்

நாட்டினரைப் போல நண்டு மாதிரி ஒருவர் காலைப் பிடித்து மற்றவர் இழுப்பதில்லை. இங்கேயோ நிலைமை தலைகீழ்! உள்ளூர்க்காரன் ஓர் அசாத்தியச் சாதனை செய்திருந்தாலும் கண்டுகொள்ள மாட்டார்கள். அதுவே வெளிநாட்டுக்குப் போய் ஒரு காகித ராக்கெட் விட்டாலும் செவ்வாய் கிரகத்துக்கே போய் வந்துவிட்ட மாதிரி போற்றிப் புகழ்வார்கள்...'' என்று ஆதங்கத்துடன் பொருமித்தள்ளினார்.

அவர் சொன்னது முற்றிலும் உண்மை. உதாரணத்துக்கு யோகக் கலையை எடுத்துக்கொள்ளுங்கள். இது பல ஆயிரம் ஆண்டுகளுக்கு முன்னதாகவே நம் நாட்டில் வேர்விட்டு வளர்ந்த கலை. என்றாலும், நம்மில் பலர் இதைக் கண்டுகொள்ளவே இல்லை. சமீபமாக, அமெரிக்கர்கள் யோகம், ஆழ்நிலைத் தியானம் இவற்றால் ஏற்படும் நன்மைகளை உணர்ந்து, அவற்றைக் கடைப்பிடிக்க ஆரம்பித்ததும் 'ஆகா... யோகா செய்தால் உடல் மட்டுமல்ல... மனமும் ஆரோக்கியமாக இருக்கும்' என்று இப்போது நகர்ப்புறத்தில் இருக்கும் ஒவ்வொருவரும் முட்டிமோதிக்கொண்டு யோகா கற்றுக்கொள்வதில் ஆர்வம் காட்டத் தொடங்கிவிட்டார்கள்.

அதேபோலத்தான் ஆயுர்வேத வைத்தியமும். 'நாட்டு வைத்தியம்' என்று பல காலமாக அதை நாம் ஒதுக்கியே வைத்திருந்தோம். ஆனால், இப்போது ஐயாயிரம், பத்தாயிரம் என்று பணம் கொடுத்து ஆயுர்வேத மசாஜ் செய்துகொள்ள வெளிநாட்டவர்கள் கும்பல் கும்பலாகக் கேரளாவுக்கு வருகிறார்கள் என்று தெரிந்ததும் நாமும் அங்கே ஓடுகிறோம்.

நம்முடைய கலைகளுக்கும் திறமைகளுக்குமே வெளிநாட்டவரிடம் இருந்து சர்டிபிகேட் எதிர்பார்க்கிறோம் நாம்.

இந்த நிலை இன்று நேற்றல்ல... விவேகானந்தர் காலத்திலிருந்தே இருக்கிறது.

நம்முடைய கலாசாரத்தைப் பற்றியும் பெருமைகளைப் பற்றியும்

இந்தியாவில் நின்றுகொண்டு பேசினால் யாரும் காதுகொடுத்துக் கேட்க மாட்டார்கள் என்றுதான் அவர் அமெரிக்கா சென்று, இந்து மதத்தின் பாரம்பரியத்தைப் பற்றியும் வலிமையைப் பற்றியும் பேசினார்.

விவேகானந்தர் சொன்ன கருத்துகளை, அமெரிக்கர்கள் பாராட்டிய பின்னர்தான் 'ஆகா' என்று இந்தியர்களும் அவரின் கருத்துகளை ஏற்றுக்கொள்ள ஆரம்பித்தார்கள்.

தன் பலத்தை அறியாத ஆஞ்சநேயர் மாதிரி, நாம் இன்னும் எத்தனை காலத்துக்குத்தான் நம்முடைய பெருமைகளைப் பற்றி அறியாமலேயே இருக்கப் போகிறோம்?

கடைசியாக ஒரு கதை...

அவன் ஒரு பெரும் குடிகாரன். அவன் மனைவி மிகவும் நல்லவள். பேரழகியும்கூட. என்றாலும், அவனுக்குத் தன் மனைவியின் நற்பண்புகளோ, அழகோ என்றுமே கண்களுக்குத் தெரிந்தது இல்லை. ஒரு நாள் பாரில் அமர்ந்து அவன் வெகுநேரம் குடித்துக்கொண்டிருந்தான். அப்போது இடையிடையே சட்டைப் பையில் இருந்து தன் மனைவியின் படத்தை எடுத்துப் பார்த்துக்கொண்டிருந்தான்.

பாரில் வேலை செய்யும் பெண் ஒருத்தி இதைக் கண்டு, "இந்த நேரத்தில் ஏன் உன் மனைவியின் படத்தை எடுத்து அடிக்கடி பார்க்கிறாய்?" என்று கேட்டாள். அதற்கு அவன், "எனக்குப் போதை ஏறிவிட்டதா என்று கண்டுபிடிக்கத்தான்..." என்றான்.

பணிப்பெண், "புரியவில்லையே?" என்று கேட்க, "நான் தெளிவான மனநிலையில் இருந்தால், என் மனைவி என் கண்களுக்குக் கோரமாகத்தான் தெரிவாள். எனக்குப் போதை ஏற ஏறத்தான் அழகாகக் காட்சியளிப்பாள். என் மனைவி போட்டோவில் பேரழகியாகத் தெரிய ஆரம்பித்துவிட்டால், எனக்கு முழுக்கப் போதை ஏறிவிட்டது என்று அர்த்தம்..." என்றானாம்.

ஒருவகையில் பார்த்தால், நம்மில் பலர் அந்தக் குடிகாரன் மாதிரிதான்.

வெளிநாட்டினர் கொடுக்கும் சர்டிபிகேட் போதை கிடைத்தால்தான், நம்முடைய கலாசாரம் மற்றும் நாகரிகத்தின் பெருமைகளும் நம் கண்களுக்குப் புலப்படும்!

ஒரு குரங்கு..
நூறு அம்புகள்!

அவசரம்... அவசரம்... இதுதான் இன்றைய உலகின் தாரக மந்திரம்.

"'நாய்க்கு வேலையில்லை. ஆனால், நிற்க நேரமில்லை' என்று கிராமப்புறங்களில் ஒரு பழமொழி சொல்வார்களே... அதுபோல நான் என்ன வேலை செய்கிறேன் என்றே தெரியவில்லை. ஆனால், காலையில் எழுந்ததில் இருந்து இரவு தூங்கச் செல்லும் வரை பரபரப்பாகவே இருக்கிறேன்..." – சமீபத்தில் என்னைச் சந்தித்த தனியார் கம்பெனி மானேஜர் ஒருவர் இப்படிக் குறைப்பட்டுக்கொண்டார். அவரிடம் நான் சொன்ன கருத்துக்களை உங்களிடமும் பகிர்ந்துகொள்ள ஆசைப்படுகிறேன்.

ஃபாஸ்ட் ஃபுட்... ஸ்பீட் போஸ்ட்... இன்ஸ்டன்ட் காபி என்றுதான் நாம் சிந்தித்துக்கொண்டிருக்கிறோம். பில்கேட்ஸ் சொல்வது மாதிரி Business @ the speed of thought என்பது மாதிரி சிந்தனையின் வேகத்தில் செயலாற்ற முடியுமா என்று சீறிப் பாய்ந்து பறந்துகொண்டிருக்கிறோம். வேகமாக ஓடுகிறோமே தவிர, சரியான ஓடுபாதையில்தான் ஓடிக்கொண்டிருக்கிறோமா என்று ஒரு நிமிடம் நின்று சரிபார்ப்பதற்குக்கூட நம்மில் பலருக்கு நேரமில்லை.

மனைவியிடம் மனம்விட்டுச் சிறிது நேரம் பேசுவது, குழந்தைகளுடன் விளையாடுவது இதெல்லாம் 'வேலை வெட்டியில்லாதவர்கள் செய்யும் வேலை' என்று கருதும் அளவுக்குப் பலரின் வாழ்க்கைமுறை மாறிவிட்டது.

திறமையும் வெற்றியும் வாழ்க்கையில் முக்கியம்தான். ஆனால், அதை அடைய வேண்டுமானால் 'சுறுசுறுப்பாக இருக்கிறேன் பேர்வழி' என்று வெறும் படபடப்பாக இருந்தால் மட்டும் போதாது.

ஒரு வேட்டைக்காரனையே உதாரணமாக எடுத்துக்கொள்ளுங்கள்... வேட்டையாடுவதில் உள்ள சுகம் ஒன்றுக்காகவே அவன் பறவைகளைச் சுடும்போது பெரும்பாலான சமயம் அவனது குறி தப்புவதில்லை. ஆனால், அதே வேட்டைக்காரனை ஆசிய விளையாட்டுப் போட்டிக்குக் கொண்டுசென்று, துப்பாக்கி சுடும் போட்டியில் கலந்துகொள்ளச் சொன்னால் அவனுக்கு கை, கால் எல்லாம் நடுங்கும்.

காரணம் – வேட்டையாடும்போது அவனுக்கு இருந்தது ஒரே இலக்கு. ஆனால், விளையாட்டுப் போட்டி என்று வந்துவிட்டபின், அவன்

முன்னால் இரண்டு இலக்குகள் தெரியும். ஒன்று – துப்பாக்கியால் சுட வேண்டிய இலக்கு. இரண்டாவது– தங்கப் பதக்கம். இதுபோன்ற சூழ்நிலையில் வேட்டைக்காரனின் சிந்தனை துப்பாக்கியின் இலக்கை விட, போட்டியில் ஜெயித்துப் பெறும் தங்கப்பதக்க இலக்கில்தான் குவிந்திருக்கும் என்று சொல்லித் தெரியவேண்டியதில்லை.

ஒரு விஷயத்தை நன்றாக யோசித்துப் பார்க்கவேண்டும். தேவையில்லாத வேகமும் படபடப்பும் வரும்போது வேட்டைக்காரனின் திறமை சிதறிவிடாது. ஆனால், அவன் சிந்தனை சிதறிவிடும்.

பாடகி ஒருவர் கிராமிய இசைப் போட்டியில் பாடுவதைவிடவும் தனக்காக, தன் சந்தோஷத்துக்காகத் தனிமையில் பாடும்போதுதான் மிக இனிமையாக இருக்கும் என்பார்கள். அதே மாதிரிதான் அடுத்தவரின் பாராட்டுக்காகவோ, பரிசுக்காகவோ செய்யாமல் ரசித்து, அனுபவித்துச் செய்யும் வேலைதான் சிறப்பானதாக இருக்கும்.

தாவோயிஸத்தில் 'நல்லவனாக இருப்பது எப்படி?' என்பதற்கு ஓர் உபாயம் சொல்வர்கள். இந்த உபாயத்திலேயே திறமையானவனாக இருப்பது எப்படி என்பதற்கான சூட்சுமமும் ஒளிந்திருப்பதாக நான் நினைக்கிறேன்.

அவர் மிகப் பெரிய ஞானி. அவரிடம் ஒரு நாள் அவரின் சீடர்கள், "சுவாமி, எது நல்லது, எது கெட்டது என்ற குழப்பம் அடிக்கடி எங்களுக்கு வந்துவிடுகிறது. கெட்டதைப் புறம்தள்ளி நல்லதை மட்டுமே செய்து நல்லவர்களாக வாழ நாங்கள் விரும்புகிறோம். எங்களுக்கு வழிகாட்டுங்கள்!" என்று கேட்டுக்கொண்டார்கள்.

அதற்கு அந்த ஞானி சொன்னார்... "செருப்பு நம் காலைக் கடித்துக் கொண்டிருக்கும் வரை நம் கவனம் முழுதும் காலிலேயே இருக்கும். செருப்பு எந்தவிதப் பிரச்னையும் இன்றி காலில் பொருந்திவிட்டால் அதன்பின், நாம் காலையே மறந்து விடுவோம். அதே போலத்தான் நல்ல எண்ணங்கள் நம் மனதில் சரியாகப் படியாதவரை எது நல்லது, எது கெட்டது போன்ற உறுத்தல்களும், குழப்பங்களும் இருந்துகொண்டே இருக்கும். நல்ல எண்ணங்கள் மனதில் சரியாகப் பொருந்திவிட்டால் இந்த மாதிரி கேள்விகளுக்கே இடமிருக்காது."

இப்போது திறமையானவராக ஆவது எப்படி என்ற கேள்விக்கு மீண்டும் வருவோம்.

'திறமையானவன் என்று பெயர் எடுப்பது எப்படி? திறமை யானவனாகக் காட்டிக்கொள்வது எப்படி?' என்பது மாதிரியான கேள்விகள் குடைந்துகொண்டே இருந்தால் ஒருவர் பரபரப்பும் பதற்றமும் மட்டுமே நிறைந்தவராக இருப்பார்.

இந்த இடத்தில் தாவோயிஸத்தில் இருந்து மீண்டும் ஒரு கதையைச்

சொல்வது பொருத்தமாக இருக்கும் என நினைக்கிறேன்.

ஒரு நாள் இளவரசன் ஒருவன் தன் படைகளோடு காட்டுக்குச் சென்றான். அவனைப் பார்த்ததும் மரக்கிளைகளில் விளையாடிக்கொண்டிருந்த குரங்குகள் எல்லாம் ஓடிவிட்டன. ஆனால், ஒரே ஒரு குரங்கு மட்டும் இவனைச் சற்றும் சட்டைசெய்யாமல் மரத்துக்கு மரம் தாவித் தாவி விளையாடிக் கொண்டிருந்தது. இது அந்த இளவரசனுக்கு எரிச்சலை ஏற்படுத்த... அந்தக் குரங்கை நோக்கி ஓர் அம்பை எய்தான். அந்தக் குரங்கோ தன்னை நோக்கிப் பாய்ந்து வந்த அம்பை அநாயாசமாகக் கையால் பிடித்துத் தூர வீசியது.

கோபமடைந்த இளவரசன் தன் படையினர் அத்தனை பேரையும் குரங்கை நோக்கி அம்புகளை வீசச் சொல்லி உத்தரவிட்டான். அடுத்த கணம் நூற்றுக்கணக்கான அம்புகள் அந்தக் குரங்கின் மீது பாய... அது அந்த இடத்திலேயே பரிதாபமாக உயிர்விட்டது.

ஒருவனுக்குத் திறமைகள் இருந்தால் அதை அத்தனை பேருக்கும் எக்ஸிபிஷன் வைத்துக் காட்டக்கூடாது. நீங்கள் போட்டிகள் நிறைந்த தனியார் அலுவலகங்களில் பணிபுரிபவராக இருந்தால் இந்தக் கதை சொல்லும் நீதியை உங்களால் எளிதில் புரிந்துகொள்ள முடியும். வெறுமே ஷோவுக்காக ஒருவர் தன் திறமையை அடுத்தவருக்குக் காட்டிக்கொண்டிருந்தால் அதுவே அவரின் அழிவுக்கு காரணமாகிவிடும்!

‘இந்தியாவா... வேண்டாம்!’

“சுவாமி, தெரியாத்தனமாக நான் ஒரு பாழும்கிணற்றில் விழுந்துவிட்டேன். எனக்கு மனைவியாக வாய்த்தவளுக்கு மரியாதை என்றால் என்னவென்றே தெரியவில்லை. நான் ஒன்று சொன்னால் அவள் ஒன்று சொல்கிறாள். ‘தலைவலி உயிர் போகிறது... காபி கொடு’ என்று கேட்டால்கூட அரை மணி நேரம் காக்க வைத்துதான் கொடுக்கிறாள். எங்கள் வீட்டில் இருந்து யார் வந்தாலும் முகத்தைத் தூக்கிவைத்துக்கொள்கிறாள்!”

என்னை சமீபத்தில் சந்தித்த ஒரு புதுமாப்பிள்ளை இப்படிப் புலம்பினார்.

அவரிடம் சிறிது நேரம் பேசியபோது, உண்மையில் கஷ்டப்படுவது அவர் மனைவியே தவிர அவர் இல்லை என்பது நன்கு புரிந்தது.

அந்த இளைஞருக்குச் சொன்ன விஷயங்களை உங்களிடம் பகிர்ந்து கொள்ள ஆசைப்படுகிறேன். பெண்கள் அந்தக் காலத்தில் இருந்த அதே கட்டுப்பெட்டித்தனமாக இப்போது இல்லை. காலம் மாறிவிட்டது. இனிமேல் எந்தக் கணவனும் காலையில் எழுந்ததும் கால்மேல் கால் போட்டுக்கொண்டு பேப்பர் படித்தபடி ‘ஒரு கப் காபி’ என்று மனைவியை அதட்ட முடியாது!

இதைப் பெரும்பாலான இளைஞர்கள் புரிந்துகொண்டுவிட்டார்கள். புரிந்துகொள்ளாத ஒரு சிலர்தான், இப்போது அவஸ்தைப்படுகிறார்கள். தங்கள் மனைவியையும் அவஸ்தைப்படுத்துகிறார்கள்.

ஓர் இளம் தம்பதிக்கு ஒரே ஒரு குழந்தை. ஒரு முறை அது இடுப்பில் கட்டியிருந்த துணியிலேயே அசுத்தம் செய்துவிட்டது. அடுக்களையில் கைவேலையாக இருந்த மனைவி, டி.வி. பார்த்துக்கொண்டிருந்த கணவனிடம், “குழந்தை அழுவுது. அதுக்கு வேற துணி மாத்துங்க” என்று குரல் கொடுத்தாள்.

“இதோ பார்! இதுமாதிரி அதிகாரம் பண்ற வேலையெல்லாம் வேணாம். இந்தத் தடவை நீ வந்து துணி மாத்திட்டுப் போ. அடுத்ததுக்கு நான் மாத்தறேன்” என்றான் கணவன்.

ஒரு மணி நேரத்துக்குப் பிறகு குழந்தை மீண்டும் அழுதது. “குழந்தை உச்சா போயிடுச்சு போலிருக்கு. போய் துணி மாத்துங்க...” என்றாள் மனைவி.

“ஐயையே... நான் சொன்னதை நீ தப்பா புரிஞ்சுக்கிட்டே! அடுத்ததுக்குத் துணி மாத்தறேன்னுதான் சொன்னேன். அதாவது,

நம்ம அடுத்த குழந்தை உச்சா போகும்போது துணி மாத்தறேன்னு சொன்னேன்...'' என்றானாம் கணவன்.

குழந்தைகளைக் கவனித்துக்கொள்வதிலோ, மனைவிக்குக் கூடமாட உதவி செய்வதிலோ ஒரு கணவனின் கௌரவம் எப்படிக் கெட்டுப் போகும் என்று எனக்குத் தெரியவில்லை!

துடைப்பத்தை ஆண்கள் தொட்டால் தோஷம் என்று சொல்லிச் சொல்லியே, ஆண்கள் வீட்டுவேலை செய்தாலே பாவம் என்பது மாதிரி ஆக்கிவிட்டார்கள். ஆண்கள் துடைப்பத்தைத் தொடக்கூடாது என்றால், வேக்குவம் கிளீனரால் சுத்தம் செய்யட்டுமே?

நம் நாட்டு இளைஞர்கள் அமெரிக்கா போனால், அங்கே மனைவிக்கு வீட்டுவேலைகளில் எந்த கௌரவமும் பார்க்காமல் உதவுகிறார்கள். ஆனால், இந்தியாவுக்கு வந்துவிட்டால் மட்டும் பெண்டாட்டியை அம்போ என்று விட்டுவிடுகிறார்கள்.

இரண்டு, மூன்று மாதங்களுக்கு முன்பு நான் அமெரிக்கா போயிருந்தேன். அப்போது அங்கே வாழும் நம் ஊர்க்காரர்களின் வீடுகளுக்கும் போய்ப் பேசிக்கொண்டிருந்தேன்.

அவர்களில் பெரும்பாலான ஆண்கள் சீக்கிரம் இந்தியாவுக்குத் திரும்பிவிட வேண்டும் என்று விரும்புகிறவர்களாக இருந்தார்கள்.

பெண்களோ இதற்கு நேர்மாறாக, "சொந்த ஊரா... வேண்டவே வேண்டாம். இங்கேயே இருக்கத்தான் ஆசைப்படறேன்" என்றார்கள். ஏன் இப்படி?

ஆண்களைவிடப் பெண்களுக்குத் தாய் நாட்டுப் பற்று குறைவு என்று இதற்கு அர்த்தம் இல்லை.

"திரும்பவும் ஊருக்குப் போய் செட்டில் ஆகறதா? அங்கே உங்க அப்பா - அம்மாவோடு இருக்கணும். சமையல் வேலையில இருந்து குழந்தைங்களைப் பார்த்துக்கறது, வீட்டைச் சுத்தம் செய்யறதுன்னு எல்லா வேலையும் என் தலையிலதான் விடியும். இங்கே அமெரிக்காவில் இருக்கிற வரைக்கும் சமையலறையில நீங்க எனக்குக் கூடமாட ஒத்தாசை பண்றீங்க. அதுவே இந்தியாவுக்குப் போயிட்டா அம்மா என்ன நினைப்பாங்களோ, அப்பா என்ன நினைப்பாரோனு நீங்க வீட்டில் எந்த வேலையையும் பார்க்கமாட்டீங்க. அப்புறம் நான்தான் கஷ்டப்படணும்!" என்று சிலர் வெளிப்படையாகவே சொன்னார்கள். அவர்கள் சொல்வது நியாயம்தானே?

"சுவாமி... நீங்க பெண்களுக்கு இந்த அளவுக்கு சப்போர்ட் பண்ணிப் பேசறீங்களே... நான் என் மனைவிக்கு எல்லா வசதிகளையும் செய்து கொடுத்திருக்கிறேன். கேட்டதை உடனுக்குடன் வாங்கித் தருகிறேன். ஆனாலும் அவள் சந்தோஷமாக இருப்பது மாதிரி தெரியவில்லை. எப்போது பார்த்தாலும் புலம்பல்தான்!"

கட்டுரையின் ஆரம்பத்தில் வந்த இளைஞரே மீண்டும் கேட்டார். அவருக்கு நான் சொன்ன பதில் உங்களிலும் சிலருக்குப் பயன்படக்கூடும்.

தங்கள் ஊர் ஏரிக்கரைக்கு வெளிநாடுகளில் இருந்து சில அபூர்வ வகைப் பறவைகள் வந்திருப்பதை அறிந்த ஜமீன்தார், மிகுந்த சந்தோஷப்பட்டு அவற்றை வரவேற்கும் விதமாக, தாரைதப்பட்டை முழங்க ஒரு பெரும் கூட்டத்தை அழைத்துச் சென்றார். வந்த பறவைகள் அத்தனையும் மிரண்டு பறந்தோடிவிட்டன.

எனவே, உங்களுக்குப் பிடித்தது எல்லாம் அடுத்தவர்களுக்கும் பிடிக்கும் என்று தப்புக்கணக்கு போடாதீர்கள். தயவுசெய்து உங்கள் மனைவியிடம் மனம்விட்டுப் பேசுங்கள். அவரின் விருப்பு வெறுப்புகளைத் தெரிந்துகொள்ளுங்கள். நீங்கள் கொடுக்கும் காசு, பணத்தைவிட, அவருடன் அந்நியோன்யமாக மனம்விட்டுப் பேசும் அந்தச் சில நிமிடங்களே அவருக்குப் பெரிய பொக்கிஷமாக இருக்கும்.

ஆட்டோ டிரைவரே மேல்!

“என் கம்பெனியில் வேலை செய்யும் அனைவரையும்விட நான் அதிகம் படித்தவன். என்னுடைய தொழில் திறமையும் எவருக்கும் குறைந்தது இல்லை. இருந்தாலும் என் கருத்துக்களை யாரும் காது கொடுத்துக் கேட்பதில்லை. சரி, போகிறது... பொறாமை காரணமாக ஆபீஸில்தான் அப்படி என்றால் வீட்டில் - கடைவீதியில் என்று எங்கு போனாலும் என் வார்த்தைக்கு மதிப்பில்லை.

அடுத்தவர்களைத் திருத்த முடியாது என்று எனக்குப் புரிந்துவிட்டது. எனவே, இப்போதெல்லாம் நான் பேசுவதையே குறைத்துக்கொண்டு விட்டேன்'' -வங்கி அதிகாரி ஒருவர் என்னிடம் சொன்ன வார்த்தைகள்தான் இவை.

மேலே உள்ள வாக்கியங்களை மீண்டும் ஒரு முறை படித்துப்பாருங்கள். ஒரு சின்ன உரையாடலிலேயே 'நான்', 'என்', 'என்னுடைய' என்ற வார்த்தைகளை அவர் இத்தனை முறை பயன்படுத்தியிருக்கிறார் என்றால்.. தனக்குக் கீழ் வேலை பார்ப்பவர்களிடம் இவர் இந்த வார்த்தைகளை எத்தனை முறை பயன்படுத்தியிருப்பார் என்று புரிகிறதா? பிரச்னை எங்கே இருக்கிறது என்பதை நாசூக்காக அவருக்குப் புரியவைப்பதற்காக அவரிடம் ஒரு கேள்வி கேட்டேன்.

“யாராவது ஒருவர் உங்களிடம் வந்து 'நான் பெரிய படிப்பாளி. நான் பெரிய கொம்பு. நான் அந்தத் துறையில் வேலை செய்தபோது... மானேஜரே தனக்கு ஏதாவது சந்தேகம் என்றால் என்னைத்தான் கேட்பார்..' என்று தற்பெருமை பேசி, சுயதம்பட்டம் அடித்துக் கொண்டால்.. நீங்கள் எப்படி ரியாக்ட் செய்வீர்கள்?'' என்று அந்த வங்கி அதிகாரியிடம் கேட்டேன்.

“ 'சரியான பழைய பெருங்காய டப்பா போலிருக்கிறது' என்று பேச்சை மாற்றி, கட் செய்துவிட்டு அடுத்த வேலையைப் பார்க்க ஆரம்பித்துவிடுவேன்'' என்றார்.

'நான்' என்ற வார்த்தைதான் நமக்குப் பெரிய எதிரி. நல்ல உரையாடலுக்கு உலை வைப்பதும் இந்த வார்த்தைதான்.

“கேட்கக் கேட்கத் திகட்டாத குரல்... மீண்டும் மீண்டும் கேட்கத் தூண்டும் குரல்... உங்களுக்கு மிகவும் பிடித்த குரல் எது?'' என்று

யாரையாவது கேட்டால்..

டி.எம்.எஸ்., எஸ்.பி.பி., கே.ஜே.ஜேசுதாஸ், நித்யஸ்ரீ, ஹரிஹரன், ஷங்கர் மகாதேவன் என்று ஆளாளுக்கு வெவ்வேறு பதில் சொல்வார்கள். ஆனால், உண்மையில் நம் அனைவருக்கும் பிடித்த குரல்... ஒரே குரல்தான்! அது வேறு யாருடையதுமல்ல. நம்முடைய குரலே!

ஒரு கதை சொல்கிறேன்...

மதபோதகர் ஒருவரும் ஆட்டோ டிரைவர் ஒருவரும் பூலோக வாழ்க்கை முடிந்து பரலோகம் போனார்கள். அங்கே சொர்க்கத்தின் வாசலில் கடவுள்.. ஆட்டோ டிரைவரை ஓடோடிச் சென்று வரவேற்று அவர் தங்குவதற்கு மிகப் பெரிய பங்களாவைக் கொடுத்தார். அந்த பங்களா நீச்சல்குளம், டென்னிஸ் கோர்ட் என சகல வசதிகளோடும் இருந்தது.

அடுத்ததாக மதபோதகரைப் பார்த்த கடவுள்.. அவருக்கு ஒரு சின்ன ஓட்டு வீட்டைக் காட்டி "இங்கே தங்கிக்கொள்" என்றார்.

மதபோதகருக்குக் கோபம் வந்துவிட்டது. "என் வாழ்நாள் முழுவதும் உன் பெருமைகளைப் பரப்பிய எனக்கு ஓட்டு வீடு. ஆனால், அந்த உதவாக்கரை ஆட்டோ டிரைவருக்கு பங்களாவா?" என்று கடவுளிடம் கேட்டார்.

அதற்குக் கடவுள் சொன்னார்... "வாழ்நாள் முழுதும் நீ என் புகழைப் பரப்பப் பாடுபட்டாய் என்பது உண்மைதான். ஆனால், நடந்தது என்ன? 'பிரார்த்தனை செய்யவேண்டும்' என்ற எண்ணத்தில் வழிபாட்டுத் தலத்துக்கு வந்தவர்கள் அனைவரையும் சொற்பொழிவாற்றுகிறேன் பேர்வழி என்ற பெயரில் மணிக்கணக்கில் அறுத்துத் தூங்க வைத்தாய்.. ஆனால், அந்த ஆட்டோ டிரைவரோ அப்படி அல்ல... அவனது ஆட்டோவில் யார் ஏறினாலும் சரி, மரண பயம் வந்து என்னைப் பிரார்த்தனை செய்ய ஆரம்பித்துவிடுவார்கள். அதனால் மதபோதகனான உன்னைவிட இறைபக்தியை அதிகம் வளர்த்தது அந்த ஆட்டோ டிரைவர்தான்! அதனால்தான் அவனுக்கு உன்னைவிட அதிக செளகரியம் செய்துகொடுத்திருக்கிறேன்" என்றாராம்.

டாக்டர், வக்கீல், அரசாங்க வேலையில் இருப்பவர், வேலை தேடும் இளைஞன், தனியார் கம்பெனியின் விற்பனைப் பிரதிநிதி, அல்லது வீட்டை நிர்வகிக்கும் ஹோம் மேக்கர்... நீங்கள் யாராக இருந்தாலும் சரி... உரையாடலில் கைதேர்ந்தவராக இருக்க வேண்டியது மிக மிக அவசியம்.

நீங்கள் பேசுவதை அடுத்தவர்கள் காது கொடுத்துக் கேட்கச் செய்வது ஒன்றும் பிரம்மவித்தை அல்ல. மிகமிகச் சுலபம். அதற்கு நீங்கள் செய்யவேண்டியது எல்லாம் ஒன்றே ஒன்றுதான். நீங்கள் பேசும்

போது இடையிடையே உங்களுக்கு எதிரில் அமர்ந்திருப்பவர்களின் பெயர் களைக் குறிப்பிட்டு ‘சுரேஷ் சொன்னது மாதிரி’, ‘ரமேஷ் சொன்னது மாதிரி’ என்று அடிக்கடி அவர்களின் கருத்துகளை மேற்கோள் காட்டுங்கள்.

அடுத்ததாக நீங்கள் எதைப் பற்றிப் பேசுகிறீர்களோ அதைப் பற்றி நிறைய ஹோம்-வொர்க் செய்துவிட்டுப் பேச ஆரம்பியுங்கள். ‘நான் என்ன பொதுக்கூட்டத்திலா பேசப்போகிறேன்? இதற்கு எதற்கு ஹோம்-வொர்க்?’ என்று கேட்காதீர்கள்.

கடைசியாக ஒரு டிப்ஸ்... நீங்கள் பேசும் ஒவ்வொரு வார்த்தையிலும் தன்னம்பிக்கை தெறிக்கவேண்டும். நம்பிக்கையான, நேர்மையான அணுகுமுறை அவசியம்.

ரியல் எஸ்டேட் வியாபாரியிடம் அவர் மானேஜர் ஓடிவந்து, “நாம் விற்ற வீட்டுமனை அனைத்திலும் மழைநீர் சூழ்ந்துவிட்டது. பேசாமல் நாம் அவர்களிடமிருந்து வாங்கிய பணத்தில் ஒரு பகுதியை அவர்களுக்கே திருப்பிக் கொடுத்துவிடலாமா?” என்று கேட்டார். அதற்கு அந்த வியாபாரி சொன்னாராம்.. “அட பைத்தியக்காரா.. வா.. அங்கே போய் படகு வியாபாரத்தை நடத்திவிட்டு வருவோம்.”

யானை கொடுத்த விருந்து!

சமீபத்தில் என்னை ஓர் இளம்பெண் சந்தித்தாள்.

அவளிடம் பேசியபோது... அவளுக்குப் பெரிதாக எந்த ஒரு பிரச்னையுமில்லை என்று புரிந்தது. நல்ல கணவன், அன்பான குழந்தைகள்... என்று ஆண்டவன் அந்தப் பெண்ணுக்கு எல்லா நல்ல விஷயங்களையும் கொடுத்திருக்கிறான். ஆனால், அந்தப் பெண்ணோ அழுது வீங்கிய கண்களோடு என் முன் நின்றுகொண்டிருந்தாள்.

"சுவாமி... என் குறை என்ன என்று எனக்கே நன்றாகத் தெரிகிறது. எதற்கெடுத்தாலும் என் கணவரிடமும் குழந்தைகளிடமும் எரிந்து விழுகிறேன். அவர்கள் டி.வி-யின் சத்தத்தை சற்றே அதிகமாக்கினாலோ அல்லது ஃபேனின் வேகத்தைக் கூட்டினாலோ எனக்குக் கோபம் சுர்ர்ர் என்று ஏறிவிடுகிறது. என்ன பேசுகிறேன் என்று தெரியாமல் நெருப்புத்துண்டுகள் மாதிரி வார்த்தைகளை வீசிவிடுகிறேன். அவர்கள் அந்த இடத்தைவிட்டு அகன்றதும் நான் பேசியது எல்லாம் தவறு என்று தெரிகிறது. விம்மி விம்மி அழுகிறேன். எனக்குப் பைத்தியம் பிடித்திருக்கிறதோ என்றுகூட சில சமயம் சந்தேகம் வருகிறது. அந்த அளவுக்கு என் கணவரிடமும் குழந்தைகளிடமும் மிருகத்தனமாக நடந்துகொள்கிறேன். நல்லவேளையாக, என் கணவரும் குழந்தைகளும் என் குணம் அறிந்து நடந்துகொள்வதால் எனக்கு எந்த பிரச்னையும் இல்லாமல் இருக்கிறது. ஆனால்... என்னை நான் எப்படி மாற்றிக்கொள்வது சுவாமி?" என்று துக்கம் மேலிடக் கேட்டாள் அவள்.

அவள் கோபத்தின் ஊற்று எங்கே இருக்கிறது என்று கண்டுபிடிக்க அவளிடம் மேலும் பேச்சுக் கொடுத்தபோது சில விஷயங்கள் தெரிய வந்தன.

காய்கறிக்கடைக்காரன் நல்ல காய்களோடு சொத்தைக் காய்களைச் சேர்த்துக் கொடுத்து ஏமாற்றினாலோ... அல்லது கடையில் வாங்கிய அரிசியில் எடை குறைவாக இருப்பது தெரிந்துவிட்டாலோ அந்தப் பெண்ணுக்கு ரத்த அழுத்தம் எகிறிவிடுகிறது. தான் ஏமாற்றப்பட்டுவிட்டோம் என்பதை அவளால் தாங்கிக்கொள்ள முடியவில்லை. அதைத் தட்டிக்கேட்கப் போனால், அவர்கள் உதிர்க்கும்

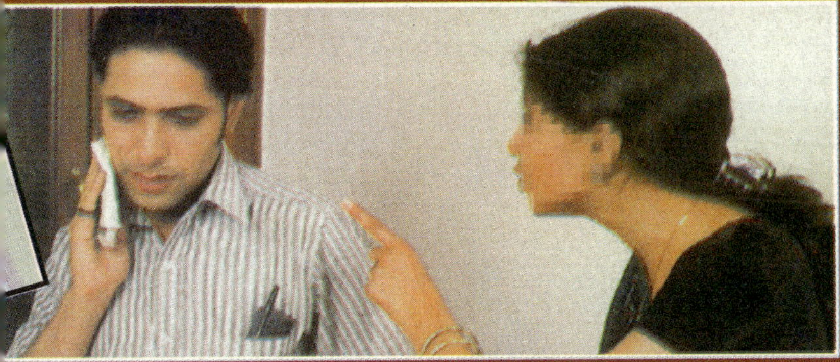

அலட்சியமான பதிலும் எகத்தாளமான பேச்சும் அவளின் கோபத்தைப் பலமடங்கு தூண்டிவிடுகிறது. அந்தக் கோபம்தான் வீட்டில் கணவனிடமும் குழந்தைகளிடமும் வெளிப்படுகிறது.

இது போன்ற சம்பவங்கள் எல்லா ஊரிலும் பெரும்பாலான பெண்களுக்கு நடப்பதுதான்.

அந்தப் பெண்ணிடம் நான் சொன்ன சில கருத்துக்கள் உங்களில் சிலருக்கும் பயன்படலாம்.

மின்சாரத்தைக் கடத்தும் செப்புக்கம்பி போல கோபத்தைக் கடத்தும் ஓர் ஊடகமாகத்தான் பலர் இருக்கிறோம். முதலாளி, மானேஜர் மீது கோபப்பட்டால், மானேஜர் குமாஸ்தா மீது கோபப்படுகிறார்.

அடுத்தவர்கள் மீது நாம் கோபப்படாமல் இருக்க ஒரே வழி, அடுத்தவரின் கோபம் நம்மைப் பாதிக்காதவாறு பார்த்துக் கொள்வதுதான்.

'அதற்காகச் சூடு, சொரணையே இல்லாமல் இருக்க முடியுமா, சுவாமி?' என்று சிலர் கேட்கலாம்.

பதிலுக்கு நானும் ஒரு கேள்வி கேட்கிறேன். வீதியில் மோட்டார் பைக்கில் போய்க்கொண்டிருக்கிறீர்கள். ராங் சைடில் லாரியை ஓட்டிக்கொண்டு வரும் ஒரு டிரைவர் உங்களை "ஏய், என்னா கண்ணு தெரியாதா... பொறம்போக்கு!" என்று திட்டிவிட்டுப் போனால் அந்த ஆள் சொன்ன வார்த்தைகளுக்காகக் கோபப்படுவீர்களா? நாளெல்லாம் அந்த வார்த்தைகளையே நினைத்து நினைத்துப் புழுங்குவீர்களா? ரத்தக்கொதிப்பு வரும்

அளவுக்குக் கோபத்தை உள்ளுக்குள் வளர்த்துக் கொள்வீர்களா? மாட்டீர்கள்தானே?

இதை அந்த இளம்பெண்ணுக்கு விரிவாக எடுத்துச் சொல்லிவிட்டு, "யாரோ ஒரு முட்டாளின் நாகரிகமற்ற பேச்சுக்கு முக்கியத்துவம் கொடுத்து, நம்மை நாமே முடக்கிக்கொள்வதும் ஒடுங்கிப் போவதும் அசட்டுத்தனம். உதறி எறிந்துவிட்டு, லேசான மனத்துடன் உங்கள் போக்கில் நடை பயிலுங்கள். இல்லறம் இனிக்கும்!" என்று சொல்லி அனுப்பினேன்.

அதேசமயம், எளியாரின் சிரமங்களைப் புரிந்து, வலியோரும் நடந்துகொள்ளவேண்டும்.

'யானைகளோடு டான்ஸ் ஆடுவது மாதிரி' என்று ஒரு சொற்றொடர் ஆப்பிரிக்காவில் உண்டு. இந்தச் சொற்றொடருக்குப் பின்னால் ஒரு கதையும் உண்டு.

ஒரு நாள் யானை ஒன்று, ஓர் எலியை விருந்துக்கு அழைத்தது. எலியும் சந்தோஷமாகப் போயிற்று. அங்கே மது வகைகள், குளிர்பானங்கள், பலூன் தோரணங்கள், கலர் பேப்பர்கள்... என்று யானை தன் இருப்பிடத்தை திருவிழாக் கோலமாக அலங்கரித்திருந்தது.

எலி வந்ததும் விருந்து ஆரம்பமாயிற்று. பாட்டில் பாட்டிலாக மது குடித்த யானை தறிகெட்டு ஆடத் தொடங்கியது. பல மணிநேரம் ஆடி ஓய்ந்த பிறகு யானை எலியிடம், "பார்ட்டி எப்படி... சூப்பரா?" என்று கேட்க... பதிலே வரவில்லை. போதை மறைக்கும் தன் கண்களைக் கசக்கிக்கொண்டு யானை எலியைத் தேட, எலி தன் காலடியில் பரிதாபமாக விழுந்து கிடப்பதைப் பார்த்தது.

"என்ன ஆச்சு?" என்று யானை பதறிப்போய் விசாரிக்க, எலி யானையைப் பார்த்துச் சொன்னது... "அடப்பாவி, விருந்து கொடுக்கிறேன் என்று அழைத்துவிட்டு இப்படிப் புழுதி பறக்க டான்ஸ் ஆடினால்... என் கதி என்ன ஆகிறது! உன் காலடியில் சிக்கி நசுங்கிவிடாமல் இருக்க ஓரிடத்தில் இருந்து இன்னொரு இடத்துக்கு ஓடுவதிலேயே என் மொத்த நேரமும் சக்தியும் செலவழிந்து போய்விட்டது!"

சக்தி படைத்தவர்கள் பணத்தில், அறிவில், பதவியில் பெரியவர்களாக இருப்பவர்கள் தன்னைவிடச் சிறியவர்களின் சங்கடங்களை அறிந்து நடந்து கொள்ளவேண்டும் என்பதை வலியுறுத்துவதற்காகச் சொல்லப்படும் கதை இது.

மரம் தந்த அபூர்வ சக்தி!

"ஐயோ... என்னைக் காப்பாத்துங்க" என்று ஒரு நோயாளி ஆபரேஷன் தியேட்டரில் இருந்து அரக்கப்பரக்க வெளியே ஓடிவருகிறான். அவனைத் தடுத்து நிறுத்திய தலைமை டாக்டர், "என்ன சமாசாரம்?" என்று விசாரிக்க, ஆபரேஷன் தியேட்டரில் நடந்ததைச் சொல்கிறான்:

" 'இது சின்ன ஆபரேஷன்தான்.. பயப்படாதீங்க' என்று நர்ஸ் சொன்னால் எப்படிப் பயப்படாமல் இருப்பது?"

தலைமை டாக்டருக்கு ஒன்றுமே புரியவில்லை. பிறகு, " 'இது சின்ன ஆபரேஷன்தான்... பயப்படாதீங்க' என்று நர்ஸ் உன்னைப் பார்த்துச் சொன்னதில் என்ன தவறு இருக்கிறது?" என்று தலைமை டாக்டர் இவனைப் பார்த்துக் கேட்க, அந்த நோயாளி சொன்னானாம்:

" 'இது சின்ன ஆபரேஷன்தான். பயப்படாதீங்க' என்று நர்ஸ் சொன்னது என்னைப் பார்த்து அல்ல. அடுத்த அறையில் எனக்கு ஆபரேஷன் செய்யவிருந்த டாக்டரிடம்!"

சரி, கதை ஒரு பக்கம் இருக்கட்டும். இப்போது விஷயத்துக்கு வருவோம்.

"என்னைவிடக் குறைவான கல்வித் தகுதி உடைய என் நண்பர்கள் எல்லாம் என்னைவிட அதிகம் சம்பாதிக்கிறார்கள். கார், சொந்த வீடு என்று சௌகரியமாக வாழ்கிறார்கள். ஆனால், நான் மட்டும் ஏன் மாதம் எப்போது பிறக்கும் என்று ஒவ்வொரு நாளும் காலண்டரைப் பார்த்துக் காலம் தள்ளி வருகிறேன்? ஆண்டவனுக்கு ஏன் இந்தப் பாரபட்சம்?" – சமீபத்தில் என்னைச் சந்தித்த அரசாங்க ஊழியர் ஒருவர் இப்படி வருத்தப்பட்டார்.

அவருக்கு நான் சொன்ன ஒரு குட்டிக்கதையை உங்களிடம் பகிர்ந்துகொள்கிறேன்.

அவன் ஓர் ஊழியன். அடுத்தவர்களைப் பார்த்துப் பொறாமைப்படும் குணம் அவனுக்கு. யாரைப் பார்த்தாலும், 'சே... அவர்களைப் போல நாம் இல்லையே!' என்கிற தாழ்வுமனப்பான்மை அவனுக்குள் தலையெடுக்கும்.

'நாய்களுக்கு மனிதர்களைவிடக் கேட்கும் சக்தி அதிகம்' என்று பேச்சு வாக்கில் யாரோ ஒருவர் அவனிடம் சொல்ல... 'அட... நாய்களைவிட நான் கேவலமாகிவிட்டேனா' என்று அவனுக்குள் புதிதாக ஒரு கவலை முளைத்தது. சமயம் கிடைக்கும்போதெல்லாம் தனக்குள் புலம்பித் தீர்ப்பான்.

ஒரு நாள் அவன் மந்திரசக்தி கொண்ட ஒரு மரத்தின்கீழ் நின்றபடி தனக்கு மட்டும் நாய்கள் மாதிரி கேட்கும் சக்தி இருந்தால் எவ்வளவு நன்றாக இருக்கும் என்று நினைக்க... 'இந்தக் கணத்தில் இருந்தே நாய்களுக்கு இருப்பது மாதிரி உனக்குக் கேட்கும் சக்தி உண்டாவதாக' என்று மரம் அவனுக்கு வரம் கொடுத்தது.

மரம் பேசுவதைக் கேட்டு ஆச்சரியப்பட்டுப்போன அவன் அதோடு நிற்காமல், "நாய்களைவிட அதிகமான கேட்கும் சக்தி எனக்கு வேண்டும்" என்று அந்த மரத்திடம் கேட்க, "அப்படியே ஆகட்டும்!" என்று அந்த விருட்சம் சொன்னது.

அடுத்த நாள் அவன் சந்தோஷமாக ஆபீஸுக்குள் போனான். தன் பக்கத்து ஸீட்டில் உட்கார்ந்திருந்த டைப்பிஸ்ட் தன் காதலனுடன் டெலிபோனில் மெல்லிய குரலில் கொஞ்சிக் குலாவிப் பேசுவது இவனுக்குத் தெளிவாகக் கேட்டது. இந்தப் பேச்சைக் கேட்டு சட்டென, 'சீ' என்று முகம் சுளித்து வேறு பக்கம் திரும்பிக்கொண்டான். அந்தப் பக்கமும் அவனை விடவில்லை.

இவன் இருக்கையில் இருந்து பல அடி தூரம் தள்ளி இருக்கும் கம்பெனி டைரக்டர் தன் அறைக்குள் இவனைப் பற்றி இன்னொருவரிடம் பேசுவது அவனுக்குத் தெளிவாகக் கேட்டது. கவனிக்க ஆரம்பித்தான்.

"அவன் ஒண்ணுத்துக்கும் பிரயோஜனம் இல்லை. எப்பப் பார்த்தாலும் மோட்டுவளையைப் பார்த்துட்டு உட்கார்ந்திருக்கான். 'இங்கிலீஷ்ல ஒரு லெட்டர் எழுது'ன்னா அதுல எக்கச்சக்கத் தப்பு!"

இந்த உரையாடலை மேற்கொண்டு அவனால் கேட்க முடியவில்லை. லீவு எழுதி வைத்துவிட்டு வீட்டுக்குப் புறப்பட்டான்.

அன்று இரவு அவன் தூங்க முயற்சி செய்கிறான். அப்போது ஏழெட்டு

"நாய்களைவிட அதிகமான கேட்கும் சக்தி

வீதிகளுக்கு அப்பால் குல்பி ஐஸ் விற்பவன் ஒலிக்கும் மணி ஓசை இவனுக்குத் தெளிவாகக் கேட்கிறது. பத்து வீடுகள் தள்ளியிருக்கும் ஒரு வீட்டில் யாரோ அலமாரிக் கதவைத் திறக்க... அதுவும் கேட்கிறது. பல

அடிகள் தள்ளியிருக்கும் மெயின்ரோட்டில் போலீஸ் ஜீப் ரோந்து போகும் சத்தம் கேட்கிறது. பக்கத்து ரூமில் இருக்கும் தன் தங்கை இவனைப் பற்றி தன் கணவனிடம், "என் அண்ணன் எல்லாம் சுத்த வேஸ்ட்" என்று சொல்வது கேட்கிறது. 'அடச்சே' என்று வாழ்க்கையை வெறுத்தவன், 'இந்த மாதிரி கேட்கும் சக்தி எனக்கு வேண்டவே வேண்டாம்!' என்று முடிவெடுத்து, அந்த நள்ளிரவு நேரத்திலேயே வரம் கொடுத்த மரத்தைத் தேடி ஓட ஆரம்பித்தானாம்.

கேட்கும் சக்தியை அதிகரித்துக்கொள்ள நினைத்த அந்த முட்டாளைப் போல நம்மில் சிலர் ஒரு நம்பர் லாட்டரி டிக்கெட் மூலம் உடனடியாகப் பணக்காரனாகிவிட நினைக்கிறார்கள். உங்களுக்கு ஒரு விஷயம் தெரியுமா? லாட்டரி டிக்கெட் வாங்குவதையே பிழைப்பாகக் கொண்ட பிச்சாண்டிகள் பலர் இதுவரை லட்சாதிபதி களாக ஆகியிருக்கிறார்கள். ஆனால், அதில் யாருமே லட்சாதிபதிகளாக நிலைத்ததில்லை.

ஒரு வருட காலமோ, இரண்டு வருட காலமோ... அதற்குள் அவர்கள் மீண்டும் ரிக்ஷா ஓட்டுவது அல்லது மூட்டை தூக்குவது என்று தங்களின் பழைய தொழிலுக்கே திரும்பியிருப்பார்கள்.

செல்வத்தை அடைவது சுலப மான காரியமல்ல. அதேமாதிரி சேர்த்த செல்வத்தை முறையாக செலவழிப்பதும் எளிதல்ல! திறமையாக அதைக் கையாளத் தெரிந்தால்தான் செல்வம் நம்மிடம் தங்கும்!

எனக்கு வேண்டும்."

குள்ள மனிதன் வரட்டும்!

பள்ளிக்கூடம்... எப்போதும் எனக்குப் புனிதத் தலம்தான். சமீபத்தில் பெங்களூரில் ஒரு பள்ளிக்கூடத்துக்குப் போயிருந்தேன். எந்த வயதில் போனாலும் சரி, பள்ளிக்கூடம் என்பது நிறைய விஷயங்களைக் கற்றுக்கொடுக்கிறது.

பற்பசை, குளியல்சோப், டி.வி. என்று எந்தப் பொருளாக இருந்தாலும் சரி... குழந்தைகளைக் கவர்ந்துவிட்டால் போதும்... "அப்பா, இதுலதான் நிறைய நுரை வரும்... அதையே வாங்கித் தா..." என்று குழந்தைகள் கேட்டால், பெற்றவர்களால் அதைத் தட்ட முடிவதில்லை!

பெங்களூரில் குழந்தைகள் மத்தியில் நான் ஆற்றிய உரையை இதோ கொடுத்திருக்கிறேன்.

ஓர் ஊரில் ஒரு சிறுமி இருந்தாள். பரீட்சையில் நல்ல மார்க் எடுக்க வேண்டும்... வகுப்பிலேயே முதல் மாணவியாக வரவேண்டும் என்று

அவளுக்கு ஆசை. ஆனால், அவளுக்கு விளையாட்டில் ஆர்வம் அதிகம். அதனால் பாடத்தில் கோட்டைவிட்டுவிடுவாள்.

ஒரு நாள் அவளது செல்ல நாய் ஒரு பந்தை உருட்டியும் உதைத்தும் விளையாடிக்கொண்டிருந்தது. இது என்ன புதிய பந்தாக இருக்கிறதே என்று வியந்தபடியே அந்தச் சிறுமி அதைத் தன் நாயிடமிருந்து பிடுங்கினாள். அப்போதுதான் புரிந்தது. அது பந்து அல்ல... கம்பளி குல்லா அணிந்த குள்ளமனிதன் என்று. பந்தின் அளவே இருந்த அந்தக் குள்ளன் இந்தச் சிறுமியைப் பார்த்து, "உன் நாயிடம் இருந்து என்னைக் காப்பாற்றி னால் உனக்கு என்ன உதவி வேண்டுமானாலும் செய்கிறேன்" என்றான். "சரி... என்னுடைய வீட்டுப்பாடத்தை எல்லாம் நீ செய்து கொடுப்பாயா?" என்று சிறுமி கேட்க "ஓ... தாராளமாக!" என்றான் அவன்.

ஆனால், சிறுமியின் பாடப் புத்தகங்கள் அவனுக்குப் புதிதாக இருந்தன. ஒவ்வொரு முறை வீட்டுப்பாடம் செய்யும்போதும் அவன் அந்தச் சிறுமியிடம் "இந்த வார்த்தைக்கு என்ன அர்த்தம்? இதுக்கு என்ன ஸ்பெல்லிங்?" என்று சந்தேகம் கேட்டுக்கொண்டே இருப்பான். சிறுமியும் ஒருவாறு தீர்த்துவைப்பாள்.

அதே போல கணக்குப் பாடத்திலும் அவன் படுவீக். அதனால் ஒவ்வொரு முறை வீட்டுப்பாடம் செய்யும்போதும் "எட்டாம் வாய்ப்பாடு சொல்... ஏழாம் வாய்ப்பாடு சொல்" என்று கேட்டுக்கொண்டே இருப்பான். குள்ளமனிதன் கேட்கும் சந்தேகங்களுக்கு பதில் தெரியா விட்டால் "உன் அம்மாவிடம் கேட்டு வந்து சொல்" என்று அனுப்புவான்.

குள்ளமனிதன் கேட்கும் சந்தேகத்துக்கு எல்லாம் சரியாக பதில் சொல்லியாக வேண்டுமே என்ற காரணத்தினால் பள்ளிக்கூடத்திலும் கவனமாக ஆசிரியர் சொல்வதைக் கேட்க ஆரம்பித்தாள் சிறுமி.

கடைசியில் பள்ளி இறுதித்தேர்வு வந்தது. இந்தச் சிறுமி, தான் விரும்பியதைப் போலவே வகுப்பில் முதல் மாணவியாக பாஸ் செய்தாள்.

பள்ளிக்கூடத்தில் குழுமியிருந்த மாணவர்களுக்கு இந்தக் கதையை சொல்லிவிட்டு, "நீங்களும் உங்கள் வீட்டில் ஒரு குள்ள மனிதன் இருப்ப தாகக் கற்பனை செய்துகொண்டு வீட்டுப் பாடங்களைச் செய்யுங் கள். சந்தேகங்கள் வரும்போதெல்லாம் அம்மாவையும் அப்பாவை யும் கேளுங்கள். டிக்ஷ்னரியை ரெஃபர் செய்யுங்கள். வகுப்பில் பாடங்களை உன்னிப்பாகக் கவனியுங்கள். நீங்களும் இந்தக் கதையில் வரும் சிறுமியைப் போல வகுப்பில் நல்ல மார்க் வாங்கலாம்" என்றேன்.

பலத்த கரகோஷம். குழந்தைகளுக்கோ உற்சாகம்.

ஆமாம்... என் புத்தாண்டுப் பரிசாக உங்கள் வீட்டுக்கும் ஒரு குள்ள மனிதன் வரட்டும்!

மன்னிக்கக் கற்றுக் கொள்ளுங்கள்!

“என் அக்கம்பக்கத்தார் அனைவரும் பொறாமை பிடித்தவர்களாக இருக்கிறார்கள். புதுவருடத்தை முன்னிட்டு நிறையத் தள்ளுபடி கொடுக்கிறார்களே என்று கடைவீதிக்குப் போய் ஒரு சோபாசெட் வாங்கி வந்தோம். அது அக்கம்பக்கத்தில் இருப்பவர்கள் அனைவரின் கண்களையும் உறுத்திவிட்டதுபோல. ‘நிறைய லஞ்சம் வாங்கறான் போலிருக்கு’ என்று என் காதுபடவே பேசுகிறார்கள். எனக்கு என்ன செய்வது என்றே தெரியவில்லை!”

சமீபத்தில் என்னைச் சந்தித்த குடும்பத் தலைவர் ஒருவர் இப்படிக் குறைப்பட்டுக்கொண்டார்.

“குருவி மாதிரி வயித்தைக்கட்டி வாயைக்கட்டி கொஞ்சம் கொஞ்சமா காசு சேர்த்து, போதும் போதாததற்கு கடனைஉடனை வாங்கி இப்போதுதான் ஒரு ஃப்ளாட் வாங்கியிருக்கிறோம். அது என் நாத்தனாரின் கண்களைப் பிடுங்கியெடுக்கிறது. ‘உனக்கென்னடி அம்மா, மெட்ராஸ்ல வீடு வாங்கிட்டே!’ என்று பார்க்கும்போதெல்லாம் பொருமித் தள்ளுகிறாள். இத்தனைக்கும் அவளுக்கு ஒன்றுக்கு மூன்று வீடுகள் இருக்கின்றன. நான் வீடு வாங்கியதை மட்டும் உலக மகா குற்றம் மாதிரி என் நாத்தனார் ஒவ்வொரு முறை குத்திக்காட்டிப் பேசும்போதும் ‘பளார்’ என்று அறைந்துவிடலாமா என்று தோன்றுகிறது.”

இது என்னைச் சந்தித்த ஒரு குடும்பத் தலைவியின் புலம்பல்.

“கடுமையான உழைப்பாலும், தொழில் மீது இருக்கும் ஈடுபாட்டாலும் என் கம்பெனியில் இப்போது நான் மானேஜர் அந்தஸ்துக்கு உயர்ந்திருக்கிறேன். என்றாலும் ‘நான் பார்த்து வேலைக்குச் சேர்ந்த பையன் இவன்... என்னை முந்திக்கிட்டு மானேஜராயிட்டானே!’ என்று என்னுடன் வேலை செய்யும் பலர் என்னைப் பார்த்துப் புழுங்கிச் சாகிறார்கள். எப்போது இவன் தடுக்கி விழுவான், கைதட்டிச் சிரிக்கலாம் என்று காத்திருக்கிறார்கள். இதையெல்லாம் பார்க்கும்போது பேசாமல் வேலையை ராஜினாமா செய்துவிட்டு ஊரோடு போய்விடலாமா என்று தோன்றுகிறது.”

இதுவும் போன வாரம் என்னை சந்தித்த என் மாணவர் ஒருவரின் வாக்குமூலம்தான்.

சுருக்கமாகச் சொன்னால், நம்மைப் பார்த்துப் பொறாமைப் படுபவர்களை எப்படிச் சமாளிப்பது என்பதுதான் இந்த மூன்று பேரின் பிரச்னையே!

இதில் கவலைப்படுவதற்கு எதுவும் இல்லை என்பதை முதலில் தெரிந்துகொள்ளுங்கள். அடுத்தவர்கள் உங்களைப் பார்த்துப்

பொறாமைப்படும் அளவுக்கு ஆண்டவன் உங்களை வைத்திருக்கிறான் என்றால் நீங்கள் நல்ல நிலையில் இருக்கிறீர்கள் என்றுதானே அர்த்தம்! உங்களை நல்ல நிலையில் வைத்திருப்பதற்காக ஆண்டவனுக்கு முதலில் நன்றி சொல்லுங்கள்.

சரி, பொறாமையின் காரணமாக புழுதிவாரித் தூற்றுபவர்களை என்ன செய்வது என்ற கேள்விக்கு இப்போது வரலாம்.

அது ஒரு கழுதை. அதைக் கண்டால் ஊரில் இருக்கும் சிறுவர்களுக்கு எல்லாம் இளப்பம். ஒரு முறை அது கால் இடறிப் பள்ளம் ஒன்றில் விழுந்துவிட்டது. அதைப் பார்த்த சிறுவர்கள் எல்லோரும் பள்ளத்துக்குள் விழுந்த கழுதையைக் கல்லால் அடித்துத் துன்புறுத்தினார்கள். வேறு சிலர் பக்கத்தில் இருந்த குப்பைத்தொட்டியை எடுத்துவந்து அதிலிருந்த குப்பைகளை அப்படியே அதன் மீது கவிழ்த்தார்கள். கழுதையின் உடம்பு முழுதும் குப்பைகளால் அசுத்தமானது. என்றாலும், அது தன் மீது விழுந்த குப்பைகளை உதறிக்கொண்டு அந்தக் குப்பைகளின் மீதே ஏறி, பள்ளத்தில் இருந்து வெளியே வந்துவிட்டது.

கழுதை தன் மீது கொட்டப்பட்ட குப்பைகளை உதறிய மாதிரி நம் மீது அடுத்தவர்கள் கொட்டும் வீண் பேச்சுகளையும் பழிச்சொற்களையும் உதறி, அதன் மீது ஏறி வாழ்க்கையில் உயரக் கற்றுக்கொள்ள வேண்டும்.

"அந்தப் பொறாமைக்காரர்களின் பேச்சு பற்றி உங்களுக்குத் தெரியாது சுவாமி. அவ்வளவு மட்டமான பேச்சு. அதை அத்தனை சுலபமாக உதறித் தள்ளிவிட முடியாது!" என்று உங்களில் சிலர் சொல்லலாம். உண்மைதான். அடுத்தவர்களின் வசவு வார்த்தைகளை சுலபமாக உதறித் தள்ளிவிட முடியாது தான். அதற்கு மன்னிக்கும் குணம் வேண்டும்.

அடுத்தவர்கள் உங்களுக்கு இழைத்த தீங்குகளை நீங்கள் மன்னிக்காவிட்டால் வருடங்கள் பல ஓடினாலும் நீங்கள் கடந்த காலத்தின் கைதியாகவேதான் இருப்பீர்கள். அடுத்தவர்களை மன்னிப்பது என்பது அடுத்தவர்களுக்கு நீங்கள் கொடுக்கும் சலுகை அல்ல. அது உங்களை நீங்களே விடுவித்துக்கொள்ளும் வித்தை.

இதோ, இந்தக் கதையைப் படியுங்கள்.

மூன்று இளைஞர்கள் வெகு தொலைவில் இருந்த ஓர் ஊருக்கு வேலை தேடிக் கால்நடையாகப் பயணம் போனார்கள். பாதி

வழியில் அவர்களுக்குள் ஏதோ ஓர் அற்பக் காரணத்துக்காகச் சண்டை வந்துவிட்டது. அதனால் ஒருவருக்கு ஒருவர் பேசாமலேயே தாங்கள் செல்லவேண்டிய ஊரை நோக்கிச் சென்றார்கள். அப்போது குறுக்கே ஒரு பெரிய ஆறு குறுக்கிட்டது. முதலாவது இளைஞன் அந்த ஆற்றைப் பார்த்து 'உன்னை நீந்திக் கடக்கும் வலிமையை எனக்குக் கொடு!' என்று வேண்டினான். அடுத்த கணம், அவன் கைகள் டார்ஜான் கைகள் மாதிரி உறுதிமிக்க கைகளாக மாறிவிட, அவன் சுலபமாக ஆற்றை நீந்தி அடுத்த கரையை அடைந்துவிட்டான்.

அடுத்தவன் இவனைவிட ஒரு படி மேலே போய் 'உன்னைக் கடக்கும் சக்தியையும் அறிவையும் எனக்குக் கொடு!' என்று வேண்ட, அடுத்த கணம் ஒரு படகு தோன்றுகிறது. அதைக் கொண்டு அவன் ஆற்றைக் கடந்து அடுத்த கரைக்குப் போனான்.

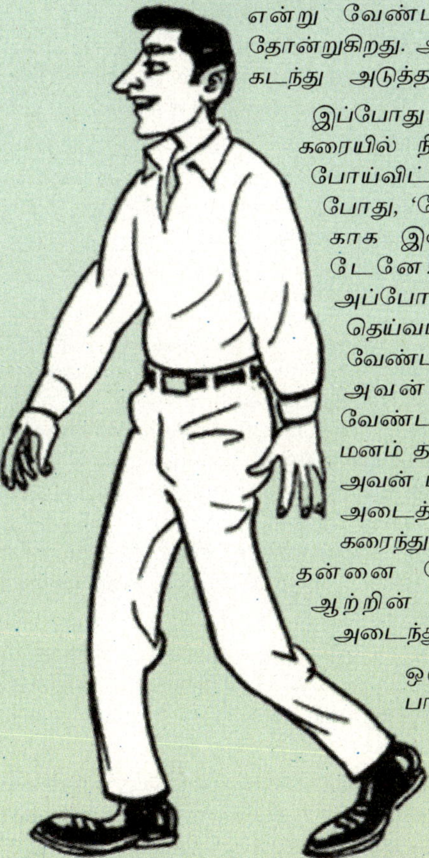

இப்போது மூன்றாமவன் மட்டும் தனியாகக் கரையில் நின்றிருந்தான். அடுத்த கரைக்குப் போய்விட்ட தன் நண்பர்களைப் பார்த்த போது, 'சே... அற்பமான ஒரு காரணத்துக்காக இவர்களுடன் நான் சண்டையிட்டேனே!' என்று வருத்தப்பட்டான். அப்போது அவன் முன் அந்த ஆற்றுத் தெய்வம் தோன்றி, "உனக்கு எந்த வரமும் வேண்டாமா?" என்று கேட்டது. உடனே அவன், "எனக்கு வேறு எதுவும் வேண்டாம். மற்றவர்களை மன்னிக்கும் மனம் தந்தால் போதும்" என்றான். உடனே அவன் மனசு லேசாயிற்று. தொண்டையை அடைத்துக்கொண்டிருந்த ஏதோ ஒன்று கரைந்து போனது. ஒரு மலரின் இதழைவிட தன்னை லேசாக உணர்ந்தான் அவன். ஆற்றின் மீதே நடந்து அக்கரையை அடைந்துவிட்டான்.

ஒருவனுக்கு மன்னிக்கும் மனப்பான்மை மட்டும் இருந்துவிட்டால் போதும், பாதைகள் சுமுகமாகும். பயணம் சுகமாகும்.

ஏமாற்றாதே... ஏமாறாதே!

நன்றாக யோசித்துப் பாருங்கள்... நமக்கு வரும் பெரும் பாலான பிரச்னைகளுக்குக் காரணம், நாம் ஏதோ ஒருவிதத்தில் முட்டாளாக இருப்பதுதான் என்று புரிய வரும்.

இந்தப் புகழ்பெற்ற கதை உங்களில் சிலருக்குத் தெரிந்திருக்கலாம். இருந்தாலும் இதை இங்கே சொல்வது பொருத்தமாக இருக்கும் என்று நினைக்கிறேன்.

பேராசை பிடித்த பெண் ஒருத்தி, கடை வீதிக்குப் போனாள். அங்கே ஒரு வியாபாரி பிரமாண்டமான கூண்டு ஒன்றில் நூற்றுக்கணக்கான பறவைகளை வைத்திருந்தான். பார்ப்பதற்கு அத்தனையும் ஒன்றுபோல ஒரே சைஸில், மஞ்சள் நிறத்தில் இருந்தன. ஒரு பறவைக்கும் இன்னொரு பறவைக்கும் அவற்றைப் படைத்த கடவுளே வந்தாலும் வித்தியாசம் சொல்ல முடியாது! ஆனாலும் அந்தப் பெண் குறிப்பாக ஒரு பறவையைத் தேர்ந்தெடுத்து வாங்கப் போகிறவள் மாதிரி அந்தக் கூண்டைச் சுற்றிச்சுற்றி வந்தாள்.

இரண்டு மணி நேரத்துக்குப் பிறகு அவள் கண்களில் ஒரு பறவை தனித்துத் தெரிந்தது. காரணம், அதன் விலை! அங்கே இருந்த ஒவ்வொரு பறவையின் கால்களிலும் 'விலை: பத்து ரூபாய்' என்று ஒரு துண்டுச் சீட்டில் எழுதிக் கட்டப்பட்டிருக்க, ஒரே ஒரு பறவையின் காலில் மட்டும் 'விலை ஆயிரம் ரூபாய்' என்று எழுதப்பட்டிருந்தது.

"இது விசேஷமான பறவையா? இது மட்டும் ஏன் ஆயிரம் ரூபாய்?" என்று அவள் பறவை வியாபாரியிடம் விசாரித்தாள். உடனே அவன், "அடேடே... நீங்க பெரிய புத்திசாலியாக இருப்பீர்கள் போல இருக்கிறதே! ஆமாம்... இந்தப் பறவை விசேஷமானது என்று எப்படிக் கண்டுபிடித்தீர்கள்? நீங்கள் என்ன, மறைந்த பிரபல பறவையியல் நிபுணர் சலீம் அலிக்குச் சொந்தமா?" என்று ஏகத்துக்கும் ஐஸ்வைக்க, அந்தப் பெண்ணுக்கு உச்சி குளிர்ந்துபோய்விட்டது. அவள் ஏமாறுவதற்குத் தயாராகிவிட்டாள் என்று பறவை வியாபாரிக்கு சர்வ நிச்சயமாகத் தெரிந்துவிட்டது. இப்போது அவன் தனது தொழில் திறமையைக் காட்ட ஆரம்பித்தான்.

"இந்தப் பறவை பார்ப்பதற்கு மற்ற பறவைகள் மாதிரியே இருந்தாலும் இது வித்தியாசமான பறவை. இது வெறுமனே பாட்டு மட்டும் பாடாது. இதற்கு இந்துஸ்தானி சங்கீதத்தில் இருந்து கர்னாடக சங்கீதம் வரை நிறையப் பாடல்கள் தெரியும்!"

கொஞ்சம் தாமதித்தாலும் இந்த அபூர்வப் பறவையை வேறு யாராவது வாங்கிப் போய்விடுவார்களோ என்ற படபடப்பில் அந்தப் பெண்மணி

உடனடியாக ஆயிரம் ரூபாயைக் கொடுத்து அந்தப் பறவையை வாங்கிக்கொண்டு போனாள்.

அடுத்த நாள், அந்தப் பறவை வியாபாரியைத் தேடி அந்தப் பெண்மணி கடுங்கோபத்தோடு வந்தாள். “நீ கொடுத்த பறவை பாடவே இல்லையே!'' என்று ஆத்திரத்துடன் கத்தினாள். அவள் கத்தித் தீர்க்கும்வரை

பொறுமையாக இருந்த பறவை வியாபாரி, "என்ன... பாடவில்லையா? ஆச்சரியமாக இருக்கிறதே!" என்று ஆச்சரியமாகக் கேட்டுவிட்டு, "சரி, அது மணியையாவது கொத்துகிறதா?" என்று கேட்டான்.

உடனே அந்தப் பெண்மணி, "என்ன! மணியா?" என்று திருப்பிக் கேட்க, "ஆமாம்மா... மணிதான்! மியூஸிக் இல்லாம பறவை எப்படிப் பாடும்? இந்தாங்க... இந்த மணியைக் கொண்டுபோய் அந்தப் பறவை இருக்கும் கூண்டில் கட்டுங்க. உடனே பறவை இந்த மணியைக் கொத்தும். மணி அசைந்து சத்தம் வந்ததும் அந்த இசைக்கு ஏற்ப பறவை பாட ஆரம்பிக்கும். மணியின் விலை அப்படி ஒன்றும் அதிகமில்லை... ஜஸ்ட், இருநூறு ரூபாய்தான்!" என்று ஒரு மணியை வேறு அவள் தலையில் கட்டி அனுப்பிவிட்டான்.

மறுநாள், அந்தப் பெண் மீண்டும் வந்தாள். "நீங்கள் கொடுத்த மணியைக் கட்டினேன். அப்போதும் அந்தப் பறவை பாடவில்லையே?'' என்று அங்கலாய்த்தாள். அதற்கும் அந்தப் பறவை வியாபாரி சற்றும் அசராமல், "என்ன... மணியைக் கட்டிய பிறகும் பறவை பாடவில்லையா..? இது உண்மையிலேயே ஆச்சரியமான விஷயம்தான்! சரி, அது ஊஞ்சலாவது விளையாடுகிறதா, இல்லையா?" என்று கேட்டான். அந்தப் பெண் புரியாமல், "என்னது... ஊஞ்சலா!" என்று புருவத்தை உயர்த்தினாள்.

உடனே அந்த வியாபாரி, "என்னம்மா... ஆயிரம் ரூபாய் கொடுத்து பறவை வாங்கறீங்களே, இந்த விசேஷமான பறவையைப் பத்தி எல்லாம் தெரிஞ்சு வெச்சிருப்பீங்கன்னு பார்த்தேன்! இப்படி எதுவுமே தெரியாம இருக்கீங்களே? பறவை ஒரே இடத்துல சோம்பேறியா உட்கார்ந்துட்டிருந்தா அதுக்கு எப்படி குஷி வரும்? ஊஞ்சல் ஆடினாத்தானே அந்த குஷியில பாடணும்னு அதுக்கு மூடு வரும்? இந்தாங்க, வெறும் முந்நூறு ரூபாதான். இந்த ஊஞ்சலை வாங்கிட்டுப் போய் பறவை இருக்கும் கூண்டில் கட்டிப் பாருங்க, அப்புறம் தெரியும் பறவை எப்படி ஜோரா பாடுதுன்னு!" என்றான். அந்தப் பெண்ணும் பணம் கொடுத்து அந்த ஊஞ்சலை வாங்கிக்கொண்டு போனாள்.

அடுத்த நாள்... அந்தப் பெண் மிகவும் கோபமாக பறவை வியாபாரியிடம் வந்து, "என்னை என்ன ஏமாந்தவள்னு நினைச்சியா? பறவை இப்பவும் பாட மாட்டேங்குது!" என்று பொரிந்து தள்ளினாள்.

பறவை வியாபாரி அப்போதும் நிதானமாக, “என்ன சொல்றீங்கம்மா... பறவை மணியைக் கொத்துது. ஊஞ்சல் ஆடுது... ஆனா, பாட்டு மட்டும் பாட மாட்டேங்குதா? ஆச்சரியமாத்தான் இருக்கு! சரி, பறவைக் கூண்டுல கண்ணாடி வெச்சிருக்கீங்கதானே? அது கண்ணாடியில் தினம் தினம் தன்னைப் பார்த்துக்குதுதானே?'' என்று கேட்டான்.

அந்தப் பெண் குழப்பமும் வியப்புமாக, ‘‘என்ன... பறவை கண்ணாடியில பார்த்துக்குமா?'' என்று கேட்டாள்.

உடனே அந்தப் பறவை வியாபாரி, “அதானே பார்த்தேன்! பறவை ஏன் பாடலைனு இப்பத் தெரிஞ்சுபோச்சு. என்னம்மா... பார்த்தா படிச்சவங்களா தெரியறீங்க... உங்களுக்குப் பறவை சைக்காலஜி தெரியலேங்கறது ஆச்சரியமாதான் இருக்கு. எந்தப் பறவையா இருந்தாலும் அது தனியா இருந்தா பாடாதும்மா. பேச்சுத் துணைக்கு யாராவது வேணும். சரி, அதனால பாதகமில்லை. நீங்க ஒரு கண்ணாடியை வாங்கிக் கூண்டுக்குள்ள வெச்சுட்டீங்கன்னா போதும்... தன் பிம்பத்தையே ஜோடின்னு நினைச்சுக்கிட்டு அதுகிட்ட பேச ஆரம்பிக்கும். பேச ஆரம்பிச்சாச்சுன்னா போதுமே... உடனே பாடவும் ஆரம்பிச்சுடும். இது வெறும் இருநூறு ரூபாய்தான். இந்தக் கண்ணாடியை வாங்கிட்டுப் போங்க!'' என்று கூடுதலாக ஒரு கண்ணாடியை அவள் தலையில் கட்டி அனுப்பினான்.

அடுத்த நாள், அந்த பெண் மீண்டும் கடைக்கு வந்தாள். பறவை வியாபாரி “என்ன விஷயம்?'' என்று கேட்க, அந்தப் பெண் மிகுந்த வருத்தத்துடன், “பறவை செத்துப்போச்சுங்க!” என்றாள்.

“ஐயையோ! கடைசிவரைக்கும் அது ஒரு பாட்டுகூடப் பாடாமலேயா செத்துப்போயிடுச்சு?'' என்று அவன் பதறிப்போய்க் கேட்க,

“ஆமாம்... பாடவில்லைதான்! ஆனால், சாவதற்குமுன் பேசியது. ‘மணி, ஊஞ்சல், கண்ணாடி என்று எதை எதையோ உன் தலையில் கட்டி என்னைப் பாட வைப்பதற்காக யோசனை சொன்ன அந்த வியாபாரி எனக்குத் தீனி போட வேண்டும் என்று சொல்லித்தரவில்லையா?’ என்று கேட்டது. பிறகு, ‘அந்த வியாபாரியிடம் ஏமாந்தது மாதிரி இனிமேல் யாரிடமும் ஏமாறாதே!’ என்று கூறிவிவிட்டுச் செத்துவிட்டது'' என்று கடுப்புடன் சொல்லிவிட்டு, அங்கிருந்து அகன்றாள் அந்தப் பெண்.

ஒருவனை யாராவது ஏமாற்றினால் குற்றவாளி ஏமாற்றியவன்தான். சந்தேகமில்லை.... ஆனால், அதே ஆளிடம் ஒருவன் மீண்டும் மீண்டும் ஏமாந்துகொண்டிருந்தால் குற்றவாளி ஏமாற்றுகிறவன் அல்ல. ஏமாறுகிறவன்தான்!

உறவு வளர்க்கும் ரிப்பன்கள்!

வழக்கமாக நான் நடத்தும் வாழ்வியல் பயிற்சி முகாம்களில் மாணவர்களுக்கு ஒரு குறிப்பிட்ட பயிற்சியைக் கொடுப்பது வழக்கம். அந்தப் பயிற்சியை இப்போது உங்களுக்கும் கொடுக்க ஆசைப்படுகிறேன். மேற்கொண்டு இந்தக் கட்டுரையைப் படிப்பதற்கு முன் ஒரு நிமிடம் கண்களை மூடி, உங்கள் அப்பாவும் அம்மாவும் உங்களுக்காகச் செய்த தியாகங்களை, உங்கள் வளர்ச்சிக்காக அவர்கள் எடுத்துக்கொண்ட முயற்சிகளைக் குறித்துச் சிந்தியுங்கள். தான் ஒரு நல்ல பாண்ட், சட்டை வாங்கிக்கொள்ளாமல், 'பள்ளிக்கூடத்துக்குப் போற பிள்ளை, அதுக்கு ஒரு நல்ல டிரஸ் இல்லேன்னா எப்படி...?' என்று உங்கள் அப்பா உங்களுக்குத் துணிமணி வாங்கிக்கொடுத்த சம்பவமாக இருக்கலாம். அல்லது உங்கள் தாயார், தான் வழக்கமாகக் குடிக்கும் காபியைக் குறைத்துக் கொண்டு, தினசரி ராத்திரி வேளையில் உங்களுக்காக ஒரு டம்ளர் பாலுக்கு ஏற்பாடு செய்த நிகழ்ச்சியாக இருக்கலாம். இப்படி நினைவுக்கு வரும் அத்தனை விஷயங்களையும் மனசுக்குள் அசைபோட்டுப் பாருங்கள்!

இதற்கெல்லாம் நீங்கள் அவர்களுக்கு நன்றி சொல்லி இருக்கிறீர்களா? அட, அதை விடுங்கள்... வருடத்தில் நாலைந்து முறையாவது அவர்களுக்குக் கடிதம் போட்டிருக்கிறீர்களா?

பெற்ற அப்பா, அம்மாவுக்கே இந்தக் கதி என்றால், மற்றவர்கள் எல்லாம்..? மற்றவர்கள் என்று நான் இங்கே குறிப்பிடுவது ஒவ்வொருவரின் வாழ்க்கையிலும் நண்பர், ஆசிரியர், முதலாளி என்று எத்தனையோ பேர் திருப்பம் ஏற்படக் காரணமாக இருந்திருப் பார்களே... அவர்களை!

'அவர்களை மட்டும் நான் சந்திக்காமல் இருந்திருந்தால் இந்த

அளவுக்கு என்னால் உயர்ந்திருக்க முடியாது' என்று நீங்கள் நினைக்கும் நபர்கள் யார் யார்? அவர்களை எல்லாம் சந்தித்து நன்றி சொல்லியிருக்கிறீர்களா? அவர்களுக்கு உங்களால் முடிந்த பதில் உதவி செய்ய முயற்சியாவது எடுத்திருக்கிறீர்களா? இந்தக் கேள்விகளுக்கு எல்லாம் நம்மில் பெரும்பாலானோரின் பதில் இல்லை என்றுதான் இருக்கும். சமுதாயத்தில் அடிதடி, சண்டை சச்சரவு எல்லாம் எழுவதற்கு முக்கியக் காரணமே இந்த நன்றி உணர்ச்சியும் அன்பும் நாளுக்கு நாள் மறைந்து போய்க்கொண்டு இருப்பதுதான்.

இதோ, இந்தக் கதையைப் படியுங்கள்.

அது ஒரு சின்னக் கிராமம். என்றாலும் சாதியின் பேராலும் மதத்தின் பேராலும் ஏழை - பணக்காரன் என்கிற பாகுபாட்டின் பேராலும் ஏராளமான துண்டுகளாகச் சிதறிக் கிடந்தது. அண்ணன் - தம்பிகளாக வாழவேண்டிய மக்கள், எலியும் - பூனையுமாக வாழ்ந்துகொண்டிருந்தார்கள்.

அந்தக் கிராமத்தில் ஒரு கல்லூரி இருந்தது. அங்கே, புதிதாக ஒரு பெண்மணி வெளியூரில் இருந்து வந்து பேராசிரியையாக வேலைக்குச் சேர்ந்தார். முதல் நாளே அவர் தன் மாணவர்கள் அத்தனை பேருக்கும் தலா மூன்று ரிப்பன்களைக் கொடுத்து, "உங்கள் வாழ்க்கையில் உண்மையிலேயே ஒரு நல்ல திருப்பத்தை ஏற்படுத்திய மூன்று பேரைச் சந்தித்து இந்த ரிப்பன்களை அவர்கள் கையில் கட்டுங்கள். அப்படிக் கட்டும்போது ஒவ்வொருவரிடமும் கூடுதலாக இன்னும் மூன்று ரிப்பன்களைக் கொடுத்து நான் உங்களிடம் இப்போது சொன்னது போலவே சொல்லி, அவர்களையும் மும்மூன்று பேருக்கு அந்த ரிப்பன்களைக் கட்டச் சொல்லுங்கள்" என்று அனுப்பினார்.

அந்தக் கல்லூரியிலேயே மிக மிக ஏழைக் குடும்பத்தைச் சேர்ந்த மாணவன் ஒருவன் இருந்தான். அவன் தனது படிப்புக்குப் புத்தகங்களைக் கொடுத்து உதவிய தன் சீனியர் மாணவன் ஒருவனைப் பார்த்து, "நான் பள்ளியில் படித்தபோது நீ மட்டும் உன் புத்தகங்களை இலவசமாகக் கொடுத்திருக்கவில்லை என்றால், நான் இப்போது கல்லூரியில் காலடி எடுத்து வைத்திருப்பேனா என்றே தெரியாது" என்று நெகிழ்ச்சியாகச் சொல்லிவிட்டுத் தன் அன்பின் அடையாளமாக அந்த சீனியர் மாணவனின் கையில் ரிப்பனைக் கட்டினான். பின்னர், தன் பேராசிரியை சொன்ன மாதிரியே மேலும் மூன்று ரிப்பன்களைக் கொடுத்து, "எங்கள்

கல்லூரியில் அன்புவாரம் கொண்டாடுகிறோம். அதனால் வாழ்க்கையில் திருப்பத்தை ஏற்படுத்திய மிக முக்கியமான மூன்று நபர்களுக்கு இதைக் கட்டு'' என்று சொல்லி விடை பெற்றான்.

அவன் அங்கிருந்து சென்ற வெகு நேரத்துக்குப் பிறகும், அந்த ஏழை மாணவன் தன் நன்றியை நாத் தழுதழுக்கச் சொன்ன விதத்தை அந்த சீனியர் மாணவனால் மறக்க முடியவில்லை. பிறகு, அந்த மாணவன் தனக்குக் கல்வியின் மீது ஆர்வம் ஏற்படக் காரணமாயிருந்த ஒரு மூத்த அறிஞரைத் தேடிச் சென்று ஏழை மாணவன் கொடுத்த ரிப்பன்களில் ஒன்றைக் கட்டினான். அவர் உடனே யோசிக்க ஆரம்பித்துவிட்டார். 'வாழ்க்கையில் இவன்போன்று எத்தனையோ பேர் முன்னுக்கு வரக் காரணமாக இருந்த நான், என் மகனைச் சரியானபடி அக்கறையோடும் அன்போடும் வளர்க்காமல் போய்விட்டேனே! என்று மனம் வருந்தினார்.

அன்று இரவு அந்த அறிஞர் தன் வீட்டுக்குச் சென்றதும், மகனை அழைத்து அவன் கையில் அந்த ரிப்பனைக் கட்டினார். உடனே அவர் மகன் வெடித்து அழுதான். "ஐயோ, நான் ஒரு முட்டாள். உங்களைப் பழிவாங்குவதாக நினைத்துக்கொண்டு தற்கொலை செய்துகொள்ள இருந்தேனே... நீங்கள் என் மீது வைத்துள்ள அன்பைப் புரிந்து கொள்ளாத பாவியாக இத்தனை நாள் இருந்துவிட்டேனே!'' என்று அவன் கண்ணீர்விட்டு அழவும், அவருக்குத் தூக்கிவாரிப்போட்டது. பதறிப்போய் மகனை அன்புடன் அணைத்துக்கொண்டார் அவர்.

சரியாக ஒரு வாரம் கழிந்தது. ஏழை மாணவன், சீனியர் மாணவன், அறிஞர், மகன்... என்று அந்த அன்புச்சங்கிலி மேலும் மேலும் நீண்டது. இதே போல கல்லூரியில் படிக்கும் மற்ற மாணவர்களிடமிருந்து தொடங்கிய அன்புச் சங்கிலிகளும் நீண்டுகொண்டே போக, ஒரே வாரத்தில் அந்த ஊரில் உள்ள அத்தனை பேர் கைகளிலும் அன்பின் சின்னமாக ரிப்பன்கள்!

அதுவரை தங்களுக்குள் ஏதேதோ பேதங்களை வளர்த்துக்கொண்டு இருந்த ஊர்மக்கள், தாங்கள் அனைவருமே ஏதோ ஒரு வகையில் ஒருவரோடு ஒருவர் அன்புச் சங்கிலியால் பிணைக்கப்பட்டவர்கள் என்பதை அப்போது தான் புரிந்துகொண்டார்கள்.

கல்வி சிறந்த தமிழ்நாடு!

அது ஒரு பள்ளிக்கூடம். வகுப்பில் ஆசிரியர் விலங்கியல் பாடம் நடத்திக் கொண்டிருந்தார். ஒரு பறவையின் காலை மட்டும் கரும்பலகையில் வரைந்து, 'இது எந்தப் பறவையின் கால்? இது எந்த இனத்தைச் சேர்ந்தது? இதன் விலங்கியல் பெயர் என்ன?' என்று கேள்விகளை அடுக்கிக்கொண்டே போனார்.

அப்போது ஒரு மாணவன் எழுந்து இரண்டு வரிசைகள் தள்ளி பின்னால் உட்கார்ந்திருந்த தன் நண்பனிடம் போனான். ஆசிரியர் கோபமாகி, "ஏய், யாருப்பா அது? உன் பெயர் என்ன?" என்று அதட்டினார். உடனே அந்த மாணவன், "என்ன சார்... தினந்தோறும் என்னைப் பார்த்துக்கொண்டே இருக்கிறீர்கள். அப்படி இருந்தும் என் பெயர் உங்களுக்குத் தெரியவில்லை. ஆனால், நாங்கள் மட்டும் பறவையின் காலை மட்டும் வைத்து அதன் பெயர், குலம் கோத்திரம் எல்லாவற்றையும் சொல்ல வேண்டுமா?" என்றான்.

அந்த மாணவன் கேட்டது அதிகப் பிரசங்கித்தனமாக இருக்கலாம். ஆனால், பொதுவாக மாணவர்கள் எல்லாம் இப்போது மாறிவிட்டார்கள். ஆசிரியர்

எதைப் பற்றிப் பாடம் எடுக்கப்போகிறாரோ, அதைப் பற்றி முதல் நாளே இன்டர்நெட்டில் நிறையத் தெரிந்துகொள்கிறார்கள். ஹோம் வொர்க் செய்யாமல் பாடம் எடுப்பதற்காக வகுப்பில் ஆசிரியர் நுழைந்தால், மாணவர்கள் முன் அசடுவழிய வேண்டியதுதான். மாணவ சமூகம் முன்பு எப்போதும் இல்லாததைவிட, இப்போது சரியான திசையை நோக்கி வேகமாக இயங்கிக்கொண்டிருக்கிறது என்பது என் கருத்து.

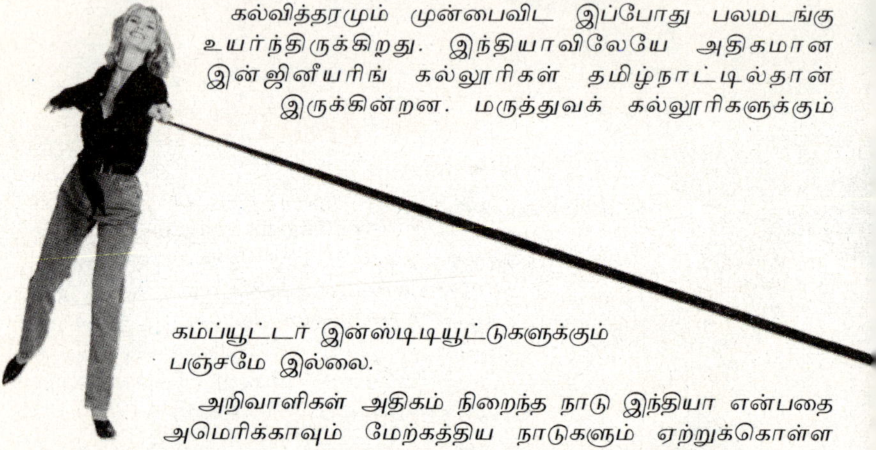

கல்வித்தரமும் முன்பைவிட இப்போது பலமடங்கு உயர்ந்திருக்கிறது. இந்தியாவிலேயே அதிகமான இன்ஜினீயரிங் கல்லூரிகள் தமிழ்நாட்டில்தான் இருக்கின்றன. மருத்துவக் கல்லூரிகளுக்கும் கம்ப்யூட்டர் இன்ஸ்டிடியூட்டுகளுக்கும் பஞ்சமே இல்லை.

அறிவாளிகள் அதிகம் நிறைந்த நாடு இந்தியா என்பதை அமெரிக்காவும் மேற்கத்திய நாடுகளும் ஏற்றுக்கொள்ள ஆரம்பித்திருக்கின்றன. அமெரிக்காவில் இருக்கும் பெப்சி குளிர்பான நிறுவனத்தின் மிகப்பெரிய பதவியில் இருக்கும் பெண்மணியில் ஆரம்பித்து, இங்கிலாந்து கிரிக்கெட் அணியின் காப்டன் வரை உலகின் முக்கியமான பொறுப்புகளில் இருக்கும் பலர் தமிழ்நாட்டில் படித்தவர்கள்தான். இதையெல்லாம் இங்கே நான் சொல்லக் காரணம், இன்று நேற்று அல்ல... ஆயிரக்கணக்கான வருடங்களுக்கு முன்பிருந்தே கல்விக்கு முக்கியத்துவம் கொடுத்துவரும் நாடு நம் தமிழ்நாடு என்பதை வலியுறுத்தத்தான்.

ஆனால், நாம் அஞ்சவேண்டிய விஷயம் வேறொன்று இருக்கிறது. இப்போது பலரும் கம்ப்யூட்டர் கல்விதான் படித்துக்கொண்டிருக்கிறார்கள். கம்ப்யூட்டர் புறொகிராமிங் படித்தால் உடனடியாக விசா வாங்கி அமெரிக்கா போய் செட்டிலாகிவிடலாமே என்கிற ஆசைதான் இதற்குக் காரணம். இதனால் பௌதிகம், ரசாயனம், தாவரவியல் போன்ற அறிவியல் துறைகளில் மேற்படிப்பு படிக்கும் – ஆராய்ச்சி செய்யும் மாணவர்களின் எண்ணிக்கை வெகுவாகக் குறைந்துவிட்டது. அதேபோல் டாக்டர்கள், ஆடிட்டர்கள் என்று கம்ப்யூட்டர் துறையோடு

சற்றும் சம்பந்தம் இல்லாதவர்கள்கூடத் தங்கள் தொழிலை உதறிவிட்டு கம்ப்யூட்டர் படிக்கவும் வெளிநாடு செல்லவும் அதிக ஆர்வம் காட்டு கிறார்கள். இந்த நிலை மிகவும் ஆபத்தானது. ஒரு காலத்தில் பிஹெச்.டி. படிக்கும் ஆராய்ச்சி மாணவர்கள் சீனாவைவிட இந்தியாவில் அதிகமாக இருந்தார்கள். ஆனால், இப்போது நிலைமை தலைகீழ்!

அணு ஆயுதமாக இருந்தாலும் சரி, ஏவுகணையாக இருந்தாலும் சரி... எந்த வெளிநாட்டின் உதவியும் இன்றி, அதை உற்பத்தி செய்யும் ஆற்றல் கொண்ட விஞ்ஞானிகளைப் பெற்றது நமது நாடு. இந்த நாட்டில், இந்தத் தலைமுறையில்தான் விஞ்ஞானிகளின் எண்ணிக்கை வீழ்ச்சி அடைந்தது என்ற அவப்பெயர் வரவேண்டாமே!

நீங்கள் முன்னேற வேண்டுமா?

கம்ப்யூட்டர் மென்பொருள் நிறுவனம் ஒன்றில் புரோகிராமராக வேலை பார்க்கும் இளைஞர் ஒருவர் சமீபத்தில் என்னைச் சந்தித்தார். பணம் கொழிக்கும் கம்பெனியில் அனைத்து வசதிகளுடன் இருக்கும் அவர், மிகமிகச் சோர்வாக இருந்தார். என்ன காரணம் என்று கேட்டேன்.

''என் ஆபீஸ் எனக்குப் பிடிக்கவில்லை... என்னுடன் வேலை பார்ப்பவர்களைப் பிடிக்கவில்லை. என் மானேஜரைப் பிடிக்கவில்லை... என் டேபிளைப் பிடிக்கவில்லை...'' என்று அந்த இளைஞர் அடுக்கிக்கொண்டே போனார். அவரை ஆசுவாசப்படுத்தி, அவருடன் சற்று மனம்விட்டுப் பேசினேன்.

''என்னைவிடப் படிப்பிலும் அனுபவத்திலும் கம்ப்யூட்டர் புரோகிராம் எழுதும் திறமையிலும் பல படிகள் கீழே இருக்கும் பலருக்கு நிர்வாகம் என்னைவிட முக்கியத்துவம் கொடுத்து, அதிகச் சம்பளம் கொடுக்கிறது... பதவி உயர்வு கொடுக்கிறது!'' என்று புலம்பினார்.

அவருக்குச் சொன்னதை இங்கே உங்களுடன் பகிர்ந்துகொள்கிறேன்.

முயல் – ஆமை கதை எல்லோருக்கும் தெரிந்ததுதான்.

முயலுக்கும் ஆமைக்கும் ஓட்டப் பந்தயம் நடக்கிறது. ஆமையைவிட முயல் வேகமாக ஓடும் சக்தி படைத்தது. 'இதெல்லாம் ஒரு தூரமா... கண் இமைக்கும் நேரத்தில் ஓடிக் கடந்துவிட முடியும்!' என்ற மிதப்பில் பாதிவழியில் கண்மூடித் தூங்கிவிட்டது.

ஆனால், விடாமுயற்சியுடனும் 'முயலை நம்மால் ஜெயிக்க முடியுமா!' என்பது போன்ற எதிர்மறையான எண்ணங்கள் இல்லாத ஆமையே இந்தப் பந்தயத்தில் ஜெயித்தது. இது ஒரிஜினல் கதை.

இதையே வேறு ஒரு கோணத்தில் இப்போது பார்ப்போம். முயல் தன் தோல்வியைப் பற்றி சுயபரிசோதனை செய்து பார்த்தது. தான் ஆமையிடம் தோற்றுப் போனதற்குத் தன்னுடைய சோம்பேறித்தனமும் தன்னால் முடியாததா என்ற மிதப்பும்தான் காரணம் என முடிவுக்கு வந்தது. மீண்டும் அது ஆமையைப் போட்டிக்கு அழைத்தது. ஆமையும் சம்மதித்தது. இந்த முறை எதிர்பார்த்தது போலவே ஆமையை முயல் ஜெயித்துவிட்டது!

சரி, கம்பெனியை நிர்வகிப்பதற்கும் இந்தப் புதிய கதைக்கும் என்ன சம்பந்தம்?

சொல்கிறேன். ஒரு கம்பெனியில் என்னதான் மிகத் திறமையான ஊழியர்கள் இருந்தாலும் கதையில் வரும் முயல் மாதிரி அவர்கள் கொஞ்ச நேரம் படுவேகம்... பல நேரம் சோம்பல் என்று இருக்கிறார்கள்.

ஆனால், ஆமைகள் மாதிரி நிதானமாகச் செயல் பட்டாலும் சோம்பேறித்தனமில்லாமல் சீரான வேகத்தில் செயல்படும் ஊழியர்களும் ஒரு கம்பெனிக்கு அவசியம்தான்!

முயல் - ஆமை கதை இதோடு முடியவில்லை. முயலிடம் தோற்ற ஆமை இப்போது தன் தோல்வி குறித்துச் சுயபரிசோதனை செய்கிறது. நீண்ட யோசனைக்குப் பின் ஒரு முடிவுக்கு வந்த ஆமை, மீண்டும் முயலிடம் போய் அதைப் போட்டிக்கு அழைக் கிறது. முயல் சம்மதிக்க, போட்டி ஆரம்பமாகிறது. சோம்பேறித்தனத்தைக் களைந்துவிட்ட முயல் வேகமாக ஓடுகிறது. அப்போது அங்கே ஒரு ஆறு குறுக்கிடுகிறது. ஆற்றுக்கு அடுத்த பக்கம் இருக்கும் வெற்றி இலக்கை எப்படி எட்டுவது என்று தெரியாமல் முயல் திருதிருவென்று விழித்து நிற்க, நிதானமாக வந்த ஆமை ஆற்றை நீந்திக் கடந்து வெற்றி இலக்கைத் தொட்டுப் போட்டியில் ஜெயிக்கிறது.

என்னதான் மந்த ஆமையாக இருந்தாலும் அதற்கென ஒரு தனித் திறமை இருப்பது மாதிரி, என்னதான் நிதானபுத்தி உள்ளவர்களாக இருந்தாலும் ஒவ்வோர் ஊழியருக்கும் ஒரு தனித்திறமை இருக்கும். அதை அடையாளம்கண்டு மேம்படுத்தவேண்டும் என்பதுதான் இந்தப் புதிய கதையில் இருந்து நாம் தெரிந்துகொள்ளவேண்டிய கருத்து.

சரி, மீண்டும் கதைக்குப் போவோம். இப்போது முயல் - ஆமை இரண்டுமே ஒரு முடிவுக்கு வருகின்றன. 'நமக்குள் போட்டி வேண்டாம். அதற்குப் பதிலாக நேரத்தோடு நாம் போட்டி போடலாம். அதாவது, வழக்கத்தைவிட முன்னதாகப் பத்தே நிமிடத்துக்குள் நாம் நமது வெற்றி இலக்கைப் போய்த் தொட முயற்சிப்போம். சரியா?" என்று சொல்லிவிட்டு, ஆமையைத் தன் முதுகில் ஏற்றிக் கொண்டு ஆற்றங்கரைவரை வேகமாக ஓடுகிறது முயல். அதன் பிறகு முயலைத் தன் முதுகில் ஏற்றிக்கொண்டு ஆற்றை வேகமாக நீந்திக் கடக்கிறது ஆமை. இப்படியாக, ஆமை - முயல் இரண்டுமே நேரத்தை ஜெயித்துவிடுகின்றன.

வெவ்வேறு வகையான திறமைசாலிகளைக் கொண்டதுதான் ஒரு நிறுவனம். இதில் யார் பெரியவர், யார் சிறியவர் என்றெல்லாம் பார்க்க வேண்டியதே இல்லை. அனைவரும் ஒன்றிணைந்து ஒரே குழுவாக வேலை செய்தால்... கம்பெனி முன்னேறும். கம்பெனி முன்னேறினால், அதில் பணிபுரியும் உங்கள் வாழ்வும் சேர்ந்து முன்னேறும்.

தம்பதிகளே..!

'உங்களுக்கு யார் யாரை எல்லாம் பிடிக்கும்?'

– எனது வாழ்வியல் பயிலரங்கத்துக்கு வருபவர்களிடம் வழக்கமாக நான் கேட்கும் கேள்வி இது. சென்ற முறை சென்னையில் நடைபெற்ற பயிலரங்கத்திலும் இதே கேள்வியைக் கேட்டேன். பெரும்பாலான வர்கள் "எனக்கு என் மனைவி என்றால் உயிர்!" என்று சொன்னார்கள். ''என் குழந்தைகள் மீது எனக்குக் கொள்ளை ஆசை!'' என்று சில தாய்மார்கள் சொன்னார்கள். "என் வகுப்பில் படிக்கும் குறிப்பிட்ட சில மாணவர்கள் மீது எனக்குத் தனிப் பிரியம் உண்டு!" என்று ஆசிரியர் ஒருவர் சொன்னார்.

இப்படி ஆளாளுக்குத் தங்களுக்குப் பிடித்தமானவர் களைப் பட்டியல் இட்டார்கள்.

நன்றாக யோசித்துப் பார்த்தால் அவர்கள் சொன்னது எல்லாமே பொய் என்று தெரியும். என்ன, தூக்கிவாரிப் போடுகிறதா? ஆனால், அதுதான் உண்மை! யாருமே அவரவர்களின் மனைவியை உண்மையாக, பூரணமாக நேசிப்பதில்லை. எந்தப் பெண்மணியும் தன் கணவரை உள்ளன்போடு நேசிப்பதில்லை. எந்தப் பெற்றோரும் தங்கள் குழந்தைகளை முழுமையாக நேசிப்பதில்லை.

அப்படியென்றால் அவர்கள் சொல்வது பொய்யா? ஆமாம். பொய்தான்! அவர்கள் தங்கள் மனைவிமீதும், கணவன்மீதும், தங்கள் குழந்தைகள்மீதும் வைத்திருக்கும் அபிப்பிராயத்தைத்தான் நேசிக்கிறார்கள். அதைத்தான் கணவனை நேசிப்பதாக, மனைவியை நேசிப்பதாக, குழந்தை களை நேசிப்பதாக அர்த்தப்படுத்திக்கொள்கிறார்கள்.

'மனைவி என்பவள் இப்படித்தான் பேசவேண்டும், இந்த அளவுதான் சிரிக்கவேண்டும், இப்படி இப்படித் தான் செயல்படவேண்டும்... குழந்தைகள் என்றால் இன்னின்ன மாதிரிதான் நடந்துகொள்ளவேண்டும்' என்கிற இவர்களின் எண்ணத்துக்கேற்ப நடக்கும்வரைதான் அவர்களை, இவர்களால் நேசிக்க முடியும்.

இன்னும் சிலர் இருக்கிறார்கள். இவர்களுக்குச் சந்தோஷத்தையும் மன அமைதியையும்விட தங்கள் கருத்துகள் ஜெயிக்கவேண்டும் என்பதில்தான் குறி. 'தன் மகள் காதல் கல்யாணம் செய்து கொண்டால் அவள் வாழ்க்கை மகிழ்ச்சிகரமாக அமையாது!' என்பது ஒரு தந்தையின் கருத்து என்று வைத்துக்கொள்ளுங்கள்... மகள், அப்பாவின் பேச்சை மீறி தான் காதலித்தவனையே கல்யாணம் செய்துகொண்டால், தன் மகள் சந்தோஷமாக வாழவேண்டும் என்று நினைப்பதைவிட, தங்கள் கருத்து ஜெயிக்கவேண்டும் என்று நினைக்கும் பெற்றோரே அதிகம். தங்கள் எண்ணமே சரி என்று நிரூபிப்பதற்குச் சிலர் தற்கொலைவரைகூடப் போவதை பார்த்திருக்கிறோம், இல்லையா?

ஒரு ஜோக் சொல்கிறேன். பல மாதங்களாகப் பழகி வந்த ஒரு காதல் ஜோடி ஒரு நாள் திருமணம் செய்துகொள்ள முடிவெடுத்தது. நிச்சயதார்த்தம் முடிந்து திருமணத்துக்குக்கூட தேதி குறித்தாகிவிட்டது. அப்போது ஏதோ ஓர் அற்பக் காரணத்துக்காக அவர்களிடையே கருத்து வேறுபாடு ஏற்பட்டு, ஒரு கட்டத்தில் காதலி காதலனிடம் கோபமாக, 'நல்லவேளை, கல்யாணத்துக்கு முன்பே உன் சுயரூபம் தெரிந்துவிட்டது. உனக்கு ஒரு குட் பை! இனி உன் சங்காத்தமே வேண்டாம். உன்னிடம் இருக்கும் என் புகைப்படத்தைத் திருப்பித் தா!' என்று போனில் கத்தித் தீர்த்தாள்.

உடனே அவன் ஒரு கத்தைப் புகைப்படங்களை அவளுக்குத் தபாலில் அனுப்பி, 'இதெல்லாமே என்னைக் காதலித்த பெண்களின் புகைப்படங்கள்தான். இதில் உன் புகைப்படம் எது என்று எனக்குத் தெரியவில்லை. அதனால் நீயே பார்த்து எடுத்துக்கொண்டு மீதியை எனக்குத் திருப்பி அனுப்பிவிடு' என்று எழுதினானாம்.

காதலில் மட்டும் அல்ல, கல்யாண வாழ்க்கையிலும் 'என் கருத்து சரியா? உன் கருத்து சரியா?' என்று சில தம்பதிகள் தர்க்கம் செய்வதால்தான் பல பிரச்னைகள் முளைக்கின்றன. ஆகையால், நான் தம்பதிகளுக்குத் திரும்பத் திரும்பச் சொல்லிக்கொள்கிறேன்... யாருடைய கருத்து ஜெயிக்கிறது, யார் கருத்தை யார் ஏற்றுக்கொள்கிறார்கள் என்பதைப் பற்றியெல்லாம் அதிகம் கவனம் செலுத்தாதீர்கள். சந்தோஷமாக இருக்க என்ன செய்யவேண்டுமோ அதை மட்டும் செய்யுங்கள்.

சமீபத்தில் நான் படித்த ஒரு கதையை இங்கே உங்களுடன் பகிர்ந்துகொள்வது பொருத்தமாக இருக்கும் என நினைக்கிறேன். அது ஓர் ஓட்டல். அங்கே ஒரு மூலையில் வயதான தம்பதி உட்கார்ந்து இருந்தார்கள். அவர்கள் முன் ஒரே ஒரு தட்டுச் சாப்பாடு மட்டுமே இருந்தது. அதில் பாதிச் சாப்பாட்டை அந்த மூதாட்டி எதிரே

உட்கார்ந்திருந்த தன் கணவருக்காக ஒதுக்கிவைத்துவிட்டு மீதியைச் சாப்பிட்டுக் கொண்டிருந்தாள். இதைக் கண்ட இரக்க சுபாவமுள்ள இளைஞன் ஒருவன் 'நீங்கள் தவறாக நினைக்கவில்லை என்றால் உங்களுக்கு இன்னொரு பிளேட் சாப்பாடு வாங்கித் தரவா?' என்று கேட்டான். 'வேண்டாம் தம்பி, எதையுமே நாங்கள் சமமாகத்தான் பகிர்ந்துகொள்வோம்' என்று பெரியவர் சொல்லிக்கொண்டிருக்கும் போதே அந்த மூதாட்டி தன் பல்செட்டைக் கழற்றி அவரிடம் கொடுக்க, அதைப் பொருத்திக்கொண்டு சாப்பிட ஆரம்பித்தாராம் அவர்.

சற்றே மிகைப்படுத்தப்பட்ட கதையாக இருந்தாலும் கணவன் - மனைவிக்குள் இருக்கவேண்டிய அந்நியோன்யம், விட்டுக்கொடுக்கும் சுபாவம், பகிர்ந்துகொள்ளும்தன்மை இதற்கெல்லாம் இந்தக் கதை மிக நல்ல உதாரணம்.

பிரச்னை மூட்டைகள்!

"என்னவோ தெரியவில்லை... காலையில் எழுந்ததிலிருந்து மனசே சரியில்லை. உடம்பே அடித்துப் போட்ட மாதிரி இருக்கிறது!'' என்று பலர் சொல்லிக் கேட்டிருப்பீர்கள். ஏன், நீங்களேகூட சில சமயம் அதுபோல உணர்ந்திருப்பீர்கள். அதற்குக் காரணமென்ன? மனசு, உடம்பைப் பாதிக்கிறது. உடம்பும் மனதைப் பாதிக்கிறது.

உடம்பு மனதைப் பாதிக்கிறது என்பது உண்மையா? உண்மை! காலையில் எழுந்ததும் கான்வாஸ் ஷூ, ஷார்ட்ஸ் சகிதம் ஜாகிங் செய்யும் பழக்கம் உள்ளவரா நீங்கள்? அப்படியானால், பரிசோதனை முயற்சியாக என்றாவது ஒரு நாள் இரவு நேரத்தில் ஜாகிங் ஷூவும் ஷார்ட்ஸும் அணிந்து பாருங்கள். உடனே உங்களுக்குள் குபுக்கென்று உற்சாகம் ஊற்றெடுப்பதை உணரலாம். அதேபோல உடம்பு சோர்வாக இருப்பது போல் உணர்ந்தால் சட்டென்று எழுந்து ஷேவ் செய்து ஒரு குளியல் போட்டுப் பாருங்கள்... சோர்வு இருந்த இடம் தெரியாமல் ஓடிப் போகும். புத்துணர்ச்சி தேடி வரும்.

அதேபோலத்தான் மனசும் உடம்பைப் பாதிக்கும். ஞாயிற்றுக்கிழமை என்றால் மட்டும் நம் உடம்பில் அப்படி ஒரு சோம்பல் வந்து ஒட்டிக் கொள்கிறதே... எப்படி? அதுவே, மறுநாள் திங்கட்கிழமை காலையில் வழக்கம்போல் பழைய சுறுசுறுப்பு வந்து தொற்றிக்கொள்கிறதே... அது எப்படி? காரணம், நம் மனசுதான். 'அட, இன்றைக்கு ஞாயிற்றுக்கிழமைதானே..' என்று உங்கள் மனசுதான் உடம்பு சோர்வாக இருப்பது போன்ற பிரமையைத் தோற்றுவித்து உங்களை ஏமாற்றுகிறது.

ஒருவர் காலையில் வழக்கம்போல் எழுந்து குளித்து, டிரஸ் செய்து ஆபீஸுக்குக் கிளம்பினார். எதிரே வந்த பக்கத்துவீட்டு நண்பர், "என்ன சார், ஆளே டல்லா இருக்கிற மாதிரி தெரியுது!'' என்று போகிறபோக்கில் கேட்டுவிட்டுப் போய்விட்டார். இவர் பஸ் ஸ்டாப்புக்கு நடக்கிற வழியில் இன்னொரு நண்பர் பார்த்துவிட்டு, "உடம்பு கிடம்பு சரியில்லையா என்ன?'' என்றார். பஸ் ஸ்டாப்பில் இவர் காத்திருந்த நேரத்தில் சக பணியாளர் வந்தார். "என்ன, இன்னிக்கு உன் மூஞ்சியே சரியில் லையே, வீட்டுல ஏதாவது பிரச்னையா?'' என்று கேட்டு வைத்தார். அவ்வளவுதான்... நம்மவர் அங்கேயே ஒரு லீவு லெட்டர் எழுதி அந்த நண்பரிடமே கொடுத்தனுப்பிவிட்டு, விடுவிடுவென்று வீட்டுக்கு வந்து இழுத்துப் போர்த்திக்கொண்டு

படுத்துவிட்டார்.

இது எதனால்? மனசு எதிராளியின் பேச்சை நம்பிவிடுவதால், அது உடம்புக்கு நிஜமாகவே சோர்வைத் தந்துவிடுகிறது. எனவே, உற்சாகம் என்பது வெளியே இல்லை. அது நம் கையில்தான் இருக்கிறது.

நாம் எப்போதும் உற்சாகமாக இருக்க வேண்டுமானால், இன்னொரு விஷயத்தையும் தெரிந்துகொள்ள வேண்டும்.

நம் உடம்பைச் சுற்றி ஒரு இன்ச் சுற்றளவுக்கு நம் கண்ணுக்குப் புலப்படாத இன்னொரு சரீரமும் இருக்கிறது. இதை 'வோரா' என்பார்கள். இந்த வோரா சிலருக்கு மிகுந்த சக்தி உள்ளதாக இருக்கும். உற்சாகமான மனிதர்களைச் சுற்றி இருக்கும் வோரா அலை வரிசைக்குள் நாம் சென்றால் அந்த வோரா நம்மையும் உற்சாக மடைய வைக்கும். புத்தி சாலியான நபர்களுக்குப் பக்கத்தில் நாம் சென்றால் அவர் புத்திசாலித்தனம் நமக்கும் தொற்றிக் கொள்ளும். அதே போலவே சோர்வாக இருப்பவர்கள் பக்கத்தில் போனாலே நமக்கும் சோர்வு தொற்றிக் கொள்ளும். அதனால் எப்போதும் உற்சாகமாக இருக்கவேண்டுமென நினைப்பவர்கள் கூடுமானவரை உற்சாகமானவர்களையே பக்கத்தில் வைத்துக்கொள்ள வேண்டும்.

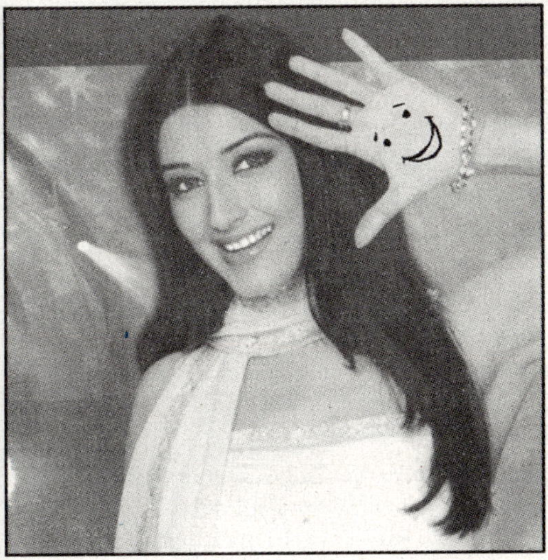

ஜென் துறவி ஒருவர் இருந்தார். அவர் தன் சீடனோடு காட்டு வழியாக நடந்து சென்றுகொண்டிருந்தார். அப்போது திடீரென வழியில் ஒரு சிங்கம் எதிர்ப்பட்டது.

இதைக் கண்டு நடுநடுங்கிப் போன சீடன், "குருவே, இப்போது என்ன செய்வது?'' என்று பதறினான். "ஒன்றும் செய்ய வேண்டாம்!'' என்று சொல்லிவிட்டு, குரு கண்களை மூடி, தியானத்தில் ஆழ்ந்தார். அந்த தியானத்தின் அலை புறப்பட்டு

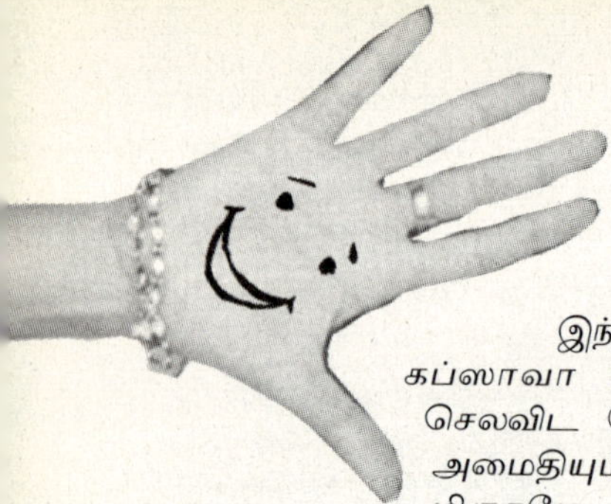

அவர்களை நோக்கிப் பாயக் காத்திருந்த சிங்கத்தைச் சுற்றிப் படர்ந்தது. குருவின் மனதில் உருவான அமைதி அந்தச் சிங்கத்தையும் தொற்றிக்கொள்ள, அது மூர்க்கம் இழந்து சாதுவான பசு போல் திரும்பிச் சென்றது.

இந்தக் கதை உண்மையில் நடந்ததா அல்லது கப்ஸாவா என்பதை ஆராய்வதில் நமது அறிவைச் செலவிட வேண்டியதில்லை. நம் உள்ளத்தில் அன்பும் அமைதியும் தவழ்ந்தால் எதிரில் இருப்பது கொடிய மிருகமே ஆனாலும் அதற்கும் நாம் அன்பையும் அமைதியையும் ஊட்டமுடியும் என்கிற கருத்தைப் புரிந்துகொண்டால் போதுமானது.

"சாமியார்களுக்கு எந்தவிதக் குடும்பப் பிரச்னையும் இல்லை. அவர்கள் அன்பு, அமைதி என்று வேதாந்தம் பேசலாம். ஆனால், என்னைப் போன்ற சம்சாரிகளுக்கு வீட்டுவாடகை, மளிகைக்கடன், கிரெடிட் கார்டு தவணை, வீட்டுக்கடன் தவணை, பிள்ளைகளுக்கான ஸ்கூல் ஃபீஸ்... என்று எத்தனையோ பிக்கல் பிடுங்கல்கள்! இந்த நிலையில் எங்களால் எப்படி அமைதியாக இருக்க முடியும்? எப்படி உற்சாகமாக இருக்க முடியும்?" என்று நீங்கள் கேட்கலாம்.

இந்தக் கேள்விக்கும் ஒரு கதை வழியாகவே பதில் சொல்கிறேன்.

கடன்சுமை, நோய், நண்பன் செய்த நம்பிக்கைத் துரோகம்... என்று ஏகப்பட்ட பிரச்னைகள் கொண்ட ஒரு மூட்டையோடு ஒருவன் நடந்து போய்க்கொண்டிருந்தான். வழியில் ஒரு மகான் எதிர்ப்பட்டார். இவன் தன் பிரச்னைகளை அவரிடம் சொன்னான்.

"உன் பிரச்னைகளைக் கேட்டால் பரிதாபமாகத்தான் இருக்கிறது. ஆனால், இவ்வளவு பெரிய மூட்டையை என்னாலும் சுமக்க முடியாது. வேண்டுமானால், உனக்கு நான் ஓர் உதவி செய்கிறேன். உன் பிரச்னை மூட்டையை இதோ, இந்த அறைக்குள் இறக்கி வைத்துவிட்டு அதற்குப் பதிலாக அங்கே இருக்கும் வேறு ஏதாவது ஒரு சின்ன மூட்டையை எடுத்துக்கொண்டு போ!" என்றார்.

அவனும் அவர் சொன்னபடியே தன் பிரச்னை மூட்டையோடு அந்த அறைக்குள் போனான். தன் மூட்டையைவிட சிறிய மூட்டை இருக்கிறதா என்று தேடிப் பார்த்தான். அங்கிருந்தவை எல்லாமே இவன் மூட்டையைவிடப் பெரிது பெரிதாக இருந்தன. கடைசியில் மற்றவர்களின் சுமையைவிட தன் சுமையே பரவாயில்லை போலிருக்கிறதே என்று நிம்மதி அடைந்தவனாகத் தன் பிரச்னை மூட்டையைத் தூக்கிக்கொண்டு பயணத்தைத் தொடர்ந்தான் அவன்.

கோட்டை விடாதீர்கள்!

"**கி**ரிக்கெட் பார்த்தது போதும்... உட்கார்ந்து பரீட்சைக்குப் படி!"

– பிள்ளைகளைப் பெற்ற அத்தனை பெற்றோரும் ராமஜெபம் மாதிரி இதையேதான் சொல்லிக் கொண்டிருக்கிறார்கள். ஆனால், பிள்ளைகளோ "இன்னும் நாலே ஓவர்தாம்மா இருக்கு! இதோ முடிஞ்சுடும்... படிக்கப் போயிடறேன்..." என்று சால்ஜாப் சொல்லியபடி டி.வி. எதிரிலேயே பழியாகக் கிடக்கிறார்கள்.

"சரி, மாட்ச்தான் முடிஞ்சுடுச்சே... போய்ப் படியேன்..." என்றால், "இரும்மா... ஹைலைட்ஸ் மட்டும் பார்த்துட்டுப் போயிடறேன்..." என்பார்கள்.

நாள் முழுதும் இதுமாதிரி ஏதேதோ சாக்குப்போக்குகள் சொல்லிக்கொண்டு, படிப்பில் காட்டவேண்டிய ஈடுபாட்டையும் ஆர்வத்தையும் கிரிக்கெட்மீது செலுத்தி, தங்கள் உழைப்பையும் திறமையையும் வீணடித்துக்கொண்டிருக்கிறது மாணவர் சமுதாயம்.

"பத்தாவது எக்ஸாம் வருது. ப்ளஸ் டூ எக்ஸாம் வருது. இந்த நேரம் பார்த்தா கிரிக்கெட்டை வெச்சுத் தொலைக்கணும்..." என்று வயிறு எரிவதைத் தவிர, பெற்றவர்களுக்கு வேறு வழி தெரியவில்லை. அவர்களில் ஒரு சில பெற்றோர், இந்த விஷயத்துக்குத் தீர்வுதேடி என்னை நாடி வந்தார்கள்.

நானே ஒரு கிரிக்கெட் ரசிகன்தான். அதனால் என்னைச் சந்தித்த பெற்றோரிடம், "இதைப் பற்றிக் கவலையேபடாதீர்கள். உங்கள் பையன் கிரிக்கெட் பார்க்கட்டும், தப்பில்லை... கிரிக்கெட் பார்த்தால், நிச்சயம் அவனுக்கு நல்ல புத்தி வந்து, படிப்பில் கவனம் செலுத்த ஆரம்பித்து விடுவான்!" என்றேன்.

"சே... என்ன விளையாடறாங்க.. இப்படிச் சொதப்பறாங்களே..!"

"இந்த அளவுக்கா மோசமா

விளையாடுவாங்க... சேச்சே!"

கிரிக்கெட் பார்க்கும் ஒவ்வொரு மாணவனின் எண்ண ஓட்டமும் இன்று இப்படித்தான் இருக்கிறது, இல்லையா?

பிராக்டீஸ் செய்வதிலும் கோப்பையை வெல்வதிலும் காட்ட வேண்டிய ஆர்வத்தை நமது கிரிக்கெட் வீரர்கள், விளம்பரப் படங்களில் நடிப்பதில் மட்டுமே காண்பிப்பதால்தான் நமது டீம் இப்படி அவமானகர மான தோல்விகளைச் சந்தித்துக்கொண்டு இருக்கிறது என்கிற உண்மை, நம்மைவிட மாணவர்களுக்கு நன்றாகத் தெரியும்.

அதனால் "நமது கிரிக்கெட் வீரர்கள் செய்யும் அதே தவறை நாமும் செய்யக்கூடாது. பரீட்சைக்குத் தயாராக வேண்டிய நேரத்தை, முக்கியமில்லாத விஷயங்களுக்காக வீணடிக்கக்கூடாது'' என்று அவர்கள் புரிந்து கொள்வார்கள்.

ஆனால், அந்தப் பெற்றோர், "அதெல்லாம் இருக்கட்டும் சுவாமி... நீங்க உங்க வாயால் என் பையனுக்கு இது சம்பந்தமா உறைக்கிற மாதிரி இரண்டு வார்த்தை

புத்தி சொல்லுங்க!'' என்று தங்கள் பிள்ளைகளை என்முன் கொண்டுவந்து நிறுத்தினார்கள். அவர்களுக்குச் சொன்னதை மற்ற மாணவர்களுக்கும் உதவும் என்கிற நம்பிக்கையில் மீண்டும் இங்கே குறிப்பிடுகிறேன்.

'சிக்ஸர் அடிக்கவேண்டிய பந்து அது... அநியாயமா நம்ம ஆளு கோட்டைவிட்டுட்டானே...'

'அற்புதமான காட்ச்! இதைக்கூடப் பிடிக்கமுடியலைன்னா, இவங்கெல்லாம் எதுக்கு விளையாட வரணும்?!'

– இப்படி கிரிக்கெட் வீரர்கள் பற்றி காமெண்ட் அடிக்கும் நீங்கள், எத்தனை காட்சுகளைத் தவறவிடுகிறீர்கள், சிக்ஸர் அடிக்க வேண்டிய எத்தனை பந்துகளைக் கோட்டைவிடுகிறீர்கள் என்று யோசித்துப் பாருங்கள்... உங்களைப் பொறுத்தவரை, நீங்களும் இப்போது ஒரு பெரிய பந்தயத்தில் விளையாடிக்கொண்டிருக்கிறீர்கள். பரீட்சைதான் நீங்கள் விளையாடும் மாட்ச்! இதோ, டாஸ்கூடப் போட்டாகிவிட்டது. ஆனால், நீங்களோ இன்னமும் உலகக் கோப்பை கிரிக்கெட் போட்டியையே வேடிக்கை பார்த்துக்கொண்டு இருக்கிறீர்கள். பிறகு எப்படி உங்களுக்கான போட்டியில் ஜெயிக்கப் போகிறீர்கள்?

'இரண்டு அல்லது மூன்று மணி நேரம் கிரிக்கெட் பார்ப்பதால் என்ன குடிமுழுகிவிடப் போகிறது?' என்று சில மாணவர்கள் கேட்கலாம். அவர்களுக்கு என் பதில் இதுதான்...

சிலரைப் பொறுத்தவரை கிரிக்கெட் மாட்ச் பார்க்கும் நேரத்தோடு, அது முடிவதில்லை என்பதுதான் பிரச்னையே! மாட்ச் முடிந்த பிறகும் அது பற்றி நண்பர்களுடன் நேரிலும் போனிலும் மாறி மாறிப் பேசி, விவாதித்து, ஆட்ட நுணுக்கங்களையும் நமது டீம் தோற்றதற்கான காரணங்களையும் அலசி ஆராய்வதில் பல மணி நேரம் செலவிடுகிறார்கள்.

புத்தகத்தை எடுத்து வைத்துக்கொண்டு படிக்க உட்கார்ந்த பிறகும் கூட, கிரிக்கெட் பற்றித்தான் அந்த மாணவனின் சிந்தனை அலைபாய்கிறது.

கிரிக்கெட் நிகழ்ச்சியை ஓர் உதாரணத்துக்குத்தான் எடுத்துக் கொண்டேன். மற்றபடி சினிமா, மெகா சீரியல், நண்பர்களுடன் ஜாலி அரட்டை என எதுவாக இருந்தாலும், அது நமது பயணவழியில் எதிர்ப்படும் இளைப்பாறுதலுக்கான இடமாக மட்டுமே இருக்க வேண்டும். அதுவே நாம் போய்ச் சேரவேண்டிய இடம் என்று தப்பிதமாகப் புரிந்துகொண்டு, நமது இலக்கைக் கோட்டை விட்டுவிடக்கூடாது!

மாற்றம் – அவசியமானது!

நடுத்தர வயதுள்ள என் மாணவர் ஒருவர் சென்ற வாரம் என்னைச் சந்திக்க வந்தார். ஏதோ ஒரு பெரிய பிரச்னையில் இருக்கிறார் என்பது அவர் முகத்திலேயே தெரிந்தது. விசாரித்தபோது அவரை ஆபீஸில் வேறு ஒரு துறைக்கு மாற்றிவிட்டார்கள் என்று வருத்தத்துடன் சொன்னார்.

“என்னை அவமானப்படுத்தி விட்டார்கள். என்னால் வேறு டிபார்ட்மெண்டுக்கெல்லாம் போய் வேலை செய்யமுடியாது. இந்த வயதில் ஒரு புதிய துறைக்குப்போய் அது சம்பந்தமான வேலைகளைக் கற்றுக் கொண்டு செய்வது என்பது முடியாத காரியம். அதெல்லாம் எனக்குச் சரிப்பட்டு வராது....” என்று புலம்பித் தள்ளினார்.

“சாதாரண ஒரு துறை மாற்றம் ஒரு மனிதனை இந்த அளவுக்கு உடைந்துபோகச் செய்யுமா?” என்று சிலர் நினைக்கலாம். செய்யும். காரணம், மாற்றத்தை எதிர்ப்பது என்பது மனித இயல்பு.

குழந்தைகள் தாங்கள் படிக்கும் பள்ளிக்கூடத்தை மாற்ற லேசில் ஒப்புக்கொள்வதில்லை. அதேபோல நமக்குமே வீடு மாறுவதாக இருந்தாலும் சரி, புதிய ஊரில் குடியேறுவதாக இருந்தாலும் சரி... வேண்டாத ஒரு பயம் கவ்வி விடுகிறது. புதிய இடம் எப்படி இருக்குமோ என்று அஞ்சுகிறோம்.

‘சம்பளம் குறைவாக இருந்தாலும் பரவாயில்லை. பழகிய இடத்திலேயே வேலை செய்வதுதான் நல்லது!’

‘என்னதான் தண்ணீர்ப் பிரச்னை என்றாலும் பரவாயில்லை. இப்போது குடியிருக்கிற வீட்டிலேயே தொடர்ந்து இருந்துவிடலாம்.’

'குழந்தைகள் படிக்கிற பள்ளிக்கூடம் சுமாராக இருந்தால்கூடப் பரவாயில்லை. தொடர்ந்து அதே பள்ளிக்கூடத்திலேயே படிக்க வைத்துவிடலாம்!'

பலரின் எண்ணம் இப்படித்தான் இருக்கிறது. இதைத் தவறு என்று சொல்லமுடியாது. ஆனால், இடம், பொருள், ஏவலைப் பொறுத்து மாற்றம் என்பது அவசியமாகிறது. ஒரு லட்சியத்தை அடைய மாற்றம் தேவையெனில் கண்டிப்பாக நாம் அதற்கு ஈடுகொடுத்துப் போகத்தான் வேண்டும். மாற்றமே இல்லாமல் எப்போதும் ஒரேவிதமான உடை... ஒரே மாதிரியான உணவு... திரும்பத் திரும்ப ஒரேவிதமான வாழ்க்கை முறை என்று இருந்தால் இந்த உலகம் நமக்கு எப்போதோ அலுத்துப் போயிருக்கும்.

ஒரு லட்சியத்தை அடையும் பொருட்டு நீங்களே மாற்றத்துக்காகத்

திட்டமிட்டுச் செயல்பட்டால் நல்லது. அல்லது, குறைந்தபட்சம் மாற்றம் என்பது அதுவாகவே வரும்போதாவது அதை எதிர்த்துப் போராடாமல், அதற்காகப் புலம்பாமல் இருங்கள். அந்த மாற்றம் உங்களுக்குத் தானாகவே கொண்டுவரும் சில நல்ல விஷயங்களைத் தெரிந்துகொண்டு அதை உங்கள் வாழ்க்கையின் முன்னேற்றத்துக்குப் பயன்படுத்திக் கொள்ள முயலுங்கள். வாழ்க்கையே சுவாரஸ்யமானதாக, ரசனைக்குரியதாக மாறிவிடும்.

எனக்கு நன்கு அறிமுகமான ஒருவர் பத்து வருடங்களுக்கு முன்பு விடியோ லெண்டிங் லைப்ரரி வைத்திருந்தார். அன்று அது நல்ல பிஸினஸாக இருந்தது. காரணம், அப்போது தூர்தர்ஷன் என்று ஒரே ஒரு சேனல்தான். அதிலும் இரண்டு அல்லது மூன்று மணி நேரம்தான் தமிழ் நிகழ்ச்சிகள் வரும். அந்தக் காலகட்டத்தில் நிறையப் பேர் இவரிடம் வந்து காஸெட்டுகள் வாங்கிப் போவார்கள். வியாபாரம் அமோகமாக நடந்தது. இன்றைக்கோ நூற்றுக்கும் மேற்பட்ட சேனல்கள் வந்துவிட்டன. பலருக்கு வி.சி.ஆர். என்றால் என்ன என்பதே மறந்து போய்விட்டது. ஆனால், இவர் மட்டும் விடாப்பிடியாக அதே பழைய விடியோ லைப்ரரியையே தொடர்ந்து நடத்தி வருகிறார். மாற்றத்தை எதிர்கொள்ளத் தயாராகாத இவரைப் போன்றவர்களைப் பார்க்கும்போது எனக்கு வருத்தமாக இருக்கிறது.

கரையில் கட்டப்பட்டு நிற்கும் ஒரு படகைப் பார்த்து, அப்படி நிரந்தரமாக நிற்பதுதான் அதன் வேலையே என்று நாம் நினைத்துக்கொண்டால் அது நம் தவறல்லவா? படகு என்பது மனிதர்களைச் சுமக்கவேண்டும். நீரில் பயணிக்கவேண்டும். சுழல் இருக்குமே என்று பயந்து ஓரிடத்திலேயே காலங்காலமாக நின்றுகொண்டிருந்தால் ஒரு நாள் உளுத்துப் போய் உதிர வேண்டியதுதான்.

'மாற்றம் என்பது மானிட தத்துவம். மாறாதிருக்க நான் வனவிலங்கல்லன்' என்று கவியரசு கண்ணதாசன் பாடி வைத்தது மாதிரி, மாற்றம் என்பது இன்றியமையாதது.

சுமார் 2500 ஆண்டுகளுக்கு முன்பு கிரேக்க நாட்டில் வாழ்ந்த ஒரு அறிஞன் சொன்னான்...

'உலகில் எல்லாமே மாற்றத்துக்கு உரியது... மாற்றத்தைத் தவிர!'

குழந்தை.. குடும்பம்!

காலையில் எழுந்ததில் இருந்து இரவு படுக்கப் போகும்வரை ஒவ்வொரு நாளும் பரபரப்பாகத்தான் கழிகிறது. ஞாயிற்றுக் கிழமையிலாவது சற்று அமைதியாக இருக்கலாம் என்றால், அதுவும் முடிவ தில்லை. அன்றுதான் வாரம் முழுதும் உடுத்திய துணிகளை சோப்பு நீரில் ஊறவைத்துத் துவைக்கவேண்டும். குப்பை மாதிரி சேர்ந்துவிட்ட தினசரி பேப்பர்களை எடைக்குப் போடவேண்டும். அந்த வாரத்துக்குத் தேவையான காய்கறிகள், மளிகை சாமான்கள் என்று அனைத்தையும் வாங்க வேண்டும்... நின்று, நிதானமாக மூச்சு விடுவதற்கோ, ஒருவர் முகம் பார்த்து மற்றவர் அன்பாகவோ ஆறுதலாகவோ ஓரிரண்டு வார்த்தைகள் பேசுவதற்கோ நேரம் இருக்கிறதா நமக்கு?

அப்படி நிற்க நேரமில்லாமல் ஓடி ஓடி நாம் என்ன சாதிக்கப் போகிறோம்? எதை அடையப் போகிறோம்? பணத்தையா? அதனால் கிடைக்கும் வசதிகளையா?

நமது விலைமதிக்க முடியாத வாழ்க்கையை விலையாகக் கொடுத்து, அதன் மூலம் வசதிகளையும், அதனால் வரும் சந்தோஷங்களையும் வாங்குவதற்காக நாம் இந்த ஓட்டம் ஓடுகிறோமே... கண்களை விற்றுச் சித்திரம் வாங்கியவனின் செயலாக இருக்கிறதே இது என்பதை உணர்ந்திருக்கிறோமா?

அமெரிக்கர்களுக்காகப் புனையப்பட்ட கதை ஒன்றைச் சொல்கிறேன். கதை கற்பனை என்றாலும் இதில் இடம்பெறும் உணர்வுகள் நூறு சதவிகிதம் உண்மையானவை. அமெரிக்கர்களுக்கு மட்டுமல்ல... நமக்கும்!

ஆபீஸ் அது இது என்று நாள் முழுவதும் ஓடியாடி வேலை செய்து விட்டு இரவு பத்து மணிக்கு மேல் அயற்சியோடு வீடு திரும்பினான் ஜோ! அதுவரை தூங்காமல் விழித்துக்கொண்டிருந்த மகன் அவனை வீட்டுவாசலிலேயே தடுத்து நிறுத்தி "அப்பா... உனக்கு எவ்வளவு சம்பளம்?" என்று கேட்டான். ஆயிரத்தெட்டு பிக்கல் பிடுங்கல்களைச் சமாளித்துவிட்டு அசதியோடு வீடு திரும்பிய 'ஜோ'வின் கோபம் சட்டென்று எகிறியது. "என்னடா திமிரா? இது மாதிரியெல்லாம் கேளுன்னு உங்க அம்மா உனக்குச் சொல்லிக்கொடுத்தாளா?" என்று அதட்டிவிட்டு, வீட்டுக்குள் நுழைந்து சட்டையைக் கழற்றிவிட்டுக்

குளிக்கச் சென்றான். குளித்து முடித்து வெளியில் வந்ததும், அவன் மகன் மீண்டும் "அப்பா, உனக்கு எவ்வளவு சம்பளம்?" என்று கேட்க, "மணிக்கு இருபது டாலர். போதுமா?" என்றான் 'ஜோ' எரிச்சலோடு! "அப்படி யானால் உன்னால் எனக்கு பத்து டாலர் கொடுக்க முடியுமாப்பா?" என்று கேட்டான் மகன். 'ஜோ'வுக்கு கோபம் பொத்துக் கொண்டு வந்துவிட்டது. "இதுக்குத்தான் என் சம்பளம் எவ்வளவுன்னு கேட்டியா? இரண்டாம் கிளாஸ் படிக்கும் உனக்கு எதுக்குடா பத்து டாலர்?" என்று கத்திவிட்டு டெலிவிஷன் முன் போய் அமர்ந்து 'டாக் ஷோ' பார்க்க ஆரம்பித்தான்.

சற்று நேரம் கழித்து மகன் மீண்டும் அப்பா முன்னால் வந்தான். "அப்பா, ப்ளீஸ்! எனக்கு பத்து டாலர் தர முடியுமா?" என்று கண்களில் நீரோடு கேட்டான். "என்னடா... உங்க அம்மா மாதிரியே கண்ணீரைக் காட்டி என்னைக் கரைக்கலாம்னு பார்க்கிறியா? ஒரு பைசா தர முடியாது. போ!" என்று அவனை விரட்டினான் ஜோ. சிறுவன் கண்ணீரைத் துடைத்துக்கொண்டு படுக்கையறைக்குப் போய்விட்டான்.

சிறிது நேரம் ஆயிற்று. தன் மகனிடம் கொஞ்சம் ஓவராகக் கத்திவிட்டோமோ என்று எண்ணி வருந்திய ஜோ, எழுந்து உள்ளே போனான்.. தன் மகன் தலையணையைக் கட்டிப்பிடித்து அழுதுகொண்டிருப்பதைப் பார்த்து, அவனைச் சமாதானப்படுத்தும் வகையில் "உனக்கு எதுக்குடா பத்து டாலர்? பள்ளிக்கூடத்துல கேட்டாங்களா?" என்று சாந்தமாகக் கேட்டான்.

"இல்லை டாடி, உனக்கு ஒரு மணி நேர சம்பளம் இருபது டாலர்னு சொன்னே! நீ ஏற்கெனவே எனக்குக் கொடுத்த பாக்கெட் மணி பத்து டாலர் என்கிட்ட இருக்கு. இப்போ நீ இன்னொரு பத்து டாலர் கொடுத்தா அதையும் சேர்த்து இருபது டாலரா உனக்கு நான்

என இரண்டு பேருமே வேலைக்குப் போயாக வேண்டும் என்பது இன்று தவிர்க்க முடியாத சூழ்நிலைதான். அதற்காகக் குழந்தைகளை அநாதரவாக விடுவது நியாயமா? அவர்களுக்கு உரிய நேரத்தை அவர்களிடமிருந்து பறிக்க நமக்கு என்ன உரிமை இருக்கிறது?

குறைந்தபட்சம் எப்போதெல்லாம் நேரம் கிடைக்கிறதோ, அதைக் குழந்தைகளோடு செலவிடுங்கள். அவர்களுக்குக் கதை சொல்லுங்கள். பள்ளிக்கூடத்தில் நடந்த விஷயங்களை எல்லாம் ஆர்வத்துடன் காது கொடுத்துக் கேளுங்கள். அவர்களுக்குச் சமமாக விளையாடுங்கள். மீண்டும் கேட்டுக்கொள்கிறேன்... தயவுசெய்து உங்கள் குழந்தைகளிடமிருந்து குழந்தைப் பருவத்தைப் பிரித்து விடாதீர்கள்.

கொடுப்பேன். அப்படிக் கொடுத்தா நீ என்கூட ஒரு மணி நேரம் செலவழிப்பே இல்லையா? அதுக்குத்தான் நான் பத்து டாலர் கேட்டேன்" என்று விசும்பலோடு சொன்னான் மகன். நெஞ்சம் நெகிழத் தன் மகனைக் கட்டியணைத்துக் கொண்டான் ஜோ.

அதனால்... கூடுமானவரை உங்கள் குழந்தைகளுடன் நேரத்தைப் பகிர்ந்துகொள்ளுங்கள். காலையில் குழந்தைகளை வேனிலோ ரிக்ஷாவிலோ பள்ளிக்கூடத்துக்கு அனுப்பிக் கொண்டிருந்தால் அதை நிறுத்திவிட்டு நீங்களே ஏன் உங்கள் குழந்தையைப் பள்ளிக்கூடத்துக்குக் கொண்டுபோய் விடக்கூடாது? அது குழந்தைக்கு எத்தனை பெரிய மகிழ்ச்சியைக் கொடுக்கும் என்று நினைத்துப் பாருங்கள். அப்பா – அம்மா

உயிர் தப்பினார்களா சிறுவர்கள்?

எது சரி... எது தவறு? எது நியாயம்... எது அநியாயம்? எது தர்மம்... எது அதர்மம்?

இந்தக் கேள்விகளுக்கான பதில்கள் பல நேரங்களில் சந்தர்ப்பச் சூழ்நிலைக்கேற்ப, சம்பந்தப்பட்ட நபர்களுக்கேற்ப மாறு படுகின்றன. அது ஒருபக்கம் இருக்க... நம்மில் பெரும்பாலோர் இது போன்ற கேள்விகளை எல்லாம் கேட்டுக்கொள்வதேயில்லை. பெரும்பான்மையானவர்கள் என்ன சொல்கிறார்களோ, அதையேதான் 'சரி' என நாம் ஏற்றுக்கொள்கிறோம். அல்லது ஏற்றுக் கொள்ளும்படியான கட்டாயத்துக்கு ஆளாகிறோம்.

'உலகில் பெரும்பான்மையானவர்கள் முட்டாள்கள். ஜனநாயகம் என்பது பெரும் பான்மையானவர்களால் தேர்ந்தெடுக்கப் படும் ஆட்சிமுறை. அதனால் ஜனநாயகம் என்பது முட்டாள்களின் ஆட்சி!' என்கிறார் வெளிநாட்டு அறிஞர் ஒருவர். நாம் அரசியலுக்கு உள்ளேயெல்லாம் போக வேண்டாம். நம் வீடு, அலுவலகம், நண்பர்கள்

மற்றும் உறவினர்கள் வட்டம் என்று நம்முடன் சம்பந்தப் பட்ட விஷயங்களை மட்டும் பார்ப்போம்.

உதாரணத்துக்கு ஒரு கல்லூரியை எடுத்துக் கொள்வோம். ‘இன்று முக்கியமான கிரிக்கெட் மாட்ச் இருக்கிறது. அதனால் வகுப்பை கட் செய்துவிடலாம்’ என்று பெரும்பான்மையான மாணவர்கள் முடிவு செய் கிறார்கள். கல்லூரிப் பேராசிரியர்கள்கூட கிரிக்கெட் காரணமாக வகுப்புகளை கான்சல் செய்து விடுவதைப் பார்க்கிறோம். இவ்வளவு ஏன்... கிரிக்கெட் மாட்ச் நடக்கும் தினங்களில் அரசாங்கமே பள்ளிக்கூடங்களுக்கும் கல்லூரிகளுக்கும் விடுமுறை அறிவித்துவிடும் வழக்கமும் நம்நாட்டில் இருக்கிறது. இதனால், படிக்கவேண்டும்

என்று நினைக்கும் மாணவனின் எண்ணத்தில் மண் விழுகிறது. அவனும்... பிடிக்கிறதோ இல்லையோ, கிரிக்கெட் பார்க்கும் கட்டாயத்துக்கு ஆளாகிறான். ஆக, பெரும்பான்மையானவர்கள் எடுத்த முடிவே சரியான முடிவு என்று ஆகிவிடுகிறது.

ஒரு புதிர்க்கதை சொல்கிறேன். இரண்டு ரயில் பாதைகள் அருகருகே செல்கின்றன. அவற்றில் ஒன்று பயன்படுத்தப்படாத பாதை.

ஒரு நாள், ரயில்கள் அடிக்கடி போகும் தண்டவாளத்தின் குறுக்கே அமர்ந்து ஏழெட்டு சிறுவர்கள் விளையாடிக்கொண்டிருந்தார்கள். சற்றுத் தள்ளியிருந்த உபயோகப்படுத்தப்படாத தண்டவாளத்தில் ஒரே ஒரு சிறுவன் மட்டும் உட்கார்ந்து விளையாடிக்கொண்டிருந்தான். தூரத்தில் ரயில் வேகமாக வந்து கொண்டிருந்தது. லீவரை இழுத்து ரயிலின் பாதையை மாற்றித் தரும் கேங்மேன் அப்போதுதான் அந்தச் சிறுவர்களைக் கவனித்தார். ஓடிச் சென்று அவர்களை விரட்ட அவருக்கு நேரமில்லை. அவருக்கு இருப்பது ஒரே ஒரு வாய்ப்பு. ரயிலின் பாதையை மாற்றி, உபயோகப்படாத பாதையில் அதைச் செலுத்தலாம். ஆனால், ரயில் அந்த ஒற்றைச் சிறுவன்மீது மோதி விடும் அபாயம் இருக்கிறது. என்ன செய்யலாம்? 'ரயில் வரும் தண்டவாளம்' என்று தெரிந்தும் அசட்டுத்தனமாக அதில் விளையாடும் சிறுவர்களைப் பலி கொடுப்பதா? அல்லது, 'இது ரயில் வரும் தண்டவாளம். இங்கே விளையாடக்கூடாது' என்று புத்திசாலித்தனமாக அதில் இருந்து விலகி பக்கத்தில் இருந்த உபயோகப்படுத்தப்படாத தண்டவாளத்தில் விளையாடிய ஒற்றைச் சிறுவனைப் பலி கொடுப்பதா?

அந்த கேங்மேன் என்ன முடிவு எடுத்திருப்பார் என்று உங்களால் யூகிக்க முடிகிறதா? கவலையேபடாமல் வழக்கமாகப் போகும் தண்டவாளத்திலேயே அந்த ரயில் போகும்படியாக விட்டுவிட்டார். பாதையை மாற்றவில்லை. காரணம் என்ன?

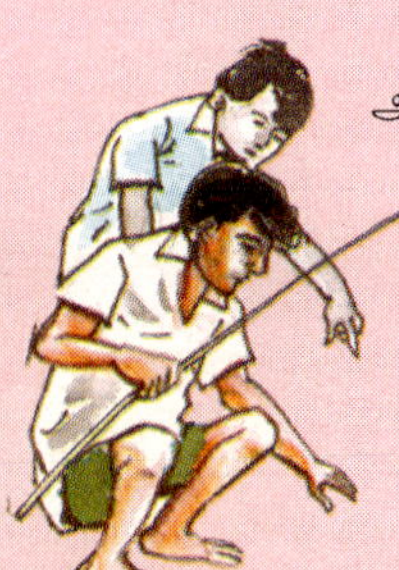

வழக்கமாக ரயில் வரும் பாதையில் விளையாடும் அந்தச் சிறுவர்களுக்கு அங்கே ரயில் வரும் என்று தெரிந்திருக்கும். அதனால் ரயிலின் சத்தத்தைக் கேட்ட மாத்திரத்தில் அவர்கள் தண்டவாளத்தில் இருந்து விலகி ஓடிவிடுவார்கள். அதே சமயம், உபயோகத்தில் இல்லாத தண்டவாளத்தில் ரயிலைச் செலுத்தினால், என்னதான் ஹாரன் ஒலி எழுப்பினாலும் 'பக்கத்துத் தண்டவாளத்தில்தானே ரயில் போகப் போகிறது! இங்கே விளையாடும்

நமக்கு ஓர் ஆபத்தும் வராது' என்ற அந்த ஒற்றைச் சிறுவன் தண்டவாளத்தை விட்டு நகராமல் இருக்க வாய்ப்பு உண்டு. அதனால் தான் வழக்கமாகச் செல்லும் தண்டவாளத்திலேயே ரயில் போகும்படியாக விட்டுவிட்டார் அந்த கேங்மேன். அந்த அனுபவம் நிறைந்த கேங்மேன் நினைத்த மாதிரியேதான் நடந்தது. அந்த ஒற்றைச் சிறுவன் உள்பட அனைவரும் தப்பிவிட்டார்கள்.

கதையில் வேண்டுமானால் இப்படி நடக்கலாம். ஆனால், நிஜத்தில் பெரும்பான்மையானவர்களைக் காப்பாற்றுகிறேன் பேர்வழி என்று இந்தச் சமுதாயம் நியாய தர்மங்களுக்கும் சட்டதிட்டங்களுக்கும் பயந்து வாழும் கொஞ்சநஞ்சம் பேரையும் அச்சத்துக்குள்ளாக்கிவிடுகிறது.

டிராஃபிக் சிக்னலில் ஆரஞ்சு விளக்கு எரிந்ததுமே ஓட்டிவரும் வாகனத்தைக் கோட்டுக்கு முன் நிறுத்திவிட வேண்டும் என்பது சட்டம். ஆனால், இந்தச் சட்டத்தை எத்தனை பேர் பின்பற்றுகிறார்கள்? பெரும்பான்மையானவர்கள் மதிப்பதில்லை. அதனால் என்னாகிறது என்றால், சட்டதிட்டத்துக்குப் பணிந்து ஆரஞ்சு விளக்கு எரிந்ததுமே வண்டியை நிறுத்துபவன் மீது பின்னால் வரும் தண்ணீர் லாரி மோதுகிறது.

ஆரஞ்சு சிக்னல் எரிந்தால் வண்டியை நிறுத்துவதா அல்லது பின்னால் வரும் வாகனத்துக்குப் பயந்து சிக்னலை மதிக்காமல் வண்டியை ஓட்டிச் செல்வதா? சட்டதிட்டங்களுக்கு அடங்கி வாழ்வது நல்லதா, அல்லது ஊரோடு ஒத்து வாழ்வதற்காக சட்டத்தைக் கொஞ்சம் அப்படிஇப்படி நம் பக்கம் வளைத்துக்கொள்வது புத்திசாலித்தனமா? இது போன்ற கேள்விகள் எழுவதற்குக் காரணமே, முட்டாள்களாகவும் சுயநலமிக்கவர்களாகவும் இருக்கிற பெரும்பான்மையானவர்களுக்காக இந்தச் சமுதாயம் சட்டத்தையும் நியாயத்தை யும் வளைத்துத் தருவதுதான்.

மீன்கள் சொல்லும் பாடம்!

"முன்பெல்லாம் அரசியல்வாதி, அதிகாரி... என்று எங்கேயோ ஓரிரண்டு பேர்தான் சட்டத்தை மதிக்காதவர்களாக இருந்தார்கள். நியாய தர்மங்களுக்குக் கட்டுப்படாதவர்களாக இருந்தார்கள். ஆனால், இப்போதோ கண்ணில் படுபவர்கள் எல்லாம் குறுக்கு வழியில்தான் பயணிக்கிறார்கள். இந்தச் சூழ்நிலையில் நான் ஒருவன் மட்டும் ஒழுங்கு தவறாத நியாயவானாக இருந்தால் என்னை எல்லோரும் ஏமாளி என்கிறார்கள்" - இப்படிப் புலம்புபவர்கள் ஏராளம்.

கடலில் மூன்று வகையான மீன் இனங்கள் இருக்கின்றன. அங்கே சுறா மாதிரியான கொலைகார மீன்கள் கடலில் வாழும் மற்ற உயிரினங்

களைத் தின்று உடல் வளர்க்கும். இது முதல் ரகம். இந்த மாதிரி முரட்டு மீன்களின் அராஜகத்தைத் தாக்குப்பிடிக்க முடியாமல் அவற்றுக்குப் பல சின்ன மீன்கள் இரையாகும். இவை இரண்டாவது ரகம். ஆனால், டால்ஃபின் போன்ற மீன்களோ மற்ற மீன்களைப் பீதிக்குள்ளாக்காது. பிடித்துத் தின்னாது. அதே சமயம் சுறா மாதிரியான மீன்களுக்கும் இரையாகாமல் அவற்றிடமிருந்து தப்பித்து சந்தோஷமாக வாழ்க்கை நடத்தும்.

நம்முடைய உலகமும் கடல் மாதிரிதான். இதில் சுறா மாதிரி அடாவடியான மனிதர்களும் இருக்கிறார்கள். அவர்களின் அராஜகத்துக்கு அடிபணியும் பயந்தாங்கொள்ளி மனிதர்களும் இருக்கிறார்கள். கொஞ்சம் புத்திசாலித்தனமாக நடந்துகொண்டால், சுறா மாதிரி அராஜகமாகவும் நடந்துகொள்ளாமல் அதேசமயம் குட்டிமீன்கள் மாதிரியும் பயந்து பயந்து வாழ்க்கை நடத்தாமல், டால்ஃபின் மாதிரி வாழ்க்கையைச் சந்தோஷமானதாக அமைத்துக்கொள்ள முடியும். அது நம் கையில்தான் இருக்கிறது.

நம் வீட்டின் மதில்சுவரை இரவோடு இரவாக இடித்துத் தள்ளிவிட்டு போகும் டிப்பர் லாரிக்காரர், நம் வீட்டின் வாசலையே அடைப்பது மாதிரி காரை பார்க் செய்துவிட்டுப் போகும் யாரோ ஒரு டிரைவர், தன் வீட்டுக் கழிவுநீரை நம் வீட்டுப் பக்கம் திருப்பிவிடும் பக்கத்துவீட்டுக்காரர், நாம் கட்டியிருக்கும் நமது துணிஉலர்த்தும் கொடியில் தன் துணிகளைக் காயவைத்துவிட்டுப் போகும் மாடி போர்ஷன்காரர்... இப்படி நம்முடைய எல்லைக்குள் அத்துமீறிப் பிரவேசித்து நம்மை எரிச்சல்படுத்தும் நபர்கள் இந்த உலகில் ஏராளம். இவர்களை எல்லாம் எப்படி சமாளிப்பது?

அதற்குக் கொஞ்சம் சமயோசித புத்தியும் சாமர்த்தியமும் வேண்டும்.

அவர் ஒரு சட்டநிபுணர் மட்டும் அல்ல. சட்டம் சொல்லிக்கொடுக்கும் ஆசிரியரும்கூட. தன்னிடம் சட்டம் பயின்று வந்த மாணவர்களில் ஒருவனிடம் அந்த ஆசிரியர் ஓர் ஒப்பந்தம் போட்டார். அந்த ஒப்பந்தத்தின்படி மாணவன் என்றைக்கு முதல் முறையாக நீதிமன்றத்தில் சுயமாக ஒரு வழக்கை வாதாடி ஜெயிக்கிறானோ, அன்று அவன் தன் ஆசிரியருக்கு அவர் கேட்கும் குருதட்சணையைக் கொடுக்கவேண்டும். இதுதான் ஒப்பந்தம்.

அந்த சட்டநிபுணரிடம் மாணவன் எல்லாப் பாடங்களையும் சிறப்பாகக் கற்றுத் தேர்ந்தான். அதன்பின்பு வெகுநாளாகியும் அவன் சட்டநிபுணருக்கு குருதட்சணை எதுவும் கொடுக்காமல் காலம் கடத்திவந்தான். காரணம், எந்த வழக்கிலும் அவன் ஆஜராகவில்லை. ஆஜராகி ஜெயித்துவிட்டால் ஆசிரியர் குருதட்சணையாகக் கேட்டதைக் கொடுக்கவேண்டி வருமே என்பதற்காகவே அவன் எந்த வழக்கையும்

ஏற்று நடத்தாமல் காலம் தள்ளினான். பொறுத்துப் பொறுத்துப் பார்த்த ஆசிரியர் தன் மாணவன் மீது வழக்கு தொடுத்தார். வழக்கு விசாரணைக்கு வந்தது. தன்னுடைய குருவுக்கு குருதட்சணை எதுவும் கொடுக்காமல் ஏமாற்றி விடவேண்டும் என்று முடிவெடுத்திருந்த மாணவன், நீதிபதியின் முன் இப்படி குதர்க்கமாக வாதாடினான்...

"ஒருவேளை நான் இந்த வழக்கில் ஜெயித்துவிட்டால் இந்த கோர்ட்டின் தீர்ப்புப்படி என்னுடைய குருவுக்கு நான் குருதட்சணை எதுவும் கொடுக்கவேண்டியதில்லை. அப்படியில்லாமல் இந்த வழக்கில் என்னுடைய குரு ஜெயித்து நான் தோற்றுவிட்டால், எங்களுக்குள் இருக்கும் ஒப்பந்தப் படி நான் அவருக்கு குருதட்சணை கொடுக்க வேண்டியதில்லை. ஆக, எப்படிப் பார்த்தாலும் நான் என் குருவுக்கு குருதட்சணை கொடுக்கத் தேவையில்லை."

கூர்தீட்டிய மரத்தையே பதம்பார்ப்பது மாதிரி தொழில் கற்றுக்கொடுத்த சட்ட நிபுணருக்கே தண்ணி காட்டுகிறானே என்று பார்ப்பவர்கள் மலைத்து நின்றார்கள். குரு என்ன செய்யப் போகிறார் என்று ஆவலோடு காத்திருந்தார்கள். அப்போது சட்ட நிபுணர் எழுந்து நீதிபதியின் முன்பு சென்று இப்படி வாதாடினார்...

"ஏன்.. இப்படியும் வைத்துக்கொள்ளலாம் யுவர் ஹானர்! நான் இந்த வழக்கில் ஜெயித்துவிட்டால் இந்த நீதிமன்றத்தின் தீர்ப்புப்படி இந்த மாணவன் எனக்கு குருதட்சணை கொடுக்க வேண்டும். ஒருவேளை நான் இந்த வழக்கில் தோற்று, என் மாணவன் ஜெயித்துவிட்டால் அப்போது எங்கள் இருவருக்கும் இடையே உள்ள ஒப்பந்தப்படி என் மாணவன் எனக்கு குருதட்சணை கொடுக்க வேண்டும். ஆக, எப்படிப் பார்த்தாலும் மாணவன் எனக்குக் குருதட்சணை தந்தே ஆக வேண்டியவனாகிறான்!"

குதர்க்கப் புத்திக்காரர்களை குதர்க்கப் புத்தியால்தான் வெல்லவேண்டும் என்பதற்காகச் சொல்லப்படும் கதை இது.

ஆனால், இதில் ஓர் அபாயம் உள்ளது. குதர்க்கப் புத்தியை அடிக்கடி கையாண்டால் ஒரு கட்டத்தில் அதற்கு நாமே அடிமையாகிப் போவோம். அதனால் கூடிய வரை துஷ்டரைக் கண்டால் தூர விலகுவதே நல்லது.

தப்பிருந்தா ஒப்புக்கோ!

“ ‘**நா**ட்டில் எந்தத் தவறு நடந்தாலும் சரி.. அதற்குக் காரணம் எதிர்க்கட்சிதானே தவிர, நாங்கள் இல்லை!’ என்று வியாக்கியானம் பேசும் அரசியல் கட்சித்தலைவர்களை யாரும் மதிப்பதில்லை. ஒரு வகையில் பார்த்தால் நாம் அனைவருமே இந்த அரசியல் கட்சித் தலைவர்கள் மாதிரிதான்...”

சமீபத்தில் பெங்களூரில் நடைபெற்ற ஒரு கூட்டத்தில் நான் இப்படிப் பேசியதற்குப் பலர் கடுமையாக எதிர்ப்பு தெரிவித்தார்கள். “எங்களை யாருடன் வேண்டுமானாலும் ஒப்பிட்டுப் பேசுங்கள். அரசியல்வாதிகளோடு மட்டும் வேண்டாம்!” என்றார்கள்.

சரி, நான் யாரையும் யாருடனும் ஒப்பிடவில்லை. ஆனால், நன்றாக யோசித்துப் பாருங்கள்... நம்மில் எத்தனை பேர் நம்முடைய தவறுகளைப் பகிரங்கமாக ஒப்புக்கொள்கிறோம்?

தன் கணவன் அவனோடு பணிபுரியும் ஒரு பெண்ணுடன் தகாத உறவு வைத்துக்கொண்டது தெரிந்து அழுது ஆர்ப்பாட்டம் செய்தாள் மனைவி. “எனக்குப் பிடித்த மாதிரி நீ மிடி, மேக்ஸி என்று டிரஸ் செய்துகொள்வதில்லை.

அதனால்தான் நான் அவளுடன் தொடர்பு வைத்துக்கொண்டேன். ஆகவே, இதற்கெல்லாம் காரணம் நீதான்!" என்றான் கணவன். இது எந்த அளவுக்கு நியாயம் என்று யோசித்துப் பாருங்கள்!

அடுத்தவர் மீது பழி போடாமல், நடந்துவிட்ட தவறுக்கு நாம் பொறுப்பு ஏற்றுக்கொண்டால்தான், தவறு ஏன் நடைபெற்றது என்று யோசிக்கவும், அத்தகைய தவறுகள் மீண்டும் ஏற்படாமல் தடுக்கவும் நம்மால் இயலும்.

இஸ்லாமியத் துறவி முல்லா நஸ்ருதீனை அறியாதவர்கள் இருக்கமுடியாது. வெளிப்பார்வைக்கு முட்டாள்தனமான காரியங்களைச் செய்பவர்போல் இருந்தாலும், அதன் மூலம் அற்புதமான படிப்பினைகளை

மறைமுகமாக உலகுக்குச் சொன்ன மகான் அவர்.

ஒரு முறை முல்லா தன் வீட்டின் பின்புறமிருந்த ஒரு சுவரை இடித்து அந்த இடிபாடுகளை வீதியில் கொட்டினார். கல்லும் மண்ணுமாக இருந்த அந்தக் குவியலில் இருந்து தூசு பறந்து சுற்றியிருந்த வீடுகளில் படிந்து ஜனங்கள் சுவாசிப்பதற்கே கஷ்டத்தை ஏற்படுத்தியது.

"சே... சுற்றுப்புறத்தையே தூசு படுத்திட்டானே... இதை எப்பத்தான் அப்புறப்படுத்தப்போறானோ..?" என்று அக்கம்பக்கத்தில் வசித்தவர்கள் தங்களுக்குள் முணுமுணுத்துக் கொண்டார்கள்.

அடுத்த நாள், விடிகாலையில் எழுந்து நட்டநடு வீதியில் ஒரு பள்ளம் தோண்டிக்கொண்டிருந்தார் முல்லா. "என்ன செய்கிறீர்கள் முல்லா?" என்று மற்றவர்கள் பதற்றத்துடன் கேட்க, "இந்த கல், மண் எல்லாம் உங்களுக்குப் பெரிய தொல்லையாக இருக்குமே.. இதை எங்கேயாவது கொட்ட வேண்டாமா... அதற்காகத்தான் பள்ளம் தோண்டிக் கொண்டிருக்கிறேன்!" என்றாராம் முல்லா.

ஒரு தவறை இன்னொரு தவறால் மூடி மறைக்க முடியாது என்பதுதான் இந்த கதையிலிருந்து நாம் படிக்க வேண்டிய பாடம். கூடிய வரை தவறு செய்யாமல் இருப்பது உத்தமம். மீறி, நம்மையுமறியாமல் தவறு செய்ய நேர்ந்துவிட்டால் அதை நியாயப்படுத்தாமல், அடுத்தவர் மீது பழி போடாமல், நாமே பொறுப்பேற்றுக்கொள்வது சிறந்தது.

"ஐயையோ... தவறு செய்துவிட்டோமே! இது அடுத்தவருக்குத் தெரிந்தால் அவமானமாச்சே!" என்று யாரும் பயப்படத் தேவையில்லை.

தவறு செய்வது என்பது மனிதனின் இயல்பு. ஒவ்வொருவரும் தங்கள் தவறுகளை மனப்பூர்வமாக ஒப்புக்கொள்ள வேண்டும் என்பதற்காகத்தான் கிறிஸ்துவ மதத்தில் பாவமன்னிப்பு என்னும் ஒரு சடங்கை வைத்திருக்கிறார்கள்.

''பறிக்காதே!'' என்று இறைவன் கட்டளையிட்டதை மீறி மரத்தில் இருந்து ஆப்பிளைப் பறித்த ஆதாம் அந்தப் பழியை ஏவாள் மீது சுமத்தினான். ஏவாளோ பாம்பு வடிவில் இருந்த சாத்தான் மீது பழியைப் போட்டாள். ஆண்டவன் ஆதாமுக்கும் ஏவாளுக்கும் தண்டனை கொடுத்தது தவறு செய்ததற்காக மட்டும் அல்ல. செய்த தவறுக்கான பழியை அடுத்தவர்கள் மீது போட்டதற்காகவும்தான்!

"சுவாமி... என் மகள் இரண்டாம் வகுப்பு படிக்கிறாள். ஆனாலும், அவள் செய்கிற சண்டித்தனத்தைத் தாங்கமுடியவில்லை. என் பேச்சையே அவள் கேட்பதில்லை. 'வெளியில் விளையாடிவிட்டு வந்தால் காலைக் கழுவிக் கொண்டு வீட்டுக்குள் வா', 'பள்ளிக்கூடத்தில் இருந்து வந்ததும் உடனே வீட்டுப்பாடம் செய்துவிடு' என்று நான் சொல்லும் சின்னச் சின்ன அறிவுரைகளைக்கூட அவள் கேட்பதில்லை. இப்பவே அவள் இப்படி இருந்தால், வளர்ந்து பெரியவளானால் எப்படி இருப்பாளோ என்று பயமாக இருக்கிறது..." - இப்படிப் புலம்பாத பெற்றோர் யாராவது உண்டா?

ஒரு குட்டிக் கதை சொல்கிறேன்.

தமிழ்நாடு, பஞ்சாப், காஷ்மீர் ஆகிய மாநிலங்களின் போலீஸ் உயர் அதிகாரிகள் ஒரு பெரிய கப்பலில் சந்தித்துக் கொண்டார்கள். கப்பல் தண்ணீரைக் கிழித்தபடி வேகமாகச் சென்று கொண்டிருந்தது.

போலீஸ் துறையில் உயரதிகாரிகளுக்குக் கீழ்ப்படிதல் என்பது ஒரு முக்கியமான விஷயம் அல்லவா? அதனால், தங்கள் மாநில போலீஸ்காரர்கள் எந்த அளவுக்குக் கீழ்ப்படியும் குணம் படைத்தவர்கள் என்பதை நிரூபித்துக் காட்டுவதற்காக பஞ்சாப்பைச் சேர்ந்த காவல்துறை

அதிகாரி, தன்னோடு வந்திருந்த ஒரு போலீஸ்காரரை அழைத்து 'உடனே இந்தக் கப்பலிலிருந்து கடலில் குதி' என்று கட்டளையிட்டார். 'ஏன்? எதற்கு?' என்று எந்தக் கேள்வியும் எழுப்பாமல் அந்த போலீஸ்காரர் சட்டென்று கடலில் குதித்தார். பெரிதும் மகிழ்ந்து போன பஞ்சாப் அதிகாரி, பக்கத்தில் இருந்த மற்ற அதிகாரிகளைப் பார்த்து, "எங்கள் போலீஸ்காரரின் தைரியத்தையும் கீழ்ப்படியும் குணத்தையும் பார்த்தீர்களா?" என்று பெருமை பொங்கச் சொன்னார்.

உடனே, தனது மாநில போலீஸ்காரர்களின் கீழ்ப்படிதல் குணமும் தைரியமும் பஞ்சாப் போலீஸ்காரருக்குச் சற்றும் குறைந்ததில்லை என்று காட்டும்விதமாக காஷ்மீர் மாநிலக் காவல்துறை அதிகாரி, தன்னுடைய போலீஸ்காரரை அழைத்து, "இந்தக் கப்பலின் முதல் தளத்துக்குப் போய், அங்கிருந்து கடலில் குதி!" என்று கட்டளையிட்டார்.

அடுத்த கணம், அந்த போலீஸ்காரர் 'தொப்' என்று கடலில் குதிக்கும் சத்தம் கேட்டது. உடனே காஷ்மீர் காவல்துறை அதிகாரி காலரைத் தூக்கி விட்டுக்கொண்டு, "பார்த்தீர்களா... எங்கள் போலீஸ்காரரின் தைரியத்தையும் கீழ்ப்படிதல் குணத்தையும்!" என்று உற்சாகமாகச் சொன்னார்.

இப்போது தமிழகக் காவல்துறை அதிகாரி, "இதென்ன பெரிய விஷயம்... உங்கள் போலீஸ்காரர்களைவிட எங்கள் போலீஸ்காரர்கள் தைரியம் மிகுந்தவர்கள். அதை இப்போதே நிரூபிக்கிறேன், பாருங்கள்..." என்று தனது போலீஸ்காரர்களில் ஒருவரை அழைத்து, "கப்பலின் இரண்டாவது மாடிக்குப் போய், அங்கிருந்து கடலில் குதி!" என்று கட்டளையிட்டார்.

அதற்கு அந்த போலீஸ்காரர், "நான் என்ன உன் வீட்டு வேலைக்காரன்னு நினைச்சியா? அதெல்லாம் முடியாது, போ!" என்று முறைக்க... தமிழகக் காவல்துறை அதிகாரி

சொன்னாராம்... "பார்த்தீர்களா, எங்கள் போலீஸ்காரரின் தைரியத்தை!"

இப்போதெல்லாம் நம் நாட்டில் பெரும்பாலோர் அரசு அதிகாரிகளுக்கோ, போலீஸ்காரர்களுக்கோ பயப்படுவதில்லை. அதற்குக் காரணம் என்னவென்று அனைவருக்குமே தெரியும். ஒரு சில நேர்மையான அதிகாரிகளைத் தவிர, மற்ற போலீஸ் அதிகாரிகளும் அரசு அதிகாரிகளும் சட்டங்களை தங்களுக்குச் சாதகமாக வளைத்துக்கொள்வதை நாமே பார்க்கிறோம். தவறு செய்யும் ஒருவரே, அடுத்தவரைத் 'தவறு செய்யாதே!' என்று சொன்னால் யாராவது காது கொடுத்துக் கேட்பார்களா? நம் நாட்டில் அரசு ஊழியர்களுக்கும் போலீஸ்காரர்களுக்கும் மரியாதை இல்லாமல் போனதற்கு முதல் காரணம் இதுதான்.

"என்ன சுவாமி, எங்கள் குழந்தை சொல்பேச்சு கேட்கமாட்டேனென்கிறது... அதை எப்படி வழிக்குக் கொண்டுவரலாம் என்று கேட்க வந்தால், அதை விட்டுவிட்டு போலீஸ், சட்டம் என்று ஏதேதோ பேசுகிறீர்களே!" என்று நீங்கள் கேட்கக்கூடும்.

கீழ்ப்படிதல் என்கிற குணம் எப்படி வரும் என்பதை விளக்கத் தான் இந்தக் கருத்துக்களையும் உதாரணங்களையும் சொன்னேன்.

'காலையில் எழுந்ததும் வாயில் பிரஷ்ஷை வைத்துக்கொண்டு வாசலில் போய் நிற்காதே!'

'சாவிக் கொத்து, சீப்பு, புத்தகம் என்று எதுவாக இருந்தாலும் எடுத்ததை எடுத்த இடத்தில் வை!'

இப்படி, எந்த வீட்டில் பார்த்தாலும் காலையில் இருந்து இரவு படுக்கப்போகும் வரை குழந்தைகளை அதைச் செய், இதைச் செய்யாதே என்று அதட்டிக்கொண்டே இருப்பார்கள். குழந்தைகளோ அதைக் காதிலேயே வாங்கிக்கொள்ளாமல் தங்கள் போக்கிலேயே நடப்பார்கள்.

"சரி, பின்னே எப்படித்தான் குழந்தைகளைத் திருத்துவது?" என்கிறீர்களா?

மிகச் சுலபம். குழந்தைகளுக்குச் சரியான முன்உதாரணமாக நீங்களே வாழ்ந்து காட்டுங்கள். கேள்வி கேட்காமல் குழந்தைகள் உங்களைப் பின்பற்றுவார்கள். இதைத் தவிர, வேறு அதட்டல்களோ, புத்திமதிகளோ அவர்களுக்குத் தேவையில்லை.

உடலில் முக்கியமான உறுப்பு?

ஆபீஸ் முடிந்து வீடு திரும்பினான் கணவன். வந்து நுழைந்த வேகத்தில் டி.வி. ரிமோட்டைக் கையில் எடுத்துக்கொண்டு, மனைவியைப் பார்த்துச் சொன்னான்...

''ஆரம்பிக்கறதுக்குள்ளே ஒரு காபி கொடேன்!''

காபி போட்டுத் தந்தாள் மனைவி. சிறிது நேரத்துக்குப் பிறகு கணவன் மீண்டும் மனைவியைப் பார்த்துக் கேட்டான்... "ஆரம்பிக்கறதுக்குள்ளே ஏதாவது லைட்டா டிபன் எடுத்துட்டு வாயேன்!''

டிபன் தயார் செய்து கொடுத்தாள். கொஞ்ச நேரமானது. கணவன் மீண்டும் மனைவியிடம் ''ஆரம்பிக்கறதுக்குள்ளே குடிக்க ஏதாவது ஜில்லுனு கொண்டுவாயேன்!'' என்றான்.

அவ்வளவுதான்... மனைவியின் பொறுமை போயே போச்சு!

''என்ன நினைச்சுட்டிருக்கீங்க உங்க மனசுல... நானும் வந்ததுலேர்ந்து பார்க்கிறேன்... ஆரம்பிக்கறதுக்குள்ளே ஆரம்பிக்கறதுக்குள்ளேன்னு எதையோ சொல்லி என் உயிரை வாங்கிட்டே இருக்கீங்களே... அப்படி என்ன தலை போற காரியம் ஆரம்பிக்கப் போகுதாம்?'' – படபடவென்று பொரிந்து தள்ளினாள்.

"அப்பாடா! ஆரம்பிச்சாச்சு!'' என்றான் கணவன்.

மனைவி என்றாலே எதற்கெடுத்தாலும் எரிந்து விழுந்துகொண்டே இருப்பவள், குற்றம் குறை கண்டுபிடித்துக்கொண்டே இருப்பவள், அலுப்பு சலிப்புடன் வாழ்க்கை நடத்துபவள்.. என்பது மாதிரியான அபிப்பிராயம்தான் பெரும்பாலான

கணவர்களுக்கு இருக்கிறது.

மனைவிகள் ஏன் இப்படி எப்போது பார்த்தாலும் சலிப்புடனேயே வாழ்க்கை நடத்துகிறார்கள் என்று அப்படிப்பட்ட கணவர்கள் யாராவது யோசித்துப் பார்த்தது உண்டா?

பெரும்பாலான கணவர்கள் தங்கள் வீட்டை ஏதோ ஒரு ஓட்டல் அறை மாதிரிதான் நினைக்கிறார்கள். வீட்டைச் சுத்தம் செய்வது, பிள்ளைகளைப் பள்ளிக்குத் தயார் செய்து அனுப்புவது, மளிகைச் சாமான், காய்கறிகள் வாங்கி வருவது.. என்று எல்லாமே மனைவியின் வேலைதான் என்றும், தனக்கும் அதற்கும் சம்பந்தமே இல்லை... ஆபீஸுக்குப் போய் வருவது மட்டும்தான் தன்னுடைய ஒரே வேலை என்றும் நினைக்கிறார்கள். அப்படிப்பட்ட வீடுகளில் தினந்தோறும் அதிகாலையிலிருந்து நள்ளிரவு உறங்கப்போவது வரை வேலை வேலை என்று சதா உழன்றுகொண்டிருக்கும் மனைவிக்கு உடம்பும் மனசும் சோர்வடையும்போது அவர்கள் தங்கள் அலுப்பையும் சலிப்பையும் கோபமாகக் கொட்டத் தோன்றுவது இயற்கைதானே!

வீட்டைப் பற்றிய பொறுப்பே இல்லாமல் மாதம் பிறந்தால் சம்பளப் பணத்தை மனைவியிடம் கொடுப்பதோடு தன் கடமை முடிந்து விட்டது... மற்றபடி, வீட்டைச் சேர்ந்த எல்லாப் பொறுப்புகளும் மனைவியைச் சேர்ந்ததுதான் என்று ஒரு கணவன் மெத்தனமாக இருப்பானே யானால் அவனை மனைவி கண்டிப்பதில் என்ன தவறு என்று எனக்குப் புரியவில்லை.

மனைவிகள் ஆத்திரப்படுவதற்கும் கோபப்படுவதற்கும் இன்னொரு காரணம்.. கணவனின் அன்பில்லாமை. அதாவது ஒரு மனைவி தன் கணவனை நேசிக்கும் அளவுக்கு மனைவியை எந்தக் கணவனும் நேசிப்பது இல்லை என்பதே பொதுவான உண்மை. இதில் சில விதிவிலக்குகளும் இருக்கலாம். ஆனால், பெரும்பாலான ஆண்களுக்கு இயந்திரத்தனமாக மட்டுமே சிந்திக்கமுடியும்.

வெளிநாட்டில் நடந்த ஒரு கதை இது. ஒரு கணவன் இருந்தான். சதா சர்வ காலமும் பிஸினஸ் பிஸினஸ் என்று செயல் பட்டுக்கொண்டிருப்பவன் அவன். அவனுக்குத் திருமணமாகி ஐந்து வருடங்கள் ஆயிற்று. ஆனால், ஒரே ஒரு வருடம்கூட அவன் தன் மனைவியின் பிறந்தநாளை நினைவில் வைத்துக்கொண்டு பரிசோ, வாழ்த்து அட்டையோகூடக் கொடுத்தது இல்லை. இது மனைவிக்கு ஒரு பெருங்குறையாக இருப்பது ஒரு நாள் அவனுக்குத் தெரிய வந்தது.

இதற்கு ஒரு தீர்வு காண முடிவு செய்த அவன் பூங்கொத்து வியாபாரியை அழைத்து "இந்தா பணம். இனி அடுத்து வரும் பத்து ஆண்டுகளுக்கு என் மனைவியின் பிறந்தநாள் அன்று மறக்காமல் என் பெயர் போட்டு பூங்கொத்து அனுப்பிவிடு!" என்று சொல்லி, மனைவியின் பெயரையும் பிறந்த தேதியையும் அவனிடம் கொடுத்து அனுப்பினான்.

இது நடந்த சில மாதங்கள் கழித்து மனைவியின் பிறந்தநாள் வந்தது. பூங்கொத்து வியாபாரியும் வாக்கு கொடுத்த மாதிரி அழகான ரோஜா பூங்கொத்து ஒன்றை அவனது மனைவியிடம் கொண்டு வந்து கொடுத்தான். அதில் அனுப்புனர் என்ற இடத்தில் தன் கணவரின் பெயர் இருந்ததைப் பார்த்துப் பெரிதும் மகிழ்ந்தாள் மனைவி. பூங்கொத்து வந்த சில மணி நேரம் கழித்துக் கணவன் வீட்டுக்கு வந்தான். அப்போது தன் ஆசைக் கணவனின் பெயர் தாங்கி வந்த ரோஜா மலர்க்கொத்தை நெஞ்சில் அணைத்தபடி மனைவி உட்கார்ந்திருக்க, கணவன் கேட்டானாம்...

"ஹாய்... எங்கே வாங்கினாய் இந்த ரோஜா பூக்களை? ரொம்பவும் அழகாக இருக்கிறதே!"

எதற்கு இந்த கதையைச் சொல்ல வருகிறேன் என்றால்... பணத்தைக்

கொடுத்தோ அல்லது இயந்திரத்தனமான ஒரு ஏற்பாட்டைச் செய்தோ ஒரு கணவன் தன் மனைவிக்கு அன்பைக் கொடுத்துவிடமுடியாது. பாசம் என்பது உள்ளத்தில் இருந்து வரவேண்டும். இதைத்தான் மனைவிகள் எதிர்பார்க்கிறார்கள். மனைவி உடம்பு சரியில்லாமல் படுத்திருந்தால், "என்ன இது விளக்கு வைக்கிற நேரத்தில படுத்துட்டு..." என்று எரிந்து விழாமல், "என்னம்மா... உடம்பு சரியில்லையா? என்னாச்சு? மாத்திரை வாங்கிட்டு வரவா? டாக்டர் வீட்டுக்குப் போகலாமா?" என்று ஒரு வார்த்தை அன்பாகக் கேளுங்கள் போதும்... மனைவியின் எதிர்பார்ப்பு அதுதான்!

'நம் உடம்பிலேயே மிக முக்கியமான உறுப்பு!' என்கிற தலைப்பில் ஆசிரியர் தன் மாணவர்களை ஒரு கட்டுரை எழுதச் சொன்னார். அந்த வகுப்பில் உடல் ஊனமுற்ற ஒரு சிறுமியும் இருந்தாள். கட்டுரைக்கான தலைப்பே அவளுக்குப் பிடிக்கவில்லை. தவிர, சக மாணவர்கள் அந்தச் சிறுமியின் ஊனத்தைச் சொல்லி கிண்டல் செய்ய.. அன்றைய வகுப்பு பாவம் அவளுக்கு நரகமாகக் கழிந்தது.

அன்று மாலை வீடு திரும்பிய அந்தச் சிறுமி தன் தாயின் தோள்களில் சாய்ந்து அழுதபடியே கேட்டாள்... "நம் உடம்பில் முக்கியமான உறுப்பு எதும்மா?"

"உடம்பிலேயே கண்தான் முக்கியமான உறுப்பு! ஏன் என்றால், கண் இல்லையெனில் உலகமே இருட்டாகிவிடுமே'' என்று சொன்னாள் அம்மா. ஆனால், அதைச் சரியான பதிலாக அந்தச் சிறுமியால் ஏற்றுக்கொள்ள முடியவில்லை. "அப்படியானால் கைகள்தான் நம் உடம்பிலேயே முக்கியமான உறுப்பு! அது இல்லையென்றால் நம்மால் எழுதவோ, வேறு எந்த வேலையும் செய்யவோ முடியாது இல்லையா?"

அம்மாவின் இந்தப் பதிலையும் சரியான பதிலாக சிறுமியால் ஏற்றுக்கொள்ள முடியவில்லை.

கடைசியில் அந்தச் சிறுமியே ஒரு பதிலைச் சொன்னாள்... "நம் உடம்பில் தோள்கள்தாம்மா மிக முக்கியமான உறுப்பு. மற்ற உறுப்புகள் எல்லாம் நமக்கு உதவியாக இருக்கும். ஆனால் தோள்கள்தான் ஆறுதல் தேடும் அன்பு முகங்கள் புதைத்துக்கொள்ள இடம் கொடுக்கும். இதோ, நான்கூட இப்போது உன் தோள்களில்தானே முகம் புதைத்து அழுகிறேன். என்னைப் பொறுத்தவரை அடுத்தவர் அழுவதற்கு இடம் கொடுக்கும் தோள்கள்தான் உடம்பிலேயே முக்கியமான உறுப்பு!"

நிஜமான ஏழு அதிசயம்!

'இந்தப் பாழாய்ப்போன தெய்வம் இப்படி செஞ்சுடுச்சே...' என்று ஏதேனும் ஒரு சந்தர்ப்பத்தில் கடவுளை நொந்துகொள்ளாதவர்களே இல்லை. மனிதன், தான் செய்யும் தவறுகளுக்கெல்லாம் கடவுள் மீதுதான் பழிபோடுகிறான். கடவுள் என்ன இரக்கம் இல்லாதவரா..? கல்மனம் படைத்தவரா? மனிதனை இம்சை செய்து பார்க்கவேண்டும் என்கிற கொடூர மனம் படைத்தவரா?

இல்லை! கடவுள் அன்புமயமானவர். கருணை உள்ளம் கொண்டவர். பாசம் மிகுந்த தாயைப் போல அவர் தமது குழந்தைகளான நமக்கு ஏராளமான பரிசுகளை வாரி வாரி வழங்கி வருகிறார்.

ஒவ்வொரு வசந்த காலமும் ஆயிரமாயிரம் பூங்கொத்துகளை நமக்கு அனுப்பி வைப்பவர் கடவுள். நாம் எப்போது அவருடன் பேச நினைத்தாலும் ஓடோடி வருபவர் அவர். இந்தப் பிரபஞ்சத்தில் எத்தனையோ இடங்கள் இருந்தாலும், தான் வசிப்பதற்கு அவர் தேர்ந்தெடுத்துள்ள இடம், நம் உள்ளம்தானே!

கடவுள் நமக்கு என்னவெல்லாம் கொடுத்திருக்கிறார் என்று நீங்கள் எப்போதாவது யோசித்துப் பார்த்ததுண்டா?

இதோ, இந்தக் கதையைக் கேளுங்கள்...

அது ஒரு வகுப்பறை. ஒரு சிறுமியைப் பார்த்து ஆசிரியர் கேட்டார்... "உலகத்தின் ஏழு அதிசயங்கள் என்னென்ன?"

ஆசிரியரின் கேள்விக்குப் பதில் தெரியாமல் விழித்தாள் அந்தச் சிறுமி.

"வாயைத் திறக்காமல் இப்படிச் சிலை மாதிரி நின்றுகொண்டே இருந்தால் எப்படி..? யோசித்துப் பதில் சொல்'' என்றார் ஆசிரியர்.

தயக்கத்தை மூட்டை கட்டி வைத்துவிட்டு அந்தச் சிறுமி பேசத் தொடங்கினாள்... ''உலகத்தின் மிகச் சிறந்த ஏழு அதிசயங்கள் என்னவென்றால்... பார்க்கும் சக்தி கொண்ட நமது கண்கள், கேட்கும் சக்தி படைத்த நமது காதுகள், நுகரும் சக்தி கொண்ட நமது மூக்கு, சுவைக்கும் சக்தி கொண்ட நமது நாக்கு, உழைக்கும் திறன் கொண்ட நமது கைகள், ஓடும் சக்தி கொண்ட கால்கள், எல்லாவற்றையும் அனுபவித்து ரசிக்கும் சக்தி படைத்த நமது மனசு... இந்த ஏழும்தான் அதிசயமானவை!"

'சரியான விடை இதுவல்ல' என்று சொல்ல அந்த ஆசிரியரால்

முடியவில்லை. சிறுமி சொன்ன இந்த விஷயங்களைவிட, எகிப்திய பிரமிடுகளோ அல்லது சீனப் பெருஞ்சுவரோ மிகப்பெரிய அதிசயம் கிடையாது என்பதை யோசித்துப் பார்க்கையில் ஆசிரியருக்குப் புரிந்தது.

ஆனால், இந்த உண்மை நமக்கு எப்போது உறைக்கும் என்பதுதான் தெரியவில்லை.

என்னிடத்தில் தியானம் கற்றுக்கொள்ளும் என் மாணவி ஒருவரின் வீட்டுக்குச் சென்றிருந்தேன். அவருக்குக் குழந்தைகள் கிடையாது. சுடுகின்ற தனிமையில்தான் கணவன்–மனைவி இருவரும் வாழ்க்கையை நகர்த்தி வருகிறார்கள். என்றாலும், அவர்கள் வீட்டின் அலமாரி முழுதும் வழிய வழிய பரிசுப் பொருட்கள். 'இது நான் பள்ளிக்கூடத்தில் படிக்கும்போது ஓட்டப்பந்தயத்தில் முதலாவதாக வந்தபோது ஜெயித்த பரிசுக் கோப்பை. இது கல்லூரிப் பேச்சுப் போட்டியின்போது ஜெயித்த பரிசு. இதெல்லாம் நாங்கள் காதலித்தபோது ஒருவருக்கு ஒருவர் அனுப்பிக் கொண்ட வாழ்த்து அட்டைகள்..' இப்படி அவர்கள் இருவரும் அவற்றைப் பற்றி விவரித்துக்கொண்டே போனார்கள்.

இந்தச் சம்பவத்தை இங்கே சொன்னதற்குக் காரணமில்லாமல் இல்லை. சாதாரணமான மனிதர்கள் ஒருவருக்கு ஒருவர் கொடுக்கும் பரிசுப் பொருட்களையே மிகப் பெரிய ஞாபகச் சின்னங்களாகப் போற்றிப் பாதுகாக்கும் பழக்கம் உள்ள நாம், ஆண்டவன் நமக்கு அளித்திருக்கும் பரிசுகளை இதே போல பாதுகாக்கிறோமா என்று எண்ணிப் பார்க்கவேண்டும்.

கடவுள் நமக்கு கொடுத்த நதிகளை எல்லாம் சாக்கடைகளாக்கி விட்டோம். காற்றை மாசுபடுத்திவிட்டோம். மரங்களை எல்லாம் வெட்டித் தள்ளிக்கொண்டிருக்கிறோம். சரி... நமக்கே நமக்கு என்று அவன் கொடுத்திருக்கும் உடல் உறுப்புகளையாவது சரியாகப் பராமரித்து வைத்திருக்கிறோமா? நம்மில் எத்தனை பேர் மது, போதைப் பாக்கு, பெரும்தீனி... என்று வயிற்றைக் கெடுத்து கொள்கிறோம். நம்மில் எத்தனை பேர் சிகரெட் பிடித்து நுரையீரலைப் புண்ணாக்கிக் கொள்கிறோம். நம்மில் எத்தனை பேர் ஆண்டவன் கொடுத்த பொன்னான நேரத்தை அழுதுவடியும் டி.வி. முன் உட்கார்ந்து வெட்டியாகக் கழிக்கிறோம்!

நாம் கொடுக்கும் பரிசுப் பொருளைப் பெற்றவர் அதற்கு மதிப்பளித்து பேணிப் பாதுகாத்தால்தான் அவருக்கு நாம் மேலும் மேலும் பரிசுகளைக் கொடுப்போம் இல்லையா? கடவுளுக்கும் இதே நியாயம் பொருந்தும்தானே?

ஆண்டவன் கொடுத்த ஆயுதங்கள்!

"ஒரே நேரத்தில் இத்தனை சோதனைகள் வந்தால் நான் என்ன செய்வேன்?" என்று கிட்டத்தட்ட அழுதார் அந்தப் பெரியவர்.

"குருவி மாதிரி சிறுகச் சிறுக சேமித்து வைத்த பணத்தையும் வங்கியில் லோன் போட்டு வந்த பணத்தையும் வைத்துச் சொந்தமாக ஒரு ஃப்ளாட் வாங்கினேன். அதில் இப்போது ஆயிரத்தெட்டு பிரச்னைகள்! சி.எம்.டி.ஏ. அப்ரூவல் வாங்கவில்லை என்று ஏதேதோ சொல்லி ஒரு லட்ச ரூபாய் வரை அபராதம் கட்டும்படி தாக்கீது வந்திருக்கிறது. இன்னொரு பக்கம், வங்கியில் வாங்கிய கடனுக்கு மாத தவணை கட்டவே சம்பளப் பணம் சரியாகப் போய்விடுகிறது. வீட்டுச் செலவுகளுக்கே திண்டாடுகிற நிலைமை. இந்த நேரம் பார்த்து அலுவலகத்திலும் சோதனை. ஒரு சின்ன பிரச்னையைக் காரணமாக வைத்து முக்கியத்துவம் இல்லாத ஒரு டிபார்ட்மெண்டுக்கு என்னை டிரான்ஸ்ஃபர் செய்துவிட்டார்கள். யாரோ ஒரு பையனைக் காதலிக்கிறேன் என்று என் மகள் ஒரு பக்கம் குண்டைத் தூக்கிப் போடுகிறாள். ஏன் சுவாமி... எனக்கு மட்டும் இப்படி எல்லாத் திசைகளில் இருந்தும் சோதனைகள் வருகின்றன? கடவுளுக்கு என் மீது கொஞ்சம்கூடக் கருணையே இல்லையா?" - பரிதாபமாகக் கேட்டார் அவர்.

எனக்கு ஒரு முதியவரின் கதை நினைவுக்கு வந்தது.

வயோதிக பருவத்தை அடைந்துவிட்ட அந்த முதியவர் வழக்கம்போல ஒரு நாள் காட்டுக்குச் சென்று சுள்ளிக் குச்சிகளைச் சேகரித்து, ஒரு பெரிய சுமையாகக் கட்டித் தலையில் தூக்கி வைத்துக்கொண்டு தள்ளாடியபடி வீடு நோக்கி வந்துகொண்டிருந்தார். அப்போது அந்த வழியாக வந்த அந்நாட்டு மன்னனுக்கு இந்த முதியவரைப் பார்த்ததும் இரக்கம் பெருக்கெடுத்தது. அவன் தன் தேரை நிறுத்த உத்தரவிட்டான், 'வாருங்கள் பெரியவரே... வந்து என் தேரில் ஏறிக்கொள்ளுங்கள்' என்று முதியவரிடம் கூறினான். முதியவரும் தயக்கத்தோடு தேரில் ஏறிக்கொண்டார். ஆனால், தலையிலிருந்த சுள்ளிச்

சுமையை இறக்கி வைக்காமல் சுமந்தபடியே வந்தார். "ஏன் இப்படி?" என்று மன்னன் கேட்டதற்கு, ''மன்னா, நீங்கள் பெருந்தன்மையாக எனக்கு உங்கள் தேரில் இடம் கொடுத்தீர்கள். ஆனால் அதற்காக, என் சுமையையும் உங்கள் தேரில் இறக்கி வைப்பது நியாயமில்லையே?'' என்றாராம் அந்த முதியவர்.

ஒரு வகையில் பார்த்தால் நாமும் அந்த முதியவரைப் போலத்தான்! முதியவருக்கு மன்னன் லிஃப்ட் கொடுத்ததைப் போல ஆண்டவனும் நம்மை அவரின் தேரில் ஏற்றிக் கொண்டுதான் செல்கிறார். ஆனால், நாம்தான் நமது சுமைகள் எதையும் அவரது தேரில் இறக்கிவைக்காமல் நாமே சுமந்துகொண்டு அல்லல்படுகிறோம்.

"எனக்கு தேரில் இடம் கொடுத்தீர்கள். அதற்காக, என் சுமையையும் உங்கள் தேரில் இறக்கி வைப்பது நியாயமில்லையே?"

முல்லா நஸ்ருதீனைப் பற்றி நான் நிறையச் சொல்லியிருக்கிறேன். ஒரு நாள் இரவு அவர் நன்றாக அயர்ந்து உறங்கிக்கொண்டிருந்த சமயம், அவர் வீட்டுக்கு திருடன் வந்தான். சத்தம் கேட்டு வீட்டில் இருந்தவர்கள் விழித்துவிட்டனர். கையில் கிடைத்த உருட்டுக் கட்டைகளை எடுத்துக்கொண்டு திருடனைத் துரத்த ஆரம்பித்தனர். முல்லாவும் திருடனைத் துரத்திக்கொண்டு ஓடினார். ஒரு கட்டத்தில் திடீரென்று அந்தத் திருடன் கத்தியை எடுத்துகாட்ட... கூட்டம் திகைத்து நின்றது. முல்லா சமாளித்துக்கொண்டு தன் கையில் இருந்த ஒரு சின்ன குச்சியைக் காட்டித் திருடனை மிரட்ட, திருடன் கோபத்தோடு முல்லா மீது பாய்ந்தான். ஆனால், ஊரார் ஒன்று சேர்ந்து திருடனை வளைத்துப் பிடிக்க முற்பட, அவன் தப்பித்தோம், பிழைத்தோம் என்று தலைதெறிக்க ஓடி மறைந்தான்.

அதன்பின் முல்லா தன் இடுப்பில் செருகி வைத்திருந்த துப்பாக்கியை எடுத்து சாவகாசமாக தன் சட்டை பாக்கெட்டுக்குள் வைப்பதைக் கவனித்த ஊரார், ‘உங்களிடம் தான் கைத்துப்பாக்கி இருந்ததே... பிறகு ஏன் திருடன் உங்களைக் கத்தியால் குத்த வந்தபோது நீங்கள் துப்பாக்கியைப் பயன்படுத்த வில்லை?’ என்று கேட்டனர். அதற்கு முல்லா, ‘அடப் போங்க... நான் ஒருத்தன்தான் என்னிடம் இருக்கும் ஆயுதத்தைத் தேவையான நேரத்தில் பயன்படுத்தாமல் இருக்கிறேனாக்கும்?’ என்றாராம்.

முல்லாவின் இந்த வார்த்தைகள் அர்த்தம் பொதிந்தவை. நாமும்கூட பல சமயம் முல்லாவைப் போலத்தான் நடந்து கொள்கிறோம். ஆண்டவன் நமக்கு நிதானம், பொறுமை, கருணை, சிந்திக்கும் திறன் என்று ஏராளமான ஆக்கப்பூர்வமான ஆயுதங்களைக் கொடுத்திருக்கிறான். ஆனால் நாமோ பல சமயம் இவற்றைப் பயன்படுத்துவதே இல்லை. அதற்குப் பதிலாக ஈகோ, சுயநலம், பேராசை போன்ற அழிவு தரும் ஆயுதங்களைத்தான் பயன்படுத்துகிறோம்.

அன்பே.. அன்பே!

பொன்னின் தரத்தை வேண்டுமானால் உரைகல்லில் தேய்த்துப் பார்க்கலாம். பூவின் தரத்தை அதில் உரசிப் பார்க்க முடியாது. மென்மையாகத் தொட்டு ரசிக்கவும் குளிர்ந்த உள்ளத்தோடு அதன் மணத்தை நுகரவும் தெரிந்தவர்களுக்குத்தான் பூவின் அருமை புரியும்.

இதை நீங்கள் ஒப்புக்கொள்கிறீர்களா?! அவ்வளவுதான் விஷயம். இதை இன்னும் விளக்கமாகப் பேசலாம்!

அவன் கோபக்காரன். இருபத்துநாலு மணி நேரமும் கோபமாகவே இருப்பான். யாரைப் பார்த்தாலும் கோபம் வரும். எதற்கெடுத்தாலும் கோபம் வரும். ஒரு நாள் அவனைப் பார்க்க ஞானி ஒருவர் வந்தார். யோகா, மூச்சுப் பயிற்சி என்று செய்து உடம்பை வஜ்ஜிரம் போல திடகாத்திரமாக வைத்திருக்கும் ஞானி அவர்.

அவரைப் பார்த்ததும் அவன் வழக்கம்போல உர்ரென்று ஆனான். அவரை ஏற இறங்க ஒரு முறை பார்த்துவிட்டு, "உனக்கென்ன பெரிய பிஸ்தானு நினைப்பா? இப்ப எனக்கு அட்வைஸ் பண்ண வந்திருக்கியா? எப்பவும் முகத்துல அப்படி என்ன ஒரு சிரிப்பு! என்னைப் பத்தி மனசுக்குள்ள ஏதோ நக்கலா யோசிச்சுக்கிட்டிருக்கியா?" என்று கத்த ஆரம்பித்தான். 'இந்த ஆள் சரியான சூடு பார்ட்டி!' என்று ஞானிக்குப் புரிந்துபோனது. முகத்தின் சிரிப்பை விலக்கிக்கொண்டார். பளிச்சென்று தன் முஷ்டியை முறுக்கிக் காட்டினார்.

ஞானி தன்னை அடித்துவிடுவாரோ என்ற பயத்தில் அவன் சற்றே பின்வாங்கினான். அப்போது முறுக்கிய முஷ்டியைக் காட்டி அந்த ஞானி கேட்டார் –

"நான் எப்போதும் இதே மாதிரி முஷ்டியை முறுக்கி வைத்துக்கொண்டே இருந்தால் என்ன அர்த்தம்?"

அந்தக் கோபக்காரன் முதல்முறையாக கொஞ்சம் சிந்தித்து பதில் சொன்னான். "உங்கள் கை ஊனமாயிருக்கிறது என்று அர்த்தம்.'' இப்போது அந்த ஞானி முறுக்கியிருந்த தன் முஷ்டியை தளர்த்தி விரல்களை விரித்து ''என்னால் என் கையை இதே மாதிரி விரித்தபடிதான் வைத்துக்கொள்ள முடியும். இதை மடக்கவே முடியாது என்றால் அதற்கு

என்ன அர்த்தம்?'' என்று கேட்டார். அதற்கு கோபக்காரன் சொன்னான். "அப்பவும் உங்கள் கை ஊனப்பட்டிருக்கிறது என்றுதான் அர்த்தம்!"

ஞானி மறுபடி பொதுவானதொரு புன்னகையைச் சிந்தினார். "இந்த அளவுக்கு நீ சிந்தித்தால் போதும். சதாசர்வ நேரமும் கோபப்பட்டுக்கொண்டே இருக்கிறாயே... அதற்கு என்ன அர்த்தம்?'' என்று கேட்டார்.

"கோபமும் ஒரு ஊனம்தான்..'' என்று அவனது வாய் முணுணுத்தது.

இந்தக் கதையை இங்கு சொன்னதற்குக் காரணமில்லாமல் இல்லை.

"பாவி... என் அப்பன்தான் என் வாழ்க்கையைக் கெடுத்தான்'', "சண்டாளி... இவ சொல்படி கேட்டு நடந்தால் என் வாழ்க்கையே நாசமா போச்சு'', "கஷ்டப்பட்டு சேர்த்து வெச்சிருக்கும் சொத்தை எல்லாம் அழிக்கத்தான் இந்த தறுதலை எனக்குப் புள்ளையா வந்து பொறந்திருக்கு.''

– இப்படி அப்பா, அம்மா, மனைவி, பிள்ளைகள் என்று ஒருவர் விடாமல் வீட்டில் இருக்கும் அத்தனை பேரையும் திட்டித் தீர்க்கும் காரெக்டர்கள் நிறையவே உண்டு. எனக்குத் தெரிந்த பெங்களூர் பத்திரிகையாளர் ஒருவர்கூட இப்படித்தான். அவர் வீட்டுக்குள் நுழைந்தாலே போதும்... அதுவரை கிளிக்கூட்டம் மாதிரி சந்தோஷமாக இருப்பவர்கள் கப்சிப் என்று அடங்கிவிடுவார்கள். ஆனால், மனிதரோ சும்மா இருக்க மாட்டார். "ஏன் இழவு வீடு மாதிரி இப்படி ஆளாளுக்கு உட்கார்ந்திருக்கீங்க?'' என்று வந்ததும் வராதுமாக சத்தம் போட ஆரம்பிப்பார். அவரைப் பற்றி அவரது வீட்டார் வருத்தத்தோடு என்னிடம் முறையிடுவார்கள்.

இங்கே ஒரு முல்லா கதையை சொல்லலாம். ஒரு நாள் முல்லா தன் வீட்டில் நண்பர்களோடு உட்கார்ந்து பொருளாதாரம், சமூகவியல் என்று சிக்கலான தத்துவங்களையும் சித்தாந்தங்களையும் பற்றிப் பேசிக் கொண்டிருந்தார். அப்போது திடீரென கரண்ட் கட்! விளக்குகள் அனைத்தும் அணைந்து வீடே இருளில் மூழ்கியது.

முல்லா மண்ணெண்ணெய் விளக்கை ஏற்றுவார் என்று நண்பர்கள் பொறுமையாக இருந்து பார்த்தார்கள். ஆனால், முல்லா விளக்கை ஏற்றுவதற்கு எந்தவித முயற்சியும் செய்யவில்லை. அதுவரை தத்துவ அறிவைக் கொட்டிக்கொண்டிருந்தவர், இப்போது வீட்டைச் சூழ்ந்த இருட்டையும் மின்வெட்டுக்குக் காரணமான அரசாங்கத்தையும் கடுமையாக விமரிசனம் செய்ய ஆரம்பித்தார். பொறுமை இழந்த நண்பர்களில் ஒருவர் "முல்லா... உங்க கைக்குப் பக்கத்திலேயே ஒரு லாந்தர் விளக்கும் தீப்பெட்டியும் இருப்பதை நான் வெளிச்சம் இருக்கும் போதே பார்த்தேன். நீ ஏன் அதை ஏற்றக்கூடாது?" என்று சொல்ல... முல்லா கூறினார்.

"விளக்கு எங்கிருக்கு என்பது எனக்குக்கூடத்தான் தெரியும். ஆனால், இந்த இருட்டில் என் கைகள் எங்கே இருக்கு என்று தெரியலியே..."

ஏற்கெனவே பல முறை நான் சொன்னதுபோல முல்லா முட்டாள் இல்லை. அவர் ஒரு ஞானி. காலத்தைக் கடந்த பாத்திரம் இது. தன்னை முட்டாளாக்கிக்கொண்டு அதன் மூலம் பல விஷயங்களை உலகுக்குப் புரியவைக்கும் மகான்.

நன்றாக யோசித்துப் பாருங்கள். லாரி ஸ்டிரைக்கை மத்திய – மாநில அரசுகள் எப்படிக் கையாண்டிருக்க வேண்டும் என்பதில் ஆரம்பித்து சார்ஸ் நோய்க்கு என்ன தீர்வு என்பதுவரை டீக்கடையிலும் ஆபீஸ் கான்டீனிலும் உட்கார்ந்து பேசும் நமக்கு நம்முடைய பிரச்னைகளை எப்படிக் கையாளுவது என்று தெரிவதில்லை.

அப்பா, அம்மா, மனைவி, பிள்ளைகள் என்று அத்தனை பேரையும் வார்த்தைச் சம்மட்டியால் அடித்துக்கொண்டேயிருக்கும் நபர்கள், நம்மிடையே நிறையப் பேர் இருக்கிறார்கள். 'நான்தான் புத்திசாலி. நான் சொல்வதைக் கேட்டுத்தான் வீட்டில் இருப்பவர்கள் அத்தனை பேரும் நடக்க வேண்டும். யாரும் சொந்தமாகச் சிந்திக்கவோ செயல்படவோ கூடாது' என்ற அகம்பாவத்தோடும் சதா எரிச்சல் மனோபாவத்தோடும் பலர் நடப்பதைப் பார்க்கிறோம்.

இப்படிப்பட்டவர்கள் "என் வீட்டுல கொஞ்சங்கூட நிம்மதியே இல்லை. அதை எப்படிச் சரிபண்றதுன்னும் புரியலை" என்று புலம்புவதையும் கேட்க முடியும். தீர்வு தங்களிடம்தான் இருக்கிறது என்று உணராமல் தன் கைகள் இருக்குமிடமே புரியாமல் குடும்பத்தைச் சதா நேரமும் இருட்டில் வைத்திருக்கிறார்கள்.

இப்படிப்பட்ட மனிதர்களுக்கு நான் சொல்ல விரும்புவது இதுதான்: நமக்கு இருக்கும் மிகச் சின்ன அறிவை வைத்துக்கொண்டு எந்த நேரமும் மோதல் போக்கைக் கடைப்பிடித்தால் நம்மை சுற்றியிருக்கும் சொந்தங்கள் மற்றும் நண்பர்களின் இதயத்தைப் புரிந்துகொள்ள முடியாது. அன்பைப் புரிந்துகொள்ள அன்பினால் மட்டுமே முடியும்.

கடவுளை எப்போது நினைக்கலாம்?

உலகத்தில் மிகப் பரிதாபமான மனிதர்கள் யார் தெரியுமா? தாங்கள் செய்கிற தவறுகளை நியாயப்படுத்தி, யதார்த்தத்தைப் புரிந்து கொள்ளாமல் தங்களைத் தாங்களே ஏமாற்றிக்கொள்பவர்கள்தான்.

தவறான பாதையில் போகிறோம் என்று தெரிந்தாலும், அதைத் தங்கள் மனதளவில்கூட ஏற்க மறுப்பார்கள். இவர்களை யாராவது திருத்திச் சரியான பாதைக்குக் கொண்டு செல்ல நினைத்தாலும், அதற்கு ஒத்துழைக்க மாட்டார்கள். தண்ணீரில் விழுந்து தத்தளிப்பவன், தன்னைக் கைகொடுத்துக் காப்பாற்ற முனைபவரையே தண்ணீருக்குள் இழுக்கிற மாதிரி, திருத்த வருபவரையே படுகுழிக்குள் இழுக்கப் பார்க்கிற ரகம் இவர்கள். நாளாவட்டத்தில் ஆபத்துக்கு உதவக்கூட நண்பர்கள் இல்லாமல் படுசோகமாக இவர்களது கதை முடியும்.

நான் சந்தித்த ஒரு நபரையே இதற்கு உதாரணமாகச் சொல்லலாம்.

அரைமணிநேரம்கூட அவரால் சிகரெட் பிடிக்காமல் இருக்க முடியாது. இதயநோய் வரை இந்தப் பழக்கம் கொண்டுபோய் விட்ட பிறகும், அவர் தன்னைத் திருத்திக்கொள்ளவில்லை. மனைவி, குழந்தைகளின் அறிவுரையும் கெஞ்சலும் அவரிடம் எடுபட வில்லை. எப்போதும் புகைமூட்டத்துக்கு நடுவிலேயே இருப்பார்.

சிகரெட் பழக்கத்திலிருந்து அவரை விடுவிக்க எல்லா வழிகளையும் கையாண்டு பார்த்துவிட்ட அவரின் மனைவி, கடைசி உபாயத்துக்கு வந்தார். வீட்டில் மணிக்கணக்கில் பூஜைகள் செய்ய ஆரம்பித்தார். கணவரை புகைப் பழக்கத்திலிருந்து மீட்டுத் தரும்படி இறைவனிடம் வேண்டியதோடு, "பூஜை நடக்கிற வேளையிலாவது புகை விடாமல் இருங்களேன்..." என்று கணவருக்கு வேண்டுகோளும் வைத்தார்.

முதலில் ஒருசில நாட்கள் மனைவிக்குக் கட்டுப்பட்ட அந்த ஆசாமி, "உன் பூஜைக்கும் என் சிகரெட்டுக்கும் என்ன சம்பந்தம்? உன்பாட்டுக்கு நீ... என்பாட்டுக்கு நான்!" என்று மறுபடி கொளுத்த ஆரம்பித்தார்.

"இது சாமிக் குற்றம் ஆயிடும். குடும்பத்தைப் பாதிக்கும். நான் சொல்றதை நம்பலேன்னா, ஒரு மகான் சொல்றதையாவது நம்புங்க..."

என்று தன் கணவரை ஒரு துறவியிடம் அழைத்துப்போனார் மனைவி.

'ஆமாம்... பூஜை நேரத்தில் சிகரெட் பிடிப்பது தெய்வக் குற்றம்தான்' என்று துறவி சொல்லிவிட்டால், அப்புறம் அவர் பேச்சைத் தட்டமுடியாமல் போய்விடுமோ என்று யோசித்த கணவர், தன் மனைவியை முந்திக்கொண்டு துறவியிடம் பேச்சுக் கொடுத்தார்.

"சுவாமி, கடவுளை எப்போதெல்லாம் நினைத்துக்கொள்ளலாம்?"

"கடவுள் சர்வவியாபி... அவனுக்குக் காலம், நேரம் எதுவும் கிடையாது. அவனை எந்த நேரமும் நினைக்கலாம். நினைக்க நினைக்கப் புண்ணியம் தான்!" என்றார் துறவி.

"பூஜை நேரம் தவிர குளிக்கும் நேரம், சாப்பிடும் நேரம் போன்ற மற்ற நேரங்களிலும் சுவாமியை மனசுக்குள் நினைத்துக்கொள்ளலாமா சுவாமி?"

"தாராளமாக... அது மிகமிகப் புண்ணியமாயிற்றே!" என்றார் துறவி. உடனே மனைவி பக்கம் திரும்பினார் கணவர்.

"கேட்டாயா? கடவுளை எப்போது வேண்டுமானாலும் நினைத்துக் கொள்ளலாமாம்! 'புகைக்கும்போதுகூட நினைக்கலாம்' என்று சுவாமியே சொல்லிவிட்டார்!" என்றபடி தனது 'அக்னி ஹோம'த்தை ஆரம்பித்து விட்டார்.

'சுயபுத்தி இல்லாவிட்டாலும் சொல்புத்தியாவது வேண்டும்' என்பார்கள். அந்தச் சொல்புத்தியையே தன் குதர்க்கவாதத்தால் இஷ்டத்துக்கு வளைத்து முறுக்கி அனர்த்தமாக்கி, தன் விருப்பம் போல் நினைப்பவர்கள் இவர் போல நிறையப் பேர் இருக்கிறார்கள்.

"பீர் குடிச்சா உடம்புக்குக் குளிர்ச்சி, தெரியுமா?" என்பார்கள். "தினம் ஒரு பெக் பிராந்தி குடிச்சா, ஹார்ட் அட்டாக்கே வராதாம்!" என்பார்கள். இவர்களில் அநேகம் பேர் அடிபட்ட பிறகே திருந்துகிற கேஸ்.

இன்னொரு பரவலான உதாரணத்தையும் சொல்லலாம்.

'எல்லாரும் செல்போன் வைத்திருக்கிறார்களே... நம்மிடம் இல்லாவிட் டால் கேவலமாக நினைப்பார்களோ?' என்று இப்போதெல்லாம் தேவை

இருக்கிறதோ, இல்லையோ... வெட்டிப் பந்தாவுக்காக செல்போன் வாங்கி வைத்துக்கொள்கிறார்கள் பலர்.

கடைசியில் பில் வந்ததும் விளக்கெண்ணெய் குடித்த மாதிரி ஆகி... மூன்று, நாலு பில்களுக்குமேல் தாக்குப்பிடிக்க முடியாமல் செல் கனெக்ஷனையே துண்டித்துவிடுவார்கள்!

காலையில் எழுந்ததும் முதல் வேலையாகத் தன் வீட்டு பால்கனியில் உள்ள பூஞ்செடிகளுக்குத் தண்ணீர் ஊற்றுவது பேராசிரியர் ஒருவரது வழக்கம். ரோட்டில் செல்பவர்கள் அண்ணாந்து பார்த்து, இவர் தண்ணீர் ஊற்றுவதைக் கவனித்துவிட்டால் போதும்... பேராசிரியருக்குப் பெருமை தாளாது. கூடவே, ‘அட, கலர் கலரா நிறைய பூ பூத்திருக்கே!’ என்று யாராவது சொல்லிவிட்டால் போதும்... தலை, கால் புரியாது. அன்று அரைமணி நேரம் அதிகமாகவே தண்ணீர் ஊற்றுவார்.

பேராசிரியரின் எதிர்வீட்டு ஆசாமிக்கு ஒரு சந்தேகம். பேராசிரியர் பல மாதங்களாகத் தண்ணீர் ஊற்றியும் பால்கனி செடிகளில் காணப்பட்ட பூக்களின் எண்ணிக்கையில் ஒன்றுகூடக் கூடவில்லை... குறையவில்லை! என்ன மர்மம் இது? பேராசிரியர் இல்லாத சமயம், இவர் அவர் வீட்டு பால்கனிக்குப் போய், பூக்களைத் தொட்டுப் பார்த்தார். அவையெல்லாமே பிளாஸ்டிக் பூக்கள்!

தாங்கமுடியாமல் இந்த ஆசாமி பேராசிரியரிடமே கேட்டுவிட்டார் – “நீங்கள் தண்ணீர் ஊற்றினாலும் ஊற்றாவிட்டாலும் இந்தப் பூக்கள் வாடப்போவதில்லை. எதற்காகப் பொன்னான காலை நேரத்தையும் தண்ணீரையும் இப்படி வீணடிக்கிறீர்கள்?”

பேராசிரியருக்குக் கோபம் பொத்துக்கொண்டது. “அது எனக்குத் தெரியாதா? எனக்காகவா இதையெல்லாம் செய்கிறேன்? ரோட்டில் போகிறவர்கள், என்னைப் பார்த்து நாலு வார்த்தை பாராட்டிப் பேசவேண்டாமா? அதற்குத்தான் செய்கிறேன். நீங்கள் உங்கள் வேலையைப் பார்த்துக்கொண்டு போங்கள்!”

இப்படி தங்களைத் தாங்களே கோமாளி ஆக்கிக்கொள்ளும் சந்தர்ப்பங்கள் அனைவரது வாழ்க்கையிலும் உண்டு. யோசித்துப் பார்ப்போம்... வெட்கப்படாமல் திருத்திக்கொள்வோம்.

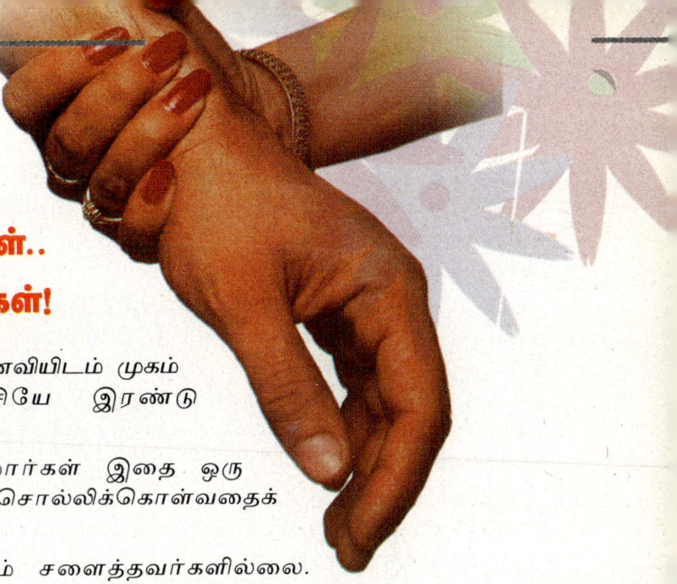

சண்டைகள்..
சங்கடங்கள்!

'நான், என் மனைவியிடம் முகம் கொடுத்துப் பேசியே இரண்டு வருடமாகிறது!'

– சில கணவன்மார்கள் இதை ஒரு 'பெருமை'யாகவே சொல்லிக்கொள்வதைக் கேட்டிருக்கிறேன்.

மனைவிமார்களும் சளைத்தவர்களில்லை. 'அவருக்கு மட்டும்தான் அவ்வளவு அழுத்தமா? எனக்கு இருக்காதா!' என்று மல்லுக்கு நிற்பவர்கள் பலர்.

இப்படி கணவன் – மனைவி இரண்டு பேருமே ஈகோ காரணமாக ஒருவருக்கு ஒருவர் எலியும் பூனையுமாக இருந்தால்... குடும்பம் சீர்குலையுமே, குழந்தைகளின் மனசு பாதிக்கப்படுமே என்றெல்லாம் யோசிப்பது இல்லை.

சுமார் இருபத்தைந்து ஆண்டுகளாக பல தம்பதிகளுக்கு கவுன்சிலிங் கொடுத்த அனுபவத்தில் சொல்கிறேன்...

புருஷன் – பொண்டாட்டிக்கு இடையே பிரச்னைகள் முளைப்பதற்கு மூன்றே மூன்று காரணங்கள்தான் இருக்கின்றன.

ஒன்று... கணவன் சொல்லும் காரணம். இரண்டு... மனைவி சொல்லும் காரணம். மூன்றாவது உண்மையான காரணம்!

இந்த உண்மையான காரணம் என்ன என்பதை கணவனும் மனைவியும் ஒன்றாக உட்கார்ந்து

மனம்விட்டுப் பேசினால்தான் கண்டுபிடிக்க முடியும். தங்களுக்குள் சண்டையும் சச்சரவும் எழ என்ன காரணம் என்று அவர்கள் தெரிந்துகொண்டால்தான் அதற்கு என்ன தீர்வு என்பதை அவர்களால் கண்டுபிடிக்க முடியும்.

ஆனால், கணவன் – மனைவி இருவருமே இப்போது அதிகம் படித்தவர்களாகவும் 'புத்திசாலி'களாகவும் இருப்பதால் ஒன்றாக உட்கார்ந்து மனம்விட்டுப் பேசுவதற்கே அவர்களின் தன்மானம் இடம்தர மறுக்கிறது.

பரம வைரிகளாகத் தங்களைக் கருதிக்கொள்ளும் இந்தியாவும் பாகிஸ்தானுமேகூட தங்களுக்குள் பேசிக்கொள்ளாமல் இருப்பது நல்லது இல்லை என்பதைப் புரிந்துகொண்டு பேச்சுவார்த்தைக்குத் தயாராகிவிட்டன. ஆனால், இந்த உண்மை காதலித்துக் கல்யாணம் செய்துகொண்ட தம்பதிகளுக்குக்கூட இன்னும் விளங்காமல் இருப்பதுதான் புதிராக இருக்கிறது.

முல்லா ஒரு முறை தனது வீட்டில் மாட்டுவதற்காக கடிகாரம் ஒன்றை வாங்கி வந்தார். சுவரில் கடிகாரத்தை மாட்ட ஆணி அடிக்கலாமென சுத்தியல் தேடினார். கிடைக்கவில்லை. பக்கத்து வீட்டுக்காரரிடம் இரவல் கேட்டு வாங்கலாமென நினைத்தார். ஆனால், இந்த இரவு நேரத்தில் பக்கத்து வீட்டுக் கதவைத் தட்டி சுத்தியல் இரவல் கேட்டால் அவர் என்ன நினைத்துக் கொள்வாரோ என்று நினைத்து மறுநாள் காலையில் கேட்டுக் கொள்ளலாம் என்று தீர்மானித்தார்.

ஆனால், மறுநாள் காலையில் பக்கத்து வீட்டுக்கு முல்லா கிளம்பும்போதே ஒரு யோசனை... 'சுத்தியை இரவல் கேட்க காலங்கார்த்தால வந்துட்டான் பாரு!'னு அவர் நினைச்சிட்டா என்ன பண்றது? சரி... பிறகு போய் வாங்கிக்கலாம் என்று விட்டுவிட்டு அடுத்த வேலையைப் பார்க்கப் போய்விட்டார் முல்லா.

இப்படி ஒவ்வொரு முறை முல்லா பக்கத்து வீட்டுக்காரரிடம் சுத்தியை இரவல் வாங்கக் கிளம்பும்போதும்...

'விளக்கு வைக்கற நேரத்துல சுத்தியல் இரவல் கேட்டு வந்திருக்கான் பாரு,'

'வெள்ளிக்கிழமை அதுவுமா சுத்தியை யாராவது கடனா

கொடுப்பாங்களா..?'

பக்கத்து வீட்டுக்காரர் இப்படி எதையாவது சொல்லி விட்டால் அவமானமாகப் போய்விடுமே என்று தயங்கித் தயங்கியே சுத்தியல் இரவல் வாங்காமல் பல நாட்களைக் கழித்துவிட்டார் முல்லா.

மாட்டப்படாத கடிகாரம் அடிக்கடி முல்லாவின் கண்களில் பட்டு வெறுப்பேற்றிக் கொண்டிருந்தது.

ஒரு நாள் முல்லா விருட்டென்று பக்கத்து வீட்டுக்குச் சென்றார். "யோவ். உன் சுத்தியும் வேணாம்; ஒண்ணும் வேணாம். அதை நீயே வெச்சுக்கோ" என்று சத்தம்போட ஆரம்பித்தார். பக்கத்து வீட்டுக்காரருக்கோ ஒன்றுமே புரியவில்லை.

நன்றாக யோசித்துப் பாருங்கள். இந்தக் கதையில் வரும் முல்லாவைப் போலத்தான் அடுத்தவர்களிடம் தங்கள் மனதில் இருப்பதைச் சொல்லாமல் சதா சண்டை போட்டுக்கொண்டே இருக்கிறார்கள் பல கணவன் - மனைவிகள்.

'இன்று வெள்ளிக்கிழமைதானே.. இரண்டு முழம் பூ வாங்கிட்டு வந்தா என்ன? இவர் அப்பா வீட்டுச் சொத்தா குறைஞ்சுடப் போவுது?' என்று மனசுக்குள் குமுறியபடி முகத்தைத் தூக்கிவைத்துக்கொள்கிறாள் மனைவி.

'இந்த வேகாத வெயில்ல பஸ் நெரிசல்ல கசங்கிக் கந்தலாகி ஆபீஸ் போய் அலுத்துச் சலித்துச் சாயங்காலம் வீட்டுக்கு வந்தா ஒரு காபிகூட கொடுக்காம இப்படி ஜாலியா டி.வி. பார்த்துட்டு உட்கார்ந்திருக்காளே..' என்று சூடாகிறான் கணவன்.

சின்னச் சின்னப் பிரச்னைகளை மற்றவரிடம் பகிர்ந்து கொள்ளாமல் மனசுக்குள்ளேயே போட்டுப் புழுங்குவதால்தான் அது புரையோடி அறுவைசிகிச்சை செய்யும் அளவுக்குப் பெரிதாகப் போகிறது.

நோய்க்கு உடனடியாக வைத்தியம் செய்யுங்கள். ஆனால், நோயே வராதவாறு தடுப்பு முறைகளைக் கையாள்வது இன்னும் புத்திசாலித்தனமல்லவா?

கழற்ற வேண்டிய முகமூடி!

அந்த அன்பர் சட்டென்று உணர்ச்சிவசப் படும் ஒரு காரெக்டர். தெருவில் இறங்கி நடக்கும் போதெல்லாம் அவருக்கு ரத்தக் கொதிப்பே வந்துவிடுகிறது. குண்டும் குழியுமாக இருக்கும் சாலைகள், எங்கு பார்த்தாலும் இறைந்து கிடக்கும் குப்பை, குடிநீரைச் சிந்தியபடியே செல்லும் லாரி என்று எதைப் பார்த்தாலும் உடனே கோபம் உச்சத்துக்கு எகிறி படபடப்பாகிவிடுவார். ''இந்த கவர்ன்மெண்ட் என்னதான் செய்யுது? இந்த கார்ப்பரேஷன்காரங்க என்ன கிழிச்சிட்டு இருக்காங்க..?'' என்று புலம்பித் தள்ளுவார்.

''நாடா இது... இது மாதிரி சுத்தமே இல்லாம இருந்தா நாம எப்ப சிங்கப்பூர் மாதிரி ஆகிறது?'' என்று இவர் சலித்துக் கொள்ளாத நாளே இல்லை.

இங்கே ஒரு விஷயத்தை நன்றாக யோசித்துப் பார்க்க வேண்டும். சமூக அக்கறை கொண்டுள்ள இந்த அன்பரின் நோக்கத்தை யாருமே குறைசொல்ல

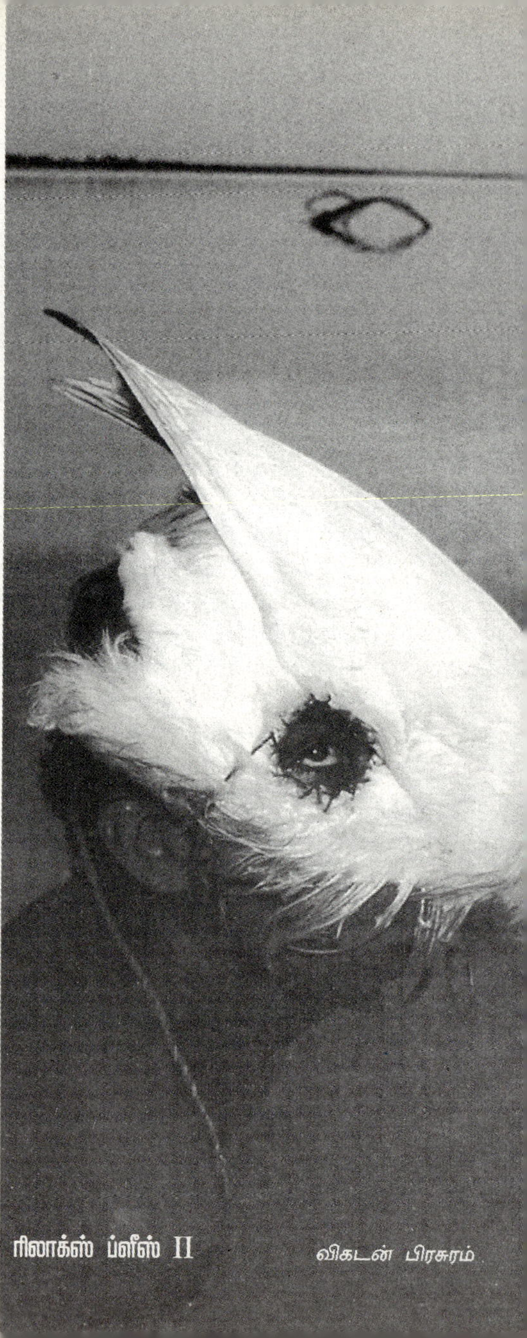

முடியாது. ஆனால், சதாசர்வ காலமும் 'அது சரியில்லை, இது சரியில்லை' என்று குறை சொல்லிக்கொண்டே இருந்தால் அதுவே ஒரு நோய் ஆகிவிடும். ஏனோ தெரியவில்லை, நம்மில் பலர் எதிராளியைக் குறை சொல்வதற்கென்றே, குத்திக் காட்டுவதற்கென்றே சட்டென ஒரு முகமூடியை எடுத்து மாட்டிக்கொண்டு விடுகிறோம்.

''இப்படியா எல்லாப் பொருளும் மூலைக்கு மூலை இறைஞ்சு கிடப்பது! அது அதுக்குன்னு ஒரு இடம் இல்லையா? நாள் முழுக்க இப்படி டி.வி. முன்னாடி தலையை விரிச்சுப் போட்டுட்டு உட்கார்ந்திருந்தா லட்சுமி எப்படி வீட்டுக்கு வருவா? ("எல்லாம் 'கதையல்ல நிஜத்'துல வருவா!" என்று மனசுக்குள் முணுமுணுப்பாள் மனைவி.) படிக்கிற பையனுக்கு கிரிக்கெட் என்ன வேண்டிக் கிடக்கு..?'' - நாளெல்லாம் ஒருவர் இப்படியே குத்திக் குத்திப் பேசிக்கொண்டிருந்தால், நாளாவட்டத்தில் அவர் மனதில் அன்பு என்கிற ஓர் இனிய உணர்வே மறைந்து ஒட்டுமொத்தமாக வெறுப்பு தலைதூக்கிவிடும்.

எனவே, உடனடியாக அந்த குத்தல் முகமூடியைக்

கழற்றி எறிவோம். இது போன்ற பிரச்னை உள்ள அன்பர் ஒருவர், ஒரு துறவியிடம் போனார் "சுவாமி, என் மனசுக்குள் இரண்டு நாய்கள் சதா சண்டையிட்டுக் கொண்டிருக்கின்றன. ஒரு நாயின் பெயர் அன்பு. இன்னொரு நாயின் பெயர் வெறுப்பு. இவற்றில் எது ஜெயிக்கும்?" என்று கேட்டார். கண்களை மூடி யோசித்த துறவி "நீ எதற்குத் தீனி போட்டு நன்றாகப் பராமரிக்கிறாயோ அதுதான் ஜெயிக்கும்!" என்றார்.

கூடவே, துறவி இன்னொன்றையும் சொன்னார்... "வாழ்க்கையில் ஒழுக்கம், சுத்தம் இதெல்லாம் முக்கியம்தான். இல்லை என்று மறுக்க முடியாது. ஆனால், அன்பை விலையாகக் கொடுத்து அவற்றை வாங்க நினைப்பது தவறு!"

இப்படிச் சொன்ன அந்தத் துறவி ஒரு கதையையும் சொன்னார்...

ஒருவனிடம் இருந்த விலை உயர்ந்த கைக்கடிகாரம் ஒரு நாள் தொலைந்து போய்விட்டது. பரம்பரை பரம்பரையாக அவனது குடும்பத்தார் அணிந்துவரும் கைக்கடிகாரம் அது. அதனால் அது தொலைந்ததில் மிகவும் கலக்கமடைந்த அவன் பத்திரிகையில் விளம்பரம் கொடுத்தான். அதன் பின்பு ஒரு வாரமாகியும் கைக்கடிகாரம் போன இடம் தெரியவில்லை. அவன் மீண்டும் பத்திரிகை ஆபீஸுக்குச் சென்று "உங்க பத்திரிகையில் விளம்பரம் கொடுத்ததே தண்டம்... ஆய்.. ஊய்..." என்று சத்தம் போட்டுவிட்டு வந்தான்.

மீண்டும் ஒரு வாரம் ஆயிற்று. அதே வியாபாரி பத்திரிகை ஆபீஸுக்கு ஓடோடி வந்தான். "ரொம்ப தாங்க்ஸ்! என் கைக்கடிகாரம் கிடைத்து விட்டது!" என்று நெகிழ்ச்சியோடு நன்றி சொன்னான்.

பத்திரிகை ஆபீஸில் இருந்தவர்கள், "கடிகாரம் எப்படி கிடைத்தது?" என்று விசாரிக்க, "வீட்டுக்குள்ளேயே என் அலமாரியில சட்டைப் பைக்குள்ளதான் வெச்சிருந்தேன். இன்னிக்கு காலையில எதையோ எடுக்கும்போது கிடைச்சுது!"

நன்றாக யோசித்துப் பாருங்கள். அந்த நபரின் தொலைந்துபோன கைக்கடிகாரம் கிடைக்காமல் போனதற்கோ, அல்லது பின்னர் திரும்பக் கிடைத்ததற்கோ அந்த பத்திரிகையா பொறுப்பு? இரண்டுமே இல்லை. அதே மாதிரிதான் நம்முடைய வீதி சுத்தமாக இல்லை என்றால் அதற்கு முதல் காரணம் குப்பைத்தொட்டியில் மட்டும் குப்பையைக் கொட்டாமல் பால்கனியில் இருந்தபடியே வீட்டின் குப்பையை வீதியில் வீசி எறியும் தனிநபரின் பொறுப்பற்ற செயல்தான்! குப்பைத் தொட்டிவரை நடந்து போய் குப்பையைக் கொட்டக்கூட உடம்பு வளையாமல் நம்மில் பலர் இருப்பதால்தான் வீதி குப்பையாக இருக்கிறது. அப்படியிருக்கும்போது இதற்கு கார்ப்பரேஷனை மட்டும் குற்றம் சொல்வது என்ன நியாயம்?

''என்ன சுவாமி... கார்ப்பரேஷன் கமிஷனர் மாதிரி பேசுகிறீர்களே! நான் என் வீட்டையும் வீதியையும் அசுத்தம் செய்வதில்லை. ஆனால், பக்கத்து வீட்டுக்காரன் தன் வீட்டின் குப்பைகளை என் வீட்டின் முன் கொட்டி குப்பைமேடாக ஆக்கிவைத்திருந்தால் அதற்கு நான் எப்படிப் பொறுப்பாக முடியும்? என் எதிர் வீட்டுக்காரன் தென்னைமட்டையை எல்லாம் வெட்டி வீதியில் போட்டால் அதற்கு நான் என்ன செய்ய முடியும்? கழிவுநீரும் மழைநீரும் வடிவதற்காக உள்ள கால்வாயைத் தூர்த்து யாராவது அரசியல்வாதி வீடு கட்டிக்கொண்டால் அதற்கு நான் யாரை நொந்துகொள்ள முடியும்?''

பலர் இப்படிக் கேட்கலாம். இதற்குப் பதிலாக ஒரு கதையைச் சொல்கிறேன்.

ஓர் இளைஞன் ஒரு நாள் அலுவலகத்துக்குப் போய்க் கொண்டிருந்தபோது, வழியில் ஒரு பெரியவர் வெயில் தாக்குப்பிடிக்க முடியாமல் தலை கிறுகிறுத்து நடுவீதியில் விழுந்து துடிதுடித்துக் கொண்டிருப்பதைக் கண்டான். உடனே மிக மனம் வருந்தியவனாக, "அடக் கடவுளே.. உன் மனசு என்ன கல்லா? இதை எல்லாம் பார்த்துக் கொண்டே நீ சும்மா இருக்கிறாயே! உனக்குக் கண் இல்லையா?'' என்று அழுதான் அந்த இளைஞன்.

அதற்குக் கடவுள் சொன்னார்... ''அட மூடனே... யார் சொன்னது இவனுக்கு உதவி செய்ய நான் எதுவுமே செய்யவில்லை என்று! அதற்காகத் தானே உன்னை இந்த நேரத்தில் அந்த இடத்துக்கு அனுப்பி இருக்கிறேன்?''

'இருட்டைச் சபிப்பதைவிட ஒரு சின்ன மெழுகுவத்தியை ஏற்றி வைப்பது சிறந்தது' என்கிற ஒரு நல்ல பொன்மொழியை மறந்து விடாமல் இருந்தாலே நாம் பார்த்துப் பார்த்து மனம் வெதும்புகிற பல பிரச்னைகள் காணாமல் போய்விடும்!

C.ඉ M.ඉ Y.ඉ K.ඉ

மறப்போம்.. மன்னிப்போம்!

உலகத்திலேயே மிகப் பெரிய சுமை எது? 'கடந்த காலம்!' விசித்திரம் என்னவென்றால், ஒரு மிகப் பெரிய சுமையை நாம் சுமந்துகொண்டிருக்கிறோம் என்பது அதைச் சுமக்கிற யாருக்கும் தெரிவதில்லை.

ஒரு நண்பரின் கதை நினைவுக்கு வருகிறது.

"சுவாமி, என்னுடைய மேலாளரை நினைத்தாலே எனக்கு ஆத்திரத்தில் நரம்புகள் எல்லாம் புடைக்கின்றன. கண்கள் சிவக்கின்றன. ரத்தக்கொதிப்பு அதிகமாகிறது."

"அவருக்கும் உங்களுக்கும் அப்படி என்ன பிரச்னை?" என்று கேட்டேன். "அவரால்தான் என் குடும்பமே நாசமானது. சிவனே என்று என் சொந்த ஊரில் வேலைபார்த்து வந்த என் மீது இல்லாத பழிகளைச் சுமத்தி வெளியூருக்கு மாற்றல் வாங்கிக் கொடுத்து அனுப்பிய புண்ணியவான் அந்த மானேஜர்தான். என் பிள்ளைகளைப் பாதி கல்வியாண்டிலேயே ஊர்விட்டு ஊர் அழைத்துச் சென்று பள்ளியில் சேர்க்கக் கஷ்டப்பட்டேன். பழகாத இடம், புரியாத மொழி. புதிய சிலபஸ்.. இதையெல்லாம் தாக்குப்பிடிக்க முடியாமல் என் பிள்ளைகள் அந்த வருடம் ஃபெயிலானார்கள். அதற்குப் பிறகு அவர்களுக்குப் படிப்பிலேயே ஈடுபாடு இல்லாமல், பாட்டு – விளையாட்டு என்று திசைமாறிப் போய்விட்டார்கள். இப்போது அவர்கள் தங்கள் துறைகளில் நன்றாகத்தான் பிரகாசிக்கிறார்கள் என்றாலும் நான் நினைத்த மாதிரி அவர்களை என்னால் ஒரு இன்ஜினீயராகவோ அல்லது டாக்டராகவோ ஆக்க முடியவில்லையே என்ற கவலை இன்னமும் என்னைப் பிடுங்கித் தின்னுகிறது."

பேசிக்கொண்டே போனவரை இடைமறித்து, "இப்போதும் அதே மானேஜரிடம்தான் நீங்கள் வேலை செய்கிறீர்களா?" என்று கேட்டேன். அதற்கு அவர் "இல்லை சுவாமி. அவர் இறந்துபோய் பத்து வருடத்துக்கு மேலாகிறது" என்றார். எனக்குச் சிரிப்புதான் வந்தது.

இந்த அன்பரைப் போல கடந்த காலத்தின் கைதியாக நம்மில் பலர் இருக்கிறோம். இறந்துபோன மாமியார் தனக்குச் செய்த கொடுமைகளை மறக்காத பல மருமகள்களை எனக்குத் தெரியும்.

கடந்த காலம் என்பது கடல் போல விரிந்து பரந்து கிடக்கும் விஷயம். நீங்கள் அதையே திரும்பிப் பார்த்துக்கொண்டிருந்தால் உங்கள் உள்ளங்கைக்கு வந்துபோகும் நிகழ்கால வாய்ப்புகளை நழுவ விட்டுவிடுவீர்கள்!

ஒரு வியாபாரி பட்டணத்துக்கு வந்தார். வேலை விஷயமாக ஒரு இடத்துக்குப் போக டாக்ஸி ஒன்றைப் பிடித்தார். டாக்ஸியில் போய்க் கொண்டிருந்தபோது அந்த வியாபாரி, டிரைவரின் தோள்களைத் தட்டி.. ஏதோ சொல்ல முற்பட... டிரைவர் 'சர்ர்ர்ர்' என சடன் பிரேக் அடித்தார். அதில் டாக்ஸி பிளாட்பாரத்தின் மீது ஏறி 'கிறீச்' என்ற சத்தத்தோடு நிற்க... வியாபாரி, "ஸாரி, நீங்க வண்டி ஓட்டும்போது உங்க தோளைத் தொட்டால் நீங்க இப்படிப் பதறுவீங்கனு எனக்குத் தெரியாதுப்பா" என்று வருத்தம் தெரிவித்தார்.

"இல்லை சார்... நீங்க நினைக்கிற மாதிரி தோளைத் தொட்டதுக்கெல்லாம் கூச்சப்படுகிற ஆள் இல்லை. நான் பயந்ததுக்குக் காரணமே வேற... ஏன்னா, நேத்துவரைக்கும் நான் பிண ஊர்தி ஓட்டிக்கிட்டிருந்தேன். அந்த வேலை வேணாம்னு இன்னிக்குதான் டாக்ஸி ஓட்ட ஆரம்பித்தேன்" என்றாராம் அந்த டாக்ஸி டிரைவர்.

கடந்த காலத்தை மனதில் சுமந்தால் இப்படித்தான் இருக்கும் என்பதற்காகச் சொன்னேன்.

குழந்தைகளைப் பாருங்கள்... புதிதாகப் பூத்த பூக்கள் போல எப்போதும் கலகலவென இருப்பதை. அவர்களுக்கு மட்டும் அப்படியென்ன எப்போதும் ஒரு சந்தோஷம்? காரணம் இதுதான் - அவர்களிடம் கடந்த காலம் என்ற பாரமில்லை. குழந்தைகள் போல நாம் சந்தோஷமாக இருக்க வேண்டும் என்றால் கடந்த காலம் என்ற குப்பைகளை நம் மனதிலிருந்து கீழே இறக்கிப் போடுவதுதான் ஒரே வழி. கடந்த கால அனுபவங்கள் நமக்குக் கற்றுத் தந்த பாடங்களை மறந்துவிட வேண்டும் என்பதில்லை அதன் அர்த்தம். தயவுசெய்து அதற்கு அடிமையாகி முடங்கிவிடாதீர்கள் என்றுதான் சொல்கிறேன்.

ஒருவகையில் பார்த்தால் மறப்போம்.. மன்னிப்போம் என்பது மிகப் பெரிய வாழ்க்கைத் தத்துவம். சிறப்பான வாழ்க்கை என்பது என்ன என்று ஜென் துறவி ஒருவரிடம் சீடன் ஒருவன் கேட்டான். அதற்குத் துறவி "சிறப்பான வாழ்க்கை என்பது ஆரோக்கியமான உடல்நலமும் மோசமான ஞாபகசக்தியும்தான்" என்றாராம்.

மனதில் அமைதி வேண்டும்!

அவன் பெரிய புத்திசாலி. மெத்தப் படித்தவன். கம்ப்யூட்டர் வித்தகன். எப்போது பார்த்தாலும் தனது கம்ப்யூட்டரில் ஏதாவது புரோகிராம் எழுதிக்கொண்டிருப்பான். அல்லது, கனமான ஒரு புத்தகத்தை எடுத்து வைத்துக்கொண்டு தீவிரமாகப் படித்துக்கொண்டிருப்பான். வீடு, மனைவி, குழந்தைகள் என்று எதைக் கவனிக்கவும் அவனுக்கு நேரமில்லை!

பொறுத்துப் பொறுத்துப் பார்த்த அவன் மனைவி, இது சம்பந்தமாக அவனிடம் மனம்விட்டுப் பேசி ஒரு முடிவுக்கு வரவேண்டும் என்று விரும்பியவளாக, ஒரு நாள் அவன் கம்ப்யூட்டரில் ஏதோ மும்முரமாகத் தேடிக்கொண்டிருந்தபோது, அருகில் போனாள்.

"நான் இங்கே கொஞ்சம் தனியாக மனம்விட்டுப் பேசவேண்டும். எப்போது பேசலாம்?'' என்று கேட்டாள். "எவ்வளவு நேரம் பேசவேண்டியிருக்கும்?'' என்று கேட்டான் கணவன். "அதிகம் வேண்டாம். ஒரு பத்து நிமிடம் ஒதுக்கினால் போதும்!'' என்றாள் மனைவி. கணவன் உடனே, "சரி... எனக்கு இங்கே நிறைய வேலை இருக்கிறது. சட்டுப்புட்டென்று பேசி முடித்துவிட்டுச் சொல். அதுவரை நான் வெளியே காத்திருக்கிறேன்'' என்று சொல்லிவிட்டு வெளியே போய்விட்டான். இது எப்படி இருக்கு?

மனைவியின் பிரச்னை என்னவென்றே தெரியாமல், அவள் 'தனியாகப்' பேச இடம் ஒதுக்கித் தந்த அந்த 'புத்திசாலி' கணவன் மாதிரிதான் நம்மில் பலர் நடந்துகொள்கிறோம். பிரச்னை என்ன என்று சரிவரத் தெரிந்துகொள்ளாமலேயே அதற்குத் தீர்வு கண்டுபிடிக்க முயல்கிறோம்.

நோயாளியின் பிரச்னை என்னவென்றே தெரியாமல் எந்த டாக்டராலாவது மருந்து எழுதிக் கொடுக்க முடியுமா? முடியாதல்லவா? அதுபோலத்தான் இதுவும். முதலில் பிரச்னை என்னவென்று தெரிந்துகொள்ள வேண்டும். அதற்குப் பொறுமையும் நேரமும் டென்ஷன் இல்லாத மனோபாவமும் வேண்டும். தலையைப் பிய்த்துக்கொள்ளும் அளவுக்குப் பரபரப்பிலும் படபடப்பிலும் இருக்கும் எந்த டாக்டராலாவது நோயாளிக்கான அறுவைசிகிச்சையை நூறு சதவிகிதம் வெற்றிகரமாகச் செய்யமுடியும் என்று நம்புகிறீர்களா? ஆனால், இன்றைய உலகில் எல்லாமே அவசரம்தான்! நிறுத்தி நிதானமாகச் சாப்பிடவேண்டிய உணவைக்கூட ஃபாஸ்ட்ஃபுட் என்கிற பெயரில் நின்றபடியே அவசரமாக விழுங்கிவிட்டு ஓடிக்கொண்டிருக்கிறோம். எங்கேயும் எப்போதும் மூச்சிரைக்கும்படியான ஓட்டம்தான்.

நன்றாக யோசித்துப் பாருங்கள்... இந்த ஓட்டம் ஆரோக்கிய மானதா? உடம்பு சுறுசுறுப்பாக இருக்கவேண்டியதுதான். ஆனால், அதே சமயம் மனசு அமைதியாகவும் பரபரப்பில்லாமலும் இருக்கவேண்டுமல்லவா? அப்படி இருந்தால்தானே சிந்தனை தெளிவாக இருக்கும்? சிந்தனையில் தெளிவு இருந்தால்தானே செயல்பாடுகள் ஒழுங்காக அமையும்? ஆனால், இன்றைய சூழ்நிலையில் எல்லாமே தலைகீழாகத்தான் நடக்கிறது. நம்மில் பலர் உடலளவில் சுறுசுறுப்பாக இருக்கிறோம். சிந்தனை மட்டும் மந்தமாக இருக்கிறது. இதனால், நமது செயல்பாடுகளில் வீணான பதற்றம். இந்த நிலையில் நாம் எத்தனைதான் சிரமப்பட்டு ஒரு வேலையைச் செய்தாலும் அதனால் ஏற்படுகிற பலன் பூஜ்யமாகத்தான் இருக்கும்.

அது ஒரு கிராமம். இரவு நேரம். எங்கும் இருள். பார்வையற்ற பெரியவர் ஒருவர் லாந்தர் விளக்கை ஏந்தியபடி நடந்து வந்து கொண்டிருந்தார். எதிரே வந்தவர் இவரைப் பார்த்து, "உங்களுக்குத்தான் கண் தெரியாதே! இருட்டிலேயே நடந்து பழக்கப்பட்டவர்தானே நீங்கள்? அப்படியிருக்க எதற்காக லாந்தர் விளக்கு?" என்று கேட்டார்.

"உண்மைதான். எனக்கு லாந்தர் விளக்கு தேவையில்லைதான். ஆனால், எதிரில் வரும் ஆட்கள் இருட்டில் என் மீது மோதிவிடாமல் இருக்கவேண்டுமல்லவா? அதற்காகத்தான் இந்த விளக்கு!" என்றார் பெரியவர்.

கதை இத்துடன் முடியவில்லை. தொடர்ந்து நடந்து போய்க் கொண்டிருந்த அந்தப் பெரியவரின் மீது ஓர் இளைஞன் மோதிவிட்டான். பெரியவர் உடனே கோபமாக, "என்ன தம்பி... பார்த்து வரக்கூடாதா? எனக்குதான் கண் தெரியாது. உனக்குமா தெரியாது? இருட்டில் யாரும் என் மீது மோதிவிடக்கூடாது என்பதற்காகத்தானே வேலை மெனக்கெட்டு கையில் இந்த லாந்தர் விளக்கை ஏந்தி வருகிறேன்!" என்றார்.

அதற்கு அந்த இளைஞன் சொன்னான்... "மன்னித்துக் கொள்ளுங்கள் பெரியவரே! கையில் லாந்தர் வைத்திருக்கிறீர்கள்... சரி. ஆனால், அது எரிந்துகொண்டிருந்தால்தானே வெளிச்சம் கிடைக்கும்?"

ஆம்... அந்தப் பெரியவர் வைத்திருந்த லாந்தர் காற்றில் அணைந்து போயிருந்தது பாவம், அவருக்குத் தெரியவில்லை!

நம் அனைவரிடமும் விளக்கு இருக்கிறது. நம்மில் பலர் அதை ஏற்றுவதே இல்லை. ஏற்றியவர்களும் பின்னர் படபடப்புக் காற்று, பரபரப்புப் புயல், டென்ஷன் சூறாவளியில் சிக்கி அது அணைந்து போய்விட்டதை உணர்வதில்லை.

ஒருவர் பெரிய இன்ஜினீயராக இருக்கலாம்... டாக்டராக இருக்கலாம்... கணித மேதையாக இருக்கலாம்... இவர்களிடம் எல்லாம் அறிவுக்குப் பஞ்சமே இல்லைதான். ஆனால், இவர்களின் அறிவுவிளக்கு ஏற்றப்படாமல் இருப்பதுதான் பிரச்னை. அதற்குக்கூட நேரமில்லாமல் இவர்கள் எந்நேரமும் பரபரப்பாகச் செயல்படுவதால்தான் மெத்தப் படித்த இவர்களின் வாழ்க்கையிலும்கூட பிரச்னைகள் வெடிக்கின்றன. அதனால்தான் இப்போதெல்லாம் 'செய்தித்தாள்களில் சாஃப்ட்வேர் இன்ஜினீயர் தற்கொலை!', 'டாக்டருக்கு மனநலம் பாதிக்கப்பட்டுவிட்டது!' என்பது போன்ற செய்திகள் அடிக்கடி இடம் பெறுகின்றன.

துப்பாக்கி சுடும் வழக்கம் உள்ளவர்களைக் கேட்டால் ஒரு விஷயம் சொல்வார்கள். பொழுதுபோக்குக்காகச் சுடும்போது அவர்கள் குறி பெரும்பாலும் தப்புவதில்லை. ஆனால், போட்டி, பரிசு, பெருமை என்று ஏதாவது ஒன்று குறுக்கிட்டால் அவர்கள் குறி தவறிவிடுகிறது. காரணம், படபடப்பும் பதற்றமும்தான்!

தைரியமாக காதலியுங்கள்!

“சுவாமி, நான் மிகப் பெரிய பிரச்னையில் இருக்கிறேன். நீங்கள்தான் தீர்வு சொல்ல வேண்டும்!'' என்று சொல்லிக்கொண்டே என் மாணவி ஒருத்தி என்னிடத்தில் வந்தாள். அவளோடு அலுவலகத்தில் வேலை பார்க்கும் சக ஊழியன் ஒருவன் அவளைத் துரத்தித் துரத்திக் காதலிப்பதாகவும் வீடு, பஸ், ஆபீஸ், கான்டீன் என்று எங்கு போனாலும் அவள் பின்னாலேயே அவன் வந்து கொண்டிருப்பதாகவும் சொன்னாள்.

“வேலை வெட்டியெல்லாம் விட்டுவிட்டு அவன் உன் பின்னால் சுற்றினால் அதற்கு நீ ஏன் வருத்தப்படுகிறாய்? விரயமாவது அவனது நேரம்தானே?” என்றேன்.

‘‘என்ன சுவாமி... நான் எத்தனை சீரியஸாகச் சொல்லிக்கொண்டிருக்கிறேன். சமய சந்தர்ப்பம் தெரியாமல் ஜோக் அடிக்கிறீர்களே?” என்றவள் தொடர்ந்து,

“ஆண்கள் என்றாலே எனக்கு வெறுப்பாக இருக்கிறது. அத்தனை பேரும் மோசடிக்காரர்கள். ஏமாற்றுப் பேர்வழிகள்... நம்பவைத்துக் கழுத்தறுப்பவர்கள். என் அம்மாவைப் போல நான் ஏமாறவே மாட்டேன்..” என்றாள்.

“இதோ பாரம்மா... நீ உன்னுடைய வாழ்க்கையை வாழ். உன் அம்மாவின் வாழ்க்கையை வாழாதே..”

நான் இப்படி ரத்தினச் சுருக்கமாக சொன்னதில் பொதிந்திருந்த கருத்து அந்தப் பெண்ணுக்குப் புரிந்துவிட்டது. சற்று நேரம் அமைதியாக யோசித்தவள், தெளிவடைந்த வளாய் விடைபெற்றுக் கிளம்பிச் சென்றாள்.

அந்தப் பெண்ணை மட்டுமல்ல... அவளின் அம்மாவைக்கூட எனக்குத் தெரியும். தாயின் கர்ப்பத்தில் இந்தப் பெண் சிசுவாக இருந்த காலத்தில் ஏறக்குறைய எல்லாப் பெண்களையும் போல இவருடைய அம்மாவும் தன் கணவனைத் திட்டிக்கொண்டே இருப்பார். "பாவி மனுஷன்... புள்ளைத்தாய்ச்சின்னுகூட பார்க்காம இப்படி மாமியார்க்காரிகிட்ட என்னைத் தனியா தவிக்கவிட்டுட்டு ஆபீஸ் டூர்னு போயிட்டானே... ஏழு மாசமாகியும் என்னை அம்மா வீட்டுக்குப் போக விடாம இவன் ஆத்தா அப்பனுக்கே வடிச்சுக் கொட்ட வேண்டியதாப் போச்சே என் நிலைமை!"

'ஆண்கள் என்றால் மோசமானவர்கள். கொடுமைக்காரர்கள்' என்ற எண்ணம், கருவில் இருந்த காலம் தொட்டே இந்தப் பெண்ணின் மூளையில் ஆழமாகப் பதிந்துவிட்டது.

இவளைப் போலவே நம்மில் பலரும் நமது அப்பா, அம்மா, தாத்தா, பாட்டி என்று வேறு யாருக்கோ சொந்தமான எண்ண மூட்டைகளைத் தேவையில்லாமல் சுமந்துகொண்டிருக்கிறோம்.

அந்த மூட்டைகளைத் தூக்கி எறிய முடியாததுதான் நாம் படும் அவஸ்தைகளுக்கு முக்கிய காரணம்.

ஒரு ஆணுக்குப் பெண்ணின் துணையும் அன்பும் அரவணைப்பும் எந்த

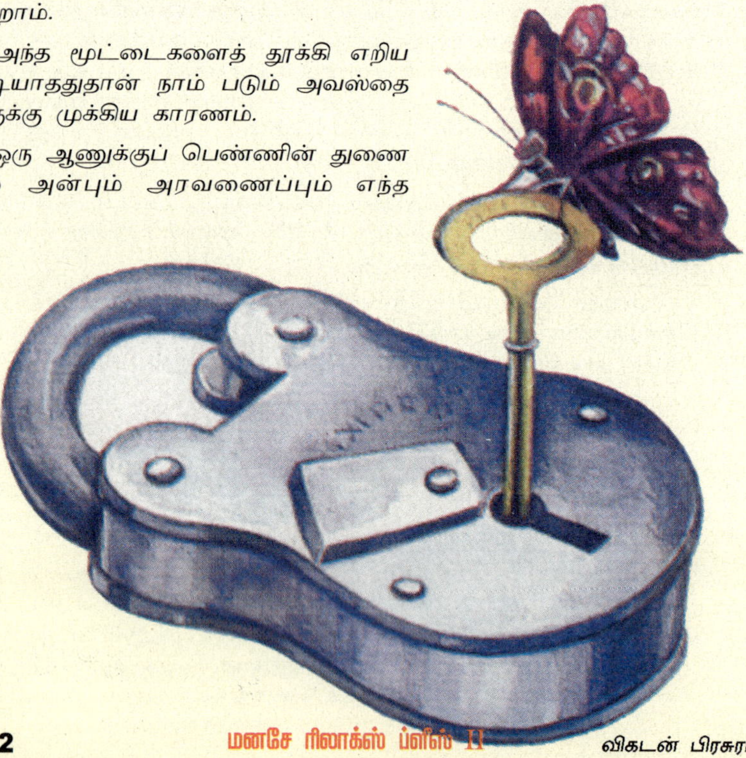

அளவுக்கு முக்கியமோ அதற்குச் சற்றும் குறையாமல் ஒரு பெண்ணுக்கு ஆணின் அரவணைப்பும் அன்பும் அவசியம் தேவை. தியானம் செய்தால் என்ன பலன் கிடைக்குமோ அதே பலன் காதல் செய்யும்போதும் கிடைக்கும். தியானம் செய்யும்போது எத்தகைய சக்தி வெளிப்படுகிறது? அன்பு என்கிற சக்திதானே? அதேபோல காதல் செய்யும்போது வெளிப்படுவது அன்பு என்ற சக்திதானே..?

ஆண், பெண் இருவரும் சேர்ந்ததுதான் உலகம். 'ஆண் துணையில்லாமல் என்னால் வாழ முடியும். கல்யாணமே தேவையில்லை' என்று சொல்வது பைத்தியக்காரத்தனம். உங்களுக்குப் பிடித்த நகைச்சுவை துணுக்கை உங்களின் காதலனிடம் பகிர்ந்துகொண்டு வாய்விட்டு அவனோடு சிரித்துப் பாருங்கள். தனியாக ஒரு நகைச்சுவையை ரசிப்பதற்கும் காதலனோடு சேர்ந்து அதே ஜோக்கை ரசிப்பதற்கும் உள்ள வித்தியாசம் உங்களுக்கே விளங்கும்.

குழந்தைகள் சிரிக்கும்போது பார்த்திருக்கிறீர்களா? அவர்களின் மொத்த உடம்புமே அதிர்ந்து குலுங்கும். உங்கள் காதலனோடு சேர்ந்து அப்படிச் சிரித்துப் பாருங்கள். உங்களுக்கு நீங்களே கற்பித்துக் கொண்டிருக்கும் அத்தனை தப்பிதங்களும் விலகும்.

இன்னும் ஒரு படி மேலே போய் சொல்கிறேன். காதலிப்பதோடு நிறுத்திக்கொள்ளாதீர்கள். அந்தக் காதலாகவே மாறி விடுங்கள். பௌத்த மதத்தில் இருப்பவர்களைக் கேட்டால் ஒன்று சொல்வார்கள்...

புத்தர் என்பவர் வழிபடுவதற்கு மட்டுமல்ல... அந்த மதத்தில் இருப்பவர்கள் ஒவ்வொருவருமே புத்தராகவே மாற வேண்டும். அதுதான் பௌத்த மதத்தின் வழிமுறை. இது காதலுக்கும் பொருந்தும். நீங்கள் காதலிக்க வேண்டுமானால் நீங்களே காதலாக மாறுங்கள். அப்போதுதான் காதலின் சுவையை உங்களால் அனுபவிக்க முடியும்.

எந்த ஒரு பெண்ணும் வலியச் சென்று தான் விரும்பும் ஆணிடம் காதலைச் சொல்லக்கூடாது என்பது பத்தாம் பசலித்தனமான கருத்து. ஒரு பெண் தனக்குப் பொருத்தமான, எல்லாவிதத்திலும் தகுதியான ஒரு ஆணைத் தேர்ந்தெடுத்து அவனைக் காதலிப்பது என்று முடிவெடுத்துவிட்டால், தைரியமாக அவள் அவனிடம் சென்று தன் காதலைத் தெரியப்படுத்தலாம். அதில் தவறொன்றும் இல்லை.

ஆபீஸிலே பழியாகக் கிடக்கிறீர்களா..?

“நான் கடினமான உழைப்பாளி. தினமும் பன்னிரண்டு மணி நேரம் வேலை செய்கிறேன். காலையில் இருந்து இரவு தூங்கப்போகும்வரை சதாசர்வ காலமும் ஆபீஸ் பற்றிதான் என் நினைப்பு. என் அளவுக்கு சக ஊழியர்கள் யாரும் வேலை செய்வதில்லை. சாயந்திரம் எப்போதடா ஐந்து மணி அடிக்கும் என்று காத்திருந்து சிட்டாகப் பறந்துவிடுகிறார்கள்'' என்று என்னிடம் சமீபத்தில் ஒருவர் குறைப்பட்டுக்கொண்டார்.

இப்படிப் பேசும் பலரை நீங்களும் பார்த்திருக்ககூடும். இன்ஃபோஸிஸ் நாராயணமூர்த்தி ஒரு கூட்டத்தில் சொன்ன கருத்துக்களை இங்கே உங்களிடம் பகிர்ந்துகொள்ள ஆசைப்படு கிறேன்.

கடுமையாக வேலை செய்வது என்பதோ, ஒரு நாளைக்கு பன்னிரண்டு மணி நேரம் வேலை செய்வது என்பதோ எப்போதாவது சில சமயம் தவிர்க்க முடியாமல் நடக்கலாம். ஆபீஸில் புதிதாக ஆரம்பிக்கப்பட்ட ஒரு ப்ராஜெக்ட்டை உங்களிடம் ஒப்படைத்திருக்கிறார்கள். உங்களுக்குப் பழக்கமில்லாத ஒரு புதிய ஏரியாவில் உங்களை மாற்றியிருக்கிறார்கள்.. இப்படிச் சில சந்தர்ப்பங்களில் சிலர் சிலநாள் அதிகப்படியான மணிநேரம் வேலை செய்வார்கள்.

‘நாளைக்குள் இந்த டெண்டரை அனுப்பியாக வேண்டும்..’ என்பது மாதிரியான சில நெருக்கடியான நேரங்களில் சிலர் இரவு முழுதும் ஆபீஸில் தங்கி வேலை பார்ப்பார்கள். இதெல்லாம் ஏற்றுக்கொள்ளக் கூடியவை.

ஆனால், பொதுவாகப் பார்த்தால் எட்டு அல்லது ஒன்பது மணி நேரத்துக்கு மேல் ஆபீஸில் வேலை செய்வது என்பது ஏற்றுக் கொள்ளக்கூடியதே அல்ல. அது தேவையும் இல்லை. இந்த மாதிரி வேலையை இழுத்துப் போட்டுக்கொள்ளும் பேர்வழிகள் தான் ‘மற்றவர்கள் சரியில்லை’ என்று புலம்புகிறார்கள். ஆபீஸில் நிலவும் சுமுகமான ‘மூடை’க் கெடுக்கிறார்கள்.

இதுபோன்ற ‘கடின(!) உழைப்பாளி’களுக்கு நாராயணமூர்த்தி சொல்லும் யோசனை இதுதான்.

1. காலையில் எழுந்ததும் சுத்தமாகக் குளித்துவிட்டு வயிறாரச் சாப்பிடுங்கள்.

2. ஆபீஸுக்கு சென்று வழக்கமான ஈடுபாட்டுடன் எட்டு மணிநேரம் வேலை பாருங்கள்.

3. மாலையில் வீட்டுக்கு வந்து ஆபீஸ் நினைப்பு சிறிதுமின்றி குழந்தைகளுடன் ஜாலியாக விளையாடுங்கள். மனைவியிடம் அன்பாகப் பேசி மகிழுங்கள். சந்தோஷமாக டி.வி. பாருங்கள். காலாற வாக்கிங் போங்கள்.

4. இரவு நன்றாகத் தூங்குங்கள்.

வேலையே இல்லாவிட்டாலும்கூட பல பேர் ஆபீஸே கதி என்று கிடப்பதற்கு இன்னொரு காரணம் இருக்கிறது.

உங்கள் வீட்டுக்கு யாராவது விருந்தினர் வந்தால் அவர்கள் கிளம்பிப் போகும்வரை, என்னதான் தூக்கம் சொக்கிக்கொண்டு வந்தாலும் உங்கள் குழந்தைகள் தூங்காமல் கொட்டக் கொட்ட விழித்துக்கொண்டிருப்பதை நீங்கள் பார்த்திருப்பீர்கள். அதற்கு காரணம் என்ன? வீட்டுக்கு விருந்தினர் வந்திருக்கும்போது முக்கியமான ஏதாவது நடந்து அது தனக்குத் தெரியாமல் போய் விடுமோ என்ற சந்தேகம்தான்!

ஆபீஸே பழியாக கிடப்பவர்களுக்கும் இதே போன்ற மனநிலைதான்! தான் இல்லாத சமயத்தில் ஆபீஸில் முக்கியமாக

ஏதாவது நடந்து அதை நாம் மிஸ் பண்ணிவிடுவோமோ என்ற பயத்தில்தான் பலர் ஆபீஸிலேயே பழியாகக் கிடக்கிறார்கள்.

இது போன்றவர்களுக்கெல்லாம் நான் சொல்லிக்கொள்ள விரும்புவது இதுதான். உலகம் இருபத்துநாலு மணிநேரமும் இயங்கிக்கொண்டுதான் இருக்கிறது. அதற்காக, 'அடடா... எனக்குத் தெரியாமல் ஏதாவது நடந்துவிடுமோ!' என்ற அச்சத்தில் நீங்கள் ராத்திரியில் தூங்காமலே இருந்துவிடுவீர்களா, என்ன? அலுவலகமும் அது மாதிரிதான். நீங்கள் இருந்தாலும் சரி, இல்லாவிட்டாலும் சரி... அதுபாட்டுக்கு இயங்கிக்கொண்டு தான் இருக்கும். அதற்காக நீங்கள் ஆபீஸிலேயே பழியாகக் கிடக்க முடியாது.

நீங்கள் எந்த ஆபீஸில் வேலை செய்பவர்களாக இருந்தாலும் சரி... நீங்கள் என்ன வேலை பார்க்கிறீர்கள் என்பதை வைத்துதான் அங்கு உங்களுக்கு மரியாதையே தவிர, எத்தனை நேரம் அலுவலகத்துக்குள் இருந்தீர்கள் என்பதை வைத்து உங்களை யாரும் எடை போட மாட்டார்கள்.

நல்லவரா? கெட்டவரா?

“சுவாமி... எங்கள் மகளை நினைத்தாலே பயமாக இருக்கிறது. இருபது வயசாகிறது. கல்லூரியில் படிக்கிறாள். ஆனால், கொஞ்சம்கூடப் பொறுப்போ, சுறுசுறுப்போ இல்லை. வீட்டில் இருக்கும் நேரத்தில் டெலிபோனில் யாருடனாவது மணிக்கணக்காகப் பேசுகிறாள். அல்லது சதா டி.வி-யே கதியென்று கிடக்கிறாள். இல்லாவிட்டால் இழுத்துப் போர்த்திக்கொண்டு தூங்குகிறாள். வீட்டில் அவள் எந்த வேலையும் செய்வது இல்லை. தனது துணிமணிகளைக்கூட அவள் துவைத்துக் கொள்வதில்லை. சாப்பிட்ட தட்டைக்கூட கழுவி வைப்பதில்லை...”

டீன் ஏஜ் வயது மகள்களைப் பற்றி பெற்றோர் பலர் அடிக்கடி என்னிடம் வந்து இப்படிப் புலம்புவதுண்டு!

“என் மகன் மாதிரி ஒரு முழுச்சோம்பேறியை உலகில் எங்குமே பார்த்திருக்க முடியாது. எட்டு மணிக்கு மேல்தான் அவனுக்கு உலகம் விடியும். கார்ப்பரேஷன் குப்பை லாரி மாதிரி அறையை வைத்திருப்பான். தெருவோர டீக்கடை மாதிரி எந்த நேரமும் மியூஸிக்கை அலறவிடுகிறான். எங்கே போகிறான் வருகிறான் என்பது யாருக்கும் தெரியாது. திடீரென்று முக்கியமான புத்தகம் வாங்கிவரவேண்டும் என்று நண்பன் வீட்டுக்கோ லைப்ரரிக்கோ போகிறேன் என்று கிளம்பிப் போய்விடுவான். ஆக மொத்தத்தில் அவன் எங்களுக்கு உபயோகமாக எந்த வீட்டுவேலையும் செய்வதில்லை.”

இப்படித் தங்கள் மகன்களைப் பற்றிப் புலம்பும் பெற்றோரையும் நான் தினம் தினம் சந்திக்கிறேன். இவர்கள் சொல்வதை என்னால் நம்ப முடியவில்லை!

காரணம், உலகில் சோம்பேறிகள் என்று யாருமே இல்லை. எந்த ஒருவரும் சூழ்நிலையால்தான் சோம்பேறியாக ஆக்கப்படுகிறார். அப்படி ஒரு சூழ்நிலையை வீடுகளில் உருவாக்கிக் கொடுப்பது பெரும்பாலும் பெற்றோராகத்தான் இருக்கிறார்கள். இந்த உண்மை கொஞ்சம் கசக்கத்தான் செய்யும்.

இதோ, இந்தக் கதையைப் படியுங்கள்.

“எங்கள் குடும்பம் மிகவும் கட்டுப்பாடான குடும்பம். எங்கள் வீட்டில் யாராக இருந்தாலும் சரி, காலை ஐந்து மணிக்கே எழுந்துவிட வேண்டும். குளிக்காமலோ, சாமி கும்பிடாமலோ யாரும் சாப்பிடக்கூடாது. இப்படி இருந்த எங்கள் குடும்பத்தில் ஒரு நாள் ஒரு புதியவர் நுழைந்தார். அவர் மிகவும் புத்திசாலி. சரித்திரகாலச் சம்பவங்களானாலும், நிகழ்கால அரசியலானாலும், எதிர்காலத்தில் வரப்போகிற அறிவியல் மாற்றங்களானாலும்... சினிமா, விளையாட்டு என்று அவருக்கு அத்தனையுமே அத்துப்படியாக இருந்தது. அதைப் பற்றியெல்லாம் சதா பேசிக்கொண்டு இருப்பார். நாங்களும் திறந்தவாய் மூடாமல் கேட்டுக்கொண்டிருப்போம்.

சில சமயம், அந்தப் புதியவர் வீட்டின் நடு ஹாலில் வைத்து திடீரென்று குடிக்க ஆரம்பித்துவிடுவார். எதிரில் யார் இருக்கிறார்கள் என்பதைப் பற்றிக் கவலையேபடாமல் செக்ஸ் சம்பந்தமான விஷயங்களைக்கூட கூச்சநாச்சம் இன்றி விவாதம் செய்யத் தொடங்கிவிடுவார். அவருடைய பேச்சுகள், நடவடிக்கைகள் இப்படிப் பல சமயம் எங்களில்

பலருக்குத் தர்மசங்கடத்தை ஏற்படுத்தினாலும் யாருக்கும் அவரை வீட்டைவிட்டு அனுப்ப மனசில்லை. காரணம், அவரவருக்குப் பிடித்தமான விஷயங்களை தேனொழுகச் சொல்வதில் அவர் மன்னனாயிருந்தார்.

இதெல்லாம் நடந்து பல வருடங்கள் ஓடிவிட்டன. நான் இப்போது வெளியூரில் கம்ப்யூட்டர் சாஃப்ட்வேர் இன்ஜினீயராக வேலை செய்கிறேன். சமீபத்தில் வார விடுமுறையில் எங்கள் வீட்டுக்கு வந்தேன். அப்போதும் அந்தப் புதியவர் ஹாலில் தனது வழக்கமான இடத்தில் அமர்ந்து எப்போதும் போல ஓயாமல் அரட்டை அடித்துக்கொண்டிருந்தார். சுறுசுறுப்பாக ஆடி ஓடி வேலை செய்யும் எங்கள் அப்பாவும், காலையில் நிற்க நேரமின்றி வீட்டுவேலைகளில் மூழ்கியிருக்கும் அம்மாவும் சாவகாசமாக உட்கார்ந்து அந்தப் புதியவர் (இப்போது அவர் பழையவர்) பேசுவதைக் கேட்டுக்கொண்டிருந் தார்கள். ஆனால், அவர்கள் முகத்தில் அந்தப் பழைய உற்சாகம் இல்லை. ஒருவித சலிப்புத்தன்மை நிரம்பி யிருந்தது. என்றாலும். இடத்தைவிட்டு எழுந்து போகாமல், அவர் பேசுவதைக் கேட்டே தீர வேண்டும் என்பது ஒரு கடமை போல் கேட்டுக்கொண்டிருந்தார்கள். வெளியே கோயில் – குளங்களுக்குப் போய் வருவது, உறவினர் வீடுகளுக்குப் போய் அளவளாவி மகிழ்வது போன்ற பழைய நல்ல பழக்கவழக்கங்களைக் கைவிட்டிருந்தார்கள். மொத்தத்தில் சோம்பேறிக் குடும்பமாகவே மாறிப் போயிருந்தார்கள். அதற்கெல்லாம் காரணம் அந்தப் புதியவர்தான். அவர் நல்லவரா, கெட்டவரா? நீங்களே சொல்லுங்கள்... அவர் பெயர் டெலிவிஷன்!''

டி.வி–யில் ஒரு சீரியல் விடாமல் பார்த்துக்கொண்டிருக் கும் அம்மாக்களே... உங்களை ஒன்று கேட்கலாமா?

பரீட்சைக்குப் படிக்காமல் உங்கள் குழந்தைகள் டி.வி–யில் கிரிக்கெட் மாட்ச் அல்லது வேறு ஏதாவது நிகழ்ச்சி பார்த்துக்கொண்டிருக்கும்போது எந்த முகத்தை வைத்துக்கொண்டு அவர்களிடம் உங்களால் ''டி.வி. பார்க்காதே! பாடத்தைப் படி. வேலையைச் செய்! சுறுசுறுப்பாக இரு!'' என்று புத்திமதி சொல்ல முடியும்?''

நீங்கள் சிந்திக்கவேண்டிய கேள்வி இது!

சார்ஜ் ஏற்றிக் கொள்ளுங்கள்!

எல்லோருக்கும் அவசரம். எப்போதும் பரபரப்புதான்! கோயிலுக்குப் போக நேரமில்லை. ஊருக்குப் போய் தாய் தந்தையர்களைப் பார்க்க நேரமில்லை. உறவினர்களின் வீட்டு விசேஷங்களுக்குப் போய் அவர்களை மகிழ்ச்சிப்படுத்த முடியவில்லை. நண்பன் வீட்டுத் துக்கத்தில் பங்கு எடுத்துக்கொண்டு அவன் மனதுக்கு ஆறுதலாக நான்கு வார்த்தைகள் பேச நேரமில்லை. அவ்வளவு ஏன்... பெற்ற பிள்ளைகளுடன் கொஞ்சி விளையாடக்கூட நேரமில்லை. மனைவியின் அழகை ரசிப்பதற்கும் நேரம் இல்லை. அன்பை வெளிப்படுத்தவும் நேரமில்லை. எதற்குமே நேரமில்லை.

கண்களை விற்று ஓவியம் வாங்க ஆசைப்படுபவன் மாதிரி மேலே சொன்ன அத்தனை சுக துக்கங்களையும் விற்றுப் பணம் சம்பாதிக்க மட்டுமே ஓடிக்கொண்டிருக் கிறோம் நாம். பணம் ஈட்டவேண்டியது அவசியம்தான். இல்லானை இல்லாளும் வேண்டாள், ஈன்றெடுத்த தாய் வேண்டாள்... எல்லாம் சரி! ஆனால், நம் வாழ்க்கையின் லட்சியம் பணம் சம்பாதிப்பது மட்டும் இல்லை. நமக்குத் தேவை சந்தோஷம், அமைதி, அன்பு. பணம் இருந்து விட்டால் இந்த மூன்றையும் என்ன விலை கொடுத்தாவது

வாங்கிவிடலாம் என்று தப்பாக முடிவெடுத்துச் செயல்பட ஆரம்பித்துவிடுகிறோம். அங்கேதான் ஆரம்பிக்கிறது எல்லாத் தவறுகளும்!

'பணம்தான் முக்கியம்!' என்று இயந்திரத்தனமாக நடந்தால் அது எத்தகைய சீரழிவில் கொண்டு போய்விடும் என்பது அனைவரும் அறிந்ததுதான். எந்த வேலையாக இருந்தாலும் படபடப்பாகச் செய்தால் அது பலனே தராது. கொஞ்சம் நேரம் ஒதுக்கி நன்றாக சிந்தித்துப் பாருங்கள். கடந்த ஆறு மாத காலத்தில் உங்களது சாதனை என்று நீங்கள் எண்ணும் வேலைகளையெல்லாம் நீங்கள் என்ன மனநிலையில் இருக்கும்போது செய்தீர்கள். பரபரப்பிலும் படபடப்பிலுமா..? அல்லது தெளிவான திட்டமிடலுடன்

நிதானமான அணுகுமுறையிலா..? ‘பதறாத காரியம் சிதறாது’ என்று சும்மாவா சொன்னார்கள்!

இதோ, இந்தக் கற்பனை கதையைக் கேளுங்கள். முத்துக் குளிப்பவன் ஒருவன் முத்துக்களைத் தேடி கடலுக்குள் மூழ்கினான். கடலுக்குள்ளே அவன் பயணித்த உடனேயே ஒரு நத்தை அவன் கண்ணில் பட்டது. உடனே அவன் அந்த நத்தையை நோக்கி வேகமாக நீந்தி வர... முத்துக்காகத்தான் வருகிறான் என்று தெரிந்து கொண்ட அது தன் உடம்பை அருகில் இருந்த பாறைமேல் மோதி முத்தைப் பெயர்த்தெடுத்து அவன் கண்ணில் படும்படி எதிரே இருந்த இன்னொரு பாறையில் வைத்துவிட்டு நகர்ந்தது. ஆனால், முத்துக் குளிக்க வந்தவனோ எதிரில் இருந்த முத்தை எடுக்காமல் முத்தை இழந்த நத்தையை எடுத்துக்கொண்டு போனானாம். எந்த ஒரு வேலையையும் இயந்திரத்தனமாகச் செய்வதால் உண்டாகும் கோளாறு இது.

நன்றாக யோசித்துப் பாருங்கள். ஒரு வகையில் பார்த்தால் நாமும்கூட அந்த முத்துக் குளிக்கும் தொழிலாளியைப் போலத்தான் பல சமயங்களில் நடந்துகொள்கிறோம். உண்மையான சந்தோஷத்தை விட்டுவிட்டு சதா சர்வ காலமும் சாவி கொடுத்த பொம்மை போல திரிகிறோம். மொபைல் போனாக இருந்தால்கூட சார்ஜ் பண்ணினால்தான் அது வேலை செய்யும். அது போல மனிதர்கள் சார்ஜ் ஏற்றிக்கொள்ளும் இடம் வீடு, நண்பர் வட்டம் ஆகிய இடங்களில்தான். இவர்களிடம் பழகாமல், சிரிக்காமல், கலந்து ஜாலியாகப் பேசாமல் நீங்கள் ஆபீஸுக்குப் போனால் அங்கே உங்கள் செயல்பாடு சார்ஜ் இல்லாத பாட்டரி போலத்தான் இருக்கும். இதில் சந்தேகமே இல்லை.

நீங்கள் பரபரப்பாக இருந்தால் உங்களைச் சுற்றி மேகம் மாதிரி கண்ணுக்குத் தெரியாத ‘பரபரப்பு’ என்ற சக்தி உற்பத்தியாகி அது உங்களை மட்டுமல்ல, உங்களைச் சுற்றி இருக்கும் அத்தனை பேரையும் பரபரப்பாகும். ஆபீஸில் இருக்கும் அத்தனை பேரும் பரபரப்பானால் ஆபீஸ் எப்படி நடக்கும் என்று நான் சொல்லத் தேவையில்லை.

இங்கே இன்னொரு உதாரணத்தையும் உங்களிடம் பகிர்ந்து கொள்ள விரும்புகிறேன். ஒரு முறை ஆந்திராவில் இருக்கும் கோயில் ஒன்றுக்குச் சென்றேன். நான் சென்றபோது அங்கிருந்த தலைமைப் புரோகிதர் மூலவருக்கு மகா தீபாராதனை செய்துகொண்டிருந்தார். அவர் தீபாராதனையை முடித்த நேரம்.. அங்கு அவசர அவசரமாக ஓடிவந்த இன்னொரு புரோகிதர்.. “ஐயையோ... முறைப்படி நான்தானே இன்று தீபாராதனை

செய்திருக்க வேண்டும். ஆனால், நான் கோயிலுக்கு வர லேட்டாகி விட்டதால் அந்த வாய்ப்பை இழந்துவிட்டேனே..'' என்று வாய்விட்டு அலறி சோகப்பட்டார்.

நன்றாக யோசித்துப் பாருங்கள். அந்தப் புரோகிதரின் வேலை என்ன... பக்தியோடு கோயிலுக்கு வரும் பக்தகோடிகளுக்கு அமைதியையும் மகிழ்ச்சியையும் ஏற்படுத்த வேண்டிய இடத்தில் இருப்பவர் அவர். அவரே பலர் காதில் விழும்படி 'ஐயையோ' என்று தலையில் அடித்துக்கொண்டு அழுதால், அங்கிருந்த பக்தர்கள் என்ன நினைத்திருப்பார்கள்? அவர்களின் மனஓட்டம் என்ன மாதிரி இருந்திருக்கும்?

படபடப்பு வந்தால் சதா சர்வ நேரமும் இறைவனின் சந்நிதியில் இருக்கும் வேதம் படித்த புரோகிதராகவே இருந்தாலும் அத்தகைய நபர்களால் அவர்களுக்கும் சரி, அவர்களைச் சுற்றி இருப்பவர்களுக்கும் சரி... எந்தவிதமான நன்மையும் ஏற்படாது. இது நிச்சயம்.

கோயிலில் நடந்த சம்பவத்தின் தொடர்ச்சிக்கு இப்போது வருகிறேன். 'ஐயையோ' என்று தலையில் அடித்துக்கொண்டு அங்கலாய்த்த அந்த புரோகிதரையும், அவரது செயலைப் பார்த்து திகைத்து மனக்கிலேசம் அடைந்து நின்ற பக்தகோடிகளையும் தலைமைப் புரோகிதர் எப்படிக் கையாண்டார் தெரியுமா?

இதற்கு அவருக்குக் கைகொடுத்தது பகவத் கீதையில் பகவான் கிருஷ்ணர் அருளிச்செய்த ஒரு ஸ்லோகம். அந்த ஸ்லோகத்தை அப்போது அவர் அங்கே கூறினார். ''அதன் அர்த்தம் என்னவென்றால்.. 'நீங்கள் எனக்கு பூஜை செய்யப் பயன்படுத்தும் பத்ரம்.. புஷ்பம்.. பழம்.. நீர் போன்றவற்றைவிட நீங்கள் என்னிடம் காட்டும் பக்திதான் எனக்கு மிக முக்கியம்.' மகாதீபாராதனை செய்யத் தவறிவிட்டேனே என்று புலம்பும் உங்கள் பக்திக்குக் கிடைக்கும் புண்ணியம்தான் மகாதீபாராதனை செய்த எனக்குக் கிடைக்கும் புண்ணியத்தைவிட அதிகம்..''

அந்தத் தலைமைப் புரோகிதர் 'ஐயையோ புரோகிதரை'ப் பார்த்து இப்படிச் சொல்ல.. சுற்றி நின்ற பக்தர்கள் கூட்டம் ஒரு மகாதத்துவத்தைக் கேட்ட புளகாங்கிதத்தில் புல்லரித்து நின்றது. 'ஐயையோ புரோகிதரும்' சாந்தப் பெருமூச்சுவிட்டார்.

படபடப்பால் உளறிக் கொட்டிய 'ஐயையோ' புரோகிதரால் பக்தர்கள் அடைந்தது பதற்றம்! பதற்றப்படாமல் கீதையைச் சொல்லி நிலைமையைச் சமாளித்த தலைமைப் புரோகிதரால் பக்தர்கள் அடைந்ததோ நிம்மதி.

Disneyland
2003
32

ரோலர்கோஸ்டர் மாதிரிதான் வாழ்க்கை!

யாருமற்ற தனிமையில் கடற்கரையில் நின்றிருக்கிறீர்களா... மனசு ஏதோ ஒரு பாடல் பாட, உள்ளுக்குள் உற்சாகம் ஊறத் துவங்க, இயற்கையின் மடியில் நாமே ஒரு குழந்தையாகிப் போவோம்!

புதிய புதிய இடங்களுக்குப் பயணப்படும் போதெல்லாம் வழிகளில் தென்படும் நதிகள், வயல்வெளிகள், மலைச்சரிவுகள், பறவைகள், மிருகங்கள், மனிதர்கள் என பார்ப்பதெல்லாமே மனசுக்கு அத்தனை சந்தோஷம் தரும். ஒரு நல்ல பயணம் நம்மைப் புதுப்பித்துத் தரும்.

ஆனால், நம்மில் பெரும்பாலோருக்கு வேலை – வீடு என ஒரு சின்ன வட்டத்துக்குள்ளேயே முடிந்துபோகிறது வாழ்க்கை. சென்னையில் இருந்துகொண்டே கடற்கரை பார்க்காதவர்கள் எத்தனை பேர் உண்டு தெரியுமா! அடுத்த தெருவிலிருக்கிற பூங்காவுக்குள் போய் அரை மணி நேரம் செலவழிக்க முடியாதவர்கள் இங்கேதான் இருக்கிறார்கள்.

உலகத்தை முழுக்கப் பார்க்காமலேயே உலக வாழ்க்கை வெறுத்துவிட்டது என்று அலுத்துக்கொள்கிறோம். நாம் எத்தனை தூரம் பயணம் போகிறோமோ அந்த அளவுக்கு நம் பார்வையும் ஞானமும் விரியும். எந்த அளவுக்குப் புதிய புதிய நாகரிகங்களையும் புதிய புதிய கலாசாரங்களையும் தெரிந்துகொள்கிறோமோ, அந்த அளவுக்கு நம் அறிவும் புரிந்துகொள்ளும் தன்மையும் மேம்படும். நம் ஞானிகளும் முனிவர்களும் இந்தப் பரந்த பாரததேசத்தைத் தாண்டியும் யாத்திரைகள் மேற்கொண்டதற்கு இதுவும் ஒரு காரணம்.

உலகின் பல்வேறு பகுதிகளுக்கு நானும் பயணித்திருக்கிறேன். அப்படிச் சில அனுபவங்களை இப்போது பேசலாமா!

சில மாதங்களுக்கு முன்பு வாழ்வியல் பயிலரங்கம் நடத்துவதற்காக அமெரிக்கா சென்றிருந்தேன். எதிர்பாராதவிதமாக லாஸ் ஏஞ்சலீஸ் நகரில் ஏற்பாடாகியிருந்த ஒரு நிகழ்ச்சி ரத்தாகிவிட்டது. 'சரி, டிஸ்னி லேண்ட் போய்வரலாமே?'என்று என் மாணவர்கள் என்னை அழைத்துப்போனார்கள்.

அங்கே ஒரு ரோலர்கோஸ்டரில் நான் பயணம் செய்த அனுபவம் பரவசமாக இருந்தது. நாங்கள் உட்கார்ந்திருந்த ஸீட்டில் பிடிமானமோ, ஸீட் பெல்ட்டோ இல்லை. கொஞ்சம் உஷாராகவே உட்கார வேண்டிய கட்டாயம். ரோலர்கோஸ்டர் ஒரு குலுக்கலுடன் புறப்பட்டு, நாங்கள் உட்கார்ந்திருந்த இருக்கை சர்ரென்று வானத்தில் ஏறியது. சரசரவென்று திருப்பங்களில் வளைந்து ஓடி, தடாலென்று சறுக்கிக் கொண்டு அதலபாதாளத்தில் கீழே சரிந்தது. சிறுகுடல் பெருங்குடலைத்

துணைக்கு அழைத்துக்கொண்டு வாய்க்கே வந்துவிடும் போலிருந்தது அந்த அனுபவம். இருந்தாலும் ரோலர்கோஸ்டர் பயணத்தை ரசித்தேன். திடுக் திடுக்கென வரும் திருப்பங்களை ஆனந்தமாக அனுபவித்தேன். என் மாணவர்களும் இந்த த்ரில் பயணத்தில் ரொம்பவே லயித்துப்போனார்கள்.

லயிப்புக்கு என்ன காரணம்? பயம்!

பயணம் முடிந்து கீழே இறங்கியதுமே அத்தனை பேர் முகத்திலும் அப்படியொரு சிரிப்பு. அவரவர் பயத்தைப் பற்றி அவர்களே ஜோக்கடித்துக்கொண்டார்கள். நிஜம்தானே... எதிர்பாராத திடீர் திருப்பங்கள், தலைகீழ் மாற்றங்கள் இவை எல்லாமே சந்தோஷம் கொடுக்க வல்லவைதானே! பிறகு ஏன் வாழ்க்கையில் எதிர்பாராதது நடந்தால் ரோலர்கோஸ்டர் போல சிலிர்த்து மகிழாமல் நொறுங்கிப் போகிறோம்?

சாதாரண ஒரு டிரான்ஸ்ஃபர் வந்தால்கூட, “என் மேலதிகாரி என்னைப் பழி வாங்கிவிட்டார்” என்று ஏன் அடுத்தவர்களைத் திட்டுகிறோம்? வீட்டில் நமது தப்பை அப்பா சுட்டிக்காட்டினால், “அக்கா கொரங்கு போட்டுக்கொடுத்துட்டா” என்று ஏன் புலம்புகிறோம்?

ஒட்டுமொத்தமாகப் பார்த்தால் ரோலர்கோஸ்டர் பயணம் எப்படி ஒரு த்ரில்லான அனுபவமோ... ஜாலியான, சந்தோஷமான அனுபவமோ அது மாதிரிதான் வாழ்க்கையும்! ரோலர்கோஸ்டர் மாதிரியே வாழ்க்கையில் வரும் உயர்வுதாழ்வுகளையும் ரசிக்கக் கற்றுக்கொண்டால் போதும்.

என் தாத்தா மைசூர் மகாராஜாவின் அரண்மனையில் பணியாற்றியவர். அவருடைய முக்கிய வேலை ராஜாவுடன் காட்டுக்கு வேட்டையாடச் செல்வது. வேட்டையாடுவதில் என் தாத்தா கில்லாடி. கொடிய காட்டுமிருகங்களைக் கொஞ்சம் கூடப் பயமில்லாமல் அவர் சர்வசாதாரணமாக வேட்டையாடுவார் என்று சொல்வார்கள்.

‘‘தாத்தா... கும்மிருட்டாக இருக்கும் காட்டுக்குள் வேட்டையாடப் போகிறீர்களே, உங்களுக்குப் பயமாக இருக்காதா?’’ என்று சிறுவனாக இருந்த நான் அவரிடம் ஒரு முறை கேட்டேன்.

‘‘அடே பையா... வேட்டைக்குப் போவதே அந்த த்ரில்லுக்காகத்தானே!’’ – சிரித்தார் தாத்தா.

ஆமாம்... வேட்டைக்குப் போவதென்பது அவருக்கு ஒரு

ஜாலியான பொழுதுபோக்காகத்தான் இருந்திருக்கிறது. காடு என்பது பயங்கரமான பிரதேசம். எந்தப் புதரிலிருந்து எந்தக் காட்டுமிருகம் பாயுமோ... எதுவுமே தெரியாது. காட்டுக்குள் வேட்டையாடப் போவது திகிலான விஷயம். என்றாலும், ஏன் வேட்டையாடப் போகிறார்கள்?

எதிர்பாராத விஷயங்களை எதிர்கொள்வதில் மனிதனுக்கு எப்போதுமே ஓர் அலாதியான இன்பம். மகாராஜா தன் ஆட்களை அனுப்பி ஒரு புலியையோ, சிங்கத்தையோ பிடித்து வந்து மரத்தில் கட்டிவைக்கச் சொல்லி அதை அம்பு எய்து கொல்லமுடியும். ஆனால், அதில் என்ன பெரிய சந்தோஷமோ, த்ரில்லோ இருக்கிறது? எதிர்பாராத நேரத்தில், எதிர்பாராத திசையில் இருந்து வரும் தாக்குதல்களை எதிர்கொண்டு வெற்றி பெறுவதில்தானே முழுமையான சந்தோஷமும் திருப்தியும் கிடைக்கும்?

அப்படிப் பார்த்தால் நம் வாழ்க்கையும் ஒரு மாய வேட்டைதானே? எதிர்பாராத நபர்களிடமிருந்து எதிர்பாராத நேரத்தில் சோதனைகள், நெருக்கடிகள் வரும். தாக்குதல்கள் வரும். அதை எதிர்கொள்வதில்தான் சந்தோஷம் இருக்கிறது. 'ஐயோ.. என் ஆருயிர் நண்பன் இப்படி என்னை ஏமாற்றுவான் என்று கனவிலும் நினைக்கவில்லையே! செழிப்பாக ஓடும் என்று நினைத்துத் தொடங்கிய வியாபாரம் இப்படி ஒரேயடியாகப் படுத்துவிட்டதே!' என்றெல்லாம் வருத்தப்பட்டுப் புலம்புவதில் அர்த்தம் இல்லை.

வேட்டைக்குப் போகும் யாரும் "இந்தப் புலி நான் ஏமாந்த நேரம் பார்த்து என் மீது பாய்ந்துவிட்டது. இது நீதியில்லை" என்று புலம்பியதுண்டா?

வாழ்க்கையை ஒரு வேட்டையாக நினைத்துக்கொள்ளுங்கள். போராட்ட உத்வேகமும் புதிய உற்சாகமும் கிடைக்கும்.

ஆனந்தம் பிரவாகம் எடுக்கும்!

தேவாலய மகிமை!

கர்ணனுக்கு மட்டுமல்ல, கடவுள் நம் எல்லோருக்குமே ஒரு கவசம் தந்திருக்கிறார். அவமானம், துயரம், சோகம் என்று எதுவும் நம்மை பாதிக்காதவாறு காக்கவல்ல கவசம் அது!

அப்படி என்ன கவசம் அது என்று ஆர்வமாகிறீர்களா? அதுதான் நம் உடலைச் சுற்றி இருக்கும் 'சூட்சும சரீரம்'. அதை ஆங்கிலத்தில் 'எனர்ஜி ஃபீல்ட்' என்பார்கள்.

மிகப்பெரிய மகான்களையோ, மேதைகளையோ, விஞ்ஞானிகளையோ பார்க்கும்போது அவர்களிடத்தில் ஒரு தேஜஸ் ஜொலிப்பதை உணர்ந்திருக்கிறீர்களா? யாரிடமெல்லாம் எனர்ஜி ஃபீல்ட் அதிகமாக இருக்கிறதோ அவர்களிடமெல்லாம் அந்த தேஜஸ் ஒளிரும். அதைத்தான் நமது முன்னோர்கள் கடவுள் மற்றும் ஞானிகளின் தலைக்குப் பின்புறம் ஒளி வட்டமாகக் காண்பித்தார்கள்.

சில ஆண்டுகளுக்கு முன் நடந்த ஒரு நிகழ்ச்சி இது. என் நீண்ட நாள் மாணவரான ஜெய்பூரியா, பெங்களூரில் பெரிய தொழிலதிபர்.

ஒரு நாள் அதிகாலையில் வாக்கிங் போய்விட்டு வீடு திரும்பும்போது, அவரை சிலர் துப்பாக்கியால் சுட்டுக் கடத்திக்கொண்டு போய்விட்டனர்.

கடத்தப்பட்ட ஜெய்பூரியாவுக்கு வயது 58. ரத்த அழுத்த நோயாளி. நீரிழிவு வியாதியும் உண்டு. அவரது குடும்பத்தில் உள்ள ஆண்கள் அனைவரும் போலீஸுடன் இணைந்து ஜெய்பூரியாவைத் தேடுகிற முயற்சியில் ஈடுபட்டிருக்க... வேதனையுடன் வீட்டில் இருந்த பெண்கள் அனைவரும் ஒன்றாக அமர்ந்து இறைவனிடம் பிரார்த்தனை செய்தார்கள். துன்பங்களை எதிர்கொள்ளும் வலிமையைக் கொடுக்கும் மிருத்யுஞ்ச மந்திரத்தை உச்சரித்துக்கொண்டே இருந்தன அவர்களின் உதடுகள்.

சில வாரங்களுக்குப் பிறகு ஜெய்பூரியாவை போலீஸ் மீட்டது.

செல்வச் செழிப்பு மிகுந்த குடும்பத்தில் பிறந்து, தன் வாழ்க்கையில் எந்த விதமான சிரமங்களையும் அனுபவித்திராத ஜெய்பூரியா, குண்டடிபட்டு வலியால் துடித்துக்கொண்டிருந்த நிலையில் பெங்களூரின் ஒதுக்குப்புறமான புறநகர்ப்பகுதியில் நிமிர்ந்துகூட நிற்கமுடியாத அளவு சிறிய இருண்ட பாதாள அறை ஒன்றில் வாரக்கணக்கில் அடைபட்டுக் கிடந்திருக்கிறார். உயிர் மீண்டு வந்திருக்கிற தங்கள் தந்தைக்கு எப்படி ஆறுதல் வார்த்தைகள் சொல்வது என்று தெரியாமல் பிள்ளைகள்

கலங்கி நிற்க, ஜெய்பூரியா சற்றும் மனம் தளராமல் உறுதியாக இருந்தார். அவரது உடம்பில் பாய்ந்திருந்த துப்பாக்கி ரவையை அகற்ற அவரை மருத்துவமனைக்கு அழைத்துக்கொண்டு போனபோதுதான் அவரது கழுத்திலும் ஒரு குண்டு பாய்ந்து மறுபக்கமாக வெளியில் போயிருப்பது மருத்துவர்கள் சொல்லித் தெரியவந்தது.

ஆனால், அத்தனை நேரமும் எங்களுக்கு இருந்த பதற்றத்தில் ஒரு சிறுதுளிகூட ஜெய்பூரியாவுக்கு இல்லை.

"இவ்வளவு கஷ்டங்களை அனுபவித்த பிறகும் எப்படி உங்களால் இவ்வளவு தெளிவாக இருக்க முடிகிறது?" என்று அவர் மனைவி ஆச்சரியப்பட்டுக் கேட்க,

"துன்பங்களையும் வலியையும் தாங்கும் அளவுக்கு எனக்கு ஏது சக்தி? நான் என்னிடம் இருக்கும் சொற்ப சக்தியை ஆண்டவனின் மகா சக்தியோடு இணைத்துக்கொள்வது மாதிரி கற்பனை செய்துகொண்டேன். உடனே என் உடம்பு அழிந்து வேறு ஒரு புது உடம்பு உருவானதுபோல் உணர்ந்தேன். அவ்வளவுதான்... குண்டடிபட்ட வலி எனக்குத் தெரியவே இல்லை" என்றார் ஜெய்பூரியா.

சில வருடங்களுக்கு முன் இத்தாலி நாட்டுக்குச் சென்றிருந்தேன். அங்கு வெனிஸ் நகரின் புகழ்பெற்ற ஒரு தேவாலயத்துக்கு என்னை அழைத்துப் போனார்கள். உள்ளே நுழைந்ததும் ஒருவித பரவச உணர்வு என்னை ஆட்கொண்டது. அத்தனை அமைதி... அத்தனை தெய்வீகம். அங்கிருந்த புறாக்கள் யாத்ரீகர்களைப் பார்த்துப் பயப்படாமல் அவர்களின் கையில் சுவாதீனமாக வந்து அமர்ந்தன. அங்கு வரும் மனிதர்களின் உள்ளங்களில் நிரம்பியுள்ள நல்ல எண்ணங்கள் அந்தப் பறவைகளையும் ஈர்த்திருக்கின்றன என்பதுதான் அதற்குக் காரணம்.

கோயிலுக்குப் போகும்போது உங்கள் எண்ணமும் செயலும் எத்தனை அமைதியாகவும் சுத்தமாகவும் இருக்கிறது... அதுபோலவே நீங்கள் வேலை செய்யும் அலுவலகத்திலும் வீட்டிலும் இருந்து பாருங்கள். வீடும், அலுவலகமும் கோயில் ஆகும். உங்களைச் சுற்றியும் சக்தி கவசம் வளையமிடும்.

வானம் வசப்படும்!

சில ஆண்டுகளுக்கு முன் சிங்கப்பூர் சென்று இருந்தேன். அங்கே சந்தோஷா தீவுகள் என்று ஒரு சுற்றுலாத் தலம். அது ஒரு சாதாரண தீம் பார்க் மாதிரி தான். நமது மாமல்லபுரம் மாதிரி சரித்திரப் பெருமை எதுவும் அதற்கு இல்லை.

அங்கே இருக்கும் அத்தனையுமே செயற்கையாக

வடிவமைக்கப்பட்டவை. டிராகன் என்கிற ஓர் உயிரினத்தை அங்கே விதம்விதமாக, வண்ண வண்ணமாக வடிவமைத்து வைத்திருந்தார்கள். டிராகன் என்பது பார்ப்பதற்கே அருவருப்பாக உள்ள ஒரு ஜந்து. நீள நீளமான நகங்கள், கோரமான பற்கள், மேடும் பள்ளமுமான உடம்பு... ஆனால், அதுகூட அந்த அற்புதமான சூழலில் அழகானதாகத் தெரிந்தது. பார்த்துப் பார்த்து ரசிக்கும்படி இருந்தது.

இதை ஏன் இங்கே சொல்கிறேன் என்று விளக்குவதற்குமுன் இன்னொரு உதாரணத்தையும் சொல்லிவிடுகிறேன்.

நட்சத்திர ஓட்டலுக்குப் போகிறோம். அங்கே ஒரு டீயின் விலை நூறு ரூபாய். ஆனால், அதே தரமுள்ள டீ வீதியோரத்தில் இருக்கும் ஒரு சாதாரண டீக்கடையில் இரண்டு ரூபாய். ஏன் இந்த விலை வித்தியாசம்? ஸ்டார் ஓட்டலில் இருக்கும் அழகு, ஆடம்பரம், அலங்காரம், சுத்தம்... இதற்காகவே ஐம்பது மடங்கு அதிக விலை.

சுத்தம், அழகு, அலங்காரம்... இவை மூன்றும் மிக மிக முக்கியம். சுத்தம் பற்றி யாரும் நமக்குப் பாடம் நடத்த வேண்டியதில்லை. 'சுத்தம் சோறு போடும்', 'கந்தையானாலும் கசக்கிக் கட்டு' - இப்படி நம்மூரில் எத்தனையோ பழமொழிகள் ஆண்டாண்டு காலமாக இருக்கின்றன. நமது முன்னோர்கள் சுத்தமாக இருப்பதையே ஒரு கடவுள் வழிபாடாகக் கடைப்பிடித்தவர்கள். ஆனால் இன்றோ, டாய்லெட் போனால் தண்ணீரைப் பயன்படுத்திச் சுத்தம் செய்துகொள்ளத் தெரியாத நாட்டவர்களும், பாம்பு, பல்லி போன்றவற்றையெல்லாம் பச்சையாகவே சாப்பிடும் மக்களும் நம்மைப் பார்த்துச் சுத்தம் இல்லாதவர்கள் என எள்ளி நகையாடுகிறார்கள். எதனால் இந்த மாற்றம்? உலகின் கண்களுக்கு நாம் எப்படி திடீரென சுத்தம் இல்லாதவர்களாகப் போனோம்?

அன்பு, பாசம், குடும்பப் பாரம்பரியம், கலாசாரம், சரித்திரப் பெருமை, நீதி என அனைத்து விஷயங்களிலும் நம் நாடு மேலைநாடுகளைவிட

மேலானது. ஆனால், அதை நாம் உணர்ந்திருக்கிறோமா? முதலில் நம்மை நாமே மதிக்கக் கற்றுக்கொண்டிருக்கிறோமா?

வீட்டையும் வீதியையும் சுத்தமாக வைத்துக்கொள்வது மட்டுமல்ல... பேசுவது, உடை அணியும் முறை, ஒரு பொது நிகழ்ச்சிக்குப் போனால் அங்கே நடந்துகொள்ளும் விதம் என எந்த ஒரு விஷயத்திலும் நாம் அலங்காரத்துக்கோ அழகுக்கோ முக்கியத்துவம் கொடுப்பதில்லை.

சமீபத்தில் ஒரு மிகப் பெரிய செல்வந்தர் வீட்டுத் திருமணத்துக்குச் சென்றிருந்தேன். அதில் கலந்து கொண்டவர்கள் அனைவரும் செல்வந்தர்கள்தான். என்றாலும், சாப்பாட்டு நேரத்தில் டைனிங் ஹாலுக்குப் போக அவர்கள் முட்டி மோதிய விதம் இருக்கிறதே, அப்பப்பா... பத்து நாள் பட்டினி கிடந்தவன்கூட அப்படி நடந்துகொள்ள மாட்டான்.

வீடு, வீதி, பேச்சு, நடை, உடை பாவனை... என எல்லா விஷயங்களிலும் நாம் அழகுக்கு முக்கியத்துவம் கொடுக்கத் தவறினால் அதன் விளைவு என்ன ஆகும் தெரியுமா?

சமீபத்தில், மும்பையில் ஒரு விழாவுக்குச் சென்றிருந்தேன். அங்கே பிரபல இந்தி நடிகை மாதுரி தீட்சித் வந்திருந்தார். அவரைப் பார்த்ததும் பெண்கள் அத்தனை பேரும் அவரை நோக்கி முட்டி மோதி ஓடி, அவரை மொய்த்துக்கொண்டார்கள். அவர் ரொம்பவும் அழகாக இருப்பதாகச் சொல்லிப் பரவசப்பட்டார்கள். மாதுரி தீட்சித் அந்த விழா

> “அட பெண்களே.. உங்களில் பல பேர் மாதுரி தீட்சித்தைவிடவும் அழகாக இருக்கிறீர்களே! அது உங்களுக்குத் தெரியவில்லையே...”

அரங்கை விட்டு விலகும் வரை அந்தப் பெண்களின் கண்களுக்கு வேறு எதுவுமே தெரியவில்லை.

இதை எல்லாம் ஒரு ஓரமாக நின்று வேடிக்கை பார்த்துக்கொண்டிருந்த நான் மனசுக்குள், “அட பெண்களே... உங்களில் பல பேர் மாதுரி தீட்சித்தைவிடவும் அழகாக இருக்கிறீர்களே! இது உங்களுக்குத் தெரியவில்லையே. மாதுரி தீட்சித் போல நீங்களும் உங்கள் மேனிக்கும் அழகுக்கும் முக்கியத்துவம் கொடுத்துப் பராமரித்திருந்தால் உங்களுக்கு முன் அவர் எந்த மூலை?’’ என்று சொல்லிக்கொண்டேன்.

அமெரிக்கர்களின் பாரம்பரியத்தையும் கலாசாரத்தையும்விட நமது பாரம்பரியமும் கலாசாரமும் உயர்ந்தது. சிங்கப்பூரின் சந்தோஷா தீவுகளைவிட மாமல்லபுரம் சிறப்பானது. ஐந்து நட்சத்திர ஓட்டலின் தேநீரைவிட தெருவோர டீக் கடையின் டீ சுவையானது. மாதுரி தீட்சித்தைவிடவும் எத்தனையோ அழகான பெண்கள் நம்மிடையே உண்டு. நமக்குத் தேவையெல்லாம் அவற்றுக்கு நாம் கொடுக்கும் முக்கியத்துவமும், அதை மேலும் செழுமைப்படுத்திக்கொள்ளும் மனோபாவமும்தான்.

நம்மை நாமே வார்த்தைகளில், செயல்பாடுகளில், பழகும் விதங்களில் அழகுபடுத்திக்கொண்டோமானால், கவிஞர்கள் சொல்வது மாதிரி வானம் நம் வசப்படும். உலகில் இன்னமும் நாம் கம்பீரமாகத் தலைநிமிர்ந்து நிற்கமுடியும்.

பெற்றோர் கடமை!

குழந்தைகளை நல்லபடியாக வளர்த்து ஆளாக்குவது என்பது ஒரு கலை. ஆனால் படித்த, விஷய ஞானமுள்ள பல பெற்றோர்களே இதற்கு முக்கியத்துவம் கொடுப்பது இல்லை என்பதுதான் வேதனை.

“ஆயிரம் ஆயிரமாகச் செலவு செய்து நகரிலேயே மிகப் பெரிய பள்ளிக்கூடத்தில் என் குழந்தையைப் படிக்க வைக்கிறேன். என் சக்திக்கு மீறி குழந்தைக்கு டியூஷன் ஏற்பாடு செய்து கொடுத்திருக்கிறேன். ஒரு தகப்பன் என்கிற முறையில் நான் என் குழந்தைகளுக்கு இதைவிட வேறு என்ன செய்துவிடமுடியும்?” இப்படிச் சில பெற்றோர்கள் கேட்கக்கூடும்.

அவர்களைக் கேட்கிறேன்... “அது போதாது. குழந்தைகளுடன் நீங்கள் தினமும் எத்தனை மணி நேரம் செலவு செய்கிறீர்கள்?”

“சுவாமி, நான் ஒரு பிஸினஸ்மேன். காலையிலிருந்து இரவு வரை ஓடி ஓடி உழைத்தால்தான் என் தொழிலில் நிலைத்து நிற்கமுடியும். நீங்கள் சொல்கிறீர்கள் என்பதற்காகவே அவ்வப்போது நான் என் குழந்தைகளை பார்க், பீச் என்று அழைத்துப் போகிறேன். தேவையானதை வாங்கித் தருகிறேன். என்றாலும், குழந்தைகள் என் கஷ்டங்களைப் புரிந்துகொண்ட மாதிரியே தெரியவில்லை. என்

பையன் சதாசர்வ காலமும் கிரிக்கெட் மட்டையும் கையுமாகவே திரிகிறான். பெண்ணோ கார்ட்டூன் சேனலே கதி என்று கிடக்கிறாள். திட்டிப் பார்த்துவிட்டேன். அடித்தும் பார்த்துவிட்டேன். எதற்கும் பலன் இல்லை!''

இப்படிக் குறைப்பட்டுக்கொள்ளும் பெற்றோர்களை நான் தினம் தினம் சந்திக்கிறேன். ஒரு விஷயத்தை நினைவில் வைத்துக்கொள்ளுங்கள்.

உங்கள் குழந்தையுடன் நீங்கள் நாள் முழுதும்கூடச் செலவிடலாம். அது பெரிதில்லை. ஆனால், அந்த நாளை எப்படிச் செலவழிக்கிறீர்கள் என்பதுதான் முக்கியம். நீங்கள் வீட்டிலிருக்கும்போது, 'டி.வி-யைப் போடாதே... காமிக்ஸ் படிக்காதே...' என்று ராணுவ அதிகாரி மாதிரி குழந்தைகளுக்கு உத்தரவு போட்டுக்கொண்டிருந்தால், குழந்தைகள் ஒரு கட்டத்தில் 'அப்பா எப்படா வெளியே போய்த் தொலைவார். கொஞ்ச நேரம் நிம்மதியா இருக்கலாம்' என்று நினைக்க ஆரம்பித்துவிடுவார்கள்.

குழந்தைகளுக்குப் படிப்பு என்பது ரொம்பவும் முக்கியம். மறுப்பதற்கில்லை. ஆனால், அது மட்டும் போதாது. ஒரு குழந்தை முழுமைபெற்ற மனிதனாக வளர, இன்னும் பல அறிவுத்திறன்கள் தேவை. உதாரணமாக, உங்கள் குழந்தை சினிமா பாட்டுகள் மீது ஆர்வம் செலுத்துகிறது என்று வைத்துக்கொள்வோம். அதையே அடிப்படையாக வைத்து அவர்களின் மொழிப் புலமையைச் சுலபமாக வளர்க்க முடியும். மொழியின் நுணுக்கங்களை மையமாக வைத்து விடுகதைகள், குறுக்கெழுத்துப் போட்டிகள் போன்றவற்றைக் குழந்தைகளுக்கு

அறிமுகப்படுத்தினால் எளிதாகப் பிடித்துக்கொள்வார்கள்.

குழந்தைகள் சினிமா பாடல் காட்சிகளை டி.வி-யில் பார்த்துவிட்டு அது போலவே டான்ஸ் ஆடுகிறார்களா? “சனியனே... என்ன கண்றாவி இது?” என்று எரிந்து விழாமல், அவர்களுக்கு நடனம் கற்றுக்கொடுங்கள்.

இது மாதிரி மொழி அறிவு, இசை அறிவு, காட்சி அறிவு, ஆழ்ந்து கவனிக்கும் அறிவு, மற்றவர்களின் தோற்றத்தை வைத்தே அவர்களின் குணாதிசயங்களை எடை போடும் அறிவு என உங்கள் குழந்தைக்கு எதில் எல்லாம் ஆர்வம் இருக்கிறதோ அதைக் கண்டுபிடித்து அவற்றை வளர்க்க உதவுங்கள்.

“என்ன சுவாமி இது... நான் என் குழந்தையை கம்ப்யூட்டர் இன்ஜினீயராக்கி அமெரிக்காவுக்கு அனுப்ப வேண்டும் என்று நினைத்துக் கொண்டிருக்கிறேன். நீங்கள் என்னடாவென்றால் பாட்டு, டான்ஸ், கிரிக்கெட் என்று ஏதேதோ சொல்லி என் கனவுகளுக்கெல்லாம் வேட்டு வைத்துவிடுவீர்கள் போலிருக்கிறதே!” என்று உங்களில் சிலர் கேட்கக்கூடும்.

ஒரு கற்பனைக்காக சொல்கிறேன்... சச்சின் டெண்டுல்கர் உங்கள் மகனாகப் பிறந்திருந்தால் என்ன செய்திருப்பீர்கள்? “என்னடா எப்பப் பார்த்தாலும் கிரிக்கெட் கிரிக்கெட்டுனு சுத்திட்டிருக்கே! ஒழுங்கா படிச்சு முன்னேற்ற வழியைப் பாரு! நீ திறமையான கம்ப்யூட்டர் இன்ஜினீயர்னு பேர் எடுக்கணும்... தெரிஞ்சுக்கோ!” என்று அவரைப் படுத்தியெடுத்திருப்பீர்கள். நல்லவேளையாக, அவர் வேறு ஒருவரின் குடும்பத்தில் பிறந்ததால் தப்பித்தார். உலகம் போற்றும் நம்பர் ஒன் கிரிக்கெட் வீரராகவும் ஆனார்.

இந்த உதாரணத்தின் மூலம் நான் சொல்ல வருவது இதுதான்... உங்கள் குழந்தைக்கு எதில் ஆர்வமோ அதில் தனது திறமையை வளர்த்துக் கொள்ள உதவுங்கள். ஒரு பெற்றோர் செய்யவேண்டிய கடமை இதுதான்.

பள்ளி மற்றும் கல்லூரிக் கல்வியை நான் குறைத்துச் சொல்வதாக யாரும் தவறாக நினைத்துவிடவேண்டாம். நமது இப்போதைய கல்வித் திட்டம் சுயமாகச் சிந்திக்கத் தெரியாத கிளிப்பிள்ளைகளைத்தான் அதிகம் உருவாக்குகிறது. என்னதான் கல்விமானாக இருந்தாலும், இயல்பு வாழ்க்கை என்று வரும்போது அதைச் சரியாக எதிர்கொள்ளத் தெரியாமல் பலர் தடுமாறுவது இதனால்தான். படிப்பு வேறு, புத்திசாலித்தனம் என்பது வேறு. வாழ்க்கையில் முன்னுக்கு வர புத்திசாலித்தனம்தான் தேவை. அதற்கு உதவும் கருவிகளில் ஒன்றுதான் படிப்பு. மற்றபடி படிப்பு மட்டுமே வாழ்க்கை இல்லை என்பதைப் புரிந்துகொள்ளுங்கள்.

வாழ்க்கை - ஒரு பக்க கதை!

சில மாதங்களுக்கு முன் அமெரிக்கா சென்றிருந்தேன். அங்கே நான் பார்த்த வரையில் பல வீடுகள் பரந்த நிலப்பரப்புக்கு மத்தியில் தான் அமைந்திருக்கின்றன. அதில் அவர்கள் தங்கள் ரசனைக்கேற்ப தோட்டம் அமைத்திருக்கிறார்கள். அங்கே நான் தங்கியிருந்த என் அமெரிக்க மாணவரின் வீடும் அப்படி ஒரு தோட்ட வீடுதான். அவரிடம் "இத்தனை பெரிய வீட்டில் தனியாகவா இருக்கிறாய்?

உன் மனைவி, குழந்தைகள் எங்கே?" என்று கேட்டேன். அதுவரை சந்தோஷமாக இருந்த மாணவரின் முகத்தில் சோகம் கவிந்தது.

''சுவாமி, இந்தியாவில் நடுத்தரக் குடும்பத்தில் பிறந்தவன் நான். நம் நாட்டின் கலாசாரம், பழக்க வழக்கங்கள், சடங்கு சம்பிரதாயங்கள் ஆகியவற்றில் தீவிரப் பற்று கொண்டவன் நான். அதனால்தான் இங்குள்ள பெண்ணைக் காதலித்து மணக்காமல், இந்தியாவில் ஆசாரமான ஒரு குடும்பத்தில் இருந்து ஒரு பெண்ணைத் தேர்ந்தெடுத்துத் திருமணம் செய்துகொண்டு வந்தேன்.

ஆனால், என் துரதிர்ஷ்டம்... அவள் அமெரிக்க மோகம் அதிகம் உள்ளவளாக இருக்கிறாள். இந்தியாவில் இருந்தபோது தழையத் தழைய பட்டுப்புடவையும் தலை நிறைய மல்லிகைப் பூவுமாக இருந்தவள், இங்கே வந்த பின் ஜீன்ஸும் டி-ஷர்ட்டுமாக அலைகிறாள். எங்களுக்குத் திருமணமாகி நான்கு ஆண்டுகள் ஆகிவிட்டன. அவளை என் வழிக்கு மாற்றிவிடலாம் என்று நான் செய்த முயற்சிகள் எல்லாம் வீணாகிவிட்டன. அவள் மாறுவதாயில்லை. இரண்டே வயதான கைக்குழந்தையை என்னிடம் விட்டுவிட்டு, டூர் என்ற பெயரில் வருஷத்துக்கு ஆறு, ஏழு மாதம் தன் நண்பர்களுடன் ஜாலியாக ஊர் சுற்றத் தொடங்கிவிட்டாள். இனி அவளுடன் வாழ முடியாது என்று முடிவெடுத்து, விவாகரத்து கேட்டு வழக்கு தொடர்ந்திருக்கிறேன்" என்றார்.

தொடர்ந்து அவரே, "வந்த இடத்தில் என் கதையைச் சொல்லி உங்களையும் வருத்தத்தில் ஆழ்த்தியதற்கு மன்னிக்கவும். வாருங்கள், உங்களுக்கு ஹவாய் தீவைச் சுற்றிக் காட்டுகிறேன்" என்று அழைத்துப் போனார். அவருடைய வேறு சில நண்பர்களும் எங்களுடன் சேர்ந்துகொண்டார்கள்.

அழகான கடற்கரையும் அதிஅற்புதமான காடுகளும் கொண்டது ஹவாய் தீவு. அங்கு

நிலவிய ஆழ்ந்த மௌனத்தில் ஒரு தெய்வீகத்தன்மை காணப்பட்டது. சில்லென்று வீசிய காற்றும் சலசலவென ஓடிய சிற்றோடைகளும் மனதை வருடிக் கொடுத்தன. அந்த ரம்மிய மான சூழ்நிலையில் என் மாணவரைத் தனியாக அழைத்துப் பேசினேன்.

"உன் வீட்டிலேயே மிகப் பெரிய தோட்டம் இருக்கிறது என்றாலும், அதைவிட இங்கே ரம்மியமாக இருப்பதை உணர்கிறாயல்லவா? அது எதனால்?" என்று கேட்டேன்.

மாணவரால் இதற்கு உடனடியாகப் பதில் சொல்லமுடியவில்லை.

"தோட்டம் என்பது கட்டுப்பாடுகள் நிறைந்தது. உன் தோட்டத்தில் இருந்த செடிகளையெல்லாம் டைனோசர், மயில், யானை போன்ற உருவங்களில் விதவிதமாக வெட்டி அழகுபடுத்தியிருந்தாய். இந்தக் காடு அப்படியல்ல. இது எந்தக் கட்டுப்பாடுகளுக்கும் அடங்காமல் அடர்த்தியாக வளர்ந்திருக்கிறது. உன் தோட்டத்துச் செடிகளுக்குச் சுதந்திரமில்லை. ஆனால், இந்தக் காட்டுச் செடி கொடிகள் சுதந்திரமாக இருக்கின்றன. 'சே... இது என்ன, இந்த மரம் எந்தவிதமான ஒழுங்கும் இல்லாமல் வளைந்து நெளிந்து வளர்ந்து இருக்கிறதே... நடப்பதற்கு வரப்போ, பாதையோ இல்லாமல் புதர் மண்டியிருக்கிறதே...' என்றெல்லாம் நினைக்க ஆரம்பித்தால் இந்த காட்டின் அழகை உன்னால் ரசிக்கமுடியுமா? அதேபோலத்தான் உன் மனைவி புடவை அணிந்தாலும், ஜீன்ஸ் போட்டாலும், டூர் போனாலும்... நிபந்தனையற்ற அன்பை அவளிடம் செலுத்தக் கற்றுக்கொள். உன் வாழ்க்கை நந்தவனமாகும்!" என்றேன்.

வாழ்க்கை என்பதே ஒருபக்க நகைச்சுவைக் கதை மாதிரிதான். சுவாரஸ்யமாகத் தொடங்கும் கதையில் ஒரு திருப்பம் ஏற்படுகிறது. விறுவிறுப்பு கூடுகிறது. கதை இப்படித்தான் முடியும் என்கிற அனுமானத்தில் தொடர்ந்து படிக்கிறோம். ஆனால், கதை நாம் கற்பனை செய்திருந்ததற்கு மாறாக ஒரு விசித்திரமான முத்தாய்ப்புடன் முடிகிறது. 'அட!' என்று நாம் வியந்து, விழுந்து விழுந்து சிரிக்கிறோம்.

நாம் அன்றாடம் சந்திக்கும் மனிதர்களை ஒரு நகைச்சுவைக் கதையில் வரும் கதாபாத்திரங்களாகக் கற்பனை செய்து பாருங்கள். இவர்களும் திடீர் திருப்பங்கள் ஏற்படுத்துகிறார்கள். முட்டாள்தனமான, அர்த்தமில்லாத காரியங்களைச் செய்கிறார்கள். நம்மால் கற்பனையே செய்யமுடியாத அளவுக்கு விசித்திரமாக நடந்துகொள்கிறார்கள். நகைச்சுவை கதைகளை ரசிப்பது மாதிரி இவர்களையும் நாம் ரசிக்கக் கற்றுக்கொண்டுவிட்டால் பிறகு நம் வாழ்க்கையில் வருத்தத்துக்கு இடம் ஏது?

ரசனை மூன்று விதம்!

அது பெரிய இடத்து மனிதர்களுக்கான ஒயின் ஷாப். நேரமோ இரவு. கப்பல் மாதிரி காரில் வந்திறங்கினார் ஒரு தொழிலதிபர். ஒரு நல்ல இடமாகப் பார்த்து உட்கார்ந்தார். தனக்கு வேண்டியதை ஆர்டர் செய்துவிட்டு யதேச்சையாகத் திரும்பியவர் திடுக்கிட்டுப் போனார். நான்கு ஸீட் தள்ளி ஓர் இருக்கையில் கடவுள் உட்கார்ந்திருந்தார். 'கடவுள் கூட இந்த மாதிரி இடத்துக்கெல்லாம் வருவாரா என்ன!' என்று அந்தத் தொழிலதிபர் ஆச்சரியப்பட்டாலும் அவருக்குக் காணிக்கையாக ஏதாவது தந்து புண்ணியம் தேடிக்கொள்ளலாமே என்ற எண்ணத்தில் சர்வரைக் கூப்பிட்டு, "அதோ, அங்கே உட்கார்ந்திருக்கும் கடவுளுக்கு ஒரு கோப்பை மதுவைக் கொடுத்துவிட்டு பில்லை என் கணக்கில் சேர்த்துக்கொள்!" என்கிறார். சர்வரும் அப்படியே செய்கிறார்.

சிறிது நேரத்தில் இன்னொரு பெரிய மனிதர் வருகிறார். அவரும் கடவுளை அடையாளம் கண்டுகொண்டு சர்வரை அழைத்து, "கடவுளுக்கு அரை பாட்டில் மதுவைக் கொடுத்துவிட்டு பில்லை என் கணக்கில் சேர்த்துக்கொள்!" என்கிறார்.

கடைசியாக ஒரு பெரிய அதிகாரி வருகிறார். மற்றவர்களைப் போல அவரும் கடவுளைப் பார்த்து ஆச்சரியப்பட்டு, "கடவுளுக்கு என் கணக்கில் ஒரு முழு பாட்டில் மதுவைக் கொடுத்துவிட்டு பில்லை என் கணக்கில் சேர்த்துக்கொள்!" என்கிறார்.

கடவுள் எழுந்து இவர்கள் அருகில் வர, மூன்று பேரும் பவ்யமாக எழுந்து கடவுளை வணங்கினார்கள். ஒரு கோப்பை மதுவை தன் கணக்கில் கொடுத்த தொழிலதிபரின் தலையில் கடவுள் தன் கையை வைத்து ஆசீர்வாதம் செய்தார். "ஆண்டவா, என்னே உன் கருணை! வருடக்கணக்கில் எனக்கிருந்த ஒற்றைத் தலைவலி பறந்துவிட்டது!" என்று மகிழ்ச்சியில் ஆனந்தக்கூத்தாடினார் அவர். அடுத்ததாக, அரை பாட்டில் மதுவை அளித்த பெரிய மனிதரின் தோள்களில் ஆண்டவன் தன் கைகளை வைக்க, "தேவனே... பிறந்ததில் இருந்தே என்னுடைய கை விளங்காமல் இருந்தது. இன்று உன் திருக்கரங்கள் பட்டதும் அது செயல்பட ஆரம்பித்துவிட்டது. என்னே உன் கிருபை!" என்று சிலாகித்தார் அவர்.

உண்மையில் அவர்கள் ரிஷிகள்!

கடவுள் மூன்றாமவருக்கு அருள்பாலிக்கத் தன் கையை உயர்த்த, "வேண்டாம். தயவுசெய்து என்னைக் குணப்படுத்தாதீர்கள். நான் ஓர் அரசு

அதிகாரி. உயர் பதவியில் இருப்பவன். உடல் ஊனமுற்றவர் கோட்டாவில்தான் எனக்கு இந்த வேலையே கிடைத்தது. என்னுடைய ஊனம் நீங்கிவிட்டால் என் வேலை போய்விடும்!" என்று சொல்லி, எகிறிக் குதித்து ஓடிவிட்டார்.

மனசில் சாத்தான் குடியிருந்தால், இப்படித்தான்... தேவனே வந்தாலும் மனசு இடம் கொடுக்காது. சாத்தான் வெளியேறினால்தான் கடவுளால் நம் மனதில் பிரசன்னமாக முடியும். மனசில் அழுக்குடன் கோயிலுக்குப் போனால் எந்தப் பலனும் ஏற்படாது. பல பேர் கோயிலுக்குப் போனதும் சாமி கும்பிடுவதை விட்டுவிட்டு, அங்குள்ள சிலைகளை உன்னிப்பாகப் பார்த்து, "ஐயோ, ஆபாசம்... ஆபாசம்..!" என்று கூக்குரலிடுவதைப் பார்த்திருக்கிறேன். ஒரு பொருள் ஆபாசமா, இல்லையா என்பது அதைப் பார்ப்பவர்களின் கண்களில்தான் இருக்கிறதே தவிர, பார்க்கப்படும் ஓவியத்திலோ சிற்பத்திலோ இல்லை!

ஆற்றங்கரை மரக்கிளையில் உட்கார்ந்திருக்கும் கிருஷ்ண பகவானிடம் கோபிகாஸ்த்ரீகள் 'எங்கள் ஆடைகளைக் கொடு' என்று கெஞ்சும் காட்சியை உங்கள் மனக்கண் முன் நிறுத்திப் பாருங்கள்.

இது ஆபாசமா? இல்லை! இந்தக் காட்சிக்குப் பின்னால் மறைந்து கிடக்கும் அர்த்தம் ஆழமானது; அற்புதமானது. இங்கு ஆடை என்று சித்திரிக்கப்பட்டிருப்பது ஆடையல்ல, நம் அகங்கார எண்ணங்கள். 'நான் ஒரு பெரிய கம்பெனியின் மானேஜர், நான் பெரிய படிப்பாளி, காரை விட்டு இறங்காதவன், ஆடம்பர பங்களாவில் வசிப்பவன்...' என்று ஆயிரம் ஆயிரம் அகங்கார ஆடைகளால் நம் மனசை மூடிவைத் திருக்கிறோம். ஆண்டவனின் அருளை அடைய வேண்டுமானால் இது மாதிரி எந்த விதமான அகங்கார ஆடைகளும் இல்லாமல் நிர்வாண மான மனசோடு – திறந்த மனசோடு, குழந்தை மனசோடு வரவேண்டும்.

கிருஷ்ணலீலா சிற்பக் காட்சி உணர்த்துவது இந்தக் கருத்தைத்தான். இது போன்ற ஆழ்ந்த கருத்துக்களை உள்ளடக்கியதுதான் நமது திருக்கோயில்களில் காணப்படும் சிற்பங்கள்!

சமீபத்தில் கஜுராஹோ போயிருந்தேன். அங்கிருந்த சிற்பங்களில் காணப்பட்ட நேர்த்தியும், அதில் பொதிந்திருந்த அர்த்தங்களும் சிலிர்ப் பூட்டின. பசி, தூக்கம் பாராமல் ஆழ்ந்த ஈடுபாடு இருந்தால் மட்டுமே இத்தகைய சிற்பங்களை உருவாக்குவது சாத்தியம். உண்மையில் அவர்கள் வெறும் சிற்பிகளாக மட்டுமின்றி, ரிஷிகளாகவும் இருந்திருக்க வேண்டும்.

சப்பாத்தி, பூரி, அடை போன்ற பலகாரங்களை வெறுமனே பார்த்து ரசிப்பதோடு நிறுத்திக்கொள்பவர்கள் ஒரு ரகம். பார்த்தவுடன் ஆவலை அடக்கமாட்டாமல் வாங்கிச் சாப்பிடுபவர்கள் இரண்டாவது ரகம். முதல் பிரிவினருக்கு அந்தப் பலகாரங்களின் சுவை தெரியாது. இரண்டாவது பிரிவினரோ சாப்பிட்ட பலகாரத்தை ஜீரணிக்கமுடியாமல் அவதிப்படுவர். மூன்றாவது ரகத்தைச் சேர்ந்தவர்களால் மட்டுமே பலகாரத்தின் சுவையை ருசிப்பதோடு, அதை ஜீரணிக்கவும் முடியும்.

கோயிலுக்குப் போகிறவர்களும் இதேபோல மூன்று ரகம். சிற்பங்களை வெறுமனே பார்த்து ரசிக்கத் தெரிந்தவர்கள் ஒரு ரகம். அது பற்றிய தகவல்களைக் கேட்டுத் தெரிந்துகொள்கிறவர்கள் இரண்டாவது ரகம். அந்தத் தகவல்களைச் சரியாகப் புரிந்துகொள்கிறவர்கள் மூன்றாவது ரகம்.

இன்னும் ஒரு விஷயத்தை இங்கே சொல்ல விரும்புகிறேன். கஜுராஹோவில் ஆண் – பெண் சங்கமத்தைக் காட்டும் சிற்பங்கள் வெறும் ஐந்து சதவிகிதம்தான். செரிமானமாகாத பலகாரத்தைத் தின்றுவிட்டு அவதிப்படும் சில ஜீரணக்கோளாறு ஆசாமிகள்தான் இவற்றை பூதக்கண்ணாடி வைத்துப் பார்த்து, "சீச்சீ... இந்தக் கோயில்களே சுத்த மோசம்!" என்று புலம்பிக்கொண்டிருக்கிறார்கள்.

ஏழு இட்லியும் ஒரு முட்டாளும்!

அவன் ஒரு முட்டாள். எழுதப் படிக்கத் தெரியாதவன். ஒரு நாள், வெளியூரில் இருக்கும் அவனது காதலி அவனுக்கு ஒரு கடிதம் எழுதியிருந்தாள். கடிதத்தில் அவள் என்ன எழுதியிருக்கிறாள் என்பதை எப்படித் தெரிந்துகொள்வது? வெகு நேர யோசனைக்குப் பின், அவன் அந்தக் கடிதத்தை எடுத்துக்கொண்டு தன் நண்பனிடம் போனான்.

“நண்பா... எனக்கு ஒரு உதவி செய். தயவுசெய்து இந்தக் கடிதத்தை எனக்குப் படித்துக்காட்டு. இது என் காதலி எனக்கு எழுதிய கடிதம். இதில்

சில அந்தரங்கமான விஷயங்களை அவள் எனக்கு எழுதியிருப்பாள் என நினைக்கிறேன். தப்பாக எடுத்துக்கொள்ளாதே... அதையெல்லாம் நீ தெரிந்துகொள்வது நாகரிகம் இல்லை. அதனால் உன் கண்களை மூடிக்கொண்டு, எனக்கு இந்தக் கடிதத்தைப் படித்துக்காட்டு!" என்றான்.

"என்ன உளறுகிறாய்? கண்களை மூடிக்கொண்டால் எப்படிக் கடிதத்தைப் படிப்பதாம்?" என்றான் நண்பன்.

"அப்படியானால் ஒன்று செய்... நீ சத்தமாகப் படிப்பது உன் காதுகளில் விழாதவாறு உன் காதுகளை இறுக மூடிக்கொண்டு படி!" என்றானாம்.

கதையில் வரும் இந்த முட்டாள் அளவுக்கு நாம் இல்லை என்றாலும், சற்றே யோசித்துப் பார்த்தால் நம்மில் பலர் சில விஷயங்களில் முட்டாள்களாகத்தான் இருக்கிறோம்.

புத்திசாலிகள் என்று தங்களை எண்ணிக்கொண்டிருக்கும் எத்தனை பேர் போலி சாமியார்களிடம் போய் ஏமாறுகிறார்கள்! பெயரில் உள்ள எழுத்துக்களை சற்றே மாற்றி அமைத்துக்கொண்டுவிட்டால், வளமான எதிர்காலம் அமையும் என்று எத்தனை பேர் நம்புகிறார்கள்! விரல்களில் விதவிதமான கலர்களில் ராசிக்கல் பதித்த மோதிரம் போட்டுக் கொண்டால் பெரும் பணக்காரராகிவிடலாம் என்று எத்தனை பேர் கணக்குப் போடுகிறார்கள். தங்களது செயலிலோ, சிந்தனையிலோ எள்ளளவு மாற்றத்தையும் ஏற்படுத்திக்கொள்ளாமல், சென்டிமெண்ட் என்ற பேரில் எதையோ செய்துகொண்டுவிட்டால் முன்னேறிவிடலாம் என்று மனப்பூர்வமாக நம்புகிறவர்களை முட்டாள்கள் என்று சொல்லாமல்

வேறென்ன சொல்வது?

முட்டாள்களில் பலவகையினர் உண்டு. அதிலும், தங்களை புத்திசாலிகள் என்று நினைத்துக்கொண்டிருக்கும் முட்டாள்கள் மிக மிகப் பரிதாபத்துக்குரியவர்கள். இவர்களைத் திருத்துவது அவ்வளவு சுலபமில்லை.

புத்திசாலி என்ற போர்வையில் வலம் வரும் மிகப் பெரிய முட்டாள் அவன். ஒரு முறை அவன் தனது உறவினர்களைப் பார்க்க வெளியூர் போனான். அங்கே உணவு சம்பந்தமான பேச்சு வந்தபோது "உன்னால் காலி வயிற்றில் எத்தனை இட்லி சாப்பிடமுடியும்?" என்று ஒருவர் கேட்டார். அதற்கு நம்ம ஆள் 'ஏழு' என்றான். உடனே, கேள்வி கேட்டவர், "அது எப்படி முடியும்? நீ முதல் இட்லியைத் தின்றதுமே உன் வயிறு கொஞ்சம் நிரம்பிவிடுகிறதே! அப்புறம் அது எப்படி காலி வயிறு ஆகும்?" என்று மடக்கினார்.

பின்னர் ஊர் திரும்பியதும், இதே டெக்னிக்கை பயன்படுத்தி ஊரில் இருக்கும் மற்றவர்களை முட்டாளாக்க ஆசைப்பட்டான் நம்ம ஆள். முதலில் எதிர்ப்பட்ட பக்கத்து வீட்டுக்காரனிடம், "உன்னால் வெறும் வயிற்றில் எத்தனை இட்லி சாப்பிட முடியும்?" என்று கேட்டான். அவன் "ஐந்து" என்று சொல்ல, "அடடா... நீ மட்டும் ஏழு என்று சொல்லியிருந்தால் இந்நேரம் உன்னை முட்டாளாக்கியிருப்பேனே!" என்று ஆதங்கப்பட்டானாம்.

இவன் போன்று அடுத்தவர்களை முட்டாள் என்று நிரூபிக்க கங்கணம் கட்டிக்கொண்டு திரியும் ஆசாமிகளின் முதுகுக்குப் பின்னால் உலகம் கேலியாகச் சிரித்துக்கொண்டிருப்பது பாவம், அவர்களுக்கே தெரியாது! சரி, முட்டாள்தனத்துக்கு மருந்து என்ன? விசாலமான மனமும் பரந்த மனப்பான்மையும் இருந்தால் போதும். புத்தகங்களைப் படிப்பதால் மட்டும் மனம் விசாலமாகிவிடாது. மனம் விசாலமடைய முக்கியமானது பயணம்.

பல ஆண்டுகள் கஷ்டப்பட்டு ஆசிரியர்கள் சொல்லிக் கொடுக்கும் ஒரு விஷயத்தை, பயணம் மிக மிகக் குறுகிய காலத்தில் சொல்லிக் கொடுத்துவிடும். அதனால்தான் எந்த வாகன வசதிகளும் இல்லாத காலத்திலேயே புனித யாத்திரை என்கிற பெயரில் மக்கள் பயணம் மேற்கொண்டார்கள். பல நூறு கிலோ மீட்டர் தூரம் பயணம் செய்து பிரசித்தி பெற்ற ஒரு கோயிலை ஒருவர் அடையும்போது அவருக்கு எத்தகைய திருப்தி கிடைக்குமோ, அதே அளவு திருப்தி அந்தக் கோயிலை அடைவதற்காக அவர் மேற்கொண்ட பயணத்தின்போதே கிடைத்துவிடும்.

மாமியார் - மருமகள் லடாய்!

"என் மாமியாரை நினைத்தாலே வயிற்றில் புளியைக் கரைக்கிறது... நெருப்பையே மூச்சாக விடும் டிராகனை பார்க்கிற மாதிரி இருக்கிறது அவரைப் பார்க்கிறபோதெல்லாம்! அந்த அளவுக்கு அவர் என்னை அடியோடு வெறுக்கிறார். என்னைப் பார்த்தாலே, அவர் முகத்தில் எள்ளும் கொள்ளும் வெடிக்கிறது. இன்னும் பழைய காலத்திலேயே இருக்கிறார். 'தலைக்குளிக்காமல் சமையல் அறைக்குள் வராதே! பொழுது சாயும் வேளையில் தலையை விரித்துப் போட்டுக்கொண்டு தூங்காதே..' என்று அதிகாரம் தூள் பறக்கிறது. சல்வார் கமீஸ் போடக் கூடாது... தலைமுடியை லூஸாக விடக்கூடாது... லிப்ஸ்டிக் போடக் கூடாது... இப்படிப் பல கூடாதுகள்! என் கணவரோடு சந்தோஷமாக நான் இரண்டு நிமிடம் பேசிக்கொண்டிருந்தால் போதும், கிழவிக்கு மூக்கில் வேர்த்துவிடும். 'அங்கே நின்னு என்ன கதை பேசிட்டிருக்கே? உள்ளே பால் பொங்குது. போய் கவனி!' என்று ஏதாவது சொல்லி அங்கிருந்து என்னை அனுப்பிவிடுவார்.

நல்லவேளையாக, என் கணவருக்கு சிங்கப்பூரில் வேலை கிடைத்ததால் இப்போது நான் இங்கு வந்துவிட்டேன். ஆனால், என் மாமியார் எனக்குச் செய்த கொடுமைகளை இன்னும் என்னால் மறக்கமுடியவில்லை. அவர் தன் நாவினால் சுட்ட வடு ஆறாத ரணமாக இன்னும் என் நெஞ்சில் வலித்துக்கொண்டிருக்கிறது!"

சமீபத்தில் நான் சிங்கப்பூர் சென்று இருந்தபோது இந்தியப் பெண்மணி ஒருவர் என்னிடம் இப்படிப் புலம்பினார்.

இந்த மாமியார்-மருமகள் பிரச்னைக்குப் பிறகு வருவோம். இப்போது சீனாவில் பிரபலமாக இருக்கும் தாவோயிஸத்தில் கூறப்பட்டு இருக்கும் ஒரு கதையை உங்களோடு பகிர்ந்துகொள்ள ஆசைப்படுகிறேன்.

பள்ளிக்கூடத்தில் ஆசிரியர் ஒருவர் மாணவர்களுக்குப் பாடம் எடுத்துக் கொண்டிருந்தார். அவர் ஒரு பையனைக் கூப்பிட்டு அவன் கையில் ஒரு கிளாஸ் தண்ணீரைக் கொடுத்து அதை அப்படியே பிடித்துக்கொண்டு நிற்கும்படி சொன்னார். அது ஒரு சின்ன கிளாஸ் டம்ளர்தான். எனவே,

அதைப் பிடித்துக்கொண்டு நிற்பது அவனுக்குக் கடினமாக இல்லை. ஆனால், அப்படியே தொடர்ந்து அரைமணி, ஒரு மணி நேரம் நிற்கும்போது, அந்த சின்ன டம்ளரே பெரிய பாறாங்கல் போல் கனத்தது அவனுக்கு.

அடுத்தவர்கள் உங்களைப் பார்த்துச் சொல்லும் ஏச்சுக் களும் வசவு வார்த்தைகளும் அந்த ஒரு கிளாஸ் தண்ணீர் மாதிரிதான். அவற்றை நீங்கள் எத்தனை காலம் மனதில் சுமந்துகொண்டு இருக்கிறீர்களோ, அந்த அளவுக்கு அவற்றின் கனமும் அழுத்தமும் ஏறிக்கொண்டே போகும். தாவோயிஸம் சொல்லும் தத்துவம் இது!

மாமியார்-மருமகள் பிரச்னை ஏதோ நமக்கு மட்டும் சொந்தமானது என்று நினைத்துவிடாதீர்கள். சீனாவில்கூட இந்தப் பிரச்னை உண்டு.

மாமியாரின் கொடுமைகளைத் தாங்கமுடியாமல் பொறுமையின் விளிம்பைக் கடந்துவிட்ட மருமகள் அவள். ஒரு நாள் அவள் நாட்டு வைத்தியர் ஒருவரைச் சந்தித்து, "என் மாமியார் நோய்வாய்ப்பட்டு இறந்து போனது மாதிரி ஒரு தோற்றத்தை உருவாக்க வேண்டும். அதற்கேற்ப சிறுகச் சிறுகக் கொல்லும்படியான விஷம் ஏதாவது இருக்கிறதா?'' என்று கேட்டாள்.

''தருகிறேன். தினமும் அதைப் பாலில் கலந்து உன் மாமியாருக்குக் கொடுத்து வா! மூன்றே மாதத்தில் இறந்துவிடுவார். ஆனால், ஒரு விஷயம்... விஷம் கலந்த பாலை நீ உன் மாமியாருக்குக் கொடுக்கும்போது உண்மையான அன்போடு கொடுக்க வேண்டும். அப்படிக் கொடுத்தால்தான் இயல்பாகச் செத்துப் போவார். இல்லையெனில், நீ விஷம் வைத்துக் கொன்றது வெட்டவெளிச்சமாகி விடும். உஷார்!'' என்று எச்சரித்துவிட்டு, விஷப்பொடியை ஒரு பேப்பரில் மடித்துத் தந்து அவளை அனுப்பிவைத்தார்.

அதன்பின் இரண்டு மாதம் கழித்து, ஒரு நாள் அந்தப் பெண் தலைதெறிக்க வைத்தியரிடம் ஓடி வந்தாள். "வைத்தியரய்யா... நீங்கள் கொடுத்த மருந்தை நீங்கள் சொன்ன மாதிரியே என் மாமியாருக்குத் தினமும் அன்புடன் கொடுத்து வந்தேன். என் மாமியார் எத்தனை நல்லவர், என் மீது எவ்வளவு அன்பு வைத்திருக்கிறார் என்பதை இந்த இரண்டு மாத காலத்தில் புரிந்துகொண்டேன். தயவுசெய்து என் மாமியார் உடம்பில் ஏறியிருக்கும் விஷத்தை முறிப்பதற்கு மாற்று மருந்து ஏதாவது கொடுங்கள்!'' என்று கண்ணீர் மல்க மன்றாடினாள்.

"பெண்ணே! கவலைப்படாதே! நான் தந்தது சாதாரண மூலிகைப் பொடிதான்! உன் மாமியாருக்கு ஒன்றும் ஆகாது. தீராத பகையாளியை

விட்டுவைக்கக்கூடாது. வேரோடு அழித்துவிடவேண்டும். எப்படி? சுலபம். உண்மையான அன்போடு அவரை நேசித்தால் இது சாத்தியம்! அன்பு, பகையாளியைக் கொன்று அவரை அன்புக்குரியவராக மாற்றிவிடும். உன் விஷயத்தில் இதுதான் நடந்திருக்கிறது!" என்றார் அந்த வைத்தியர்.

மாமியார் பிரச்னையோடு என்னிடம் வந்து முறையிட்ட பெண்ணுக்கு நான் சொல்லி அனுப்பிய அறிவுரை இதுதான். யாராக இருந்தாலும் சரி, அன்பை அள்ளிக் கொடுங்கள். அன்பு என்பது ரப்பர் பந்து மாதிரி. அதை யாரை நோக்கி நீங்கள் வீசினாலும் அது திரும்பவும் உங்களிடம் முழுவேகத்துடன் வரும்.

முனிவர் ஏன் திருடினார்?

சுத்தமான உணவு பற்றி இப்போது எல்லோரும் பேசுகிறார்கள். குடிநீரில் இருந்து குளிர்பானங்கள் வரை உணவுப் பொருட்கள் எந்த அளவுக்குச் சுத்தமாக இருக்க வேண்டும் என்பது பற்றி இப்போது நாட்டில் பெரிய விவாதமே நடந்து வருகிறது.

'குளித்துவிட்டுத்தான் சமையல் அறைக்குச் செல்லவேண்டும், வெள்ளிக்கிழமைதோறும் அடுக்களையை நன்றாகத் தண்ணீர் ஊற்றிக் கழுவவேண்டும், சமைத்த உணவை சுவாமிக்கு நைவேத்தியம் செய்யும்வரை நாம் உண்ணக்கூடாது...' –இப்படி சமையலறைக் கட்டுப்பாடுகள் நம் நாட்டில் ஏராளம்! இதெல்லாம் நமது முன்னோர்கள் ஏதோ வீம்புக்குச் செய்துவைத்த அர்த்தமில்லாத சடங்குகள் இல்லை. ஒவ்வொன்றிலும் அடிப்படையாக விளங்குவது உணவுச் சுகாதாரம்.

ஒரு பெரிய சக்கரவர்த்தி இருந்தான். முனிவர்கள் அவனைத் தேடிச் சென்றால் அவர்களைத் தங்கத் தட்டில் வைத்துத் தாங்குவான். ராஜோபசாரம் செய்வான். ஒரு முறை அவனது அரண்மனைக்கு ஒரு முனிவர் வந்தார். வழக்கம்போல மன்னன் அவருக்கு ராஜமரியாதை கொடுத்து வரவேற்று, அவர் கூடவே இருந்து உபசரித்து, அவருக்குத் தன் கையாலேயே உணவு பரிமாறி, சாமரம் வீசித் தூங்க வைத்துவிட்டு அதன் பிறகே அந்தப்புரம் போனான். போகும்போது அவன் தனது தங்க ஆபரணம் ஒன்றை அங்கேயே தவறுதலாக விட்டு விட்டுப் போய்விட்டான். விலை உயர்ந்த அந்த ஆபரணத்தைப் பார்த்த முனிவர், அதைத் திருடிக்கொண்டு இரவோடு இரவாகக் கம்பி நீட்டிவிட்டார். ஆனாலும், மன்னனின் தங்க ஆபரணத்தை வைத்துக்கொண்டு அந்த முனிவரால் ஒரு நாள்கூட நிம்மதியாக இருக்கமுடியவில்லை. 'இப்படி ஒரு மடத்தனம் செய்துவிட்டோமே!' என்று மனசாட்சி அவரை வாட்டி எடுத்தது. மீண்டும் மன்னனிடமே ஓடோடி வந்தார். "மன்னா, என்னை மன்னித்துவிடுங்கள். உங்கள் தங்க ஆபரணத்தை நான் நேற்று

திருடிக்கொண்டு போய்விட்டேன். இதோ அந்த ஆபரணம். இதை எடுத்துக்கொண்டு எனக்கு என்ன தண்டனை வேண்டுமானாலும் கொடுங்கள்!'' என்றார்.

'முனிவராவது, திருடுவதாவது!' என்று அவர் சொன்னதை நம்ப மறுத்தான் மன்னன். ''இல்லை மன்னா! நான் திருடியது உண்மை தான்! எனக்கு ஏன் அப்படி ஒரு திருட்டுப் புத்தி வந்தது என்றே தெரியவில்லை. செய்த தவறுக்கு எனக்கு ஏதாவது தண்டனை கொடுங்கள். அப்போதுதான் என் மனது ஆறும்!'' என்று மீண்டும் மீண்டும் வலியுறுத்தினார் முனிவர்.

'இதில் ஏதோ விஷயம் இருக்கிறது!' என்று யோசித்த மன்னன், தன் காவலாளிகளை அழைத்து விசாரணை செய்தான். அப்போது அவனுக்கு ஒரு விஷயம் புலப்பட்டது.

அரண்மனையில் அடுக்கிவைக்கப்பட்டிருந்த அரிசி மூட்டைகளில் ஒன்றை திருடன் ஒருவன் திருடிக்கொண்டு போக முயற்சித்த போது, காவலர்கள் அவனை மடக்கிப் பிடித்துவிட்டனர். முனிவருக்கு மன்னன் விருந்து படைத்த அன்றைய தினம், அரண்மனை சமையல்காரர்கள் திருடனிடமிருந்து மீட்ட அந்த அரிசியைத்தான் சமையலுக்குப் பயன்படுத்தியிருந்தார்கள். திருடனின் திருட்டு எண்ணம் பாய்ந்திருந்த அரிசியால் ஆன உணவை உண்டதால்தான் ஆசைகளைத் துறந்த முனிவருக்கே திருட்டுப் புத்தி உண்டாகிவிட்டது என்று மன்னனுக்கு தெரியவந்தது.

இந்தக் காரணத்தால்தான் உணவைச் சுத்தபத்தமாகச் சமைக்க வேண்டும், வீட்டில் சமைத்த உணவையே சாப்பிட வேண்டும்

என்கிறார்கள் நம் பெரியவர்கள். உணவைச் சமைக்கும்போது, இதைச் சாப்பிடும் தன் குழந்தைகளுக்கு நல்ல ஆரோக்கியமும், உடல் பலமும் கிடைக்கவேண்டும் என்ற எண்ணத்தோடுதான் சமைப்பாள் தாய். அதனால்தான் தாயின் கைகளால் சமைக்கப்பட்ட உணவு அமுதத்துக்குச் சமமாகக் கருதப்படுகிறது.

முந்திரிப்பருப்பு, நெய், திராட்சை போன்ற பொருட்களால் செய்யப்படும் உணவுதான் சுவை மிகுந்ததாக இருக்கும் என்று பலர் தவறுதலாக நினைக்கிறார்கள். புகழ்பெற்ற சமையல் நிபுணர்கள் தயாரிக்கும் ரெசிப்பியின்படி உணவு சமைத்தால் சுவையாக இருக்கும் என்று வேறு சிலர் நினைக்கிறார்கள். ஆனால், உண்மையில் தாயோ, மனைவியோ தனது முழுமையான அன்பையும் பாசத்தையும் கலந்து வைத்துத் தரும் கஞ்சியின் சுவைக்கு வேறு எதுவும் ஈடாகாது!

'உணவுகளின் தலைநகர்' என்று போற்றக்கூடிய அளவுக்கு உணவு விஷயத்தில் பிரசித்தி பெற்ற நகரம் பாரீஸ். அங்கே சிறிய ஓட்டல், ஸ்டார் ஓட்டல் என்று எந்தப் பாகுபாடும் இல்லாமல் எல்லா ஓட்டலிலும் உணவின் ருசியும் தரமும் ஒரே மாதிரி சிறப்பாகவே இருக்கும். 'எப்படி இது சாத்தியம்?' என்று பாரீஸ் வாழ் இந்தியர்கள் சிலரைக் கேட்டேன். அதற்கு அவர்கள் சொன்ன பதில் என்னை வியப்படைய வைத்தது.

"இங்கு ஓட்டல் தொழில் என்பது வெறுமே ஒரு வியாபார ஸ்தலம் மட்டும் அல்ல. கவிதை எழுதுவது மாதிரி, சிற்பம் வடிப்பது மாதிரி அது ஒரு கலைநயமான தொழில். ஒரு மருத்துவர் தன் நோயாளியை அக்கறையுடன் கவனித்துக்கொள்வது மாதிரி சேவை மனப்பான்மையுள்ள தொழில். ஒரு தாய் தன் குழந்தைக்குச் சோறூட்டும்போது எந்த அளவுக்குப் பாசத்தையும் அன்பையும் குழைத்து ஊட்டுவாளோ, அதே அளவு ஈடுபாட்டுடனும் கவனத்துடனும் இங்குள்ள ஓட்டல்காரர்கள் தங்கள் வாடிக்கையாளர்களுக்கு உணவு தயாரிக்கிறார்கள். இங்குள்ள ஓட்டல்கள் அனைத்திலும் ஒரே மாதிரி, உணவு அத்தனை ருசியாகவும் சுத்தமாகவும் இருப்பதற்கு முக்கியக் காரணம் இதுதான்!" என்றார்கள் அவர்கள்.

அன்பும் பாசமும் கலந்து செய்யப்படும் எந்த ஒரு செயலுமே இனிமையானதாக அமையும் என்பது உண்மைதான்!

நீங்கள் ஒரு ஊழியரா?

முனிவர் என்றால் அவருக்கு வேலை எதுவும் இருக்காது... வேளாவேளைக்குப் பால், பழங்களைச் சாப்பிட்டுவிட்டு நிஷ்டையில் ஆழ்ந்திருப்பார்கள் என்று பலர் நினைத்துக்கொண்டிருக்கிறார்கள். ஆனால், உண்மை அதுவல்ல. கஜுராஹோ, கோனார்க் போன்ற சிற்பக் கலைக்கூடங்களை உருவாக்கியவர்களே முனிவர்கள்தான். யோகக்கலை சாத்திரங்களை வகுத்தது பதஞ்சலி மாமுனிவர்தான். அதேபோல பரதநாட்டிய இலக்கணங்களை வகுத்தவர் பரதமாமுனிவர்.

பாரதத் திருநாடு பெற்றெடுத்த மாபெரும் மகான்களில் தலையானவர் கபீர்! பக்தி இலக்கியங்களின் பிதாமகர் என்று போற்றப்படுபவர். அவரின் புகழ் திக்கெட்டும் பரவியிருந்த சமயம், மன்னாதி மன்னர்கள் எல்லாம் அவரின் ஆணையை அடிபணிந்து நிறைவேற்றக் காத்துக் கிடந்தார்கள். ஆனால், கபீர் தன் வாழ்க்கையை நடத்த அடுத்தவர் களை நம்பியிருக்கவில்லை. தனக்குத் தெரிந்த நெசவுத் தொழிலை அவர் தொடர்ந்து செய்து தன் வாழ்க்கையை நடத்தினார். ஒரு முறை, "ஐயா! நீங்கள் இலக்கியத்துக்கும் பக்தி மார்க்கத்துக்கும் ஆற்ற வேண்டிய கடமைகள் ஏராளம் இருக்கின்றன. அதனால் உங்களின் அன்றாடத் தேவைகளைப் பூர்த்திசெய்து கொள்வதற்காக இன்னமும் நெசவுத் தொழில் செய்ய வேண்டாம். அரண்மனைக்கு வந்து தங்கி உங்கள் ஆன்மீக மற்றும் இலக்கியப் பணியைத் தொடருங்கள்!" என்று கேட்டுக் கொண்டான் அந்த நாட்டு மன்னன். அப்போது மன்னனுக்கு கபீர் சொன்ன பதில் அர்த்தம் பொதிந்தது.

"மன்னா... எனக்குத் தெரிந்த ஒரே தொழில் இந்த நெசவுத் தொழில்தான். ஆண், பெண், முதியவர், இளையவர், உயரமானவர், குள்ளமானவர்... என்று தினம் தினம் நிறையப் பேர் என்னிடம் ஆடை வாங்க வருகிறார்கள். ஒரு நாள் நிச்சயம் ஆண்டவனே என்னிடம் ஆடைகள் வாங்க வருவார் என்று நான் உளமார நம்புகிறேன். அதனால்தான் ஒவ்வொரு ஆடையை நெய்யும் போதும் அதை வயிற்றுப்பிழைப்புக்காகச் செய்யும் தொழிலாக இல்லாமல் ஆண்டவனுக்குச் செய்யும் சேவையாகக் கருதிச் செய்கிறேன். ஆண்டவனை என் மனக்கண் முன் நிறுத்தி, 'அவனுக்கு இந்த ஆடை நன்றாக இருக்குமா அல்லது இப்படி நெய்தால் அழகாக இருக்குமா' என்று பார்த்துப் பார்த்து நெய்கிறேன்.

எனக்குத் தெரிந்ததெல்லாம் நெசவுசெய்தல், இறைவனின் திருநாமங்களைச் சொல்லிப் பாடுதல், சக ஜீவன்களிடம் அன்பு காட்டுதல்... இந்த மூன்றும்தான்! இதையெல்லாம் விட்டுவிட்டு தங்கள் அரண்மனைக்கு வந்து நான் தங்கவேண்டும் என்று நீங்கள் சொல்வது என்ன நியாயம்?"

ஆக, துறவிகள் உழைக்கக்கூடாது என்றில்லை. அந்த உழைப்பையும் அவர்கள் ஆண்டவனின் சேவையாகக் கருதிச் செய்யவேண்டும். அதே போல், 'இல்வாழ்க்கையில் இருப்பவனுக்குதான் சோதனைகள் வரும்... சந்நியாசியாக ஆகிவிட்டால் சோதனைகள் ஏற்படாது' என்ற கருத்தும் சரியல்ல. சந்நியாசிகள் தங்களுக்கு நேரும் சோதனைகளைப் பெரிதாக எடுத்துக்கொள்ளமாட்டார்கள். அவ்வளவுதான்!

ஒரு சமயம் கழுதை ஒன்று பெரிய குழியில் தவறி விழுந்துவிட்டது. அதை மேலே கொண்டுவர அதன் உரிமையாளனான சலவைத் தொழிலாளி எவ்வளவோ முயற்சிசெய்தான். முடியவில்லை. தனக்காக இத்தனை வருடமும் உழைத்த தனது கழுதை உணவு, தண்ணீர் எதுவும் இல்லாமல் இப்படிப் பள்ளத்துக்குள் சிக்கி நாள்கணக்கில் சித்ரவதைப்பட்டுச் சாவதை அவன் விரும்பவில்லை. அதனால் அதைத் தானே கருணைக்கொலை செய்துவிடலாம் என்று முடிவுசெய்தான். பக்கத்தில் இருந்த ஆற்றுமணலை எடுத்து, கழுதை இருந்த குழிக்குள் கொட்ட ஆரம்பித்தான். உயிரோடு அதைப் புதைத்துக் கொன்றுவிடுவது அவன் உத்தேசம். ஆனால், கழுதையோ தன்மீது விழும் மணலை உதறி உதறிக் கீழே தள்ளிக்கொண்டே இருந்தது.

கடைசியில் சலவைத்தொழிலாளி கொட்டிய மணல் அந்தக் குழியையே நிரப்ப, கழுதை சுலபமாக மேலேறி வந்துவிட்டது.

நீங்கள் தனியார் அலுவலகத்தில் வேலை செய்பவர்களாக இருந்தாலும் சரி, அரசு உத்தியோகத்தில் இருப்பவர்களாக இருந்தாலும் சரி... உடன் வேலை செய்பவர்களோ அல்லது உங்கள் மேலதிகாரிகளோ உங்களுக்குக் கொடுக்கும் சோதனைகளை இந்தக் கழுதை மாதிரி உதறித் தள்ளிவிட்டால், அந்தச் சோதனைகளே நீங்கள் மேலே மேலே உயர்வதற்கு வழிவகுக்கும்!

நம்ம குழந்தைங்க புத்திசாலிங்க!

நமது நாட்டில் நீதி நூல்களுக்குப் பஞ்சம் இல்லை. வேதங்களுக்கும் யோக நூல்களுக்கும் குறைவில்லை. என்றாலும், இன்னமும் நம் நாட்டில் பலர் 'அறியாமை' என்ற இருட்டில்தான் மூழ்கியிருக்கிறார்கள். 'இது ஏன்?' என்று என்னைச் சந்திக்கும் பலரும் கேட்பதுண்டு.

நான் அமெரிக்காவில் பயணம் செய்துகொண்டிருந்தபோது இதற்கான விடை எனக்குக் கிடைத்தது.

அமெரிக்காவில் ஏராளமான அதிஅற்புதமான பள்ளிக் கூடங்கள் இருக்கின்றன. என்றாலும், இங்கேயுள்ள பெரும்பா லான மாணவர்கள், நம் நாட்டு மாணவர்களைவிடக் கல்வி அறிவில் பின்தங்கியிருப்பதைக் கண்கூடாகக் கண்டேன்.

அமெரிக்கப் பள்ளிக்கூடங்களில் படிக்கும் மாணவர்களை விட, நம்மூர் மாணவர்கள் அதிக புத்திசாலியாக இருப்பதற்குக் காரணம் என்ன?

நம்மூரில் யாராவது வேலைவெட்டி இல்லாமல் இருந்தால், அவரை யாருமே ஒரு தம்படிக்குக்கூட மதிக்க மாட்டார் கள். அது மட்டுமல்ல... நம்மூரில் வேலைக்குப் போய்ச் சம்பா திப்பது என்பது ஜீவாதாரப் பிரச்னை... சோற்றுப் பிரச்னை!

படிப்பு இல்லையென்றால், வேலை இல்லை. வேலை இல்லை யென்றால், சோறு இல்லை. இதுதான் நம்மூரின் நிலைமை.

ஆனால், இங்கே அமெரிக்காவில் இருக்கும் மாணவர்களுக்கு அப்படி ஒரு பிரச்னை இல்லை. படித்தாலும், படிக்கா விட்டாலும் அவர்களுக்கு ஓட்டலிலோ அல்லது பியூட்டி பார்லரிலோ நிச்சயம் ஒரு வேலை கிடைத்துவிடும்!

'சே... இதெல்லாம் ஒரு வேலையா?' என்று யாரும் முகம் சுளிக்க மாட்டார்கள். தவிர, கீழ்மட்ட வேலை செய்தாலும் இங்கே அதற்காகக் கொடுக்கப்படும் ஊதியம் கௌரவமான தாகவும் போதுமானதாகவும் இருக்கும்.

இதுபோன்ற காரணங்களால்தான் கஷ்டப்பட்டுப் படிக்க வேண்டும் என்ற அவசியம் அமெரிக்க மாணவர்களுக்கு இல்லை.

ஆசிரியர் விளக்கும் பாடங்களைப் புரிந்துகொள்வது என்பது ஒரு நுணுக்கமான விஷயம். ஒருமித்த கவனமும் விழிப்பு

உணர்வும் மாணவர்களுக்கு மிக மிக அவசியம்.

அதனால்தான், ஆரம்ப காலங்களில் நம் நாட்டில் பின்பற்றப்பட்டு வந்த குருகுலக் கல்வி முறையில் தியானம், யோகா போன்றவை கற்றுக்கொடுக்கப்பட்டு வந்தன.

பெரும்பாலான மாணவர்களுக்கு, யாருமே முறையாக கிரிக்கெட் விளையாடக் கற்றுக்கொடுத்ததில்லை. சைக்கிள் ஓட்டக் கற்றுத் தந்ததில்லை.

ஆனால், யாரும் கற்றுக்கொடுக்காமலேயே நம் குழந்தைகள் இதையெல்லாம் கற்றுக்கொண்டுவிடுகிறார்களே... எப்படி? குழந்தைகளுக்கு அதிலுள்ள ஆர்வம்தான் காரணம்.

கிரிக்கெட், சைக்கிளிங் போன்று பாடத்திட்டங்களையும் சுவாரஸ்யமாக்கிவிட்டால், பாடங்களையெல்லாம் மாணவர்கள் தாங்களாகவே கற்றுக்கொள்ள ஆரம்பித்துவிடுவார்கள்.

ஆசிரியர்களுக்கு வேலையே இருக்காது. வேண்டுமானால், மாணவர்களின் சந்தேகங்களைக் களைய மட்டுமே தேவைப்படலாம்!

தினமும் உங்களை புதுப்பித்துக் கொள்ளுங்கள்!

"சே..! என்ன வாழ்க்கை இது! காலையில எழுந் திருக்க வேண்டியது, சமைக்கவேண்டியது, ஸ்கூல் போற பிள்ளைகளை ரெடி பண்ணவேண்டியது, அரக்கப்பரக்க அள்ளிப் போட்டுக்கொண்டு ஆபீஸ் ஓடவேண்டியது, அலுத் துச் சலித்து சாயந்திரம் வரவேண்டியது, ராத்திரியானா டி.வி. சீரியல் பார்க்கவேண்டியது, அப்பாடானு படுத்துத் தூங்கவேண்டியது... மறுநாள் காலையில் எழுந்ததும் திரும்பவும் முதல் நாள் நடந்த மாதிரியான அதே காரியங்கள்... எந்த மாற்றமுமில்லாமல் செக்குமாடு போல வாழ்க்கை தினம் தினம் ஒரே மாதிரி போய்க்கிட்டிருக்கிறது கடுப்பா இருக்கே!" - இப்படி புலம்பாத இல்லத்தரசிகளே இருக்கமுடியாது.

அவர்கள் புலம்பலில் நியாயம் இருக்கிறது. ஆனால் அதற்காக, ஒரேயடியாக நமது அன்றாட செயல்களை விட்டு ஒதுங்கியிருக்கவும் முடியாது. பின் என்னதான் செய்யலாம்? தினசரி வாழ்க்கையில் சின்னச் சின்ன மாற்றங்களைக் கொண்டு வருவதன் மூலம் ஒரு புத்துணர்ச்சியை நம்மால் ஏற்படுத்திக்கொள்ள முடியும்.

வாரந்தோறும் ஞாயிற்றுக்கிழமைகளில் குடும்பத் தோடு ஒவ்வொரு இடத்துக்குச் சென்றுவருவது என்று தீர்மானித்துக்கொள்ளலாம். ஒரு ஞாயிற்றுக்கிழமையில் கடற்கரைக்குப் போனால், இன்னொரு ஞாயிற்றுக் கிழமையன்று நெருங்கின உறவினர் வீட்டுக்குப் போய்வரலாம். இன்னொரு வாரம் நண்பர் குடும்பத்துடன் கழிக்கலாம்.

இதெல்லாம் கேட்க நன்றாகத்தான் இருக்கிறது... ஆனால், நடைமுறைக்குச் சாத்தியப்படாது என்கிறீர் களா? இல்லை. சாத்தியமாகும். எதையுமே புதிதாக ஒன்றைச் செயல்படுத்த ஆரம்பிக்கும்போது அது சாத்தியமாகாது என்றுதான் தோன்றும். பிடிவாதமாகச் செய்வது என்று முடிவு கட்டி நாலு ஞாயிற்றுக்கிழமை களில் வெளியே போய்ப் பாருங்கள், ஐந்தாவது வாரம் உங்களுக்கு வீட்டில் இருப்புக் கொள்ளாது!

எப்போதுமே இஸ்திரி செய்யப்பட்ட முழுக்கை வைத்த சட்டைதான் போடுவது, ராத்திரி ஒன்பது மணியானால் விளக்கை நிறுத்திவிட்டுத் தூங்கிவிடுவது.... என்று என்னதான் அற்புதமான வழக்கமாக இருந்தாலும் சரி, அவை ஒரு சடங்காக மாறும்போது சலிப்பு தட்டிவிடும்.

வாழ்க்கையை சுவாரஸ்யமானதாக ஆக்கிக்கொள்ள சின்னச் சின்ன மாறுதல்கள் நிச்சயம் தேவை. முழுக்கைச் சட்டையே போடுபவர் ஒரு மாறுதலுக்காக ஒரு நாள் டி-ஷர்ட் போட்டுப் பார்க்கட்டும்... ஒரு வகையான புத்துணர்வு கிடைப்பதை உணர்வார். என்னதான் இட்லி நல்ல உணவாக இருந்தாலும், வயிற்றுக்குக் கெடுதல் செய்யாத பொருளாகவே இருந்தாலும் அதையே தினம் தினம் காலை டிபனாகச் செய்துகொண்டு இருந்தால் வாழ்க்கையே வெறுத்துப் போய்விடாதா? பதிலாக, ஒரு நாள் கார்ன் ஃப்ளேக்ஸும் பப்பாளிப் பழமும் சாப்பிட்டுப் பாருங்கள். அன்று முழுக்க இனம் புரியாத ஓர் உற்சாகத்தில் மிதக்கிற மாதிரி உணர்வீர்கள்.

அதனால், என்னதான் நல்ல பழக்க வழக்கமாக இருந்தாலும் வாரத்துக்கு ஒரு முறை அல்லது மாதத்துக்கு ஒரு முறையாவது வேண்டுமென்றே அதை மீறிச் செயல்பட்டுப் பாருங்கள். அதற்காக மது அருந்தாதவர்களை மது அருந்துங்கள் என்றோ, புகை பிடிக்காதவர்கள் புகை பிடியுங்கள் என்றோ நான் சொல்ல வரவில்லை. அவையெல்லாம் அடிப்படை ஒழுக்கங்கள். பெரியவர்களை மதித்தல், பிறருக்கு உதவுதல் போன்ற அடிப்படை ஒழுக்கங்களை மீறுவது என்பது டிராஃபிக் விதிமுறைகளை மீறுவது மாதிரி. விபத்தில்தான் கொண்டுவிடும்.

நான் சொல்வது அதையல்ல. நம் தினசரி செயல்பாடுகளை, பழக்க வழக்கங்களை அவ்வப்போது மாற்றி அமைத்துக் கொள்ளலாம் என்கிறேன்.

விப்ரோ கம்ப்யூட்டர் நிறுவனத்

தைப் பற்றிக் கேள்விப்படாதவர்களே இருக்கமுடியாது. விப்ரோ என்பது ஒரு வெற்றிக் கதை. இந்த வெற்றிக் கதையை எழுதிய அதன் தலைவர் அஜீம் பிரேம்ஜி, அண்மையில் அகமதாபாத்தில், 'இந்தியன் இன்ஸ்டியூட் ஆஃப் மானேஜ்மெண்ட்'டில் ஓர் உரை நிகழ்த்தினார்.

மாற்றங்களை நம்மால் தவிர்க்கவே முடியாது என்பதை அருமை யான உதாரணங்களோடும், அவை எந்தெந்த ரூபத்தில் எல்லாம் வரும், அவற்றை எப்படி எதிர்கொண்டால் நம்மால் வாழ்க்கையில் வெற்றிகரமாக எதிர்நீச்சல் போட்டு ஜெயிக்கமுடியும் என்பது பற்றியும் அவர் அன்று பேசிய பேச்சு, நிர்வாக இயல் படிக்கும் அத்தனை பேருக்கும் மிகச் சிறந்த விளக்கப் பாடமாக அமைந்துவிட்டது.

மிகச் சாதாரண உத்தியோகத்தில் இருப்பவர்களும், குடும்பத் தலைவிகளும்கூட அவரது இந்த உரையில் இருந்து தங்கள் வாழ்க்கைக்குத் தேவையான பாடத்தைக் கற்றுக்கொள்ள முடியும்.

இதோ, அவர் ஆற்றிய அந்த உரையின் சுருக்கம்...

"உலகில் என்றுமே மாறாமல் இருக்கக்கூடிய ஒரே விஷயம் 'மாற்றம்' மட்டுமே! மாற்றங்களுக்கு ஏற்ப மனிதன் தன்னைப் புதுப்பித்துக் கொண்டே இருக்க வேண்டும். 'நான் மாறமாட்டேன். இப்படியேதான் இருப்பேன்' என்றால் அவன் முன்னேறமாட்டான்.

மாற்றங்கள் நிகழும்போது அவற்றுக்கேற்ப தன்னையும் மாற்றிக் கொள்வது சிறந்தது. அதைவிட நாமே மாற்றங்களை உருவாக்குவது புத்திசாலித்தனமானது. அதுவாக உண்டாகும் மாற்றம், நாம் சற்று அசந்திருக்கும் நேரத்தில் நமது பின்மண்டையில் அடித்துவிட்டுப் போய்விடும். உங்களுக்கு லேசாக முதுகு வலிக்கும்போதே டாக்டரிடம் போய் சிகிச்சை எடுத்துக்கொண்டால் பிரச்னை பெரிதாகாது. உங்கள் மோட்டார் பைக் லேசாக மக்கர் பண்ணும்போதே அதை சர்வீஸுக்கு விட்டால், அது உங்களை மிக அவசரமான நேரத்தில் பழிவாங்காது. அது போல, உங்கள் குடும்பத்தில் லேசாக பிரச்னை எழும் என்று தெரிந்தாலே, அதை உடனே சரி செய்வதற்கான முன்னெச்சரிக்கை நடவடிக்கைகளை எடுத்தாக வேண்டும். இல்லையென்றால், அது பெரியதொரு குடும்ப விரிசலில் கொண்டுபோய் விட்டுவிடும்!

அதைப் போலத்தான் வாழ்க்கையில் நிகழ்கிற மாற்றங்களும். அவற்றை எதிர்கொள்ளவும், அவற்றுக்கேற்ப நம்மை மாற்றிக் கொள்ளவும் நாம் தயாராக இருக்கவேண்டியது அவசியம்!"

எதிர்ப்புகளை வெல்ல 'எலி'மையான வழி!

எந்த அலுவலகமாக இருந்தாலும் சரி, அங்கே இரண்டு விதமான ஊழியர்களைப் பார்க்கமுடியும். ஒன்று – கருமமே கண்ணாயினார். என்ன வேலை வந்தாலும் இழுத்துப் போட்டுக்கொண்டு முடிக்கிற டைப்.

"அந்த மானேஜர் மனசுல என்ன நினைச்சுட்டு இருக்காரு? எனக்கு என்ன நாலு கையா இருக்கு? இதை எப்படி ஒரே நாள்ல முடிக்க முடியும்?" என்பது மாதிரி எப்போதும் புலம்புகிறவர்கள் இன்னொரு வகை.

கொஞ்சம் சிந்தித்துப் பாருங்கள்... ஒருவர் எப்போது மற்றவர்களைக் குறை கூறுவார்?

ஒரு வேலையைச் செய்ய கையாலாகாமல் இருக்கும்போது, தனக்கு அதிகாரம் இல்லை என்று ஒருவர் நினைக்கும்போது – இப்படிப்பட்ட சந்தர்ப்பங்களில்தான் இதுபோன்ற புலம்பல்கள் அதிகமாகக் கிளம்பும்.

"உங்களுக்குத் தெரியாது சுவாமி... நீங்க முன்னேபின்னே ஏதாவது ஆபீஸ்ல வேலை செஞ்சிருந்தாத்தானே இதெல்லாம் தெரியும்? எங்க ஆபீஸ்ல ஆயிரத்தெட்டு பாலிடிக்ஸ் இருக்கு சார்... என்னைவிடக் குறைவா படிச்சவன், திறமையே இல்லாதவனுக்கு எல்லாம் எங்க மானேஜர் பிரமோஷன் கொடுத்து, எனக்கு மேலே உட்கார வெச்சிருக்காரு... நான் எப்படி சுவாமி அவங்ககிட்ட உற்சாகமா வேலை செய்றது?" – சமீபத்தில் இளைஞர் ஒருவர் என்னிடம் இப்படிக் கேட்டார்.

திரும்பத் திரும்ப என்னிடம் வந்து இப்படி முறையிடுபவர்களிடம் நானும் திரும்பத் திரும்பச் சொல்கிற விஷயம் இதுதான்.. "உங்கள் பதவி என்ன என்பதை வைத்து யாரும் உங்களை மதிக்கமாட்டார்கள். நீங்கள் எப்படி வேலை செய்கிறீர்கள் என்பதைப் பொறுத்தே உலகம் உங்களை மதிக்கும்..."

எந்த ஒரு வேலையைச் செய்யும்போதும் ஆயிரம் ஆயிரம் இடையூறு கள் வரத்தான் செய்யும். பிரச்னைகளும் சிக்கல்களும் சவால்களும் வராமல் வாழ்க்கையில் முன்னுக்கு வந்தவர்கள் என்று யாருமே கிடையாது!

புதிய கடல் மார்க்கங்களைத் தேடி கொலம்பஸ், வாஸ்கோடகாமா போன்றவர்கள் பயணம் செய்தபோது, அவர்களின் கப்பல்கள் எத்தனையோ முறை புயல்களைச் சந்தித்திருக்கின்றன. தாமஸ் ஆல்வா எடிசனின் பரிசோதனைக்கூடமே ஒரு முறை எரிந்து சாம்பலாகி இருக்கிறது. இப்படிச் சொல்லிக்கொண்டே போகலாம். ஆனால், இறுதியில் அவர்கள் ஜெயித்தார்கள்.

மானேஜர் பற்றிக் குறைப்பட்டுக் கொண்ட நண்பரிடம் நான் தொடர்ந்து சொன்னேன்... "இவர்களுடைய பிரச்னைகளுடன் ஒப்பிட்டுப் பார்க்கும் போது, நீ சந்திக்கும் தடைக்கற்கள் எல்லாம் தூசு... செய்கிற வேலையை ஒரு தவம் மாதிரி எடுத்துக்கொண்டு செய்தால், நீ எதிர்பார்க்காத அளவுக்கு உன்னிடமிருந்து சக்தி வெளிப்படும். இதுதான் நிஜம்..."

யோக சூத்திரத்தை இயற்றிய பதஞ்சலி மாமுனிவர், இதை இன்னும் அழகாகச் சொல்வார். 'நீங்கள் என்ன நல்ல காரியம் செய்தாலும் சரி, அதைக் கர்மசிரத்தையுடன் தவம் மாதிரி செய்தால், வானத்தில் இருக்கும் மாயசக்திகள் எல்லாம் அந்தக் காரியம் ஜெயமாக உங்களுக்கு உதவி புரியும்...'

அது சரி... நயவஞ்சகர்கள் நிறைந்த உலகத்தில், அவர்களை மீறி வேலை செய்வது எப்படி? இதோ, இந்தக் கதையைப் படியுங்கள்.

ஒரு காட்டில் சுதந்திரமாக ஓடியாடிக் கொண்டிருந்த ஓர் எலியின் மீது ஒரு பூனை கொலைவெறியோடு பாய்ந்தது. மின்னல் வேகத்தில் தப்பியோடிய எலி, ஒரு பொந்துக்குள் புகுந்துகொண்டது. அதே சமயம், பூனை சற்றும் எதிர்பாராதவிதமாக, வேடன் ஒருவன் விரித்து வைத்திருந்த வலையில் சிக்கிக்கொண்டது. இதைப் பார்த்துக் குஷியான எலி, சுதந்திரமாக வெளியே வந்து பூனையின் முன் ஆடிப் பாடியது.

அப்போது எலியை நோக்கி ஒரு கழுகு பசியோடு பறந்துவர, எலி பதறியது. பொந்துக்குள் ஓடி ஒளிந்து கொள்ளுமளவுக்கு அதற்கு நேரம் இல்லை. அதனால் புத்திசாலித்தனமாக வலையில் சிக்கியிருந்த பூனையைப் பார்த்து, "உன் மடியில் வந்து நான் உட்கார்ந்துகொள்கிறேன். இதற்கு நீ என்னை அனுமதித்தால், கழுகு இந்த இடத்தைவிட்டுப் போனதும் நான் வலையை அறுத்து, உன்னை வெளியே கொண்டுவருகிறேன்..."

பூனை ஒப்புக்கொள்ள, எலி ஓடிப்போய் பூனையின் மடியில் உட்கார்ந்துகொண்டது. இப்போது, எலியிடம் வாலாட்டினால் பூனையால் நமக்கு ஆபத்து வரும்' என்று அஞ்சி, அந்த இடத்தைவிட்டே பறந்து சென்றுவிட்டது கழுகு!

அதன்பின், வலையைவிட்டு வெளியே வந்த எலி, "கொஞ்சம் இரு! நான் சாப்பிட்டுவிட்டு வருகிறேன். அப்போதுதான் என்னால் தெம்பாக வலையைக் கடித்து உன்னை விடுவிக்க முடியும்!" என்று சொல்லிவிட்டு, இரண்டு மணிநேரம் கழித்துத் திரும்பி வந்தது.

எலி ரொம்பவும் தாமதமாக வந்ததைப் பார்த்து ஆத்திரமடைந்த பூனை, "நீ வாக்கு தவறிவிட்டாய்..." என்று திட்டியது. அப்போது வேடன் தூரத்தில் வர, பூனை பதறி, எலியைப் பார்த்து "காப்பாத்து" என்று பயத்தில் கத்த... எலியும் நிமிடத்தில் வலையை அறுக்க, வேடன் ஓடிவருவதற்குள் பூனையும் எலியும் திசைக்கு ஒன்றாக ஓடித் தப்பின!

அத்தனை விஷயங்களையும் மரத்தின்மீது அமர்ந்து நிதானமாகப் பார்த்து கொண்டிருந்த குரங்கு, அடுத்த நாள் எலியைப் பார்த்து நிதானமாகக் கேட்டது...

"கழுகு அந்த இடத்தைவிட்டுப் போன உடனேயே பூனையைக் காப்பாற்றி இருக்கலாமே... பூனையை ஏன் காக்க வைத்தாய்?"

"நல்ல கதை! வேடன் வருவதற்கு முன்பே நான் பூனையைக் காப்பாற்றி இருந்தால், பூனை என்னைக் கொன்றிருக்காதா? வேடன் வந்த பிறகு, அதை நான் காப்பாற்றியதால்தான் பூனையும் பிழைத்தது... நானும் அதனிடமிருந்து தப்பித்தேன்!" என்றது.

ஒரு வகையில் அலுவலகமும் காடு மாதிரிதான். இங்கேயும் வேடர்கள், பூனைகள் உண்டு. நீங்கள் ஒரு சாதாரண எலியாக இருந்தால்கூடப் பரவாயில்லை... சாமர்த்தியமாகச் செயல்பட்டால், எதிர்ப்புகளை வெல்லலாம்!

பனிக்குகையில் பருவப் பெண்!

“பறவை இறகைப் போல மனசை எப்போதும் லேசாக வைத்துக்கொள்வது எப்படி?”

இந்தக் கேள்விக்கு மட்டும் விடை தெரிந்துவிட்டால், உலகில் நடக்கும் பாதி சண்டைகள் உடனடியாக ஓய்ந்து போகும்.

ராமு, சோமு இருவரும் ஆருயிர் நண்பர்கள். ஒரு நாள், அவர்கள் கடற்கரைக்குப் போயிருந்தார்கள். அங்கே ஏதோ ஒரு அற்ப காரணத்துக்காக இருவருக்கும் கருத்து வேறுபாடு தோன்ற, கோபத்தில் சோமுவை ராமு பளார் என்று கன்னத்தில் அறைந்துவிட்டான். இதைச் சற்றும்

எதிர்பார்க்காத சோமு மிகுந்த வருத்தத்துடன் தனியாகச் சென்று உட்கார்ந்துகொண்டு, ‘இன்று என் நண்பன் ராமு என்னை அடித்துவிட்டான்’ என்று கடற்கரை மணலில் எழுதினான். சிறிது நேரத்தில் கடலலை வந்து அதை அழித்து விட்டது.

மனவேதனையோடு உட்கார்ந்திருந்த சோமுவை திடீரென ஒரு பெரிய கடலலை வந்து இழுத்துப் போயிற்று. இதைத் தொலைவிலிருந்து பார்த்துக்கொண்டிருந்த ராமு, ஓடோடிச் சென்று தன் உயிரையும் பொருட்படுத்தாது கடலில் குதித்து சோமுவைக் காப்பாற்றினான். ராமுவை நன்றிப்பெருக்குடன் பார்த்த சோமு அருகில் இருந்த ஒரு பாறையில் ‘இன்று நண்பன் ராமு என் உயிரைக் காப்பாற்றினான்’ என்று செதுக்கி வைத்தான்.

அடுத்தவர்கள் நமக்குச் செய்யும் தீமைகளை கடற்கரை மணலில் எழுத வேண்டும். அடுத்தவர்கள் செய்யும் உதவி களைப் பாறையில் செதுக்கவேண்டும்.

அடுத்தவர்கள் நமக்கு இழைக்கும் தீமைகளை மறக்காமல் மனதில் சுமந்துகொண்டு இருந்தால், அந்த நினைவுகளே நமது கால்களில் கட்டப்பட்ட இரும்புக் குண்டுகள் மாதிரி நம்மை நகரவிடாமல் செய்துவிடும். மாறாக, அடுத்தவர்கள் நமக்குச் செய்த நல்ல விஷயங்களை நாம் அடிக்கடி நினைவுகூர்ந்தால் நமக்கு உதவி செய்யப் பலர் இருக்கிறார்கள் என்ற உற்சாகத்தில் மனசு காற்றில் மிதப்பது மாதிரி லேசாக இருக்கும்.

மனம் லேசாக இருப்பதால் பல நன்மைகள் உண்டு. மனதை ஒருமுகப்படுத்தி, குறிப்பிட்ட ஒரு விஷயத்தைப் பற்றிச் சிந்திப்பது சுலபமாகும். சிந்தனையை ஒருமுகப்படுத்துவது என்று சொல்லும்போது எனக்கு ஒரு கதை ஞாபகத்துக்கு வருகிறது.

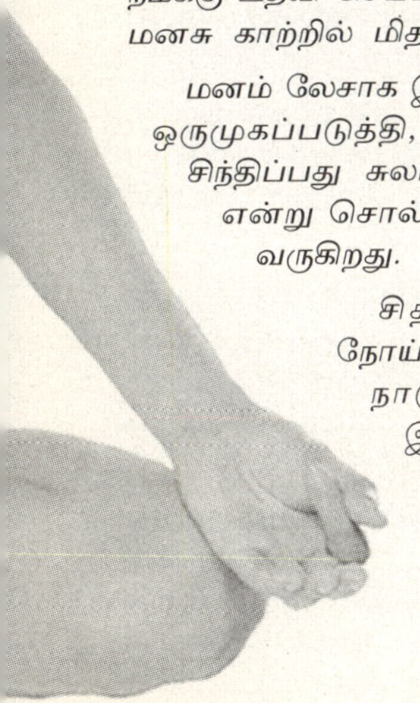

சித்த வைத்தியர் ஒருவர் பலவிதமான நோய்களுக்கு மருந்து கண்டுபிடித்திருந்தார். பிற நாடுகளில் இருந்த வைத்தியர்களெல்லாம் இவரைத் தேடிவந்து யோசனை கேட்டுப் போனார்கள். குறிப்பிட்ட ஒரு வியாதிக்கு மருந்து கண்டுபிடிப்பதைத் தன் வாழ்க்கை லட்சியமாகக் கொண்டு, இரவு பகலாக பல ஆண்டு காலம் ஆராய்ச்சியில் ஈடுபட்டார் அந்த சித்த வைத்தியர்.

ஏறக்குறைய 95 சதவிகிதம் அதில் வெற்றியும் பெற்றுவிட்டார். இன்னும் ஒரே ஒரு மூலிகை மட்டும் கிடைத்துவிட்டால் போதும்... அவரின் ஆராய்ச்சி பூர்த்தியாகிவிடும். ஆனால், அந்த அபூர்வ மூலிகை எங்கே இருக்கிறது என்று அவரால் கண்டு பிடிக்கவே முடியவில்லை. இந்த நிலையில் அந்த சித்த வைத்தியர், துறவி ஒருவரைச் சந்தித்தார்.

"நீ தேடும் மூலிகை எங்கே இருக்கிறது என்று ஒரே ஒரு மகா சித்தருக்கு மட்டும்தான் தெரியும். இமயமலையின் உச்சியில் உள்ள ஒரு பனிக்குகையில் தவம் இருக்கும் அந்த மகா சித்தர் வருடத்துக்கு ஒரு முறைதான் குகையைவிட்டு வெளியே வருவார். அப்போது அவரைச் சந்தித்தால், நீ தேடுகிற மூலிகை எங்கே கிடைக்கும் என்ற கேள்விக்கான பதில் உனக்குத் தெரிய வரும்" என்றார் அந்தத் துறவி.

தொண்ணூறு வயது முதியவர் இந்த சித்த வைத்தியர். என்றாலும், தன் வாழ்க்கை லட்சியத்தை நிறைவேற்றியே தீருவது என்கிற உத்வேகத்தில் அவர் இமயமலைச் சித்தரை நோக்கி உடனடியாகத் தன் பயணத்தைத் தொடங்கிவிட்டார்.

அப்போது "வைத்தியரே, ஒரு முக்கியமான விஷயம். அந்த மகா சித்தர் நீ கேட்கும் ஒரே ஒரு கேள்விக்குத்தான் பதில் சொல்வார். இதை நன்றாக நினைவில் நிறுத்திக்கொண்டு, அதற்கேற்ப அவரிடம் கேள்வி கேள்" என்று சொல்லி அனுப்பினார் துறவி.

கடும் பனி, காற்று என எல்லாச் சோதனைகளையும் கடந்து பல மாதங்களுக்குப் பிறகு, அந்த மகா சித்தர் தவம் இருக்கும் பனிக்குகைக்கு வெளியே சென்று நிற்கிறார் இந்த சித்த வைத்தியர். பல நாட்கள் காத்திருந்த பிறகு, அந்தக் குகையில் இருந்து மகா சித்தர் வெளிப்பட்டார். என்ன ஆச்சரியம்! அந்த

சித்தர், இவர் எதிர்பார்த்ததுபோல் தாடி வைத்த பெரியவரல்ல! பருவம் பொங்கும் ஓர் அழகிய இளம் பெண்!

இப்படியும் ஒரு சித்தரா என்று வியப்பில் ஆழ்ந்த அந்த வைத்தியர், அந்த இளம் பெண்ணைப் பார்த்து, "உங்களுக்குத் திருமணமாகிவிட்டதா?" என்று கேட்டார். அதற்கு அந்தப் பெண் சித்தர் "இல்லை" என்று பதில் சொல்லிவிட்டு, வைத்தியரின் அடுத்த கேள்விக்குக் காத்திருக்காமல் மீண்டும் குகைக்குள் சென்றுவிட்டார்.

குறிப்பிட்ட ஒரு வியாதிக்கு மருந்து கண்டுபிடிப்பதை வாழ்க்கை லட்சியமாகக் கொண்டு வாழ்ந்ததோடல்லாமல், இந்தத் தள்ளாத வயதிலும் பல இன்னல்களைக் கடந்து உயிரைப் பணயம் வைத்து இமயமலை ஏறிய அந்த வைத்தியரின் சிந்தனை ஒரே ஒரு கணம் தடம் புரண்டதால், வாழ்நாள் முழுதும் அவர் பட்ட கஷ்டம் பாழாய்ப் போனதே!

நம் லட்சியத்தை அடைய உழைப்பு, விடாமுயற்சி எல்லாமே மிக மிக அவசியம். என்றாலும், அந்த உழைப்பும் முயற்சியும் நாம் எதிர்பார்த்த பலனைக் கொடுக்கவேண்டுமானால் ஒருமுகப்பட்ட சிந்தனை கண்டிப்பாகத் தேவை!

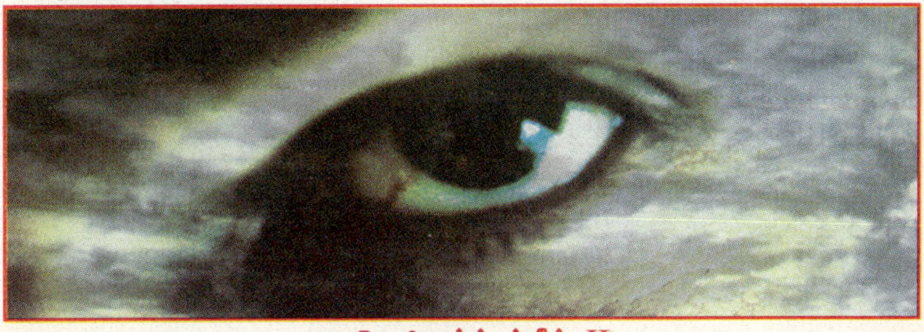

ஆடி மகிழுங்கள்!

அவர் மிகப் பெரிய பண்டிதர். அவர் படிக்காத நூல்கள் இல்லை. அவருக்குத் தெரியாத இலக்கியங்களும் இல்லை. அதே சமயம், தான் ரொம்பப் படித்தவன் என்கிற திமிரும் அவருக்கு மிக அதிகம் இருந்தது. யார், எவர் என்றெல்லாம் பார்க்காமல், எதிர்ப்படுவோரிடமெல்லாம் இந்தப் பண்டிதர் விவாதம் செய்ய ஆரம்பித்துவிடுவார்.

ஒரு நாள் முனிவர் ஒருவரை பண்டிதர் சந்தித்தார். எடுத்த எடுப்பிலேயே அந்த முனிவர் பண்டிதரைப் பார்த்து, "நீ ஏன் இவ்வளவு மடையனாக இருக்கிறாய்?' என்று கேட்க, பண்டிதருக்கு சுர்ரென்று கோபம் பொங்கியது. இருந்தாலும் கட்டுப்படுத்திக்கொண்டு ''முனிவரே... என் வாழ்க்கை முழுவதையுமே கல்விக்காகச் செலவிட்டுள்ளேன். எனக்குத் தெரியாத விஷயமென்று இந்த உலகில் எதுவும் இல்லை. அப்படியிருந்தும் என்னை நீங்கள் முட்டாள் என்று சொல்வது விசித்திரமாக இருக்கிறது!" என்றார்.

அதைக் கேட்டுக் குலுங்கிக் குலுங்கிச் சிரித்தார் முனிவர். "மடையா... மடையா... வாழ்க்கை முழுவதையும் படிப்புக்காக மட்டுமே செலவிட்டதாகச் சொல்கிறாயே! அப்படியானால் உலகில் என்னவெல்லாம் நிகழ்கிறது... மனைவியின் அன்பு எவ்வளவு இதமானது, குழந்தையின் சிரிப்பு எவ்வளவு

அழகானது, நட்பின் ஆழம் எத்தனை உயர்வானது, பசி எவ்வளவு கொடுமையானது, நோய் எவ்வளவு மோசமானது, இரக்க குணம் எத்தனை மேலானது, இயற்கை எவ்வளவு ரசனையானது என்று அனுபவித்துத் தெரிந்துகொள்ள வேண்டிய விஷயங்களையெல்லாம்கூட நீ படித்துத்தான் தெரிந்துகொண்டிருக்கிறாய். புத்தகப் படிப்பு என்பது வெறும் வழிகாட்டிமரம் போலத்தான்! அது போக வேண்டிய இடத்துக்கு வழிகாட்டுமே தவிர, அதுவே உன்னைக் கொண்டுபோய் கரை சேர்க்காது! நீதான் போகவேண்டும். அது புரியாமல், வெறுமே வழிகாட்டி மரத்தில் உள்ள ஊர் பெயரைப் படித்துவிட்டு, ஏதோ அந்த ஊரைப் பற்றிய மொத்த விஷயங்களையும் கரைத்துக் குடித்துவிட்டதாக உளறித் திரிகிறாய். உன்னை முட்டாள் என்று சொல்லாமல் வேறு என்ன சொல்ல?" என்றார் முனிவர்.

அறிவு மையம், உணர்ச்சி மையம் என நம் அனைவரின் உடம்பிலும் இரண்டு மையங்கள் இருக்கின்றன. புத்தகங்களைப் படிப்பதன் மூலம் உடம்பில் இருக்கும் அறிவு மையம் தூண்டப்படுகிறது. நேரடி அனுபவங்களால் உணர்ச்சி மையம் உயிர்பெறுகிறது. ஆக, அறிவு மையம், உணர்ச்சி மையம் என இந்த இரண்டும் முழுமையாக வேலை செய்தால்தான் ஒருவன் முழு மனிதனாக ஆவான். இல்லையென்றால், அவனுக்கும் சாவி கொடுத்து இயங்கும் இயந்திரத்துக்கும் வித்தியாசம் இருக்காது.

நீங்கள் ஆழமான தூக்கத்தில் இருக்கும்போது, உங்கள் கனவில் ஒரு முரடன் தோன்றி உங்களை வம்புக்கு இழுக்கிறான் என்று வைத்துக்கொள்ளுங்கள். நீங்கள் என்ன செய்வீர்கள்? ஒன்று, படபடக்கும் இதயத்தோடு அந்த முரடனுடன் உங்களால் முடிந்தவரை முட்டி மோதுவீர்கள். அல்லது, 'அடச் சே!' என்று தலையை உதறி தூக்கத்தைக் கலைத்துக்கொண்டு எழுந்து விடுவீர்கள்.

தான் பெரிய மேதாவி, தனக்குத் தெரியாதது ஒன்றுமே இல்லை எனத் தலைக்கனம் பிடித்து ஆடுவது, கனவில் வரும் முரடனிடம் தன் வீரத்தைக் காட்டுவது மாதிரி வெட்டித் தனமானது. முட்டாள்தனமானது!

பெரிய கம்ப்யூட்டர் இன்ஜினீயராக இருப்பார். எதிர்பாராதவிதமாக ஒரு புலி துரத்தினால், அவருடன் வந்த படிப்பறிவில்லாத வேலைக்காரன் ஓடிப்போய் மரத்தில் ஏறித்

தப்பித்துக்கொள்வான். இவர் புலியிடம் சிக்கிச் செத்துப் போவார். எனவே, எல்லாருக்கும் எல்லாமும் தெரியும் என்பதில்லை. தெரிந்ததைக் கொண்டு நாம் நமது வாழ்க்கையை எந்த அளவுக்கு இனிமையாக்கிக் கொள் கிறோம் என்பதே முக்கியம்.

'தாயைத் தேர்ந்தெடுக்கும்... தந்தையைத் தேர்ந்தெடுக்கும் உரிமை உன்னிடத்தில் இல்லை. முகத்தைத் தேர்ந்தெடுக்கும்... நிறத்தைத் தேர்ந்தெடுக்கும் உரிமை உன்னிடத்தில் இல்லை. பிறப்பைத் தேர்ந்தெடுக்கும்... இறப்பைத் தேர்ந்தெடுக்கும் உரிமை உன்னிடத்தில் இல்லை. எண்ணிப் பார்க்கும் வேளையிலே, உன் வாழ்க்கை மட்டும் உந்தன் கையில் உண்டு. அதை வென்று எடு!' என்று கவிஞர் வைரமுத்து அழகாகச் சொன்னது மாதிரி, நமக்கு ஏற்படும் சுக துக்கங்களுக்கெல்லாம் காரணம் வேறு யாரோ இல்லை, நாமேதான் என்பதை உணரவேண்டியது அவசியம். பிரச்னைக்கான காரணம் நம்மிடம்தான் என்னும்போது, வேறு யார் உதவியும் இல்லாமல் நாமே அதை எளிதாக நிவர்த்தி செய்து கொண்டுவிட முடியுமே!

இது என்னுடைய வேலை இல்லை என்று ஒதுங்கிப் போகிறவர்களாக இருக்காதீர்கள். அலுவலகமானாலும் சரி, வீடாக இருந்தாலும் சரி... வலியச் சென்று பொறுப்பை ஏற்றுக் கொண்டு செயல்படுங்கள். இப்படிச் செய்தால் எல்லாம் வல்ல இறைவனும், நீங்கள் செய்யும் அத்தனை காரியங்களிலும் நிச்சயம் உங்களுக்கு துணையாக நிற்பான்.

வாழ்க்கை ஒரு விளையாட்டு. ஆடி மகிழுங்கள்.

வாழ்க்கை ஒரு புதிர்ப் பயணம். அதில் எதிர்பாராமல் வரும் திடுக் திருப்பங்களை ரசிக்கப் பழகுங்கள்!

தொகுப்பு: **வேல்ஸ்**